Erich Ehses | Lutz Köhler | Petra Riemer | Horst Stenzel | Frank Victor

Systemprogrammierung in UNIX / Linux

Masterkurs Client/Server-Programmierung mit Java
von D. Abts

Grundkurs Verteilte Systeme
von G. Bengel

Softwareentwicklung kompakt und verständlich
von H. Brandt-Pook

Rechnerarchitektur
von P. Herrmann

Formale Modelle der Softwareentwicklung
von S. Kleuker

Grundkurs Software-Engineering mit UML
von S. Kleuker

Grundkurs Betriebssysteme
von P. Mandl

Masterkurs Verteilte betriebliche Informationssysteme
von P. Mandl

Grundkurs Socketprogrammierung mit C unter Linux
von M. Pollakowski

www.viewegteubner.de

Erich Ehses | Lutz Köhler | Petra Riemer
Horst Stenzel | Frank Victor

Systemprogrammierung in UNIX / Linux

Grundlegende Betriebssystemkonzepte und praxisorientierte Anwendungen

Mit 37 Abbildungen

STUDIUM

VIEWEG+
TEUBNER

Bibliografische Information der Deutschen Nationalbibliothek
Die Deutsche Nationalbibliothek verzeichnet diese Publikation in der
Deutschen Nationalbibliografie; detaillierte bibliografische Daten sind im Internet über
<http://dnb.d-nb.de> abrufbar.

Das in diesem Werk enthaltene Programm-Material ist mit keiner Verpflichtung oder Garantie irgend-
einer Art verbunden. Der Autor übernimmt infolgedessen keine Verantwortung und wird keine daraus
folgende oder sonstige Haftung übernehmen, die auf irgendeine Art aus der Benutzung dieses
Programm-Materials oder Teilen davon entsteht.

Höchste inhaltliche und technische Qualität unserer Produkte ist unser Ziel. Bei der Produktion und
Auslieferung unserer Bücher wollen wir die Umwelt schonen: Dieses Buch ist auf säurefreiem und
chlorfrei gebleichtem Papier gedruckt. Die Einschweißfolie besteht aus Polyäthylen und damit aus
organischen Grundstoffen, die weder bei der Herstellung noch bei der Verbrennung Schadstoffe
freisetzen.

1. Auflage 2012

Alle Rechte vorbehalten
© Vieweg+Teubner Verlag | Springer Fachmedien Wiesbaden GmbH 2012

Lektorat: Christel Roß | Maren Mithöfer

Vieweg+Teubner Verlag ist eine Marke von Springer Fachmedien.
Springer Fachmedien ist Teil der Fachverlagsgruppe Springer Science+Business Media.
www.viewegteubner.de

Umschlaggestaltung: KünkelLopka Medienentwicklung, Heidelberg
Druck und buchbinderische Verarbeitung: AZ Druck und Datentechnik, Berlin
Gedruckt auf säurefreiem und chlorfrei gebleichtem Papier

ISBN 978-3-8348-1418-0

Vorwort

Betriebssystemkonzepte und systemnahe Programmierung sind seit jeher klassische Disziplinen in der Informatik-Ausbildung an Hochschulen. Dieses Lehr- und Übungsbuch wendet sich an Sie, liebe Studierende!

In kompakter Form werden die wichtigsten Betriebssystem-Konzepte erläutert, wobei Praxisbezug und Programmierung von Beispielen in UNIX/Linux im Mittelpunkt stehen. Das Buch ist so gestaltet, dass theoretische und praktische Teile in zehn eigenständigen Modulen behandelt werden. Die für die praktische Anwendung geschriebenen Teile enden jeweils mit Übungsaufgaben zu UNIX/Linux.

An den meisten Hochschulen schließen Fächer, wie Betriebssysteme, mit einer mündlichen Prüfung oder einer Klausur. Wir hoffen, dass unser Lehrbuch Ihnen die Vorbereitung dazu erleichtert und wünschen Ihnen viel Erfolg und Spaß beim Lernen.

Dieses Buch hätte ohne die Hilfe anderer nicht entstehen können.

Einen ganz besonders großen Dank richten wir an Sebastian Walk, der die Endkorrektur und die Koordination übernommen hat.

Norbert Gesper, Karl-Heinz Kohlenbeck und Mario Linke, die uns seit vielen Jahren im Praktikum unterstützen, gebührt unsere Anerkennung ihrer hervorragenden Leistungen. Herzlichen Dank!

Weiterhin bedanken wir uns bei allen Studierenden der Fachhochschule Köln, die uns zur Veröffentlichung dieses Buches ermutigt haben.

Für Marianne, Sarah und Philipp	Erich Ehses, Bonn
Für Manuela, Luisa und Christina	Frank Victor, Bonn
Für Caroline, Nicolas, Anna	Horst Stenzel, Rheinbach
Für Jens	Petra Riemer, Gummersbach

Institut für Informatik, Gummersbach, im Juli 2011

Inhaltsverzeichnis

Abbildungsverzeichnis

1 Einführung und Überblick

1.1 Der Aufbau eines Computersystems

Seit 1945, als der Aufsatz von John von Neumann über den speicherprogrammierbaren Computer erschien, hat sich nichts Grundsätzliches am Aufbau eines Computers geändert. Allerdings wurden die Details erheblich modifiziert. Dort, wo von Neumann die prinzipielle Funktionsweise skizzierte, gibt es heute komplexe Lösungen für einzelne Komponenten.

1.1.1 Der Prozessor

Der Prozessor eines Computers vereinigt zwei wichtige Grundaufgaben, nämlich die Steuerung der Befehlsbearbeitung (Steuerwerk) und die Durchführung der Befehle (Rechenwerk). Die klassische Befehlsbearbeitung besteht in dem Wechsel von Befehlholen/Befehldekodieren und Befehlsausführung. Moderne Architekturen haben auf dem Prozessor umfassende Cache-Strukturen. Dabei wird der Befehlsstrom vom Datenstrom getrennt, so dass beide Aktivitäten gleichzeitig ablaufen können. In der Regel ist vorgesehen, dass auch weitere Schritte verschränkt ausgeführt werden können (superskalare Architektur). Die Befehlsausführung durch den Prozessor ist für das Betriebssystem vollständig transparent. Das Betriebssystem ist jedoch immer dann gefragt, wenn es darum geht festzulegen, welcher Aktivitätsstrang (Prozess, Thread) gerade durch den Prozessor ausgeführt werden soll.

Ein laufender Thread wird im Prozessor durch mehrere Register unterstützt. Der Befehlszähler (*program counter*) zeigt immer auf den nächsten zu bearbeitenden Befehl. Der Zeiger auf den aktuellen lokalen Speicherbereich einer Prozedur (*frame pointer*) und der Zeiger auf das Ende des Programmstacks (*stack pointer*) bestimmen den aktuellen lokalen Kontext. Andere wichtige Register legen die Zuordnung der logischen Speicheradressen eines Prozesses zu den physikalischen Adressen des Hauptspeichers fest. Schließlich gibt es weitere Register, die Zwischenergebnisse und andere nützliche Daten speichern. Bei einem Prozesswechsel muss das Betriebssystem dafür sorgen, dass der jeweilige Kontext in Form der Registerinhalte gespeichert bzw. wieder hergestellt wird.

1.1.2 Der Speicher

Der Speicher eines Computersystems dient dazu, Programmanweisungen und Daten aufzubewahren. Um maximalen Durchsatz mit großer Speicherkapazität zu vereinen, ist er in der Regel als Speicherhierarchie organisiert. Das Betriebssystem übernimmt die Aufgabe, den einzelnen Prozessen einen von der physikalischen

Realisierung abstrahierten logischen Speicher anzubieten. Dabei stellt es auch sicher, dass jeder Prozess seinen eigenen Speicher mit eigenem Adressraum vorfindet.

1.1.3   Das Betriebssystem als erweiterte Maschine

Höhere Programmiersprachen können dem Programmierer die Arbeit abnehmen, Anweisungen speziell für eine bestimmte Prozessorarchitektur zu formulieren. Sie sind jedoch nicht in der Lage, die erheblich vielfältigere und komplexere Steuerung der Rechnerperiphere, angefangen von den unterschiedlichen Steuerungen für Festplatten, zu übernehmen. Es ist eine der zentralen Aufgaben eines Betriebssystems, eine neutrale Abstraktion für die unterschiedlichen Hardwaregeräte anzubieten. Für den Programmierer erscheint nur die Aufgabe, z.B. Daten in eine Datei zu schreiben. Die konkrete Ansteuerung des Schreibkopfes der Festplatte unter Beachtung aller möglichen Randbedingungen ist alleinige Aufgabe des Betriebssystems. Die Kapselung der Hardware ist in der Regel so vollständig, dass ein Benutzerprozess grundsätzlich niemals in der Lage ist, unmittelbar mit der Hardware zu kommunizieren (auch nicht wenn er in Maschinensprache programmiert wurde). In diesem Sinne stellt die Schnittstelle des Betriebssystems das Maschinenmodell dar, mit dem sich der Programmierer auseinander setzen muss.

1.1.4   Das Betriebssystem als Ressourcenmanager

Alle heutigen Betriebssysteme unterstützen die quasiparallele Ausführung mehrerer Prozesse und praktisch alle Systeme erlauben auch mehreren Benutzern den gleichzeitigen Zugang zum System. In einer solchen Umgebung muss unbedingt sichergestellt sein, dass sich verschiedene Prozesse oder gar unterschiedliche Benutzer nach Möglichkeit nicht gegenseitig stören. Dies bedeutet im Einzelnen:

- Jeder Prozess muss seinen eigenen logischen Adressraum für die Ausführung seines Programms bekommen.
- Da der Prozessor immer nur einen einzigen Prozess ausführen kann, muss dafür gesorgt werden, dass auch alle Prozesse genügend „Rechenzeit" zugeteilt bekommen.
- Die Festplatte muss so gesteuert und verwaltet werden, dass die Daten unterschiedlicher Prozesse konsistent und sicher verwaltet werden und dass ein effizienter Zugriff möglich ist.
- Peripheriegeräte und andere Aufgaben der Ein- und Ausgabe (z.B. Datenkommunikation) müssen allen Prozessen zur Verfügung stehen.

Eine wesentliche Aufgabe für ein Betriebssystem besteht darin, die verschiedenen Ressourcen effizient zu verwalten. Allerdings gibt es keine perfekte Strategie für alle möglichen Fälle. Die Eigenschaften verschiedener Ressourcen sind zu unterschiedlich:

- Im Idealfall hat jeder Prozess/Benutzer den Eindruck, einen exklusiven Zugang zu jeder Ressource zu besitzen. Dies ist dann sinnvoll und möglich, wenn sich der Zugriff in kurze Zeitabschnitte zerlegen lässt, so dass jeweils nur kaum merkbare kurze Zugriffsunterbrechungen erfolgen. Diese Strategie wird insbesondere bei Prozessor- und Hauptspeichern verwendet.
- Ein ähnlicher Fall ergibt sich beim Zugriff auf relativ langsame Ressourcen, wie externe Datenspeicher und Netzwerke. Hier wird ebenfalls ein quasi ununterbrochener Zugang erreicht. Die Effizienz der Nutzung wird durch die im Hauptspeicher (z.T. auch im Controller) verwalteten Datenpuffer unterstützt.
- Manche Geräte, wie z.B. die Tastatur, müssen eindeutig einem einzigen Prozess zugeteilt sein. Allerdings sollte sich diese Zuteilung (Fokus) leicht ändern lassen. Die Steuerung der Zuteilung ist in der Regel Aufgabe eines Window-Systems.
- Für sehr langsame Geräte, wie Drucker, werden die Aufträge in eine Warteschlange gesteckt (*spooling*) und der Reihe nach abgearbeitet.
- Schließlich ist es auch möglich, dass ein Prozess eine Ressource für einen längeren Zeitraum exklusiv reserviert.

1.2 Grundbegriffe

An dieser Stelle wollen wir kurz einige Grundbegriffe erklären, die immer wieder auftauchen. Genauere Definitionen werden Sie später finden.

Systemaufrufe: Systemaufrufe stellen die Schnittstelle des Betriebssystems zu den Anwendungsprozessen dar. Wie weiter unten erläutert, unterscheidet sich die Realisierung dieser Aufrufe von denen üblicher Proceduraufrufe ganz erheblich (hier muss in den Systemmodus umgeschaltet werden).

Speicherverwaltung: Unter Speicherverwaltung sind diejenigen Aktionen des Betriebssystems zu verstehen, die, unterstützt durch den Prozessor, den Prozesseneinen linearen logischen Adressraum zuordnen. Die Speicherverwaltung unterstützt auch die Vergrößerung des zugewiesenen Speichers während der Ausführung und die eventuelle Auslagerung von Teilen des Hauptspeichers.

Prozesse: Ein Prozess verwaltet ein in Ausführung befindliches Programm und diedazugehörenden Betriebsmittel.

Threads: Ein Thread bezeichnet einen sequentiellen Kontrollfluss. Er wird ähnlich realisiert wie ein Prozess, ist aber (zumindest konzeptionell) immer in einen Prozess eingebettet, der allein die Betriebsmittel verwaltet. Ein Prozess enthält einen oder mehrere Threads.

Synchronisation: Unter Synchronisation versteht man die zeitliche Abstimmung von Prozessen oder Threads. Es gibt zwei wesentliche Gründe für Synchronisation, nämlich der Schutz kritischer Bereiche gegen den gleichzeitigen Zugriff mehrerer

Threads und das passive Warten auf das Eintreten eines Ereignisses, das durch das System oder einen anderen Thread oder Prozess ausgelöst wird.

Dateisystem: Das Dateisystem realisiert die den Benutzerprozessen zugänglichen Objekte wie Dateien, Verzeichnisse, Links usw. und deren Operationen. Das Dateisystem ist in der Regel auf der Basis einer abstrakten Sicht einer Festplatte implementiert, so dass es unterschiedliche konkrete Geräte unterstützt.

Gerätetreiber: Gerätetreiber implementieren die unmittelbare Kommunikation mit einem externen Gerät.

Shell: Die Shell ist ein Programm, das kommandozeilenorientierte Benutzerbefehle verarbeitet. Alle UNIX-Shells sind auch in der Lage, komplexe Scriptdateien zu interpretieren.

1.3 Betriebssystemstrukturen

Ähnlich wie andere Softwaresysteme auch sind Betriebssysteme besser oder schlechter strukturiert. Es gibt gute Gründe für eine gut ausgearbeitete Struktur (z.B. Erweiterbarkeit), aber leider auch einige Gründe, die einer perfekten Struktur entgegenstehen, wie der Zwang zur Kompatibilität mit bestehender Software oder der Zwang, Leistungseinbußen wenn möglich zu vermeiden.

1.3.1 Monolithische Systeme

Ältere Betriebssysteme sind wie mittelgroße Softwareprodukte geschrieben. Es gibt zwar in Teilbereichen möglicherweise gut strukturierte Bereiche. Das System ist jedoch insgesamt so programmiert, dass starke Abhängigkeiten zwischen den unterschiedlichen Systemkomponenten bestehen und diese nicht unabhängig voneinander aufgelistet und bewertet werden können.

Eine *grundlegende Eigenschaft* eines monolithischen Systems (*monolithisch* = „aus einem Stein") ist, dass das gesamte System als ein einziges Binärprogramm gelinkt ist. Jede Änderung des Systems macht demnach eine Neuübersetzung erforderlich.

Die *grundsätzliche Funktionsweise* eines monolithischen Systems kann anhand der Verarbeitung eines Systemaufrufs durch das Anwendungsprogramm illustriert werden:

1. Das Anwendungsprogramm ruft einen Systemaufruf (*system call*) auf. Dadurch wird eine TRAP-Instruktion ausgelöst und die Nummer des Aufrufs in einem Register abgelegt.
2. Die TRAP-Instruktion schaltet in den Adressraum des Betriebssystems hinüber und gibt die Kontrolle an den Systemprozess weiter.

3. Anhand der Aufrufnummer wird die Prozedur zur Abarbeitung des System-aufrufs (Service Prozedur, Service Routine) aufgerufen. Diese übernimmt die nötigen Parameter, sie ruft in der Regel weitere Hilfsprozeduren auf. Am Ende werden Ergebnisse an definierter Stelle abgelegt.

4. Schließlich wird wieder zu dem Benutzerprozess umgeschaltet und dort mit der Bearbeitung fortgefahren.

1.3.2 Geschichtete Systeme

Die rudimentäre Strukturierung monolithischer Systeme bezieht sich im Wesentlichen nur auf die generelle Ausführung von Systemaufrufen. Betriebssysteme gehen jedoch oft mit Betriebsmitteln um, die bei unterschiedlicher realer Ausprägung eine gleichartige logische Struktur besitzen. Daher bietet es sich an, *sinnvolle Abstraktionsschichten* zu bilden.

Beispiel 1

Aus der Sicht des Betriebssystems sind viele Aufgaben des Dateizugriffs unabhängig von der konkreten Realisierung des Dateisystems auf der Ebene von Datenblöcken. Die Struktur eines Dateisystems ist wiederum unabhängig von der Realisierung auf einem konkreten Datenträger. Ältere Systeme bieten zum Teil eine einfache Schichtenstruktur (Prozessorverwaltung, Speicherverwaltung, Kommunikation, Ein-/Ausgabe). In neueren Betriebssystemen finden sich zudem auch mehrere unterschiedliche Komponenten auf derselben Ebene (*character devices, block devices*).

Der geschichtete Aufbau ändert vom Grundsatz her noch nichts an dem monolithischen Binden des Gesamtsystems. Bei modernen Systemen wird aber in der Regel eine Strukturierung des Gesamtsystems in separat gebundene Module ermöglicht. Module sind in sich abgeschlossene Komponenten, die über festgelegte Schnittstellen mit dem Rest des Systems kommunizieren. Module werden bei Bedarf zur Laufzeit eingebunden.

Der modularisierte Aufbau des Systems macht sich vor allem dann bezahlt, wenn nachträglich neue Hardware in das System eingebunden wird. Geschichtete Systeme definieren für die erforderlichen Gerätetreiber genau standardisierte Schnittstellen.

1.3.3 Virtuelle Maschinen und Exokernel

Unter dem Begriff „virtuelle Maschine" versteht man, dass ein Anwendungsprogramm nicht unmittelbar die reale Hardware oder das reale Betriebssystem „sieht", sondern nur mit der abstrakten Schnittstelle eines durch Software realisierten Systems interagiert.

Am bekanntesten ist der Begriff „virtuelle Maschine" heute vielleicht aus der Java-Welt. Der vom Java-Compiler erzeugte Binärcode entspricht nämlich keinem wirklichen Rechnerbefehlssatz. Dadurch ist er zwar zunächst nirgendwo ausführbar.

Wenn man aber einen portablen Java-Interpreter/Laufzeitcompiler besitzt, verfügt man über eine virtuelle Hardware, die den Java-Code überall ausführbar macht.

Im Kontext von Betriebssystemen spricht man auch von einer virtueller Maschine, wenn nur das Betriebssystem auf der Basis eines anderen Kerns realisiert wurde, aber der reale Maschinencode verwendet wird.

Wenn man ein System von vornherein so entwirft, dass es die Nutzung unterschiedlicher virtueller Maschinen unterstützt, gelangt man schnell zu dem Konzept des Exokernel. Exokernel-Architekturen verfolgen nämlich das Konzept, dass die gesamte Ressourcenverwaltung von einem schlanken Kernsystem übernommen wird. Die Realisierung der verlangten Systemschnittstellen ist dann Aufgabe der jeweiligen virtuellen Maschine. Ein großer Vorteil des Exokernel-Konzepts ist, dass es virtuellen Maschinen gemeinsam nutzbare Ressourcen (z.B. Festplatte) zur Verfügung stellt. Da der Exokernel den gesamten Zugriff verwaltet, sind keine systemspezifischen Datenformate und Ähnliches nötig.

1.3.4   Client-Server

Betriebssysteme verfügen bereits seit geraumer Zeit über verteilt genutzte Ressourcen. So gibt es z.B. schon sehr lange das Konzept des verteilten Dateisystems. Hinzu kommen inzwischen Verzeichnisdienste z.B. zur Benutzerverwaltung und andere verteilte Ressourcen.

Die konsequente Weiterentwicklung des verteilten Betriebssystems geht davon aus, dass jeder Knoten minimal nur über einen Mikrokern verfügt. Lokal nicht verfügbare Dienste, wie z.B. der Zugriff auf ein Dateisystem, werden bei Bedarf über einen Server-Prozess aufgerufen, der dann die Arbeit übernimmt.

Der Vorteil von Client-Server-Systemen liegt in der einfachen Konfigurierbarkeit und in der hohen Fehlersicherheit. Zum Beispiel ist es grundsätzlich (abgesehen von Fragen der Leistungsfähigkeit) gleichgültig, ob die Serverprozesse über mehrere Rechner verteilt sind oder nicht. Im Fall des Fehlers eines Teilsystems kann das restliche System meist weiter arbeiten.

Ein ganz wesentlicher Vorteil von Client-Server Systemen ist die lose Kopplung der Systemkomponenten. Dadurch ist die Kombination unterschiedlicher Komponenten und Strategien leicht möglich. Ein Nachteil ist ein eventuell beträchtlicher Laufzeitnachteil.

Eine Variante des Client-Server-Systems ist die Trennung des Bildschirmservers von dem eigentlichen Betriebssystem. Die Interaktion mit dem Benutzer wird auf einen separaten Server-Prozess (z.B. den X-Server) verlagert. Häufig wird diese Trennung zur Realisierung von *„thin clients"* ausgenutzt. Auf der Anwenderseite muss dann nur ein Serverprozess laufen, der keiner besonderen Systemwartung bedarf. Die Ausführung der Anwendung wird davon getrennt einem Anwendungsserver übertragen.

1.4   Geschichtliche Entwicklung

Die Informatik ist viel stärker als andere Wissenschaftsgebiete mit der Entwicklung der technologischen Basis verknüpft. Das Besondere an der Entwicklung der letzten 50 Jahre ist, dass diese Entwicklung exponentiell verlief. Diese unvorstellbar rasante Entwicklung hat immer wieder zu völlig neuartigen Konzepten geführt.

1.4.1   Die Pionierzeit (bis 1955)

Es ist erstaunlich, dass es schon sehr früh Versuche zur Entwicklung von Computern gab, als eigentlich die technologischen Möglichkeiten noch nicht ausreichten. Auf mechanischer Basis wurden Rechenmaschinen und Analogrechner entwickelt. Die Entwicklung schneller digitaler Computer wurde jedoch erst möglich, als zunächst durch Vakuumröhren und später durch Transistoren elektronische Schaltelemente verfügbar wurden. Bereits während des Zweiten Weltkriegs wurden verschiedene Prototypen entwickelt. Die eigentliche Computerentwicklung begann, als die Ressourcen für eine weltweite friedliche Forschung verfügbar wurden. Der erste wichtige Schritt war die Entwicklung des speicherprogrammierbaren Computers. John von Neumann und Goldstine stellten das Konzept dieses Universalrechners 1945 vor. Es dauerte allerdings noch gute drei Jahre, bis hinreichend brauchbare Speichermodule entwickelt waren, die ausreichend kostengünstig und zuverlässig den Speicherplatz anbieten konnten, der für die interne Ablage eines Computerprogramms nötig ist. Es versteht sich von selbst, dass es absurd gewesen wäre, hätte man von diesem extrem wertvollen

Speicher auch noch Teile für bloße Verwaltungsarbeiten abgetrennt. Hinzu kam, dass dafür auch keine Notwendigkeit bestand. Die ersten Computer wurden in der Regel von Wissenschaftlerteams betrieben, die die Rechenleistung gezielt zur Lösung von bisher sehr zeitaufwändigen Berechnungen einsetzten. Die Computerprogramme selbst waren in der Regel sehr kurz.

Es spielte keine Rolle, wenn (wie im Fall von ENIAC) die Programmierung des Rechners Tage dauerte, da die Berechnung oft deutlich mehr Zeit in Anspruch nahm und eine noch viel längere manuelle Bearbeitung überflüssig machte.

1.4.2   Closed Shop (1955 bis 1965)

Bereits ab 1948 gab es Forschungen zur Entwicklung von Assemblern, Compilern und Programmiersprachen. Der Durchbruch ihrer Anwendung gelang aber erst um 1960 als weltweit erstmals halbwegs erschwingliche Transistorrechner auf den Markt kamen.

1948 wurde der erste Transistor der Öffentlichkeit vorgestellt und schon nach wenigen Jahren hatte dieser die teuren und unzuverlässigen Elektronenröhren aus den Zentraleinheiten der Computer verdrängt. Gleichzeitig wurden mit Ferritkernspeichern und magnetischen Datenspeichern Speichertechnologien höherer

Kapazität entwickelt. Damit war es erstmals möglich und sinnvoll, Systemsoftware zu entwickeln.

Die teuren Rechner der zweiten Generation wurden in Rechenzentren betrieben. Dabei entwickelte sich eine Organisationsstruktur zur Durchführung von Rechenaufgaben, zur Datenarchivierung und zur Abwicklung von Routineaufgaben. Es entstand relativ bald das Bedürfnis, Software zur Unterstützung dieser Verwaltungsaufgaben einzusetzen.

Die Automatisierung des Rechenzentrumsbetriebs führte zur Stapelverarbeitung. Benutzerjobs wurden beim Rechenzentrum abgegeben. Der Operateur veranlasste das Einlesen der Daten, die ihrerseits den gesamten Ablauf im Zusammenspiel mit der Systemsoftware steuerten. Schließlich mussten über den Drucker produzierte Ergebnisse wieder an den Kunden zurückgegeben werden.

1.4.3   Die dritte Generation (1965 bis 1980)

Die technologische Neuerung der dritten Rechnergeneration ist der integrierte Schaltkreis. Damit wurde es möglich, einerseits leistungsfähigere und andererseits kleinere und billigere Computer zu bauen. Die Zeit war geprägt von einigen unterschiedlichen Entwicklungssträngen.

Mainframes, die leistungsfähigen Großcomputer, umfassten schon einen weiten Bereich. Entsprechend gab es Entwicklungen auf unterschiedlichen Ebenen. Generell ist dabei eine vollständige Kapselung der Ein-/Ausgabegeräte zu beobachten. Die Stapelverarbeitung wurde weiterentwickelt in Richtung auf mehrere gleichzeitig abzuarbeitende Jobs. In der Regel wurde zunächst eine einfache Speicherverwaltung verwendet, die den einzelnen Jobs feste Bereiche (*fixed partitions*) zuordnete.

Während der 70er Jahre entstanden Timesharing-Systeme, die dem Benutzer die ausschließliche Verfügbarkeit des Rechners simulieren. Timesharing-Systeme wurden so realisiert, dass an einer einzigen Zentraleinheit (manche Zentraleinheiten verfügten über mehrere Prozessoren) eine Vielzahl von Terminals angeschlossen wurde. Jedem Benutzer wurde bei der Anmeldung ein eigener Benutzerprozess zugeteilt. Wesentliche Aufgabe eines Mehrbenutzerbetriebssystems ist es, jedem Benutzer in fairer Weise Rechenzeit zuzuteilen.

Die andere Entwicklungsrichtung der Rechner der dritten Generation, die Prozessrechnersysteme, gehen wieder zurück in die Richtung exklusiv verfügbarer Systeme. Der wesentliche Unterschied ist, dass sie nur deshalb exklusiv genutzt werden, weil sie besondere Aufgaben (Prozesssteuerung, interaktives Arbeiten) unterstützen. Im Vergleich zu den Systemen der Pionierzeit waren Prozessrechner so mächtig, dass von Anfang an die Nachfrage an bequem zu verwendender Systemsoftware dominierte.

Am Ende dieses Zeitabschnitts steht die Entwicklung des Mikroprozessors. Mikroprozessoren wurden zunächst nur in speziellen Steuerungen und in kleinen dedizierten Systemen eingesetzt (Home-Computer).

1.4.4 Die vierte Generation (1980 bis heute)

Die weiter exponentiell wachsende Integrationsdichte elektronischer Komponenten hat einerseits zu preiswerten leistungsfähigen Prozessoren (Mikroprozessoren) und andererseits zu preiswerten Speicherbausteinen höchster Integrationsdichte geführt. Damit wurde es möglich, auf dem Arbeitsplatz (Workstation) dedizierte, leistungsfähige Rechner zu installieren. Die billige Speichertechnologie ermöglichte erstmals den Einsatz grafikfähiger Endgeräte. Damit ergaben sich wieder völlig neue Anforderungen an Betriebssysteme.

1.5 Überblick über das Buch

Im Folgenden werden die wichtigsten Elemente des Betriebssystems UNIX / Linux besprochen. Entsprechend der praktischen Anwendung wird dabei auch häufiger auf Fragen der Programmierung eingegangen.

Modul 1 gibt einen ersten Überblick über die wesentlichen Bestandteile des Betriebssystems UNIX.

Das Betriebssystem UNIX wird in Modul 2 so beschrieben,wie es sich dem Benutzer auf der Ebene der Kommandozeile präsentiert. Diese Kommando-„shell" (Schale) hat immer schon für die besonderen Eigenschaften von UNIX gestanden (auch wenn es verschiedene Varianten gibt). Die Struktur der Kommandosprache ist eng an die Philosophie der Prozessausführung durch UNIX angelehnt und vermittelt so einen guten Einstieg.

In Modul 3 finden sich ein Einstieg sowie Praxisbeispiele zur Script-Programmierung.

Modul 4 beschreibt die wesentlichen Komponenten eines UNIX-Systems und die Schnittstellen der für die Programmierung relevanten Systemaufrufe. Hier wird ein erster Einblick in die systemnahe Programmierung vermittelt. Einzelne Punkte werden später noch vertieft.

In Modul 5 werden die Themen Prozessmodell, Nebenläufigkeit und Synchronisation angesprochen. Es geht dabei darum, wie das Betriebssystem die quasigleichzeitige Ausführung mehrerer Aktivitäten organisiert. Einerseits sollen verschiedene Prozesse möglichst unabhängig voneinander ausgeführt werden, ohne sich gegenseitig ungewollt zu beeinflussen. Andererseits soll aber auch die effiziente Kooperation zwischen verschiedenen Prozessen möglich sein. Ein besonderer Aspekt ist die immer mehr an Bedeutung gewinnende nebenläufige Programmausführung innerhalb eines Prozesses durch Threads. An dieser Stelle wird auch die Fragestellung der sicheren Programmierung von Nebenläufigkeit berührt.

Grundlegende Mechanismen der Interprozess-Kommunikation (mit Ausnahme von Socket-Kommunikation) werden in Modul 6 behandelt.

In Modul 7 werden die wesentlichen Aufrufe und die Realisierung des Dateisystems besprochen. Dabei wird auch die im UNIX-System vorgenommene Abstraktion von Gerätedateien dargestellt.

Das Thema von Modul 8 sind verteilte Systeme und deren Kommunikationsmechanismen. Typisch für die Realisierung verteilter Systeme ist, dass neben dem Basismechanismus der Kommunikation über TCP/IP auch höhere Mechanismen angeboten werden, die der Sichtweise der Programmierung näher liegen.

Modul 9 befasst sich mit den zentralen Aufgaben des innersten Systemkerns, nämlich der Rechenzeitzuteilung (Prozess-Scheduling) und der Speicherverwaltung.

Schließlich wird in Modul 10 zusammenfassend auf einige Punkte eingegangen. Dabei wird auch herausgestellt, welche Aspekte in diesem Buch nicht angesprochen wurden.

2 Das Betriebssystem UNIX

UNIX ist ein *Mehrbenutzer*- und ein *Mehrprogrammsystem* (ein Benutzer kann gleichzeitig mehrere Programme ausführen). Das bedeutet, dass die Konzeption des Systems diesen besonderen Erfordernissen gerecht werden muss. Nicht nur, dass unterschiedliche Benutzer ihre privaten Bereiche zur Datenspeicherung erhalten, welche geschützt werden müssen. Auch ihre Zusammenarbeit muss gefördert werden. So entstand ein Dateisystem mit einer strikten Ordnung und Zugriffsrechten, die auch Gruppen berücksichtigen. Nicht zuletzt ist bei einem solchen System die Rolle eines Administrators vorzusehen. Dieser freut sich, wenn seine Arbeit für die Benutzer transparent bleibt, also der Betrieb ungestört weiterläuft. Wenn also eine Hardware-Ergänzung fällig ist, z.B. eine neue Festplatte hinzukommt, so darf das keine Auswirkungen zeigen. Lediglich Störungen in Form von knappem Speicherplatz werden vermieden. Die Ordnungsstruktur des Dateisystems ist deshalb homogen und verbirgt, auf welcher Platte welche Daten liegen. Viele andere Bereiche sind von ähnlichen Überlegungen betroffen.

In diesem Abschnitt geben wir eine kurze Einführung in UNIX und – damit ein zügiges Arbeiten mit dem System erfolgen kann – den Kommando-Prozessor, die Shell.

2.1 Grundlagen

2.1.1 Designkriterien

UNIX wurde von Programmierern für Programmierer entworfen, die in einer Umgebung arbeiten, in der die Mehrheit der Benutzer relativ fortgeschritten und geübt im Umgang mit komplexen Software Entwicklungsprojekten war. Was wünschen sich gute Programmierer von einem System?

- Zunächst möchten die meisten, dass ihre Systeme einfach, elegant und konsistent sind: So sollte `rm A*` bedeuten, dass alle Dateien, deren Namen mit einem „A" beginnt, gelöscht werden, nicht aber nur die eine Datei „A*".
- Andere Dinge, die sich Programmierer wünschen, sind Leistungsfähigkeit und Flexibilität: Das bedeutet, dass ein System aus einer kleinen Anzahl von Basiselementen bestehen sollte, die so kombiniert werden können, dass sie für die Anwendung passend sind.

Schließlich haben die meisten Programmierer eine starke Abneigung gegen Redundanz: Warum sollen sie `copy` eingeben, wenn `cp` bereits genügt?

2.1.2   Schnittstellen

Ein wesentliches architektonisches Merkmal von UNIX ist seine Schichtung und
die damit einhergehende Definition von Schnittstellen. Abbildung 2.1 zeigt das
Schichtenmodell von UNIX: Die unterste Schicht ist die *Hardware*, die aus CPU, Speicher, Platten, Terminals und anderen Geräten besteht. Auf dieser Schicht läuft das
Betriebssystem UNIX. Seine Aufgabe ist es, die Hardware zu steuern und zu kontrollieren und allen Programmen eine *Systemaufrufschnittstelle* zur Verfügung zu
stellen. Die Systemaufrufe erlauben es den Benutzerprogrammen, Prozesse, Datei-
en und andere Betriebsmittel zu erzeugen und zu verwalten.

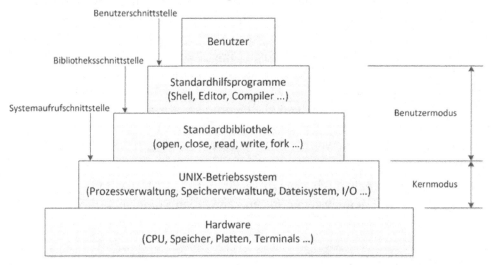

Abbildung 2-1: Schichtenmodell von UNIX

Programme führen Systemaufrufe derart durch, dass sie die Argumente in Regis-
tern ablegen (oder manchmal auf einem Stack) und dann einen *Trap-Befehl* ausführen, mit dem aus dem Benutzermodus in den Kernmodus umgeschaltet wird. Nur
so können die Funktionen des Betriebssystems ausgeführt werden. Weil es in C
keine Möglichkeit gibt, einen Trap-Befehl unmittelbar aufzurufen, wird eine *Bibliothek* zur Verfügung gestellt *mit je einer Funktion pro Systemaufruf.* Jede von diesen
Funktionen legt zunächst die Argumente an der richtigen Stelle ab und ruft dann
den eigentlichen Trap-Befehl auf. Um beispielsweise den Systemaufruf read aufzurufen, wird aus einem C-Programm heraus die Bibliotheksprozedur read aufgerufen.

Zusätzlich zum Betriebssystem und der Systemaufruf-Bibliothek stellen alle Versionen von UNIX eine große Anzahl von *Standardprogrammen* zur Verfügung. Diese enthalten den Kommando Prozessor (die *Shell*), Compiler, Editoren sowie Text-
verarbeitungs- und Hilfsprogramme zur Verarbeitung von Dateien.

Demzufolge kann man von *drei verschiedenen Schnittstellen zu UNIX* sprechen:

- der reinen Systemaufrufschnittstelle,
- der Bibliotheksschnittstelle und
- der Benutzungsschnittstelle, die von der Menge der Standardprogramme gebildet wird.

Natürlich gibt es auch die *grafische Benutzerschnittstelle*, die letztendlich aber nur den Zugriff auf die Standardprogramme des Systems realisiert – allerdings recht komfortabel.

Um den Zugang zum UNIX-System und die Erlaubnis zur Nutzung der Benutzerschnittstelle zu erlangen, muss eine zusätzliche Schnittstelle erfolgreich „durchschritten" werden: Die Anmeldung und Identifikation als autorisierter Benutzer des Systems. Diese ist im Schichtenmodell sicherlich zuoberst zu lokalisieren.

2.1.3 Zugang zu UNIX

Um UNIX zu benutzen, muss zuerst eine Zugangskontrolle durchgeführt werden, bei der der Benutzername und ein Passwort eingegeben werden müssen, die von dem Programm login bearbeitet und überprüft werden. Wenn sich ein Benutzer um einen Zugang zum System bemüht, verschlüsselt das Programm login das aktuell vom Terminal eingelesene Passwort und vergleicht es mit der verschlüsselten Repräsentation in der Passwort-Datei. Diese enthält für jeden Benutzer eine Zeile, die den Benutzernamen, seine numerische Benutzeridentifikation, das verschlüsselte Passwort, das Heimatverzeichnis und andere Informationen enthält. Wenn das Passwort übereinstimmt, wird der Zugang erlaubt – wenn nicht, wird der Zugang verweigert.

2.1.4 Die Shell

Nach einem erfolgreichen Zugang zum System startet das login-Programm den *Kommandozeilen-Interpreter*, die *Shell*. Es gibt mehrere: Welche der Benutzer bekommt, entscheidet ein Feld im Benutzereintrag der Passwort-Datei. Daraufhin terminiert login. Die Shell initialisiert sich, gibt ein *Prompt-Zeichen* aus (das kann ‚$' sein) und wartet auf die Eingabe einer Kommandozeile durch den Benutzer.

Wenn der Benutzer eine Kommandozeile eingibt, extrahiert die Shell das erste Wort daraus, nimmt an, dass es sich dabei um den Namen eines Programms handelt, sucht dieses Programm und führt es aus, wenn es gefunden wurde. Die Shell suspendiert sich dann selbst, bis das aufgerufene Programm terminiert, um dann das Einlesen des nächsten Kommandos zu versuchen.

Die *Shell* ist ein *gewöhnliches Benutzerprogramm*. Alles, was die Shell können muss, ist das Lesen von und das Schreiben auf ein Terminal sowie das Ausführen eines Programms. Für ein Programm wie die Shell ist es nicht notwendig, ein Terminal zum Lesen oder Schreiben zu öffnen. Anstelle dessen hat die Shell, wenn sie (oder ein beliebiges anderes Programm) gestartet wird, automatisch Zugriff auf eine

Datei, die als *Standardeingabe* (zum Lesen) bezeichnet wird, auf eine Datei *Standard-ausgabe* (zum Schreiben der normalen Ausgabe) und auf eine Datei *Standardfehler-ausgabe* (zur Ausgabe von Fehlermeldungen).

Normalerweise sind alle drei Dateien defaultmäßig mit dem Terminal verbunden, so dass das Lesen von der Standardeingabe über die Tastatur und das Schreiben von normalen Ausgaben bzw. Fehlern über den Bildschirm erfolgt.

Es gilt:

- Die Standardeingabe hat den Filedeskriptor 0.
- Die Standardausgabe hat den Filedeskriptor 1.
- Die Standardfehlerausgabe (Diagnose-Ausgabe) hat den Filedeskriptor 2.

Im Folgenden gehen wir näher auf die Shell-Programmierung ein, wobei wir die Beispiele aus [Kerninghan et al. 1986] verwenden und zum Teil modifiziert haben.

Manchmal liefern Kommandos eine Diagnoseausgabe, auch wenn sie korrekt funk-tionieren:

```
$ time wc kap3              time sagt, wie lange ein Kommando gedauert hat
252  3535 25266 kap3        Ausgabe von wc (word count)
real 1.2                    dies kommt als Diagnose-Ausgabe
     user 0.4
     sys 0.4
```

Es ist möglich, die Standardeingabe und die Standardausgabe umzulenken. Syn-taktisch wird die Umlenkung der Standardeingabe durch das *Kleinerzeichen* (<) gefolgt von einem Dateinamen eingegeben. In ähnlicher Weise wird die Standard-ausgabe durch das *Größerzeichen* (>) umgelenkt. In ein und demselben Kommando dürfen auch beide gleichzeitig umgelenkt werden. Durch das Kommando

```
sort < eingabe > ausgabe
```

wird zum Beispiel für das Programm sort festgelegt, dass die Eingabe aus der Da-tei eingabe genommen und die Ausgabe in die Datei ausgabe geschrieben werden soll.

2.1.5   Struktur der Kommandozeile

Das einfachste Kommando für die Shell ist eine Zeichenkette, die eine ausführbare Datei benennt:

```
$ date  → Datei /bin/date
```

Kommandos kann man mit einem Semikolon verbinden:

```
$ date; who | wc →          hier wird eine Pipe (|) benutzt.
                            wc (für word count)
                            zählt die Zeilen, Worte und Zeichen
                            Die Pipe hat allerdings höhere Priorität als ;
                            und daher zählt wc nur die Zeilen der Ausgabe
                            von who
```

Will man die Ausgabe beider Kommandos mit wc bearbeiten, muss man Klammern verwenden:

```
$ (date; who) | wc →        Die Ausgabe von date und who wird in einen
                            Strom geschickt, der wc als Eingabe dient.
```

Es gibt auch das Kommando tee (*T-Stück*), mit dem man eine Pipe anzapfen kann. tee kopiert seine Eingabe in die angegebene Datei und in die Standardausgabe.

```
$ (date; who) | tee sicherDatei | wc
```

In diesem Fall ist die Ausgabe einzeilig. Sie gibt die Anzahl der Zeilen, Worte und Zeichen von (date; who) aus. Mit

```
$ cat sicherDatei
```

kann man sich die Datei sicherDatei anschauen, die das Resultat von date und who enthält. Mit

```
$ wc < sicherDatei
```

erhält man die gleiche Ausgabe wie mit dem obigen Kommando

```
$ (date; who) | tee sicherDatei | wc
```

UNIX ist ein Mehrprogrammsystem, d. h. ein Benutzer kann gleichzeitig mehrere Programme ausführen. Um einen Prozess als Hintergrundprozess auszuführen, wird ein Und-Zeichen (&) verwendet:

```
$ sort < eingabe > ausgabe &
     1100    →        die Prozessnummer des Hintergrundprozesses
                      wird zurückgegeben
$
```

Das Kommando sleep wartet die angegebene Zahl von Sekunden ab, bis es beendet wird.

```
$ sleep 10
            →        10 Sekunden dauert es, bis das Promptzeichen kommt.
$
```

Mit der folgenden Konstruktion wird die Ausführung eines Kommandos zu einem bestimmten Zeitpunkt bewirkt:

```
$ (sleep 600; echo Machen Sie jetzt Pause!) &
         →           nach 10 Minuten erscheint diese Meldung auf dem
                     Bildschirm
```

Zum Schluss noch ein Beispiel zur Ausgabe einer Datei im Hintergrund:

```
$ pr Datei | lpr &
```

Viele Kommandos akzeptieren Argumente: pr akzeptiert Dateinamen, echo gibt die Argumente auf dem Bildschirm aus. Dies ist von der Behandlung der Sonderzeichen <, >, | und & zu unterscheiden. Neben den zuletzt genannten Metazeichen gibt es noch * und +. Diese werden benutzt, um Suchmuster auszuwerten.

```
$ ls a*z → sucht nach Dateien, die mit a beginnen und z enden.
a*z not found
```

```
$ >abbz → abbz erzeugen
$ ls a*z
abbz
```

Das Metazeichen # dient zur Kennzeichnung eines Kommentars:

```
$ echo lutz # koehler
lutz
```

2.1.6   Dateien und Verzeichnisse

Das UNIX-Dateisystem kennt *Dateien* und *Verzeichnisse* – obwohl letztere auch
Dateien sind. Aber Verzeichnisse speichern wiederum Dateinamen, gruppieren
diese somit, und wenn darunter wieder ein Verzeichnis ist, dann ergibt sich eine
baumförmige, hierarchische Struktur von Namen.

Das Hauptverzeichnis in UNIX wird kurz mit ,/' bezeichnet. Ausgehend davon
gibt es Unterverzeichnisse wie

- /bin ausführbare Binärdateien
- /dev Spezialdateien für Geräte
- /etc System- und Konfigurationsdateien
- /lib Bibliotheken
- /usr nicht unmittelbar zum System gehörende Dateien

Darauf folgen systembedingt Verzeichnisse wie

- /dev/dsk blockorientierte Geräte
- /dev/rdsk zeichenorientierte Geräte
- /etc/httpd Konfiguration des Webservers
- /etc/mail E-Mail-spezifische Konfigurationsdateien
- /usr/bin zusätzliche Programme, nicht für den elementaren Systembetrieb
  notwendig
- /usr/lib die meisten Bibliotheken

Man sieht schon, dass das Zeichen ,/' in UNIX auch als Trennzeichen zwischen
Verzeichnisnamen steht. So ergeben sich *Pfade* von Verzeichnissen und Unterverzeichnissen bis hin zum eigentlichen Dateinamen.

Dateinamen und eben auch Verzeichnisnamen können bei älteren Systemen bis zu
14 Zeichen lang werden, bei moderneren 255. Es wird grundsätzlich zwischen
Groß- und Kleinschreibung unterschieden! Dabei können alle möglichen Zeichen im
Namen vorkommen: *Buchstaben*, *Ziffern* und *Sonderzeichen*. So sind Kombinationen
von mehreren, Punkt-getrennten Komponenten keine Seltenheit. Es wird dem
Dateisuffix keine besondere Bedeutung zugewiesen, es bestehen lediglich einige
Konventionen. Fangen Dateinamen mit einem Punkt an, so sind sie unsichtbar.

Das trifft auf viele Konfigurationsdateien im eigenen Verzeichnis zu, die entweder
automatisch angelegt oder selbst erzeugt sind. Eine Konvention besagt, dass diese
oft den Namensbestandteil ,rc' tragen.

Nun fragt man sich, wo die *eigenen Dateien* zu finden sind. Die *Benutzerverzeichnisse*, auch Home-Verzeichnisse genannt, werden mit dem Benutzerkürzel, mit dem man sich anmeldet, bezeichnet. Sie befinden sich je nach Systemkonfiguration an unterschiedlicher Stelle:

- Es gibt UNIX-Systeme, bei denen die Benutzer sich unter /users wiederfinden.
- Auch /home ist ein beliebter Verzeichnisort, um Benutzerverzeichnisse zu lokalisieren.

Auf jeden Fall gelangt man, wenn man sich angemeldet hat, in sein Verzeichnis. Dafür sorgt auch ein Eintrag in der bereits erwähnten Passwort-Datei.

Um sich in dem *Verzeichnisbaum* frei zu bewegen, benötigt man zum einen die Rechte, zum anderen das Kommando cd. Je nach verwendeter Shell erlauben die Shell-Kommandos pushd und popd ein komfortables Zwischenspeichern von Positionen in einer internen Stack-Datenstruktur. Zur Ersparnis von Schreibarbeit gibt es einige nützliche Konventionen im Zusammenhang mit cd und der Benennung von Verzeichnissen:

- So deutet der Punkt ‚.‘ immer auf das aktuelle Verzeichnis, in dem man sich befindet (übrigens mit pwd auszugeben).
- Mit der Notation ‚..‘ bezieht man sich auf das übergeordnete Verzeichnis.
- Gibt man bei cd gar nichts an, gelangt man in das eigene Home-Verzeichnis.
- Das Sonderzeichen ‚~‘ (*Tilde*) bezieht sich auch darauf, kann aber auch mit einem
- Namen versehen werden, um das Home-Verzeichnis desjenigen Benutzers anzusprechen: ~lkoehler.
- Bei der Benutzung von Shells kann man auch *Variablen* benutzen: so z.B. $(HOME).
- Beginnt ein Pfad nicht mit einem Slash ‚/‘, so wird er *relativ* zum aktuellen Verzeichnis interpretiert. Ansonsten wird er *absolut* genannt.

All diese Kurznotationen können natürlich auch in Pfaden auftreten, um Dateien zu benennen.

Verzeichnisse müssen nicht lokal sein, d.h. auf lokalen Festplatten gespeichert, um im Verzeichnisbaum aufzutauchen. Im Zusammenhang mit dem Network File System und vernetzten Maschinen mag es nicht verwundern, wenn das Home-Verzeichnis, das eigentlich auf einem Server im Verzeichnis /export/home gespeichert ist, lokal im Verzeichnis /home anzusprechen ist. Das ist für den Benutzer vollkommen transparent. In netzwerkbasierten Kommandos oder auch Konfigurationsdateien des so genannten *virtuellen Filesystems* (VFS) kommt dann aber auch die Pfadbezeichnung rhost:path vor, d.h. Servername und entfernter Pfad.

2.1.7 Hilfsprogramme

Wie bereits erwähnt, *lebt* das UNIX-Betriebssystem von seinen Hilfsprogrammen. Zumindest bietet es dem Benutzer all seine Dienste an. Dafür stehen einige Verzeichnisse mit Programmen zur Verfügung, einfache Kommandos bis hin zu komplexen Diensten zu realisieren. Lassen Sie uns einen Blick darauf werfen.

In /bin finden sich essentielle Programme, die auf keinen Fall fehlen sollten. Darunter sind verschiedenen Kommandointerpreter wie die Bourne-Shell sh, die etwas komfortablere csh, die bash (*GNU Bourne Again Shell*) sowie die tcsh und die zsh. Stellen Sie sich vor, diese würden fehlen: Dann könnte der Benutzer sich zwar einloggen und das System würde versuchen, die in der Passwort-Datei verzeichnetet Shell für den Benutzer zu starten, da das aber nicht geht, wird er gleich wieder aus dem System *herausgeworfen*.

```
[dinp35:/bin] # ls
bash        df          ln          rcp         tcsh
cat         domainname  ls          rm          test
chmod       echo        mkdir       rmdir       zsh
cp          ed          mv          sh          zsh-4.1.1
csh         expr        pax         sleep
date        hostname    ps          stty
dd          kill        pwd         sync
[dinp35:/bin] #
```

Es kann auch passieren, dass man sich nach dem Anmelden in der Bourne-Shell sh wiederfindet, damit aber gar nicht zurechtkommt. Sie ist schließlich die älteste und nicht besonders komfortabel. Oft ruft man die einem für geeignet erscheinende Shell aus einer anderen heraus auf. Dann bieten sich erhöhte Funktionalität gepaart mit unterschiedlicher Kompatibilität:

- Csh: Sie merkt sich die letzten Eingaben zur Wiederverwendung (*history mechanism*), hat Möglichkeiten der Prozessverwaltung (*job control facilities*) und kann das Eintippen von langen Namen über die Escape-Taste verkürzen, wenn dieses mit der Variablen filec (set filec) aktiviert ist. Ihre Syntax zur Programmierung von interpretierbaren Scripts ist C-ähnlich.

- Bash: Sie bietet bei deutlich erhöhtem Komfort die zur Ausführung von Scripten nützliche Kompatibilität zur Bourne-Shell. Für Anwender, die bereits mit dem Editor emacs vertraut sind, ist es sehr angenehm, dass zum Ausführen von Shell- Kommandos (builtins) dessen Tastenkombinationen benutzt werden können. Dies erlaubt ein sehr schnelles Arbeiten.

- Tcsh: Diese ist sehr komfortabel und vollständig zur csh kompatibel. Zur Auswahl von Kommandos aus der *history-list* können die Pfeiltasten benutzt werden. Ihr Ergänzungsmechanismus (*completion mechanism*) wird über die Tabulatortaste getriggert und ist in der Lage, vorgegebene Zeichenketten zu sinnvollen Kommandos, Variablen- oder Pfadnamen zu ergänzen.

Auch das Kommando ls zum Lesen von Verzeichnissen befindet sich in /bin: Bei
Fehlen dieses Verzeichnisses hätten wir diese Übersicht nicht erzeugen können.
Wir könnten weder Verzeichnisse anlegen (mkdir) und löschen (rmdir), Dateien erzeugen (vi), umbenennen oder verschieben (mv), kopieren (cp), auf entfernte Rechner
kopieren (rcp), löschen (rm), Zugriffsrechte ändern (chmod), ja noch nicht einmal do-
mainname und hostname feststellen. Fast noch schlimmer sieht es aus, wenn das Verzeichnis /sbin fehlt. Die *System Binaries* sind Programme, die vom System selbst benötigt werden. Hier ein Auszug:

```
...
fsck            mount_ftp           reboot
fsck_hfs        mount_hfs           restore
fsck_msdos      mount_msdo          route
halt            mount_nfs           routed
ifconfig        mount_ntfs          rrestore
...
```

Ein System kann nicht starten, wenn sein File-System nicht als „sauber" erkannt
(fsck) und „geladen" (mount, mount_nfs ...) werden kann. Das Netzwerk-Interface
wird mit ifconfig konfiguriert und aktiviert.

Schließlich gibt es die Hilfsprogramme, die insbesondere für den mehr oder weniger anspruchsvollen Anwender von großem Nutzen sind. Im Verzeichnis /usr/bin
und auch /usr/local/bin finden sich die Editoren (vi, pico, emacs), Compiler (c++,
gcc, java und javac), Interpreter (perl, php, python), Bibliothekswerkzeuge (libtool,
ranlib) und wertvolle *Utilities* (diff, grep, make). Sogar das Manual-Kommando
man und das Kommando zum Drucken lpr sind dort zu finden.

Noch ein paar Worte zu den Utilities, unverzichtbaren Hilfsprogrammen, auf die
im Computeralltag häufig und selbstverständlich zugegriffen wird:

- diff: Hat man eine alte und eine neue Version einer Datei, kann man sich die
  Unterschiede sehr schön anzeigen lassen.
- grep: Es handelt sich um einen Filter, der gern in Pipelines eingesetzt wird (z.B.
  mit cat), um aus größeren Datenmengen die relevanten herauszusuchen. Er
  benutzt als Muster *reguläre Ausdrücke*.
- make: Hinter dem Programm make steckt ein Management-Tool, das aus keinem
  Software-Projekt mehr wegzudenken ist. Es überprüft das Fehlen oder die Ak-
  tualität von Dateien und leitet Übersetzungsvorgänge automatisch ein.

Viele moderne, grafische Programm-Entwicklungsumgebungen setzen das Konzept oder sogar die Mechanismen von make ein. Wenn man solche grafischen
Werkzeuge besitzt, ist es doch von gewissem Vorteil, wenn man sich mit den *kleinen* Werkzeugen von UNIX auskennt. Diese sind schließlich immer da! Das gilt
besonders für den Editor vi, mit dem textuelle Änderungen in Systemkonfigurati-
onsdateien sehr schnell bewerkstelligt sind. Mit etwas Erfahrung entdeckt man
sogar sehr nützliche Eigenschaften von diesem. Zum Beispiel kann man alle Ausgaben von Dateien, die man mit more veranlasst, direkt durch Eingabe von v in den

Editor leiten und dort dann beliebig *positionieren* und *suchen*. Ersteres funktioniert durch Eingabe von G (go), so z.B. 1G für *gehe zu Zeile 1*, und Control-D bzw. -U für *down/up*. Der Suchmechanismus wird initiiert durch / und Eingabe von Text, seine Wiederholung durch n. Beenden des vi: :wq! oder :zz!.

Die Hilfsprogramme lassen sich je nach ihrem Anwendungsbereich in Kategorien einteilen: Dateisystem, Filter, Programmentwicklung, Textverarbeitung, Systemverwaltung, andere

Wir können einige bereits zuordnen. Besonders erwähnenswert sind die *Filter*, bilden sie doch die Bausteine des einzigartigen UNIX-Konzeptes, das die Kombinierbarkeit von Programmen betont!

2.2   UNIX- und Linux-Systeme in der Praxis

Der praktische Einsatz eines Betriebssystems als konkrete Basis wirft eine Menge von Fragen auf, wie Kosten, Administration, Leistungsfähigkeit, Sicherheit und Interoperabilität mit anderen Systemen. Viele dieser Fragen beziehen sich auf den Vergleich mit anderen Systemen, darunter insbesondere die Desktop Betriebssysteme von Microsoft. Häufig müssen diese Fragen im Kontext der jeweiligen Anwendung diskutiert werden.

Während Linux von Anfang an ein freies Betriebssystem war, das gleichzeitig auch den Quelltext offen legte, war das für andere UNIX-Varianten in der Regel nicht der Fall. In den letzten Jahren hat sich im UNIX-Bereich die Zahl der freien und auch Open-Source-Systeme erheblich vermehrt. Gleichzeitig ist aber ein Markt entstanden, in dem es um die professionelle Unterstützung bei der Installation und beim Betrieb von UNIX-Systemen geht.

Gegenüber anderen Varianten bieten UNIX- und insbesondere Open-Source-Systeme den Vorteil der erheblich größeren Systemsicherheit. Dies macht UNIX und Linux vor allem für sicherheitsempfindliche Anwendungen und für Anwendungen, die eine hohe Zuverlässigkeit verlangen, interessant (z.B. Serveranwendungen).

Da der Schwerpunkt der UNIX-Systeme traditionell im professionellen Anwendungsbereich liegt, sind die Endbenutzerfähigkeiten dieser Systeme manchmal weniger gut ausgebildet. Ein Grund dafür ist die bisher noch relativ geringe Vereinheitlichung der Bedienoberfläche von UNIX- und von Linux Systemen. Historisch gesehen liegt dies daran, dass für UNIX zwar relativ früh mit X11 eine portable Basis für die Entwicklung von Benutzerschnittstellen zur Verfügung stand, dass X11 aber selbst noch nicht das Fenstersystem und dessen Bedienphilosophie (*look and feel*) vorgibt. Inzwischen gibt es aber insbesondere im Linux-Bereich einige bequem nutzbare Window-Systeme (KDE, Gnome).

Schließlich bleibt festzuhalten, dass fast alle wesentlichen Anwendungen heute für Linux teils in freier und teils in kommerzieller Form zur Verfügung stehen.

2.3 Exkurs: Geschichtliche Entwicklung von UNIX und Linux

Die Wurzeln der Entwicklung von UNIX gehen auf die 60er Jahre zurück. Eine Kooperation von General Electrics, Bell Labs und einer Entwicklungsgruppe am MIT in Boston hatte sich zum Ziel gesetzt, ein kommerzielles Timesharing-System namens Multics zu entwickeln. Als nach vier Jahren noch kein Erfolg absehbar war, stellte Bell Labs seine Mitarbeit an dem Projekt ein (Multics war letztlich doch ein erfolgreiches Betriebssystem, das noch in den 80ern im Einsatz war).

Die bisher am Multics-Projekt beteiligten Wissenschaftler von Bell Labs mussten sich also eine neue Aufgabe suchen. Da er nicht über ausreichend mächtige Computer verfügte, versuchte Ken Thompson, einer der ehemaligen Multics Entwickler, eine abgespeckte Variante von Multics auf einem Prozessrechner PDP 7 zu implementieren. Brian Kernighan (der Mitentwickler von C) nannte dieses kleine System später Unics, woraus schließlich UNIX wurde.

Die Anfangserfolge verhalfen der Entwicklertruppe um Thompson, Kernighan und Richie zu breiterer Unterstützung durch Bell Labs, so dass sie ihre Entwicklungen auf den leistungsfähigeren Rechnern der PDP 11 Serie fortsetzen konnten. Die Tatsache, dass Bell Labs das Betriebssystem zunächst kostenlos weitergab, und dass die PDP 11 damals praktisch der Standardrechner an Universitäten und Forschungseinrichtungen war, führte dazu, dass in den 80ern UNIX zum Standardbetriebssystem im Forschungsbereich wurde. Dies wurde auch dadurch unterstützt, dass UNIX schließlich auch auf andere Rechner portiert wurde.

Nach der Herausgabe der UNIX-Version 7 begann 1984 die Kommerzialisierung von UNIX, die von Seiten des Herstellers AT&T in der UNIX-Version System V mündete. Eine andere, ebenfalls sehr bedeutende Entwicklungsrichtung wurde von der Universität Berkeley beschritten. Die sehr weit verbreiteten Releases 4.2BSD, 4.3BSD und 4.4BSD liefen unter anderem auf den VAX-Computern der Firma Digital und den Workstations von Sun Microsystems.

Vielleicht die weitreichendste Neuerung von BSD-UNIX war die Einführung des Netzwerkprotokolls TCP/IP. Zusätzlich stammen aus der Berkeley-Zeit viele UNIX Hilfsprogramme (z.B. auch der Editor vi).

In der Folge gab es teilweise erfolgreiche Bestrebungen, die auseinander driftenden UNIX-Systeme wieder zu vereinen. Das wichtigste Ergebnis ist der POSIX Standard, der die wesentlichen Systemaufrufe standardisiert. Trotzdem gibt es auch heute noch kein „Standard-UNIX".

Ab Ende der 90er Jahre ergab sich durch die Verbreitung des Personal-Computers eine völlig neue Situation. PCs hatten noch eine wesentlich geringere Leistungsfähigkeit als Arbeitsplatzcomputer. Zusätzlich waren PC-Besitzer in der Regel nicht in der Lage, die teuren Lizenzkosten der kommerziellen UNIX-Systeme aufzubringen. Der erste Schritt in eine neue Richtung war das von Tanenbaum 1987 für Ausbildungszwecke entwickelte Minix. Es lief problemlos auf einem 16 Bit-8088. Da der Systemkern aus weniger als 12000 Zeilen Quellcode bestand, war er auch für Informatikstudenten leicht zu durchschauen und zu modifizieren.

Linux resultiert aus den Erfahrungen, die sein Entwickler Linus Torvalds mit Minix machte. Torvalds wurde durch den Umgang mit Minix überzeugt, dass es nicht so schwierig sein könnte, einen eigenen UNIX-Kernel vollständig neu zu entwickeln. Dabei setzte er sich zum Ziel, ein System für den Intel-Prozessor 386 zu entwickeln, das als Basis eines vollwertigen Betriebssystems dienen kann.

Eine weitere Besonderheit war, dass Torvalds von Anfang an (1991 erschien die Linux Version 0.01) weitere Mitentwickler im Internet suchte und fand. Sehr bald entwickelte sich Linux zu dem ersten umfassenden freien Entwicklungsprojekt. Dabei kam den Linux-Entwicklern entgegen, dass sich, ausgehend von Richard Stallmans Free Software Foundation, das GNU-Projekt und andere Projekte zur Entwicklung frei verfügbarer Software für UNIX-Systeme entwickelt hatten. Da die Linux-Entwickler sich weitgehend an vorhandene Standards hielten, war von Anfang an umfangreiche Anwendungssoftware für Linux verfügbar.

Auf Grund seiner starken Beachtung von Standards ist Linux weitestgehend kompatibel mit anderen UNIX-Systemen. Größere Unterschiede gibt es allerdings in der Regel in den internen Mechanismen des Systems. Dies betrifft z.B. Scheduling, Prioritäten, Prozessstruktur, Threading, Gerätetreiber und anderes.

3 Script-Programmierung in UNIX/Linux

3.1 Was versteht man unter Script-Programmen?

Script-Programme ergänzen das Konzept von UNIX, seine Benutzerschnittstelle durch das Bereitstellen von vielen, insbesondere *kombinierbaren Hilfsprogrammen* zu bilden. Damit steht deren Aufruf und Verbindung im Vordergrund.

- Bei *Filtern* dient der Ausgabestrom des einen als Eingabe des nächsten.
- Bei *Systemprogrammen* werden die Rückgabewerte und Errorcodes weiterbenutzt.

Irgendwann gelangt man an den Punkt, wo Kontrollstrukturen und programmiersprachliche Konstrukte benötigt werden. Hier setzen die Script Programme an, die interpretiert werden und daher eine einfache Möglichkeit der Programmierung bieten.

> Scripte sind Textdateien, die interpretierbaren Progammcode in einer der Sprachen der Kommandointerpreter, der Bourne-Shell sh oder der csh, enthalten.

Ihre Ausführbarkeit wird mit dem *Execute-Bit* der Zugriffsrechtemaske angedeutet. Der dazugehörende *Interpeter* wird in der ersten Zeile eines Scripts festgelegt, und zwar als Kommentar: #!/bin/sh oder #!/bin/csh

Die verwendbaren Programmiersprachen sind imperativ, kennen *Variablen, Kontrollstrukturen, Prozeduren oder Funktionen* und nutzen den *Aufruf anderer Programme* des Betriebssystems. Die Sprache der csh ist sehr C-ähnlich. Natürlich können sie auch mit *Optionen und Argumenten* versehen werden. Um diese einfach und einem gewissen Standard folgend zu verarbeiten, bietet das Betriebssystem das Hilfsprogramm getopt an.

Das *Einsatzgebiet* von Scripten ist vielfältig. Sie kontrollieren wichtige Systemvorgänge: das Hochfahren des gesamten UNIX-Systems, das Starten und Stoppen essentieller Dienste – wie zum Beispiel den des Webservers – und sehr häufig das Konfigurieren und Installieren von Programmpaketen. Da gerade dort die Notwendigkeit zur Anpassung häufig auftritt, sollte man sich damit auskennen.

3.2 Programmierung von UNIX/Linux-Scripten

In diesem Abschnitt widmen wir uns den Programmiermöglichkeiten, die uns der Kommandointerpreter sh bietet. Dies geschieht vor dem Hintergrund, dass fast alle Script-Dateien, die zum Betriebssystem gehören, in der Sprache der Bourne-Shell verfasst sind. Um diese zu verstehen oder zu verändern, ist das Beherrschen der Programmiersprache der sh notwendig. Der damit verbundene Minimalismus, das

Beschränken auf die einfache sh, verschafft dem System Effizienz und eine enorme
Stabilität. Im Folgenden verwenden wir einige Beispiele aus [Kernighan et. al.
1986], die wir modifiziert haben.

3.2.1   Erzeugen eigener Kommandos

Angenommen, ein Systemadministrator führt sehr oft das folgende Kommando
aus, um zu sehen, wie viele User angemeldet sind:

```
$ who | wc -l # -l steht für lines
```

Es wäre sinnvoll, wenn man hierfür ein eigenes Kommando anz für *Anzahl der User*
hätte. Als Erstes erzeugt man dazu eine Datei mit dem Namen anz, die dieses
Kommando enthält.

Wie wir schon am Anfang festgestellt haben, ist die Shell ein gewöhnliches Programm. In unserem Fall verwenden wir sh. Also können wir auch die Eingabe für
dieses Programm umleiten. Damit können wir unsere Datei anz folgendermaßen
ausführen:

```
$ sh < anz
```

Es gibt jedoch einen einfacheren Weg. Man kann die Datei *ausführbar machen* und
dann akzeptiert die Shell die Datei als Kommando:

```
$ chmod +x anz
$ anz
```

In diesem Fall nennt man die Datei ein *Shell-Script*. Shell-Scripte werden als eigene
Prozesse gestartet, d. h. die Shell glaubt, das folgende Kommando sei ausgeführt
worden:

```
$ sh anz
```

Diesen Prozess nennt man daher auch *Sub-Shell*.

Unser Shell-Script anz funktioniert allerdings nur, wenn sich die Datei in unserem
Arbeitsverzeichnis befindet. Wollen wir jedoch anz in jedem Directory ausführen
können, müssen wir die Datei in unser privates bin-Directory verlagern [vgl. Kernighan et. al. 1986]:

```
$ pwd
/usr/koehler
$ mkdir bin            # bin erzeugen
$ echo $PATH
:/usr/koehler/bin:/bin:/usr/bin
$ mv anz bin                    # anz nach bin verlagern
$ ls anz
anz not found                   # anz ist wirklich nicht mehr im
                                # Arbeitsverzeichnis
$ anz                           # die Shell findet es trotzdem
10
$
```

PATH wird in `.profile` gesetzt.

Ein anderes Beispiel für ein praktisches Shellscript ist das folgende:

```
werMachtWas (who und ps -a).
```

3.2.2 Parameter für Shell-Scripte

Lassen Sie uns ein Shell-Script konstruieren, das Programme ausführbar macht. Wir nennen es exe. Damit ist

```
$ exe anz
```

eine Abkürzung für

```
$ chmod +x anz
```

Als Erstes brauchen wir eine Datei mit dem Namen exe, die das obige enthält. Aber wie behandeln wir die Eingabe für dieses Programm, d. h. geben die Datei an, die ausführbar gemacht werden soll?

Hierzu gibt es die Parameter für Shell-Scripte:

> Parameter für Shell-Scripte
> - $1 wird überall im Script durch das erste Argument ersetzt,
> - $2 durch das zweite usw.

Die Datei exe sieht dann so aus:

```
chmod +x $1
```

Schließlich führen wir das folgende Kommando aus:

```
$ exe anz
```

Betrachten wir die ganze Folge von Kommandos zum Erreichen unseres Ziels:

```
$ echo "chmod +x $1" > exe   # Datei exe mit dem Inhalt chmod und
                             #  x $1 erzeugen
$ sh exe exe                 # exe selbst ausführbar machen
$ echo echo Hier ist marc > hallo # Testprogramm erzeugen
$ hallo
hallo: cannot execute
$ exe hallo
$ hallo
Hier ist marc
$ mv exe /usr/koehler/bin
$ rm hallo
```

Soll das Kommando exe für mehrere Dateien funktionieren, so würde man Folgendes schreiben:

```
chmod +x $1 $2 $3
```

Dies ist aber nur bis $9 möglich, denn $10 wird als $1 gefolgt von 0 betrachtet. Jedenfalls, wenn wir $1 bis $9 angeben, geht es mit einer beliebigen Anzahl von Argumenten bis 9. Aber dies ist unsauber.

Was machen wir, wenn wir mehr als zehn Argumente angeben wollen? In diesem Fall geben wir Folgendes an:

```
chmod +x $*
```

$* steht also für beliebig viele Argumente.

Das folgende Script zählt die Anzahl von Zeilen in Dateien:

```
$ cat lc
# lc (line count)
wc -l $*
$ lc /usr/koehler/bin/*
    1 /usr/koehler/bin/exe
    2 /usr/koehler/bin/lc
    usw.
```

Noch eines wollen wir nachtragen: $0 bezeichnet das Programm, das gerade ausgeführt wird.

Als Beispiele [aus Kernighan et. al. 1986] geben wir Programme mit den Namen 2, 3, 4 usw. an, die dazu dienen sollen, die Ausgabe auf dem Bildschirm in 2, 3, 4 usw. Spalten anzuzeigen. Wir implementieren lediglich die Datei 2 und geben dann Links auf diese Datei an. Es handelt sich hier also um ein und dasselbe Programm mit den Namen 2, 3, 4 usw. Dies erledigen wir mit dem Kommando ln:

```
$ cat 2                       # Datei in 2, 3, 4 usw. Spalten ausgeben
pr - $0 -t -l1 $*             # -$0 gibt die Anzahl der Spalten für pr an.
                              # -t unterdrückt die Überschrift.
                              # -l1 definiert die Länge einer Seite als 1.
$ ln 2 3; ln 2 4; ln 2 5
$ ls /usr/koehler/bin | 4     # Anzeige des Directoriess in vier Spalten.
```

3.2.3   Shell-Variablen

Die Zeichenfolgen $1, ..., $9 sind *positionelle Parameter* (*Shell-Variablen*), die wir bereits kennen gelernt haben. PATH ist die Liste von Directories, in denen die Shell nach Kommandos sucht. HOME bezeichnet das Heimatdirectory.

Mit Ausnahme der positionellen Parameter können Shell-Variablen verändert werden. Mit dem Gleichheitszeichen wird einer Variablen ein Wert zugewiesen. Stellen wir ein $ vor den Namen der Variablen, können wir auf ihren Wert lesend zugreifen.

```
$ PATH=/bin:/usr/bin          # WICHTIG: keine Blanks bei der Zuweisung erlaubt
$ PATH=$PATH:/usr/games
$ echo $PATH
/bin:/usr/bin:/usr/games
```

Sie können auch eigene Variablen definieren. Diese schreibt man meistens klein, da solche mit besonderer Bedeutung groß geschrieben werden (wie PATH). Die Zuweisung an die Variable benutzt auf der rechten Seite die so genannten *Backticks*, um das Kommando pwd zu klammern. Damit wird veranlasst, dass das Ergebnis der

Ausführung des Kommandos der Variable zugewiesen wird. Ohne die Backticks würde lediglich die Zeichenkette pwd zum Inhalt der Variable. Im Folgenden wird mehrfach auf diese Notation zurückgegriffen, z.B. set date oder echo $PATH im Gegensatz zu echo "Hallo". Es muss darauf geachtet werden, dass exakt diese Backticks, also die von links oben nach rechts unten verlaufenden Anführungsstriche, benutzt werden.

```
$ pwd
/usr/koehler/bin
$ dir=`pwd` # merken, wo wir sind.
$ cd /usr/meier/bin
$ # etwas im fremden Directory arbeiten
$ cd $dir # und zurück ins eigene Directory
$ pwd
/usr/koehler/bin
```

Mit dem UNIX-Kommando set zeigen Sie die Werte aller Shell-Variablen an:

```
$ set
HOME = ...
PATH = ...
...
dir = ...
```

Wenn Sie nicht alle sehen wollen, benutzen Sie am besten echo:

```
$ echo $dir
```

Der Wert einer Variablen gehört immer zu der Shell, in der sie erzeugt wurde. Die Werte vererben sich also nicht an Sub-Shells:

```
$ name=marc
$ sh
$ echo $name
# name nicht bekannt
$ <control-d> # Sub-Shell beenden
$ echo $name
marc
```

Hier ergibt sich also das Problem, dass ein Shell-Script die Werte von Variablen nicht ändern kann, denn es wird ja als eigener Prozess ausgeführt (Sub-Shell). Um dies zu ermöglichen, hat man das Kommando . (Punkt) eingeführt. Eine Datei, die mit Punkt ausgeführt wird, ist eigentlich kein Script und muss auch nicht ausführbar sein.

Es wird einfach die Standardeingabe umgelenkt und somit werden die Kommandos der Datei so behandelt, als würden sie interaktiv eingegeben. Ursprünglich wurde das Kommando Punkt erfunden, um die Profile-Datei auszuführen, ohne das System verlassen zu müssen (.profile).

```
$ cat /usr/koehler/bin/games
PATH=$PATH:/usr/games
$ echo $PATH
```

```
                        # PATH ohne den Zusatz /usr/games
$ . games
$ echo $PATH
                        # PATH mit dem Zusatz /usr/games
```

Es gibt noch eine bequemere Möglichkeit, Shell-Variablen in Sub-Shells verfügbar zu machen, und zwar durch *Exportieren*. Hierzu dient das Kommando export.

```
$ name=marc
$ export name
$ sh
$ echo $name
marc # name ist bekannt.
$ <control-d>
$ echo $name
marc # name ist immer noch bekannt.
```

Exportieren Sie nur Variablen, die in *allen* Sub-Shells benutzt werden sollen (wie HOME oder PATH).

3.2.4   Umlenken der Ein- und Ausgabe

Betrachten wir noch einmal ein Beispiel [vgl. Kernighan et al. 1986]:

```
$ time wc kapitel3 > anzahl.out
    real 1.2
    user 0.4
    system 0.4
```

In diesem Fall erscheint die Diagnoseausgabe trotz der Verletzung auf dem Bildschirm. Möchte man dies vermeiden, so kann man schreiben:

```
$ time wc kapitel3 > anzahl.out 2>zeiten.out
$                           # Prima. Das funktioniert.
$ cat zeiten.out
    real 1.2
    user 0.4
    system 0.4
```

Möchte man die gesamte Ausgabe in eine Datei packen, so kann man Folgendes schreiben:

```
$ time wc kapitel3 > anzzeit.out 2>&1
```

Hier wird sowohl Ausgabe als auch Diagnose in die Datei umgelenkt. 2>&1 bewirkt, dass die Diagnoseausgabe in den gleichen Strom gelenkt wird wie die Standardausgabe.

Umlenkungsoperatoren

>dat	Standardausgabe in Datei dat
fd>dat	Ausgabe von Filedeskriptor fd in Datei dat
fd>>dat	Ausgabe von Filedeskriptor fd an Datei dat anfügen
>>dat	Standardausgabe an Datei dat anfügen

<dat	Standardeingabe aus Datei dat
kom1 | kom2	Standardausgabe von Kommando kom1 wird Standardeingabe von kom2

3.2.5 Kontrollstrukturen

Nachdem wir im vorherigen Abschnitt die grundlegenden Konzepte der UNIX-Shell besprochen haben, wenden wir uns nun der Thematik der Shellprogrammierung zu. Wir tun dies am Beispiel der Shell sh. Dies ist nur eine Einführung. Um Genaueres über einzelne Kommandos zu erfahren, empfehlen wir Ihnen, mit dem Kommando man sh das UNIX-Manual zu lesen.

3.2.5.1 Die for-Anweisung

Die Syntax der *for-Anweisung* lautet:

Syntax der for-Anweisung
```
for <variable> in <Liste von Worten>
do
<Anweisungen>
done
```

Als Beispiel geben wir eine Schleife an, die Dateinamen ausgibt:

```
for i in *
do
echo $i
done
```

Sehr häufig wird als Laufvariable i verwendet (es gibt übrigens keine Variablendeklarationen). Mit * sprechen wir im obigen Beispiel alle Dateien des aktuellen Directoriess an.

Das nächste Beispiel zeigt, wie wir Dateien vergleichen können. Und zwar nehmen wir an, wir haben unser Vorlesungsmanuskript in Form von mehreren Dateien im aktuellen Directory und wollen dies mit den Dateien in einem Directory mit dem

```
for i in vorles.* # vorles.1 vorles.2 usw.
do
echo $i
diff -b alteVersion/$i $i
echo # neue Zeile wegen besserer Lesbarkeit
done | pr -h "Differenz zwischen `pwd`/alteVersion `pwd`" | lpr &
```

In diesem Fall erzeugen wir einen Seitentitel mit der Option -h. Außerdem erzeugen wir einen Hintergrundprozessmittels &, wobei dies sich auf die ganze Schleife bezieht. Der Vorteil ist, dass wir nicht auf jeden einzelnen Vergleich warten müssen, sondern das Ergebnis in einem Lauf erhalten.

Zur Syntax ist noch zu sagen, dass do und done nur erkannt werden, wenn sie gleich nach einem Zeilentrenner oder einem Semikolon auftreten. Wir könnten also kürzer schreiben:

```
for <variable> in <Liste von Worten>; do <Anweisungen>; done
```

Aufpassen müssen Sie, wenn Sie innerhalb einer Schleife Anweisungen verwenden, die selbst wieder eine Schleifenverarbeitung erlauben, wie zum Beispiel:

```
chmod +w $*  # die Dateinamen aus der Parameterliste
             # als Argumente eines Shellscripts
```

Falls Sie in diesem Fall Folgendes schreiben:

```
for i in $*
do
chmod +w $i
done
```

verlieren Sie unnötig Zeit. Besser wäre in diesem Fall nur anstatt der Schleife zu schreiben.

Zum Schluss dieses Abschnitts noch ein größeres Beispiel aus [Kernighan et al. 1986]: Wir nehmen an, Sie möchten einem Freund oder einer Freundin Ihre geschriebenen Shell-Scripts über E-Mail zukommen lassen. Am einfachsten ist es, wenn Sie alle Dateien Ihres Directories zum Beispiel /usr/koehler/bin aneinander hängen und per E-Mail verschicken. Unsere erste Lösung könnte also lauten:

```
$ cd /usr/koehler/bin
$ cat dateienVersenden             # Diese Datei dann ausführen.
for i in *
do
    echo Hi! Hier kommt Datei $i :
    cat $i
done | mail ia4711@advm2
```

Was ist schlecht an dieser Lösung? Nun ja, für den Sender ist sie akzeptabel, aber für den Empfänger nicht, denn er muss alles mit einem Editor auseinander pflücken.

Schöner wäre es, wenn wir ein Script verschicken würden, das in der Lage ist, die Dateien selbst auszupacken. Hierzu benötigen wir jedoch noch einen speziellen Mechanismus, und zwar so genannte *Here-Dokumente*.

> **Exkurs (Here-Dokumente)** Dieser Mechanismus sorgt dafür, dass man die Standardeingabe für ein Kommando zusammen mit dem Kommando in eine Datei schreiben kann. Man braucht also keine zweite Datei und alles steht schön zusammen in einem Script. Betrachten wir dazu das folgende Telefonauskunftsprogramm:
>
> ```
> $ cat 01188
> grep "$*" << ENDE    # von hier an bis zum Wort ENDE ist alles
> frechen 02234        # die Standardeingabe
> ```

```
bonn 0228
gummersbach 02261
koeln 0221
ENDE
$
```

Zurück zu unserem Shellscript zum Versenden von Dateien (aus [Kernighan et al.
1986]):

```
$ cat dateienVersenden
# Dateien zusammenpacken und versenden

echo "# Zum Auspacken, sh auf diese Datei anwenden"
for i
do
     echo "echo $i 1>&2"      # Anführungszeichen kennzeichnen
                              # Zeichenfolgen, wobei aber $
                              # ausgewertet wird.
     echo "cat >$i <<'Ende von $i'" # Beginn des Here-Documents
     cat $i
     echo "Ende von $i"
done
```

Nun probieren wir das zuerst einmal bei uns aus, ehe wir es verschicken:

```
$ dateienVersenden exe anz >schrott
$ cat schrott
                         # Zum Auspacken, sh auf diese Datei anwenden
echo exe 2>&1            # Wir verwenden die Diagnose-Ausgabe.
cat exe <<'Ende von exe'
chmod +x $*
Ende von exe
                         # Das gleiche folgt nun für anz.
                         # Ich liste das hier aber nicht auf!
$
```

Jetzt probieren wir aus, ob wir die Dateien auspacken können:

```
$ mkdir test
$ cd test
$ sh ../schrott        # Shell anwenden.
exe
anz
$ ls
exe
anz
$ cat exe              # Schön! Funktioniert also!
chmod +x $*
```

Das letzte Shell-Script ist sehr interessant, weil es selbst ein Programm generiert,
Gebrauch macht von der Ein-/Ausgabeumlenkung und Here-Dokumente benutzt.
Die Kürze des Programms ist beeindruckend.

3.2.5.2   Die case-Anweisung

Syntax der case-Anweisung

```
case <wort> in
<muster>) <anweisungen>;;
<muster>) <anweisungen>;;
...
esac
```

Es wird <wort> mit <muster> verglichen und <anweisungen> dort und nur dort ausgeführt, wo das erste Mal der Vergleich positiv ist. Als Beispiel für die Anwendung von case wollen wir das Standard-Kalenderprogramm cal verbessern.

```
$ cal
usage: cal [month] year
$ cal march 2005
bad argument
$ cal 3 2005          # Wir sehen den Monatskalender für 03/2005
```

Vier Dinge wollen wir ändern:

1. Der Monat soll als Text angegeben werden können.
2. Geben wir zwei Argumente an, so soll sich cal so verhalten wie das originale cal.
3. Mit einem Argument soll cal den entsprechenden Monat des laufenden Jahresoder den aktuellen Monat des eingegebenen Jahres ausgeben.
4. Wenn kein Argument angegeben wird, soll der aktuelle Monat im laufenden Jahr angezeigt werden.

Sehr wichtig ist hier, dass wir eine eigene Version von cal anlegen können und dies zum Beispiel in /usr/victor/bin ablegen. Dann wird immer die eigene Version aufgerufen und man braucht das originale *cal* nicht anzufassen (aus [Kernighan et al. 1986]).

```
$ cat cal
# eine angepasste Schnittstelle zu /usr/bin/cal
case $# in # $# gibt die Anzahl der Argumente an,
# mit denen cal aufgerufen wurde.
0) set `date`; m=$2; j=$6 ;; # kein Argument, Backticks!
1) m=$1; set `date`; j=$6 ;; # ein Argument: dieses Jahr
*) m=$1; j=$2 ;; # zwei Argumente
esac
case $m in
jan* | Jan*) m=1 ;;
feb* | Feb*) m=2 ;;
...
dez* | Dez*) m=12 ;;
[1-9] |10|11|12) ;; # Monatszahl
*) j=$m; m="" ;; # nur ein Jahr
esac
/usr/bin/cal $m $j # Original cal
```

Wir müssen nur noch etwas zu der trickreichen Anwendung von set und date sagen:

```
$ date
Wed March 19 17:30:00 EDT 2005
$ set `date`
$ echo $1
Wed
$ echo $2
March
```

set ist ein sehr mächtiges Kommando. Ohne Argumente zeigt es die Variablenbelegung an. Hat set Argumente, so werden dadurch die Variablen $1, $2 usw. definiert.

Hier einmal zusammengefasst:

Vordefinierte Shell-Variablen

$#	Anzahl der Argumente
$*	Alle Argumente für die Shell
$?	Resultatwert des letzten Kommandos
$$	Prozessnummer der Shell
$!	Prozessnummer des letzten Kommandos mit &
$PS1	Erstes Promptzeichen
$PS2	Zweites Promptzeichen

3.2.5.3 Die if-Anweisung

Syntax der if-Anweisung

```
if <anweisung>
then
     <anweisungen>;;
else                   # der else-Teil kann auch entfallen
     <anweisungen>;;
fi
```

Jede Anweisung liefert einen exit-*Code*:

0	erfolgreich
Wert ungleich 0	nicht erfolgreich

Achtung: Dies ist genau umgekehrt zu C und C++!

In diesem Zusammenhang sollten wir das Kommando test erwähnen, dessen einzige Aufgabe es ist, einen exit-Code zu liefern. Das Kommando gibt nichts aus und ändert keine Dateien. Es können verschiedene Flags eingesetzt werden:

test -r datei	existiert datei und ist sie lesbar?
test -f datei	existiert datei und ist sie kein Directory?

usw. (vgl. hierzu man test).

Wie oben schon erwähnt, können Sie sich den exit-Code des letzten Kommandos
mit

```
$ echo $?
```

anschauen.

Normalerweise ist case schneller als if, da bei case im ersten Fall nur Musterver-
gleiche durchgeführt werden, während bei if im zweiten Fall immer eine Anweisung ausgeführt wird, um einen Wahrheitswert zu erhalten. Daher wird in Shell-
Scripts meist case dort bevorzugt, wo wir in C, C++ oder Java ein if verwenden
würden.

Wir wollen uns nun als Beispiel für if das Kommando which anschauen, was dazu
dient, herauszufinden, welche Datei einem Kommando entspricht. Um which zu
implementieren, müssen wir die Variable PATH untersuchen. Und zwar schauen wir
für jeden Directory-Eintrag nach, ob wir dort eine Datei mit dem gleichen Namen
wie unser Kommando finden (aus [Kernighan et al. 1986]).

```
$ cat which
# Welches Kommando in PATH wird ausgeführt?
case $# in
0) echo "usage: which command" 1>&2; exit 2
esac
for i in `echo $PATH | sed s/:/\./g` # dies ist nervig. Wir
                                     # formulieren es nicht aus.
                                     # Hier soll lediglich aus PATH
                                     # durch Ersetzen eine Liste von
                                     # Directory-Namen entstehen.
do
    if test -f $i/$1
    then
    echo $i/$1
    exit 0                           # erfolgreich. Pfad ausgeben.
    fi
done
exit 1                               # nicht gefunden.
```

Testen wir nun das Ganze:

```
$ exe which                 # ausführbar machen
$ which ed
/bin/ed
$ mv which /usr/koehler/bin
$ which which
/usr/koehler/bin/which
```

3.2.5.4 Weitere Anweisungen

Sicherlich wird for als Schleife am meisten verwendet. Es gibt jedoch noch while und
until. Mit diesen Konstrukten lässt sich gut programmieren, was passieren soll,
wenn ein bestimmtes Ereignis eintritt.

Syntax der while**-Anweisung**

```
while <anweisung>
do
       <anweisungen>;; # ausgeführt, solange <anweisung> wahr liefert
done
```

Syntax der until-Anweisung

```
until <anweisung>
do
       <anweisungen>;; # ausgeführt, solange <anweisung> falsch liefert
done
```

Als Beispiel geben wir ein Programm an, das beobachtet, ob sich jemand anmeldet:

```
while sleep 60
do
     who | grep marc
done
```

Diese Version hat einige *Nachteile*:

- Wenn *Marc* angemeldet ist, muss man eine Minute warten, ehe man es erfährt.
- Bleibt *Marc* angemeldet, bekommt man die Meldung jede Minute.

Formulieren wir die ganze Sache besser:

```
until who | grep marc
do
     sleep 60
done
```

Es gilt hier: Wenn *Marc* angemeldet ist, erhalten wir das Ergebnis sofort.

Verpacken wir dies nun als eigenes Kommando:

```
$ cat watchfor
# Warten bis sich jemand anmeldet

case $# in
0)   echo "usage: watchfor person" 1>&2; exit 1
esac

until who | grep $1
do
     sleep 60
done
```

Zum Schluss dieses Abschnitts geben wir noch ein Script aus [Kernighan et al. 1986] an, das beobachtet, wie sich die Anmeldesituation jede Minute ändert. Wir führen jede Minute who aus und berichten über die Unterschiede zu vorher. Die Ausgabe von who bewahren wir in einer Datei in tmp auf. Um unsere Dateien von anderen zu unterscheiden, machen wir $$ (die Prozessnummer des Shell Kommandos) zum Bestandteil des Dateinamens. Dies ist ein *übliches Verfahren und kommt oft vor!*

```
$ cat watchfor
# Beobachten, wer sich an- und abmeldet

new=/tmp/watchfor1.$$
old=/tmp/watchfor2.$$

>$old                          # leere Datei anlegen
while true                     # Endlosschleife: true ist eine Anweisung,
                               # die immer true liefert. Man kann
                               # auch : verwenden.
do
who > $new
diff $old $new
mv $new $old
sleep 60
done | awk '        />/ { $1 = "in: "; print }        # dient zur schönen
                    /</ { $1 = "out: "; print }'      # Darstellung der Ausgabe
```

Ändert man > $old in who > $old ab, so bekommt man wirklich nur die Änderungen und nicht alle Benutzer, die angemeldet sind. Eine Anwendung, die ähnlich wie watchfor funktioniert, kennen Sie: Sie heißt: *You have new mail!*

3.3   Praxisbeispiele

3.3.1   Standardisierte Parameterübergabe

Alle UNIX-Programme kennen per Konvention die Angabe und Annahme von Optionen und deren Argumenten in der Form -x wert, dem Bindestrich gefolgt von einem repräsentativen Zeichen und einem Argumentwert. Zur einfacheren Weiterverarbeitung sollte das Hilfsprogramm getopt benutzt werden, da es gleichzeitig die Einhaltung der Syntax und die Zulässigkeit der gewählten Optionen überprüft.

Das Hilfsprogramm getopt – *parse command options*
Die Utility getopt wird benutzt, um beim Aufruf von Shell-Scripten deren Optionen aus der Kommandozeileneingabe herauszufiltern. Ein Test auf zulässige Optionen ist eingeschlossen. Die Parameter bedeuten:

args   Options- und Argumentfolge $1 ... $n, durch set -- $args zugewiesen.

optstring   Zeichenkette. Enthält die zulässigen Optionszeichen. Folgt ein ‚:', besitzt die Option ein Argument (mit oder ohne Leerzeichen anzugeben).

$*   Kommandozeileneingabe beim Shell-Scriptaufruf.

SYNOPSIS

```
args=`getopt optstring $*` ; errcode=$?; set -- $args
```

Das folgende Programmfragment demonstriert, wie die Argumente eines Kommandos verarbeitet werden. In diesem Fall sind die Optionen -a und -b sowie -o mit einem Argument erlaubt, neben weiteren Argumenten file. Folgende Programmaufrufe könnten so realisiert werden:

```
cmd -aoarg file file
cmd -a -o arg file file
cmd -oarg -a file file
cmd -a -oarg -- file file
```

Beispiel 1: Verarbeiten von Optionsangaben in der Kommandozeile

Das Programm beginnt mit dem „Parsen" der Kommandozeile hinsichtlich der korrekten Syntax. Der Aufruf von getopt untersucht die Zeichenkette $* auf das Vorkommen von Optionen aus der möglichen Optionsmenge abo.

Auch die typische usage-Ausgabe fehlerhafter Angaben wird hier berücksichtigt.

```
args=`getopt abo: $*`
    if [ $? != 0 ]
    then
            echo 'Usage: ...'
            exit 2
    fi
    set -- $args
    for i
    do
            case "$i"
            in
                    -a|-b)
                            echo flag $i set; sflags="${i#-}$sflags";
                            shift;;
                    -o)
                            echo oarg is "'"$2"'"; oarg="$2"; shift;
                            shift;;
                    --)
                            shift; break;;
            esac
    done
    echo single-char flags: "'"$sflags"'"
    echo oarg is "'"$oarg"'"
```

Mit der Abfrage des Ausführungsstatus in $? können fehlerhafte Angaben bemerkt werden.

Sind diese ausgeschlossen, werden die Optionen und Argumente mit set aus der Variablen $args gelesen und den einzelnen *Shell-Argumenten* $1, $2 ... zugewiesen, jeweils angeführt mit einem Strich. Das getopt-Programm garantiert, dass nach den Optionen und deren Argumenten in der darauffolgenden Argumentvariablen der Wert -- vorgefunden wird.

So kann mit einer for-*Schleife* in Verbindung mit shift, einem case und break die Menge der Optionen durchgegangen werden, bis die Kennung -- auftritt. Die Fallunterscheidung im case wird genutzt, um die Optionen oder ihre Werte spezifisch zu verarbeiten. Hier werden sie mit echo zur Illustration ausgegeben und dann in den Variablen sflags und oarg gesammelt.

3.3.2   Startup- und Shutdownscripte

Das *Starten* und *Herunterfahren*, aber auch die *Reinitialisierung* von Diensten aller Art wird mittels Scripten realisiert. Dafür werden diesen als Argumente standardmäßig die Kennungen start, stop, reload, reload-modules, restart, force-reload mitgegeben. In ihnen werden dann wiederum Scripte oder Programme aufgerufen, die applikationsspezifisch sind.

Als typische Verzeichnis-Orte, an denen diese Scripte vorzufinden sind, gelten:

- /etc/init.d
- /etc/rc1.d, /etc/rc2.d, /etc/rc3.d (runlevel-spezifisch).

Wir zeigen nun das Script apache aus /etc/init.d, das sich auf das Script apachectl aus dem Installationsverzeichnis /usr/local/apache und dort aus bin bezieht. Letzteres kennt nicht alle und auch andere Kennungen, so dass hier ein Übersetzungsvorgang stattfindet.

Zuerst werden bei solchen Scripten nach der Wahl des Kommandointerpreters und einem selbstverständlichen Kommentar mit beschreibendem Text einige Variablen initialisiert. Dazu gehört das PIDFILE. In ihm ist die Prozess-Identifikationsnummer gespeichert: das macht apachectl selbst. Existiert es, kann davon ausgegangen werden, dass der Dienst bereits läuft.

Beispiel 2: Startup und Shutdown des Webservers Apache

```
#! /bin/bash
#
# apache Start the apache HTTP server.
#
NAME=apache
PATH=/bin:/usr/bin:/sbin:/usr/sbin:/usr/local/apache/bin
DAEMON=/usr/local/apache/bin/apache
PIDFILE=/var/run/$NAME.pid
CONF=/usr/local/apache/conf/httpd.conf
APACHECTL=/usr/local/apache/bin/apachectl

trap "" 1
export LANG=C

test -f $APACHECTL || exit 0
...
```

Der trap-Befehl der Shell bewirkt, dass Unterbrechungen ignoriert werden: hier das Signal SIGHUP (siehe Seite 151). Der export-Befehl gehört auch zu den *builtins*,

den eigenen Befehlen der Shell. Er stellt die daraufhin definierte Variable mit ihrem Wert in weiteren Sub- Shells zur Verfügung. Jeder weitere Script- oder Programmaufruf erhält seine eigene Sub-Shell zu seiner Ausführung.

Beispiel 3: Startup und Shutdown des Webservers Apache (Fortführung)

```
...
case "$1" in
    start)
    echo -ne "Starting web server: $NAME.\n"
    $APACHECTL start
    ;;
stop)
    echo -ne "Stopping web server: $NAME.\n"
    $APACHECTL stop
    ;;
reload)
    echo -ne "Reloading $NAME configuration.\n"
    $APACHECTL graceful
    ;;
reload-modules)
    echo -ne "Reloading $NAME modules.\n"
    if [ -f $PIDFILE ]
    then
            $APACHECTL stop
            sleep 4
    fi
    $APACHECTL start
    ;;
restart)
    $0 reload-modules
    ;;
force-reload)
    $0 reload-modules
    ;;
*)
    echo "Usage: /etc/init.d/$NAME {start|stop|reload|reloadmodules|
force-reload|restart}"
    exit 1
    ;;
esac
exit 0
```

Das nachfolgende case-Statement bewirkt je nach erstem Argument einen adäquaten Aufruf des eigentlichen Steuerscripts apachectl des Webservers. Im Falle von
reloadmodules muss ein Neustart erfolgen. Wird aufgrund der Existenz des PIDFILES
ein Aktivsein des Dienstes festgestellt, wird dieser gestoppt, eine Weile gewartet
und dann der Neustart veranlasst. Genauso verfährt man bei restart und force-
reload, wobei sich das Script dann rekursiv aufruft – veranlasst durch den Eintrag

$0 stellvertretend für den ursprünglichen Programmaufruf, nun allerdings mit neuem Argument. Eine *Usage*-Klausel vervollständigt das Script.

3.3.3 Zusammenfassung

Shell-Scripte begegnen uns an vielen Stellen des Betriebssystems und sind integraler Bestandteil von UNIX/Linux. Mit ihnen werden alle möglichen Dienste Runlevel-spezifisch, also zum richtigen Zeitpunkt, gestartet oder gestoppt. Der Administrator hat überdies die Möglichkeit zu reinitialisieren (*reload*). Auch im Bereich der – teilweise automatischen – Konfiguration von Softwarepaketen werden Shell-Scripte häufig eingesetzt (*configure*).

Es gibt unterschiedliche Shells, die Kommandointerpreter-Aufgaben übernehmen. Für die traditionelle UNIX-Script-Programmierung wird vorzugsweise die Bourne Shell genutzt.

Ihr Sprachumfang bietet Variablen, Parameter, keine Typunterstützung, aber Funktionen und die gängigen Kontrollstrukturen. Eine standardisierte Verarbeitung von Optionen und Kommandozeilenargumenten wird mit Hilfe des Hilfsprogramms getopt gewährleistet.

Datenströme zwischen Script-Komponenten werden leicht über die Konzepte der Umlenkung, Pipeline-Verbindung oder auch des Here-Dokuments verwirklicht.

3.4   Übungen

1. Schreiben Sie ein Shell-Script mit dem Namen myquestion. Dieses Script hat als Parameter den Text einer Frage, die mit *Ja* oder *Nein* beantwortet werden kann. Antwortet der Benutzer mit *Ja*, so liefert das Script den Rückgabewert 0, bei *Nein* wird 1 geliefert, andernfalls erscheint die Frage noch einmal.
2. Erstellen Sie ein Shell-Script mydelete, das als Parameter eine Liste von Dateien hat. Diese Dateien sollen nun gelöscht werden. Das Shell-Script fragt aber für jede Datei, ob sie wirklich gelöscht werden soll. Nur bei der Antwort *Ja* wird sie gelöscht.
   Hinweis: Sie sollen hier das Shell-Script myquestion aufrufen.
3. Schreiben Sie ein Shell-Script chatsituation, das für einen Chat-Room jede Minute ausgibt, wie sich die Anmeldesituation verändert hat und wie viele Personen sich im Raum befinden. Nehmen Sie an, alle, die sich auf unserem UNIX-Rechner befinden, sind in diesem Chat-Room.
   Tipp: who benutzen.
4. Schreiben Sie ein Shell-Script, mit dem Sie eine Datei löschen können. Die zu löschende Datei soll als Parameter beim Aufruf mitgegeben werden. Legen Sie noch ein zweites Script an, in dem Sie fragen, ob die Datei wirklich gelöscht werden soll. Diese Übung soll Ihnen unter anderem zeigen, wie Scripte untereinander aufgerufen werden.

5. Schreiben Sie ein Shell-Script, das die ersten n Files eines Ordners löscht. Das Verzeichnis und die Anzahl der zu löschenden Dateien sollen als Parameter beim Aufrufen angegeben werden.

6. Schreiben Sie ein Programm, das Daten aus einem Verzeichnis von einer FTP-Adresse in ein angegebenes Verzeichnis laden kann. Sie können die Variablen als Parameter bei der Eingabe übergeben oder fest im Script eintragen. Nutzen Sie zur Übertragung mget.

7. Schreiben Sie ein Script, das mit Traps arbeitet. Nach dem Starten soll immer ein eigenes Prompt angezeigt werden, das alle Eingaben entgegennimmt, aber nicht ans System weiterleitet. Wenn der Benutzer „stop" oder „Stop" eingibt, soll das Programm beendet werden. Wird **Strg** + **c** oder **Strg** + **z** oder **Strg** + \ eingegeben, wird das Programm nicht beendet, es wird lediglich eine Meldung ausgegeben.

8. Schreiben Sie ein Script, das sich die Systemzeit holt, sich aus dieser die aktuelle Stunde holt und eine entsprechende Meldung ausgibt. Von 9.00 bis 11.00 Uhr wird „Guten Morgen" ausgeben, um 12.00 Uhr „Mahlzeit", von 13.00 bis 17.00 Uhr „Zeit für eine Pause" und bei allem anderen „Schönen Abend und süße Träume"! Geben Sie die Meldungen in einem Intervall aus, das Sie sich aussuchen können!

9. Schreiben Sie ein Script, das die root-Partition nach Dateien durchsucht, die in den letzten x Tagen geändert wurden und eine Größe von y Blöcken haben (512 Byte pro Block). Die Angaben sollen beim Programmaufruf mit übergeben werden.

10. Schreiben Sie ein Script doku, das Ihnen wesentliche Konfigurationsdateien des UNIX-Systems formatiert mit pr (zum Druck) ausgibt. Darunter fallen z.B.:

    11. /etc/defaultrouter (Solaris)
    12. /etc/fstab
    13. /etc/hosts
    14. /etc/inetd.conf
    15. /etc/nsswitch.conf
    16. /etc/passwd
    17. /etc/resolv.conf

    Der Initialbuchstabe soll als Optionskennzeichen dienen. So erzeugt der Aufruf doku -dfhinpr die Auflistung aller genannten Konfigurationsdateien. Bei Angabe der Option -h oder einer nichtspezifizierten Option erfolgt eine Usage-Ausgabe mit detaillierter Hilfestellung zur Benutzung des Scripts. Hierzu setzen Sie (analog zum Script apachctl) das Konzept des Here-Dokuments ein, um die auszugebenden Teste mit in das Script zu integrieren.

4 UNIX-Prozesse und elementare Kommunikation

4.1 UNIX-Prozesse

In IT-Systemen spielt der Prozessbegriff eine herausragende Rolle. Prozesse sind Programme, die gestartet wurden und sich in Ausführung befinden. Sie sind damit die *aktiven Komponenten* eines Systems. In modernen Systemen ist im Allgemeinen eine Vielzahl von Prozessen gleichzeitig aktiv. Betriebssysteme haben die Aufgabe, diese zu verwalten und abzuarbeiten. Hierbei müssen Anforderungen wie Effizienz und Fairness garantiert werden. Um dies zu realisieren, sind in Betriebssystemen bestimmte Strategien implementiert, auf deren Basis die Prozessverwaltung abläuft.

Prozesse sind aber nicht unabhängig voneinander. Beispielsweise kann es sein, dass ein Prozess die Daten eines anderen Prozesses benötigt, um mit seiner Arbeit fortfahren zu können. Es muss also Synchronisationsmechanismen geben, die es ermöglichen, die Abfolge von Prozessen zu steuern. Moderne Betriebssysteme bieten hierzu eine Reihe so genannter *Systemkommandos*, die beispielsweise das Starten, das Beenden und das Zusammenspiel von Prozessen regeln. Damit dies effizient geschehen kann, besitzen Prozesse die Möglichkeit zum Austausch von Information. Dies wird als *Interprozess-Kommunikation* bezeichnet.

Bevor wir auf das theoretische Prozesskonzept in Betriebssystemen eingehen, widmen wir uns in diesem Kapitel dem Prozessbegriff in UNIX. Sie sollen damit in die Lage versetzt werden, möglichst schnell eigene Prozesse im System zu erzeugen und damit praktische Erfahrungen sammeln. Zunächst erfolgt eine kleine Einordnung des Themas in den Zusammenhang verteilter Anwendungen.

4.1.1 Verteilte Anwendungen

Die aktiven Einheiten in UNIX-Systemen sind Prozesse. UNIX erlaubt es, dass mehrere unabhängige Prozesse gleichzeitig ausgeführt werden können. Bevor wir uns mit der Erzeugung von Prozessen in UNIX beschäftigen, sollten wir uns klarmachen, dass wir uns im Grunde mit verteilten Anwendungen beschäftigen, das heißt mit Abläufen, die unter einer losen zeitlichen Kopplung ausgeführt werden. Ein guter Einstieg ist es, sich klarzumachen, welche *Vorteile* verteilte Anwendungen bieten.

Diese sind:

- Wiederverwendbarkeit,
- Parallelität bzw. Nebenläufigkeit sowie
- gemeinsame Nutzung von Ressourcen.

Wiederverwendbarkeit bedeutet, dass Implementierungen von Teillösungen nicht nur in einer, sondern in vielen Problemstellungen eingesetzt werden können und nicht immer wieder neu entwickelt werden müssen. Denken Sie hierbei beispielsweise an Sortieralgorithmen. UNIX basiert auch auf diesem Prinzip und bietet einen Baukasten von Standardwerkzeugen, die den Programmieraufwand verringern (z.B. who | sort).

Parallelität bzw. *Nebenläufigkeit* beruht auf der Tatsache, dass sich Probleme in fast allen Fällen in kleinere Problemstellungen zerlegen lassen. Wenn man diese gelöst hat, kann man im Idealfall die Lösungen zu einer Gesamtlösung zusammensetzen. Die einzelnen Teilprobleme sind dabei von Natur aus unabhängig voneinander. Hat man Mehrprozessor-Rechner zur Verfügung, können solche Teilprobleme parallel ausgeführt werden. Die heutige Erfahrung zeigt, dass Mehrprozessorsysteme die einzige Möglichkeit zu sehr hoher Rechenleistung sind.

Die *gemeinsame Nutzung* von Ressourcen ist ein wichtiger Vorteil verteilter Anwendungen. Auf diesem Prinzip beruht vor allen Dingen das Client-Server-Modell: Ressourcen wie Drucker, File-Server oder Kommunikationsserver können in einem Netz gemeinsam genutzt werden. In Netzwerken bedeutet der Begriff Transparenz, dass man auf die entfernten Ressourcen genauso zugreifen kann wie auf die lokalen. Der Benutzer bemerkt keinen Unterschied. Die Vorteile dieses Ansatzes liegen auf der Hand. Insbesondere sind es der Kostenaspekt (ein Drucker vs. Drucker an allen PCs, ein großer File-Server mit zentraler Wartung vs. teuren Speicherplatz auf vielen PCs) und der Aspekt der Zuverlässigkeit sowie Verfügbarkeit (wenn beispielsweise der Kommunikationsserver ausfällt, kann trotzdem noch gedruckt werden), die hier erwähnt werden sollten.

Die obigen Beispiele machen deutlich, dass jede verteilte Anwendung auf einem bestimmten Problemlösungsparadigma beruht. Wir müssen uns also, wenn wir verteilte Anwendungen implementieren, zunächst überlegen, wie wir das zu bearbeitende Problem zerlegen wollen. Hier gibt es im Grunde zwei verschiedene Möglichkeiten:

- Datenstrom-Zerlegung oder
- Instruktionsstrom-Zerlegung.

Die *Datenstrom-Zerlegung* ist auch als *SIMD* (*single instruction multiple data*) bekannt. Ein Beispiel sind Vektorrechner: Der Datenstrom wird über die Dimensionen der Eingabedaten portioniert. Jeder Prozessor führt die gleiche Operation aus, das heißt, das Programm wird auf verschiedene Prozessoren dupliziert. SIMD Probleme sind in der Praxis sehr leicht zu parallelisieren.

Die *Instruktionsstrom-Zerlegung* ist auch als *MIMD* (*multiple instruction multiple data*) bekannt. Hierbei wird versucht, eine Problemstellung durch die Lösung von Teilproblemen in den Griff zu bekommen. Allerdings hat man das gravierende Problem, dass die verschiedenen Aktivitätsstränge synchronisiert werden müssen. Das einfachste und primitivste Beispiel ist ein Fließband und damit die UNIX-Pipe.

MIMD-Lösungen sind schwieriger zu finden als SIMD-Lösungen, gewinnen aber angesichts der zunehmenden Verbreitung der Mehr-Kern-CPUs an Bedeutung.

Beispiel 1

Die *Datenstrom-Zerlegung* lässt sich gut an der Addition von Vektoren verdeutlichen. Da komponentenweise addiert werden muss, können die Additionen auf mehrere Prozessoren verteilt werden. Wie Sie sehen, erreicht man hierdurch im Vergleich zur rein sequentiellen Ausführung durch einen Prozessor einen (linearen) Geschwindigkeitsgewinn (vgl. Abbildung 4.1).

Beispiel 2

Eine *Instruktionsstrom-Zerlegung* wird in UNIX durch Pipes realisiert. Hier müssen die beiden Prozesse synchronisiert werden. Die Aktivitäten der Prozesse sind nicht gleich. Sie führen verschiedene Kommandos aus, z.B. `ls | more`. Die Suche nach effizienten verteilten Algorithmen ist ein Kerngebiet der Informatik. Es gibt hier sehr viele Beispiele, von denen wir aber nur die folgenden angeben wollen:

Eine Datenstrom-Zerlegung bietet sich bei der Bildverarbeitung an. Man kann sich vorstellen, dass das Bild in Streifen zerlegt wird. Will man nun in diesem Bild einen bestimmten Teil identifizieren, z.B. das Suchen einer Kante durchführen, so kann dies auf mehrere Prozessoren verteilt werden.

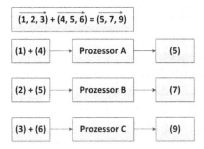

Abbildung 4-1: Parallelisierung einer Vektoraddition

- Ebenfalls bietet sich eine Datenstrom-Zerlegung bei Data Warehouses an. Data Warehouse bezeichnet eine Technologie, mit der große Datenmengen nach Auffälligkeiten durchsucht werden. Jeder Datencluster, z.B. Umsätze pro Monat, kann mit einem eigenen Prozessor untersucht werden.
- Das UNIX-Kommando `make` ist ebenfalls ein typisches Beispiel für die Zerlegung des Datenstroms. Hier können mehrere Programme getrennt kompiliert werden. Dies kann durch mehrere Prozessoren geschehen.
- Beispiele für die Instruktionszerlegung nimmt man am besten aus dem täglichen Leben. Wer schon einmal ein Haus gebaut hat, kennt die Probleme, die auftreten können, und weiß die Erfahrungen aus dem Bereich verteilte Systeme zu schätzen.

4.1.4 Grundlagen zu UNIX-Prozessen

Im Folgenden werden wir mit Prozessen in UNIX arbeiten. Das theoretische Modell, das sich dahinter verbirgt, lässt sich gut anhand eines Vier-Ebenen-Modells charakterisieren (vgl. Abbildung 4.2).

Abbildung 4-2: UNIX/Linux-Systemaufruf-Modell

Abbildung 4.2 zeigt, wie Systemaufrufe ausgeführt werden:

- Im C-Programm wird die Anweisung `printf` ausgeführt, die die Zeile „Willkommen zur Vorlesung!" auf dem Bildschirm ausgeben soll.
- Dazu wird die Funktion `printf` aus der Standardbibliothek aufgerufen, die zum Beispiel die Formatierung der Ausgabe für uns übernimmt.
- Ein Trap führt zum Aufruf der entsprechenden Systemfunktion im Kern (UNIX-Kernel) des Betriebssystems. Dieser Systemaufruf hat die Form `write(1, "Willkommen zur Vorlesung! ", 11)`.
- Die Hardware führt diese Funktion dann schließlich aus.

Beispiel 3

Im Folgenden geben wir einige Beispiele für die Aufgaben der einzelnen Schichten an.

- Hardware
  - „Positioniere die Köpfe des Plattenspeichers auf Spur 22 und lies Sektor 1."
  - „Übermittle Informationen an die Grafikkarte."
- UNIX-Kernel
  - „Starte einen neuen Prozess."
  - „Ändere die Zugriffsbits einer Datei."
- Bibliotheksfunktionen und Anwendungsprogramm
  - „Führe die Funktion `printf` aus."
  - „Hänge an den Prozess A ein Speichersegment an."

Der Zugang zum Kern ist privilegiert. Um in den Kern zu kommen, ist eine *TRAP Anweisung* nötig. Diese versetzt den Prozessor in den Kern-Modus (*Supervisor-Modus*). Im Wesentlichen gibt die Trap-Funktion nur Parameter an den Kern weiter, das heißt, die Eingabeparameter und die aufgerufene Funktion. Außerdem gibt sie das Resultat zurück. Der Prozessor kehrt dann in den Benutzer-Modus (*Programm-Modus*) zurück.

Lassen Sie uns noch bemerken, dass nicht jede Bibliotheksfunktion zwangsläufig einen Systemaufruf bewirkt. Beispielsweise ist die C-Funktion `strcmp`, die zum Vergleich zweier Zeichenketten dient, rein in C implementiert.

Wir werden später besprechen, wie man Systemfunktionen implementiert. Es stellt sich die Frage, ob wir in unseren Anwendungsprogrammen direkt Systemfunktionen aufrufen können. Die Antwort ist nein. Der Grund dafür ist, dass immer die TRAP-Anweisung ausgeführt werden muss. Daher rufen wir nicht die Systemfunktion direkt auf, sondern eine Bibliotheksfunktion mit dem gleichen Namen. Diese funktioniert wie ein Wrapper, das heißt, sie verpackt für uns die Argumente für den Systemaufruf und führt den Trap aus.

Es gilt also: Für jede Systemfunktion gibt es eine Bibliotheksfunktion, die als Wrapper fungiert.

Sie können sich die Namen der Module anschauen, die diese Wrapper-Funktionen enthalten und finden sie mit:

```
ar t /usr/lib/libc.a | more
```

Beispiele hierfür sind `fork.o` und `creat.o`.

Zum Unterschied von *Programm* und *Prozess* ist Folgendes zu sagen:

- Ein Programm ist eine Folge von Instruktionen (entweder Maschinencode oder Scriptsprache).
- Ein Programm ist eine passive Einheit.
- Ein Prozess ist eine aktive Einheit, jedoch auf einem abstrakteren Niveau als ein Programm.
- Ein Prozess ist ein Programm (oder ein besser: ein Teil davon) in Ausführung.
- Ein Prozess hat eine bestimmte Umgebung. Ein Teil dieser Informationen befindet sich im Programmadressraum (u. a. die Variablenwerte), ein anderer Teil im Kernel (u. a. die Prozess-ID und die Dateideskriptoren). Informationen im Kernel können nur durch Systemaufrufe verändert werden.

Die *Hauptbestandteile eines Prozesses* sind:

- Process-ID (PID): ganzzahliger Wert, der den Prozess bezeichnet,
- Parent-Process-ID (PPID),
- User-ID: Benutzernummer des Benutzers, dem der Prozess gehört,
- Arbeitsverzeichnis,
- Tabelle der Dateideskriptoren,
- Environment: VARIABLE=WERT (u. a. HOME),

- Programmbereich: Speicherbereich für den Programmcode,
- Datenbereich: enthält globale Programmvariablen,
- Stack: enthält lokale Variable,
- Heap: für die dynamische Speicherverwaltung,
- Priorität: für das Prozess-Scheduling.

Es gibt noch viel mehr Aspekte, die bei Prozessen berücksichtigt werden müssen. Wir werden diese später im Zusammenhang mit Prozesstabellen beschreiben.

Prozesse werden über ihre PID benannt. Wenn ein Prozess seine eigene Identifikation wissen möchte, so steht dafür der Systemaufruf getpid zur Verfügung.

Im folgenden Beispiel geben wir einen Einblick in die Prozesswelt von UNIX und zeigen auf, was passiert, wenn das System hochfährt und wenn sich die Benutzer des Systems anmelden.

Beispiel 4

Wenn das UNIX-System hochgefahren wird, wird der Prozess init durch den Kern etabliert. Dieser Prozess liest dann als Eingabe die Datei /etc/ttys, welche ihm mitteilt, wie viele Terminals das System besitzt, und ihm einige Informationen zu deren

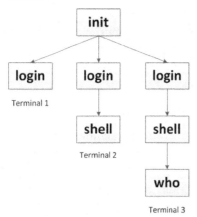

Abbildung 4-3: UNIX/Linux-Prozesse im Zusammenhang mit login

Beschreibung liefert. Der Prozess init erzeugt dann für jedes Terminal einen Sohnprozess und pausiert, bis einer der Söhne terminiert. Jeder Sohn führt das Programm login aus (vgl. Abbildung 4.3).

Prozesse können in UNIX miteinander über *Nachrichtenaustausch* kommunizieren. So ist es möglich, eine gewisse Art von Kanälen zwischen zwei Prozessen zu erzeugen, in die der eine Prozess einen Strom von Bytes schreiben kann, die der andere dann lesen kann. Dies sind Pipes, die wir schon kennen.

Prozesse können auch auf eine andere Art miteinander kommunizieren, und zwar durch *Softwareunterbrechungen*. Ein Prozess kann ein *Signal* an einen anderen Prozess senden. Prozesse können dem System mitteilen, was geschehen soll, wenn

Signale eintreten. Die Reaktion kann darin bestehen, es zu ignorieren, das Signal aufzugreifen (abzufangen) oder das Signal den Prozess zerstören zu lassen. Wenn sich der Prozess dazu entscheidet, die Signale aufzugreifen, dann muss es eine Prozedur zur Behandlung des Signals geben.

Signale werden aber auch für andere Zwecke genutzt. Wenn zum Beispiel ein Prozess Gleitkommaarithmetik durchführt und dabei versehentlich durch 0 dividiert, bekommt er das Signal SIGFPE (*floating point exception*). UNIX stellt sehr viele weitere Signale zur Verfügung.

Lassen Sie uns nun damit die allgemeine Einleitung für Prozesse verlassen und uns der Aufgabe zuwenden, Prozesse zu erzeugen.

4.1.5 Systemaufrufe fork, exec und wait

Es ist nicht schwierig, einen neuen Prozess in UNIX zu erzeugen. Dies geschieht mit dem Systemaufruf fork.

Der Systemaufruf fork wird von einem Prozess (zum Beispiel einem Programm) aufgerufen und erzeugt *eine exakte Kopie des aufrufenden Prozesses*, das heißt, die Daten, der Programm-Code und der Programm-Zähler werden kopiert. Der Prozess, der fork aufruft, ist der Vaterprozess und der neu erzeugte Prozess der Kindprozess. Das Kind erhält eine neue PID. Vater und Kind teilen sich gemeinsam die geöffneten Dateien. Das bedeutet, wenn eine bestimmte Datei für den Vater vor dem Aufruf von fork geöffnet war, ist sie danach für beide, den Vater und das Kind, geöffnet. Veränderungen, die von einem der beiden gemacht werden, sind auch für den jeweils anderen sichtbar.

Wenn wir einen Kindprozess auf diese Weise erzeugen, werden wir ihn normalerweise abweichend vom Vater einsetzen. Dazu müssen wir aber die Möglichkeit haben, die beiden Prozesse zu unterscheiden. Dies geschieht durch den Rückgabewert von fork.

> **Das Systemkommando fork**
> Das Systemkommando fork erzeugt einen neuen Prozess als exakte Kopie des aufrufenden Prozesses. Im Vaterprozess ist der Rückgabewert von fork gleich der PID des erzeugten Kindprozesses (eine ganze Zahl größer Null oder − 1 im Fehlerfall). Im Kindprozess ist der Rückgabewert 0.

Schauen wir uns die Bedeutung des Rückgabewerts von fork im folgenden Beispiel an. Die Erläuterungen sind in Form von Kommentaren im Programm angegeben.

Beispiel 5

```
void main() {
    int rueckgabewert = fork();
    if (rueckgabewert < 0) {
        // fork war nicht erfolgreich,
        // weil Speicher oder Prozesstabelle voll sind.
```

```
}
    if (rueckgabewert > 0) {
            // Hier arbeitet der Vaterprozess.
}
    if (rueckgabewert == 0) {
            // Hier arbeitet der Kindprozess.
    }
}
```

Wir erweitern nun dieses Beispiel, indem wir den Vater- und Sohnprozess dazu bewegen, Ausgaben auf dem Bildschirm zu erzeugen.

Beispiel 6

Das folgende Programm soll verdeutlichen, dass Vater- und Sohnprozess unabhängig voneinander sind und dass sie verschiedene Speicherbereiche benutzen (aus [Brown 1998] und leicht modifiziert).

```
// vater_und_kind1.c

// Vater- und Sohnprozess geben jeweils die aktuellen
// Werte ihrer Schleifenvariablen aus.

#include <stdio.h>

void main() {
    int i;
            if (fork())
                    // Hier ist der Vaterprozess
                    for (i = 0; i < 500; i++)
                    printf("\n Vater: %i",i);
            else
                    // Hier ist der Kindprozess
                    for (i = 0; i < 500; i++)
                            printf("\Kind: %i",i);
}
```

Wenn Sie das obige Programm kompilieren und ausführen, erhalten Sie eine Ausgabe wie die folgende:

```
Kind 0
Kind 1
    Vater 0
    Vater 1
    Vater 2
    Vater 3
Kind 2
Kind 3
Kind 4
Kind 5
Kind 6
Kind 7
    Vater 4
```

```
        Vater 5
        Vater 6
        Vater 7
```

Betrachtet man den Wert der Schleifenvariablen i, so erkennt man, dass das Kind eine eigene Kopie seines Speicherbereichs für die Variablen erhält.

In der Praxis wird man die obige Ausgabe allerdings im Allgemeinen nicht bekommen, da es in der kurzen Zeit zur Ausführung der Schleife nicht zu so vielen Prozesswechseln kommen wird. Wichtig ist jedoch, dass Vater und Kind *unabhängig voneinander* ausgeführt werden und dass das Ergebnis *nicht-deterministisch* ist.

Schauen wir uns noch ein letztes Beispiel an, das wiederum die Unabhängigkeit der Prozesse demonstriert und einen Blick auf die vergebenen PIDs bietet.

Beispiel 7

```c
// vater_und_kind2.c
// Vater- und Sohnprozess geben jeweils ihre PID und die PID ihres
// Vaterprozesses aus. Es wird fork verwendet, um einen Kindprozess zu
// erzeugen. Die beiden Prozesse sind dabei unabhängig voneinander.
// Dadurch kann die Ausgabe durcheinander erfolgen! Verhindern läßt
// sich dies mit Semaphoren, die aber erst später behandelt werden.
// Die Ausgaben werden durch ein „V" oder „K" eindeutig einem Prozess,
// dem Vater bzw. dem Kind, zugeordnet. Wir benutzen die beiden
// Systemfunktionen „getpid" und „getppid", um die PID eines Prozesses
// bzw. die seines Vaterprozesses abzufragen. Diese sind in <unistd.h>
// definiert.

#include <stdio.h>
#include <unistd.h>

void main() {
    int pid_des_Kindes;

    printf("\n V steht für Vaterprozess");
    printf("\n K steht für Kindprozess");

    // fork liefert die Prozess-ID des erzeugten Kindprozesses zurück.
    // Dieser Wert wird in die Variable „pid_des_Kindes" geschrieben.

    pid_des_Kindes = fork();

    // Fehlerbehandlung, führt zum Programmabbruch
    if (pid_des_Kindes < 0) {
            perror("\nFork war nicht erfolgreich!");
            exit(1);
            }

    // Kindprozess
    if (pid_des_Kindes == 0) {
            printf("\n K: Die ID dieses Prozesses ist: %i", getpid());
```

```
              printf("\n K: Die ID des Vaters ist: %i", getppid());
     }


     // Vaterprozess
     if (pid_des_Kindes > 0) {
              printf("\n V: Die ID dieses Prozesses ist: %i", getpid());
              printf("\n V: Die ID des Vaters ist: %i", getppid());
     }
}
```

Wenn Sie dieses Programm kompilieren und starten, werden Sie eine Ausgabe wie die folgende erhalten: V steht für Vaterprozess, K steht für Kindprozess.

V:	Die ID dieses Prozesses ist:	3789
V:	Die ID des Vaters ist:	3788
K:	Die ID dieses Prozesses ist:	3790
K:	Die ID des Vaters ist:	1

Die Tatsache, dass Vater und Kind verschiedene unabhängige Prozesse sind, kennen wir bereits. Versuchen wir, das obige Ergebnis zu interpretieren:

- Die Prozess-ID des Vaters ist 3789, die seines Vaters, das heißt, der Shell, in der er gestartet wurde, ist 3788.
- Der Vater 3789 erzeugt das Kind 3790.
- Die letzte Ausgabe verwundert uns, denn ganz offensichtlich ist die PID des Vaters 3789 und nicht 1. Dieser erstaunliche Effekt ergibt sich, wenn der Vaterprozess beendet ist und der Sohn getppid noch nicht ausgeführt hat. Der Sohn gibt dann als Prozess-ID des Vaters 1 aus. Dies geschieht, da UNIX ein Herz für Waisen hat. Wenn ein Prozess keinen Vater mehr hat, wird er von init adoptiert und init hat als Vater aller Prozesse die PID 1. Dabei ist das ganze Verhalten nichtdeterministisch, es ist also nicht vorauszusehen, ob der Vaterprozess während der Ausführung des Kindprozesses noch läuft. Um diesen unerwünschten Effekt zu verhindern, brauchen wir die Synchronisationsprimitiven wait und exit, die dafür sorgen, dass der Vater auf die Terminierung des Kindprozesses wartet und die einzelnen Prozesse dann terminieren, wenn wir es wünschen. Dies werden wir später behandeln.

Dieses Resultat können Sie etwas schöner und übersichtlicher auch mit dem Kommando ps erhalten, mit dem Sie sich einen Überblick über die Prozesse des Systems verschaffen.

Wenn man das Programm vater_und_kind1.c aus dem obigen Beispiel modifiziert, so dass Vater- und Kindprozess jeweils eine Endlosschleife durchlaufen und keine Ausgaben erzeugen, kann man mit ps leicht feststellen, dass mit dem Programm wirklich zwei Prozesse entstehen und laufen. Die Optionen für ps sind in den verschiedenen UNIX/Linux-Versionen unterschiedlich und können daher auf Ihrem System etwas anders aussehen.

Beispiel 8

```
$ ps -al # eventuell andere Optionen (systemabhängig
```

UID	PID	PPID	STIME...	COMD
frank	3788	3787	17:30:00	csh
frank	3789	3788	17:50:00	vater_und_kind1.c
frank	3790	3789	17:50:00	vater_und_kind1.c

Die Ausgabe zeigt, dass der erste Prozess von vater_und_kind1.c die Shell csh als *parent process* (PPID) hat und der zweite Prozess von vater_und_kind1.c den ersten Prozess als Vaterprozess hat. Es entsteht also ein Prozessbaum. Man sieht auch, wie die Shell arbeitet. Sie startet bei der Ausführung eines Kommandos zuerst einen neuen Kindprozess und führt dann das Programm aus.

So viel zur Diskussion der Umgebung von Prozessen. Wir sind bisher an dem Punkt angelangt, wo wir Prozesse in einem Programm erzeugen können, die aber alle den gleichen Code ausführen. Wir wollen jedoch Programme schreiben, die als Subprozesse einen anderen Code als das aufrufende Programm ausführen. Dazu benötigen wir neben fork das Systemkommando exec.

Die Anwendung von exec gestaltet sich etwas komplizierter als die von fork, da es sechs Versionen von exec gibt. Diese sind quasi eine Familie von Programmen, die als Bibliotheksprozeduren zur Verfügung stehen. Es gibt die folgenden drei Kategorien für die exec-Familie:

- Name des auszuführenden Programms: Der Name des Programms, das als eigenständiger Prozess gestartet werden kann, lässt sich als absoluter oder relativer Pfadname angeben. Ein relativer Pfadname gibt an, dass in den *Directories* von PATH nach dem Programmnamen gesucht wird.
- Umgebung des auszuführenden Programms: Es besteht die Möglichkeit, dass der neue Prozess die Umgebung des aufrufenden Programms erhält. Dies wird als Vererbung der Umgebung bezeichnet. Es ist also festzulegen, ob die Umgebung vererbt oder ob eine neue Umgebung erzeugt werden soll.
- Argumente der Befehlszeile des auszuführenden Programms: Im Allgemeinen muss der neue Prozess mit Aufrufparametern versorgt werden. Diese können als Liste oder in Form eines Arrays im exec-Aufruf übergeben werden.

Das Kommando exec hat gemäß der obigen Klassifikation für die verschiedenen Versionen einen anderen Namen, in dem eine entsprechende Erweiterung hinzugefügt wird.

Die exec-Programmfamilie

A: Pfadname: absolut

    A.1:   Umgebung: vererbt

        A.1.1: Argumente als   Liste   execl (l = Liste)

        A.1.2: Argumente als   Array   execv (v = Vektor)

    A.2:   Umgebung: neue Umgebung

        A.2.1: Argumente als   Liste   execle (e = environment)

        A.2.2: Argumente als   Array   execve

B: Pfadname: relativ (PATH)

    B.1:   Umgebung: vererbt

        B.1.1: Argumente als Liste execlp (p = path)

        B.1.2: Argumente als   Array   execvp

    B.2:   Umgebung: neue Umgebung

        B.2.1: Argumente als   Liste   exec nicht verfügbar

        B.2.2: Argumente als   Array   exec nicht verfügbar

Wir werden uns im Folgenden auf eine Version des Kommandos beschränken, und zwar auf execlp.

Wie gesagt wird damit die Umgebung des aufrufenden Prozesses vererbt, und die Argumente für den Programmaufruf werden als Liste angegeben. Welche Umgebungsinformationen durch fork an den Kindprozess vererbt werden, zeigt die folgende Liste:

- Stapelspeicher,
- Heap,
- Programmcode (wird aber, wie oben gesehen, durch execlp überschrieben),
- offene Dateideskriptoren,
- Arbeitsverzeichnis.

Der Aufruf von execlp sieht folgendermaßen aus:

```
execlp("Prog_Name", "Prog_Name", "Arg_1", "Arg_2", ..., 0);
```

Aus historischen Gründen wird der Programmname (Prog_Name) zweimal geschrieben. Das erste Mal bezeichnet er den Namen der Datei, die das Programm enthält, das zweite Mal gibt er an, was die Shell in argv[0] findet. Diese sind nicht immer gleich (z.B.: wenn Aliase vereinbart wurden). Die Argumente des Programms (Arg_1, Arg_2 ...) werden als Liste angegeben, die durch 0 beendet wird. So kann ein Programm mit beliebig vielen Argumenten aufgerufen werden.

Beispiel 9

Schauen wir uns als Beispiel den Aufruf des sort-Programms an, wobei sort ein UNIX-Kommando ist, das Dateien nach bestimmten Kriterien sortiert.

```
execlp("sort", "sort", "-n", "studentenliste", 0)
```

Das sort-Programm, das als Subprozess ausgeführt wird, hat die Argumente -n (Option für sort) und die Datei studentenliste, die sortiert werden soll. Die Null terminiert die Liste der Argumente.

Beispiel 10

Im Folgenden geben wir einen kleinen Kommandointerpreter an. Dieses Programm fragt, welches UNIX-Kommando Sie auswählen möchten und führt es aus (aus [Brown 1998] – leicht modifiziert).

```c
// kommandointerpreter1.c

// Dieses Programm bietet die Möglichkeit, aus einem Menü heraus einen
// Befehl des Betriebssystems auszuführen. Die Befehle sind als Strings
// in einem Array gespeichert. Das Menü listet diese Befehle auf und
// zeigt zu jedem Befehl eine Nummer, mit deren Hilfe der Befehl
// aufgerufen werden kann. Nach dieser Anzeige erwartet das Programm die
// Eingabe einer Zahl und führt dann den entsprechenden Befehl aus.
#include <stdio.h>
#include <stdlib.h>
void main() {
    static char *command[] = {"date", "time"};
    int zahl;
    // Die Nummern entsprechen den Positionen im Array
    printf("\n Bitte geben Sie eine Zahl ein: ");
    printf("\n 0 = date, 1 = time: ");
    scanf("%i", &zahl);

    // execlp erwartet die Argumente als Liste. Es wird in diesem Fall
    // nur der Name des Kommandos benötigt.
    execlp(command[zahl], command[zahl], 0);

    // execlp erfolglos:
    printf("\n Falsche Zahl. Kein Kommando verfügbar.");
}
```

Wenn Sie dieses Programm ausführen, werden Sie bemerken, dass es keine große Arbeitserleichterung darstellt, da immer nur ein Kommando ausgewählt werden kann, und das Programm dann terminiert.

Auch Ihr Versuch, das Programm in eine Schleife einzubetten, wird scheitern. Selbst, wenn Sie eine Endlosschleife der Art „... while (true) ..." einbauen, können Sie nur eine Auswahl treffen und das Programm terminiert.

Der Grund dafür liegt darin, dass execlp nie zurückkommt, wenn es erfolgreich ausgeführt wurde. Genauer gesagt, liefert execlp nur einen Returnwert, wenn es nicht erfolgreich war, und gibt in diesem Fall die Kontrolle an das aufrufende Programm zurück. In allen anderen Fällen geht der Kontext von execlp verloren.

Wir müssen also einen Weg finden, wie wir den Kontext erhalten können, in dem sich die Prozesse befinden. Hierzu brauchen wir zwei neue Systemkommandos exit und wait. Der Trick besteht darin, dass der Vaterprozess warten muss, bis das Kind fertig ist. Durch dieses Warten erreichen wir, dass der Kontext aufrecht erhalten bleibt. Mit Prozessen können wir dies erreichen, nicht aber mit einzelnen Kommandos, wie mit execlp.

Das Systemkommando exit

Das Systemkommando exit (<exit-status>) wird von einem Prozess benutzt, der sich beenden möchte. Der <exit-status> wird benutzt, um dem aufrufenden Prozess mitzuteilen, ob der Kindprozess erfolgreich war oder nicht. Per Konvention gilt:

exit-status == 0   →   erfolgreich
exit-status > 0   →   nicht erfolgreich

Das Systemkommando wait

Das Systemkommando wait(0) wird von einem Prozess benutzt, um auf die Terminierung eines Kindprozesses zu warten. Es gibt einige Varianten von wait, beispielsweise kann man mit waitpid auf die Terminierung eines speziellen Kindprozesses warten.

Wir benutzen hier nur die einfache Version wait(0) und widmen uns nun einer verbesserten Version unseres Menü-Programms (aus [Brown 1998]).

Beispiel 11

```
// kommandointerpreter2.c

// Dieses Programm ist eine Erweiterung des Programms
// „kommandointerpreter1.c". Es ist hier möglich, mehrere UNIX-Kommandos
// auszuführen. Dazu erzeugt der Prozess einen Kindprozess, der dann mit
// Hilfe von „exec" das entsprechende Programm ausführt.

#include <stdio.h>
#include <stdlib.h>
#include <unistd.h>
#include <sys/wait.h>

void main() {
    static char *command[] = {"date", "time"};
    int zahl;

    while (true) {
        printf("\n Bitte geben Sie eine Zahl ein: ");
        printf("\n 0 = date, 1 = time: ");
```

```
                scanf("%i", &zahl);

                if !(zahl == 0 | zahl == 1)              // Prozess erfolglos
                exit(1);
                if (fork() == 0) {                       // Kindprozess
                        execlp(command[zahl], command[zahl], 0);
                        printf("Falsche Zahl. Kein Kommando verfügbar.");
                        exit(1);
                }


                else {
                        wait(0); // Vaterprozess wartet auf Ende des
                                 Kindprozesses.
                }
        }
}
```

Die obige Konstruktion führt zu einer Endlosschleife, die immer wieder eine neue
Auswahl aus dem Menü erlaubt. Die Systembefehle sind zur Synchronisation notwendig, um mehrmals hintereinander ein Systemkommando ausführen zu können. Durch wait wartet der Vater auf die Terminierung des Kindprozesses. Erst
nach der erfolgreichen Durchführung läuft der Prozess weiter. Der Clou der ganzen Sache ist, dass Prozesse im Gegensatz zu Kommandos den Kontext aufrechter-
halten.

Die allgemeine Struktur von Programmen, die eine derartige Synchronisation von
Prozessen realisieren, sieht damit folgendermaßen aus (vgl. Abbildung 4.4 aus
[Brown 1998]):

Abbildung 4-4: Elementare Prozess-Synchronisation

Die folgende Aufstellung gibt an, welche Umgebungsinformationen durch fork vererbt und durch execlp nicht zerstört werden.

Attribute	vom Kind geerbt	von execlp nicht zerstört
PID	nein	ja
Benutzer-ID	ja	ja
Statische Daten	kopiert	nein
Stapel	kopiert	nein
Heap	kopiert	nein
Code	verteilt	nein
offene Dateide-skriptoren	kopiert, Dateizeiger werden gemeinsam genutzt	ja, kann aber durch fcntl vermieden werden
Umgebung	ja	hängt von exec-Version ab
Arbeitsverzeichnis	ja	ja

Zum Schluss dieses Kapitels machen wir noch einige Bemerkungen zu weiteren Systemkommandos, die zur Prozesssynchronisation eingesetzt werden können. Es gibt nicht nur sehr viele, sondern auch sehr viele Varianten dieser Kommandos. Wir geben im Folgenden nur einige Beispiele an und verweisen zum genaueren Studium auf das UNIX-Manual.

```
waitpid(pid, &status, opts)
```

Dieses Systemkommando wartet auf das Terminieren eines Sohnprozesses und hat drei Parameter:

- pid: Der Wert -1 gibt an, dass auf den zuerst terminierenden Sohn gewartet wird.
- &status: Dies ist die Adresse einer Variablen, in der der Endzustand des Sohnprozesses gespeichert wird (normale oder abnormale Terminierung).
- opts: Dies gibt an, ob der Aufrufer blockiert werden oder unmittelbar zurückkehren soll, wenn bis dahin kein Sohnprozess terminiert.

```
sigaction(sig, &act, &oact)
```

Dieses Kommando deckt die Signalbehandlung für Prozesse ab. Prozesse können Signale empfangen. Sie haben dies sicherlich schon verwendet. Mit Control-C können sie beispielsweise ein laufendes Programm abbrechen. Wir wollen dieses Thema hier nur anreißen. Im Wesentlichen muss man für Prozesse angeben, wie sie auf ein bestimmtes Signal reagieren sollen. Dies kann darin bestehen, das Signal zu ignorieren oder eine bestimmte Prozedur auszuführen. sigaction hat drei Parameter:

- sig: Dieser Parameter spezifiziert das Signal, das abgefangen werden soll.
- &act: Hierbei handelt es sich um einen Zeiger auf eine Struktur, mit der ein Zeiger auf die Prozedur zur Signalbehandlung übergeben wird.
- &oact: zeigt auf eine Struktur, in der das System Informationen über die Behandlung des Signals zurückgibt.

```
kill(pid, sig)
```

Dieser Systemaufruf erlaubt es einem Prozess, einem anderen verwandten Prozess ein kill-Signal zu senden.

```
alarm(seconds)
```

Für viele Realzeitanwendungen ist es erforderlich, dass ein Prozess nach einem bestimmten Zeitintervall unterbrochen wird. Dazu können Sie den Systemaufruf alarm benutzen. Der Parameter gibt in Sekunden gemessen ein Intervall an, nach dem das Signal sigalarm an den Prozess gesendet wird. Für einen Prozess darf immer nur ein Alarm ausstehen. Wird ein Alarmsignal nicht abgefangen, dann wird die als default festgelegte Aktion gewählt und der signalisierte Prozess wird zerstört.

```
pause()
```

Mit Hilfe dieses Systemaufrufs kann UNIX mitgeteilt werden, dass der Prozess bis zur Ankunft des nächsten Signals suspendiert werden soll.

4.1.6 Zusammenfassung

Lassen Sie uns noch einmal die wichtigsten Punkte zu UNIX-Prozessen wiederholen und ergänzen:

- Zur Erzeugung und Synchronisation stehen in UNIX/Linux eine Reihe von Systemkommandos zur Verfügung.
- Systemkommandos werden im Rahmen des UNIX/Linux-Schichtenmodells abgearbeitet und stellen einen privilegierten Zugang zum Systemkern dar.
- Prozesse werden mit dem Systemkommando fork erzeugt. Dabei wird eine exakte Kopie des erzeugenden Prozesses angelegt.
- Um eine elementare Synchronisation von Prozessen zu erreichen, verwendet man neben fork eine Kombination von exit und wait.
- Jeder Prozess hat eine Benutzer- und Gruppennummer.

4.2   Pipes

Nach dem wir die elementaren Systemaufrufe zur Synchronisation von Prozessen kennen gelernt haben, geht es nun darum, höhere Konstrukte bereitzustellen, die es uns ermöglichen, das Zusammenspiel von Prozessen zu koordinieren. Hierfür gibt es in der Literatur und in der Praxis verschiedene Vorschläge, die unter dem Begriff *Interprozess-Kommunikation* zusammengefasst werden. Dazu gehören Pipes, Named Pipes und Shared Memory (verteilter Speicher). Wir werden diese Konstrukte besprechen und zeigen, wie sie verwendet werden.

4.2.7   Struktur und Anwendung von Pipes

Wir beginnen zunächst mit dem Pipe-Kommando in UNIX/Linux. Später werden wir Pipes in aller Ausführlichkeit besprechen. Stellen Sie sich eine Pipe als Kommunikationskanal zwischen Prozessen vor. Ihr Hauptanwendungszweck liegt darin, dass ein Prozess einem anderen Prozess Eingabedaten zur Verfügung stellt (vgl. Abbildung 4.5). Auf der UNIX-Kommandoebene dienen Pipes zur Verkettung von Kommandos und werden durch einen senkrechten Strich | dargestellt.

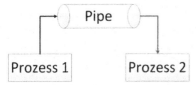

Abbildung 4-5: Pipe in UNIX/Linux

Schauen wir uns das folgende Kommando an:

```
| cat Einleitung Hauptteil | grep Studium
```

Der erste Prozess (cat) entspricht Prozess A in Abbildung 4.5 und konkateniert die beiden Dateien „Einleitung" und „Hauptteil". Das Ergebnis wird in die Pipe gegeben. Der zweite Prozess (grep) entspricht Prozess B in Abbildung 4.5 und sucht alle Zeilen, die das Wort „Studium" enthalten. Es kann vorkommen, dass der grep-Prozess weiter ausgeführt werden könnte, aber blockiert ist, da keine Eingabedaten vorliegen. Erst wenn der erste Prozess terminiert, kann auch der zweite Prozess und damit das gesamte Kommando terminieren.

Pipes haben in der Informatik, neben der hier dargestellten Verwendung in UNIX/Linux, ein breites Anwendungsspektrum. Sie werden immer dann eingesetzt, wenn zwischen Prozessen eine Art „Fließbandverarbeitung" implementiert werden soll, die eine Synchronisation in Form des Blockierens bereitstellt, bzw. eine ordnungsgemäße Terminierung des Gesamtprozesses garantiert, wenn keine neuen Eingabedaten für den Folgeprozess mehr vorliegen.

Wir werden daher im Folgenden besprechen, wie man mit Hilfe von Systemaufrufen Pipes in UNIX/Linux realisieren kann. Wenn Sie so wollen, implementieren wir auf diese Weise das Pipe-Kommando in UNIX nach, sind aber flexibler, da wir unsere eigene Realisierung auch in anderen Kontexten als der Kommando-Ebene einsetzen können.

Lassen Sie uns dazu zunächst wiederholen, was wir in Modul 3 über die Shell besprochen haben. Dies lässt sich auf Prozesse im Zusammenhang mit Pipes so anwenden:

Jeder Prozess besitzt drei Kanäle zur Kommunikation, die standardmäßig mit dem Terminal verbunden sind, so dass das Lesen von der Standardeingabe über die Tastatur und das Schreiben von normalen Ausgaben bzw. Fehlern über den Bildschirm erfolgt:

- Standardeingabe (zum Lesen von Daten) über den Filedeskriptor 0,
- Standardausgabe (zur Ausgabe von Daten) über den Filedeskriptor 1,
- Standardfehlerausgabe (Diagnose-Ausgabe) über den Filedeskriptor 2.

Eine Pipe ist ein Kanal, durch den Informationen fließen. Auch wenn es in manchen UNIX-Implementierungen bidirektionale Pipes gibt, gehen wir davon aus, dass eine Pipe unidirektional ist. Eine Pipe hat somit einen *Eingang* und einen *Ausgang* für den Informationsstrom.

4.2.8 Systemaufrufe pipe und dup2

Wir benötigen also ein Systemkommando, das eine Pipe erzeugt und uns Eingang und Ausgang der Pipe zur Verfügung stellt.

Das Systemkommando pipe(feld)
Das Systemkommando pipe(feld) wird von einem Prozess benutzt, um eine Pipe anzulegen.
feld bezeichnet ein Integer-Array mit zwei Komponenten:
feld [0] Ausgang der Pipe
feld [1] Eingang der Pipe

Sie werden sicher schon ahnen, wie wir diesen Systemaufruf verwenden werden. Wenn wir eine Pipe anlegen, müssen wir darauf achten, Ein- und Ausgang der Pipe auf eine geeignete Weise mit den Kommunikationskanälen eines Prozesses zu verbinden.

Ein Prozess, der an den Eingang der Pipe angeschlossen ist, kann dann in die Pipe schreiben, während einer, der an den Ausgang der Pipe angeschlossen ist, aus ihr liest.

Da eigenständige Prozesse zu entwickeln sind, werden wir die in Kapitel 1 eingeführten Systembefehle zum Erzeugen und zur Synchronisation von Prozessen benutzen.

Das folgende Vorgehen zum Anlegen von Pipes bietet sich daher an (vgl. [Brown 1998]):

- Ein Vaterprozess legt eine Pipe an.
- Der Vaterprozess erzeugt zwei Sohnprozesse. Diese erben die Dateideskriptoren der angelegten Pipe. Alle drei Prozesse besitzen also Dateideskriptoren für den Eingang und den Ausgang der Pipe.
- Jeder Prozess schließt die Enden der Pipe, die er nicht braucht: Der Vaterprozess schließt beide Enden, der erste Sohnprozess schließt den Ausgang, der zweite Sohnprozess den Eingang der Pipe.
- Nun können die beiden Sohnprozesse jeweils durch execlp ein Programm ausführen. Die Dateideskriptoren werden dadurch nicht verändert. Das Schreiben in die Pipe wird über den Systemaufruf write und das Lesen aus der Pipe über read realisiert.

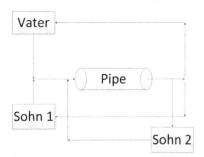

Abbildung 4-6: Erster Schritt der Pipe-Erzeugung: Alle Prozesse haben den Ein- und Ausgang der Pipe zur Verfügung

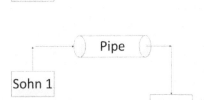

Abbildung 4-7: Zweiter Schritt der Pipe-Erzeugung: Jeder Prozess hat nur noch den für ihn relevanten Ein- und Ausgang zur Verfügung.

Grafisch ergeben sich damit die folgenden Evolutionsschritte für die Pipe und die Kommunikationskanäle der Prozesse (vgl. Abbildung 4.6 und Abbildung 4.7).

Der Sohnprozess 1 wird die Pipe mit Daten füllen, während Sohnprozess 2 die Daten aus der Pipe liest. Sehr wichtig ist die Tatsache, dass es hierbei zu einer Synchronisation kommt:

- Wenn die Pipe voll ist, dann blockiert der write-Prozess (Sohn 1).
- Wenn die Pipe leer ist, dann blockiert der read-Prozess (Sohn 2).
- Schließt Sohn 1 die Pipe, so liefert der read-Prozess von Sohn 2 den Wert end of file (EOF).

Den letzten Punkt kann man auf mehrere schreibende Prozesse verallgemeinern: Gibt es keinen Prozess mehr, der mit dem Eingang der Pipe verbunden ist, so liefert der read-Prozess EOF und das Ganze terminiert.

Bevor wir ein Beispiel für die Programmierung einer Pipe angeben, brauchen wir noch ein Systemkommando, das es uns ermöglicht, die Verbindungen zwischen Prozesskanälen und den Enden einer Pipe aufzubauen. Hierzu dient die Bibliotheksfunktion dup2.

> **Das Systemkommando** dup2
>
> Das Systemkommando dup2(descriptor1, descriptor2) verbindet („verschraubt")
> zwei Datenströme. Der Datenstrom von descriptor1 wird mit dem von descrip-
> tor2 verbunden.

So viel zur Theorie und nun zu einem Beispiel, das aus [Brown 1998] entnommen
und modifiziert wurde.

Beispiel 12

In diesem Beispiel (modifiziert aus [Brown 1998]) werden wir eine Implementierung für das UNIX-Pipe-Kommando angeben. Das nachfolgende Programm realisiert die folgende Kommandozeile:

```
$ who | sort

// pipe.c

// Dieses Programm ermöglicht die Kommunikation zwischen zwei Prozessen:
// Der Vaterprozess erzeugt zwei Sohnprozesse, von denen der eine who
// aufruft und der andere die Ausgabe des ersten mit sort sortiert.
// Dazu muss die Ausgabe von who, die normalerweise auf der
// Standardausgabe erfolgt, mit der Eingabe von sort verbunden werden.
// Mit anderen Worten: Es wird das Shell-Kommando who | sort simuliert.

#include <stdio.h>
#include <stdlib.h>
#include <unistd.h>
#include <sys/wait.h>

void main() {
    // Im Array pipe_verbindung werden 2 Filedeskriptoren gespeichert,
    // die von der Funktion pipe initialisiert werden. Dabei ist
    // pipe_verbindung[1] für das Schreiben in die Pipe und
    // pipe_verbindung[0] für das Lesen aus der Pipe zuständig.

    int pipe_verbindung[2];
    pipe(pipe_verbindung);
    // Erzeugung des ersten Sohnprozesses
    if (fork() == 0) {
        // Die Funktion dup2 verbindet den einen Filedeskriptor der
        // Pipe mit dem Filedeskriptor der Standardausgabe 1.
        dup2(pipe_verbindung [1],1);

        // Der ebenfalls an diese Funktion vererbte, aber nicht
        // benötigte Filedeskriptor für das Lesen aus der Pipe wird
        // geschlossen.
        close(pipe_verbindung[0]);
```

```
        // Jetzt wird das Kommando who ausgeführt. Die
        // Standardausgabe, auf die das Programm schreibt, ist mit
        // der Pipe verbunden.
        execlp("who", "who", 0);
    }

    // Erzeugen des zweiten Sohnprozesses

    else if (fork() == 0) {

        // Hier arbeitet der zweite Sohnprozess. Auch hier werden
        // zwei Filedeskriptoren verbunden, die 0 der Standardeingabe
        // mit dem für das Lesen aus der Pipe.
        dup2(pipe_verbindung[0], 0);

        // Analog zu oben wird der nicht benötigte Filedeskriptor
        // geschlossen.
        close(pipe_verbindung[1]);

        // Das Kommando sort wird ausgeführt, das jetzt aus der Pipe
        // liest.
        execlp("sort","sort", 0);
    }

    // Der Vaterprozess
    else {
        // Der Vaterprozess muss weder schreiben noch lesen, er
        // schließt deshalb beide Filedeskriptoren.
        close(pipe_verbindung[0]);
        close(pipe_verbindung[1]);
        // Da der Vaterprozess 2 Söhne erzeugt hat, wird hier einfach
        // auf die Terminierung zweier Kind-Prozesse gewartet.
        wait(0);
        wait(0);
    }
}
```

Wie wir oben schon erwähnt haben, ist es sehr wichtig, dass der zweite Sohnprozess den Eingang der Pipe verschließt, denn sonst würde es nie ein EOF geben, selbst dann nicht, wenn der schreibende Prozess den Eingang der Pipe verschlossen hat. Die beiden wait-Aufrufe des Vaterprozesses sind ebenfalls wichtig. Sie sollen sicherstellen, dass er nicht weiter arbeitet, bevor die Söhne beendet sind.

Folgendes ist noch zu Pipes zu sagen:

- Pipes sind in den meisten Implementierungen unidirektional.
- Sie bieten keine Authentifizierungsmöglichkeiten.
- Sie benötigen ein wenig „Overhead" (einen Vaterprozess, der im Grunde überflüssig ist).

- Pipes sind kein geeignetes Mittel zur Interprozess-Kommunikation in verteilten Systemen, wo Prozesse im Allgemeinen auf verschiedenen Maschinen laufen. Pipe-Prozesse müssen auf der gleichen Maschine ausgeführt werden.

Ehe wir das Thema abschließen, gehen wir noch kurz auf den oben erwähnten Aspekt der Authentifizierung ein. Wie wir gesehen haben, werden Pipes im Systemkern erzeugt und verwaltet. Sie besitzen damit beispielsweise keine Einträge über ihren Besitzer, eine Authentifizierung ist also nicht möglich.

Dieser Zustand ist in der Praxis im Allgemeinen unerwünscht. Daher bieten die meisten modernen Betriebssysteme, u. a. auch UNIX/Linux und Windows NT, ein erweitertes Konzept für Pipes, die so genannten *Named Pipes*, an.

Named Pipes haben einen Eintrag im Dateisystem und sind somit durch Zugriffsrechte identifizierbar. In UNIX werden sie mit dem Kommando mknod angelegt und haben, wenn man sie mit ls ansieht, den Zusatz „p" (für *pipe*). Die Benutzung ist sehr einfach. Ein Prozess öffnet die Pipe zum Schreiben, der andere zum Lesen. Der FIFO-Mechanismus funktioniert dann ganz automatisch.

Beispiel 13

Sie können eine Named Pipe in UNIX folgendermaßen anlegen:

```
$ mknod meine_pipe p
```

Danach ist die Named Pipe im Dateisystem vorhanden. Dies zeigt das folgende Kommando:

```
$ ls -al meine_pipe
prw-r--r--  frank other 0  ...     meine_pipe
```

4.3   Shared Memory

Die meisten Betriebssysteme nutzen das Konzept des *virtuellen Speichers*, das heißt, dass die Prozesse so arbeiten können, als hätten sie unbeschränkten Speicherplatz zur Verfügung. Dies wird durch das Auslagern von aktuell nicht benötigten Speicherbereichen auf die Platte erreicht. Normalerweise wird es auch so sein, dass die Adressräume der einzelnen Prozesse geschützt sind, das heißt, dass ein Prozess nicht auf den Speicher des anderen zugreifen kann.

Für Systemprogrammierer ist die erste Tatsache sehr angenehm. Sie müssen sich nicht um Details bezüglich Ressourcenbeschränkungen kümmern. Der zweite Aspekt stellt jedoch manchmal eine Einschränkung bezüglich des Systemdesigns dar. Es gibt viele Anwendungen, die gerade darauf beruhen, dass Prozesse einen *gemeinsamen Speicherbereich (Shared Memory)* benutzen.

4.3.1   Struktur und Anwendung von Shared Memory

Stellen Sie sich als Beispiel das Schwarze Brett in Ihrer Hochschule vor, das als hervorragendes Kommunikationsmedium dient. Die einen platzieren dort Aushänge, etwa die Professoren ihre Veranstaltungstermine, die anderen, zum Beispiel die Studierenden, lesen diese Informationen.

Diese Art der Architektur bietet sich auch für viele Anwendungsbereiche innerhalb von Computersystemen an. Zum Beispiel eignet sich Shared Memory sehr gut, wenn ein Prozess anderen Prozessen einen bestimmten Wert bekannt geben muss. Es ist dann recht einfach, das Verfahren so zu implementieren, dass der Prozess diesen Wert in Shared Memory schreibt und die anderen Prozesse dort darauf zugreifen können.

Das Prinzip von Shared Memory wird auch als *speicherbasierte Kommunikation* bezeichnet. Neben dem gemeinsamen Speicher, auf die verschiedene Prozesse durch Angabe einer Speicheradresse in ihrem Code zugreifen können, besitzt jeder Prozess auch exklusiv nutzbare Speicherbereiche (vgl. Abbildung 4.8 und [Vogt, 2001]).

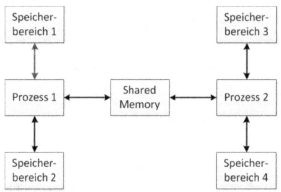

Abbildung 4-8: Struktur von Shared Memory

Die Funktionsweise von Shared Memory in UNIX ist einfach. Die folgenden Schritte sind erforderlich:

- Zuerst muss ein Prozess ein Shared Memory-Segment erzeugen, indem er die Größe und einen Namen (Schlüssel) für das Segment festlegt. Diese Operation gibt dem Prozess (ähnlich wie `malloc`) einen Pointer auf das Segment zurück, mit dem er auf Shared Memory zugreifen kann.
- Zur Benutzung von Shared Memory fügt der Prozess dieses Segment in seinen Adressraum ein.
- Will ein anderer Prozess ebenfalls dieses Segment nutzen, so muss er nur den Schlüssel kennen und kann das Segment dann ebenfalls an seinen Adressraum anhängen.

Bevor wir die Systembefehle zum Erzeugen und Nutzen von Shared Memory besprechen, betrachten wir ein sehr nützliches Kommando, mit dem man feststellen kann, welche Shared Memory-Segmente es im System gibt. Dieses heißt ipcs.

Probieren Sie ipcs aus und Sie werden feststellen, dass Shared Memory-Segmente erhalten bleiben, wenn die Prozesse, die sie erzeugt oder benutzt haben, längst terminiert sind. Es macht daher Sinn, Shared Memory-Segmente mit Dateien zu vergleichen, allerdings werden sie im Gegensatz zu Dateien bei einem Systemneustart beseitigt. ipcs ist übrigens ein sehr mächtiges Kommando. Schauen Sie sich dieses Kommando im UNIX/Linux-Manual an. Betrachten Sie bei dieser Gelegenheit auch das Kommando ipcrm, mit dem Sie Shared Memory-Segmente löschen können.

4.3.2   Systemaufrufe shmget, shmat, shmdt und shmctl

Und nun kommen wir zu den Systembefehlen, die sich mit Shared Memory beschäftigen:

- shmget legt ein neues Segment an bzw. greift auf ein bestehendes Segment zu.
- shmat fügt ein Shared Memory-Segment in den Adressraum eines Prozesses ein.
- shmdt (shared memory detach) entfernt ein Shared Memory-Segment aus dem Adressraum des aufrufenden Prozesses.
- shmctl führt verschiedene Steuerungsfunktionen auf dem angelegten Segment durch.

Das Systemkommando shmget

Das Systemkommando id = shmget(key, size, flag) legt ein neues Segment an oder greift auf ein bestehendes Segment zu. Die Parameter bedeuten:

Id   Der Aufruf liefert einen Integer als Rückgabewert. Dieser Wert wird in anderen Systemaufrufen zur Identifikation des Segments verwendet und ist der Index des Segments in der SharedMemory-Table von UNIX / Linux bzw. −1 im Fehlerfall.

key   Numerischer Schlüssel (Name) vom Typ long für das Segment. Man kann hier IPC_PRIVATE verwenden, wenn man keinen Schlüssel angeben möchte. In diesem Fall erzeugt der UNIX-Kern ihn selbst.

size Größe des Segments in Bytes (Typ int).

flag Das Flag ist vom Typ int und bietet mehrereMöglichkeiten, zum Beispiel:
IPC_CREAT | 0644 zum Anlegen eines neuen Segments mit rw-r--r- Zugriff

IPC_CREAT | 0777 zum Anlegen eines neuen Segments mit uneingeschränktem Zugriff für alle Benutzer

0 zum Zugriff auf ein vorhandenes Segment.

Das Systemkommando shmat

Das Systemkommando ptr = shmat(id, addr, flag) fügt ein Segment in den Adressraum eines Prozesses ein. Die Parameter bedeuten:

ptr   Der Rückgabewert dieses Aufrufs ist ein Pointer vom Typ char * und enthält die Anfangsadresse im Adressraum des Prozesses, an die das Segment tatsächlich angebunden wurde.

id   Integerwert zur Identifikation des Segments (im Allgemeinen aus shmget)

addr   Adresse zur Einblendung des Segments in den Adressraum des Prozesses: Normalerweise 0, das heißt, das System soll wählen.

flag   Bestimmt, wie das Shared Memory-Segment verwendet werden soll:

         0 normalerweise (zum Schreiben und Lesen)

         SHM_RDONLY wenn das Segment durch den Prozess nicht beschrieben werden darf.

Das Systemkommando shmdt

Das Systemkommando result = shmdt(addr) entfernt ein Shared Memory-Segment aus dem Adressraum des aufrufenden Prozesses. Die Parameter bedeuten:

result   Der Rückgabewert dieses Aufrufs ist ein Integer, der über den Erfolg des Entfernens Auskunft gibt.

addr   Adresse des Segments vom Typ char *.

Das Systemkommando shmctl

Das Systemkommando result = shmctl(id, cmd, buffer) führt Steuerungsfunktionen auf einem Shared Memory-Segment durch. Die Parameter bedeuten:

result   Der Rückgabewert dieses Aufrufs ist ein Integer, der über den Erfolg des Kommandos Auskunft gibt.

id   Integerwert zur Identifikation des Segments.

cmd   Integerwert, der das auszuführende Kommando bezeichnet.

buffer   In diesen Puffer vom Typ struct shmid_ds * werden die Parameter zur Ausführung des Kommandos übertragen.

Nach diesen etwas langwierigen technischen Vorüberlegungen kommen wir nun zu einem Beispiel, in dem ein Shared Memory-Segment verwendet wird.

Beispiel 14

Das folgende Programm demonstriert die Verwendung von Shared Memory. Wenn Sie es ausführen, werden Sie ungewöhnliche Dinge erleben. Doch dazu später.

```
//race.c
// Dieses Programm erstellt zunaechst ein Shared Memory-Segment.
// Anschließend werden NUM_CHILDREN Kindprozesse erzeugt, die den
// Integer-Wert im Shared Memory so lange 1 erhoehen, bis er MAXCOUNT
// ueberschritten hat. Des Weiteren zaehlt jedes Kind getrennt seine
// Anzahl an Durchläufen. Diese Summe SOLLTE also letztlich MAXCOUNT
// ergeben! Der Vaterprozess wartet auf die Terminierung aller
// Kindprozesse und löscht dann das Shared Memory-Segment.
#include <stdio.h>
#include <sys/types.h>
#include <sys/ipc.h>
#include <sys/shm.h>
#include <sys/wait.h>
#define MAXCOUNT 100000000
#define NUM_CHILDREN 4
#define SHMSEGSIZE sizeof(int)
int main() {
    // Bedeutung der Variablen:
    // i Zählvariable für Schleifen
    // shmID ID des Shared Memory-Segments
    // *shared_mem Zeiger auf den Speicherbereich, in den
    // der Shared Memory eingehangen wurde.
    // Zugriff mittels: *shared_mem
    // count zählt Anzahl der Schleifendurchlaeufe
    // pid[] speichert die PIDs der Kindprozesse

    int i, shmID, *shared_mem, count = 0;
    int pid[NUM_CHILDREN];

    // Zunächst wird ein Shared Memory-Segment erzeugt, an den
    // Speicherbereich des Prozesses angehängt und auf den Wert 0
    // gesetzt. Durch IPC_PRIVATE muss hier kein Schlüssel
    // angegeben werden.
    shmID = shmget(IPC_PRIVATE, SHMSEGSIZE, IPC_CREAT | 0644);
    shared_mem = (int *)shmat(shmID, 0, 0);
    *shared_mem = 0;

    // Es werden NUM_CHILDREN Kindprozesse erzeugt. Die PID wird
    // jeweils im Array pid[] gespeichert.
    for (i = 0; i < NUM_CHILDREN; i++) {
            pid[i] = fork();
            // Fehlerabfrage
            if (pid[i] == -1) {
                    printf("%iter Kindprozess nicht erzeugbar!\n", i);
                    return 0;
            }
            // Jeder Kindprozess hat seine eigene count-Variable! Solange
            // der Wert im Shared Memory kleiner als MAXCOUNT ist, wird
            // dieser und die count-Variable um 1 erhoeht. count zaehlt
            // also, mit wie vielen Durchläufen das aktuelle Kind
```

```
                    // beteiligt ist!
                    if (pid[i] == 0) {
                    while (*shared_mem < MAXCOUNT) {
                            *shared_mem += 1;
                            count++;
                    }

                            printf("%ites Kind erhöhte Wert um %i!\n", i, count);
                            shmdt(shared_mem);
                            return 0;
                    }
            }

            // Der Vaterprozess wartet auf die Terminierung aller Kindprozesse
            for (i = 0; i < NUM_CHILDREN; i++)
                    waitpid(pid[i], NULL, 0);

            // Das Shared Memory-Segment wird entfernt und letztlich gelöscht.
            printf("Shared M. = %i - MAXCOUNT = %i\n", *shared_mem, MAXCOUNT);
            shmdt(shared_mem);
            shmctl(shmID, IPC_RMID, 0);
            return 0;
    }
```

Wenn Sie dieses Programm ausführen, tritt ein interessanter Effekt auf:

- Sie werden sehen, dass der Wert von count größer ist als MAXCOUNT. Offensichtlich gehen Zählvorgänge verloren. Dies geschieht, da der Zugriff auf das Shared Memory-Segment nicht abgesichert ist, das heißt, die Kindprozesse überschreiben des Öfteren den Wert, den ein anderer Kindprozess in das Speichersegment geschrieben hat.

- Ein ähnlicher Effekt ist bei der Ausgabe zu sehen, es kann vorkommen, dass die Meldungen der einzelnen Kindprozesse durcheinander erfolgen.

Es fehlt hier also eine Synchronisation der Prozesse im Hinblick auf ihren Zugriff auf Shared Memory. Dabei ist das Ganze *nicht-deterministisch*, da das Lesen und Schreiben unter anderem davon abhängt, welcher Prozess gerade an der Reihe ist. Diese Situation nennt man *Race Conditions*. Wir haben daher das Programm im Beispiel bewusst race.c genannt. Auf den wichtigen Aspekt Race Conditions und wie man sie vermeidet, gehen wir in den nachfolgenden Modulen genauer ein.

4.3.3   Zusammenfassung

Lassen Sie uns noch einmal die wichtigsten Punkte zu Pipes und SharedMemory zusammenfassen:

- Shared Memory bietet eine wahlfreie und sehr effiziente Zugriffsmöglichkeit für Prozesse.
- Pipes sind weniger effizient, da Pipes eine Datenstruktur im UNIX-Kern sind und alle Daten kopiert werden müssen.

- SharedMemory bietet die Möglichkeit der N:M-Kommunikation zwischen Prozessen.
- Pipes bieten die Möglichkeit einer 1:1-Kommunikation.
- Shared Memory stellt keinerlei Synchronisation bereit.
- Pipes erzwingen eine lockere Kommunikation zwischen Prozessen.

4.4 Übungen

Versuchen Sie bitte, die folgenden Aufgaben zu lösen. Sie dürfen die im Buch angegebenen Beispiele benutzen und modifizieren. Es geht im Wesentlichen darum, dass Sie die Arbeitsweise von fork, wait und exit verstehen. Außerdem sollen Sie in der Lage sein, Anwendungen mit Pipes und Shared Memory zu implementieren.

1. Schreiben Sie ein C-Programm, das einen Vater- und einen Sohnprozess startet. Vater und Sohn durchlaufen jeweils eine Schleife bis 20000, wobei der Vater die geraden und der Sohn die ungeraden Zahlen ausgibt. Schauen Sie sich mit ps an, welche Prozesse entstehen und wie sie zusammenhängen.

2. Schreiben Sie einen eigenen kleinen Kommandointerpreter, so wie im Beispiel dieses Kapitels. Experimentieren Sie mit dem Programm, indem Sie Versionen testen, in denen wait und exit fehlen.

3. Schreiben Sie ein C-Programm, das eine Pipe realisiert. Ein Sohnprozess soll EU-Beträge in die Pipe schreiben, ein anderer Sohnprozess soll die EU-Beträge mit 16 % Umsatzsteuer versehen und diese ausgeben.

4. Realisieren Sie Übung 3 mit einer Named Pipe. *Hinweis*: Schauen Sie sich die Systemaufrufe read und write im UNIX-Manual an.

5. Diese Übung widmet sich Shared Memory. Schreiben Sie zwei Programme mit den Namen ausgabe.c und aendern.c. Diese Programme sollen ein Shared Memory-Segment benutzen, das ein Zeichen (char) und eine Zahl (integer) enthält. ausgabe.c gibt das Zeichen so oft aus, wie die Zahl angibt. Das Programm aendern.c liest einen char und einen int aus der Kommandozeile und schreibt beides in Shared Memory.
   Hinweise: Schauen Sie sich an, wie man Argumente aus der Kommandozeile bearbeitet (*argv[]). Realisieren Shared Memory als struct, vielleicht so:
   ```
   struct inhalt {
   char zeichen;
   int zahl;
   };
   ```
   Fügen Sie in das Programm ausgabe.c den Befehl sleep(5) ein, so dass fünf Sekunden zwischen zwei Ausgaben gewartet wird.

6. Führen Sie die beiden Programme ausgabe und aendern aus Übung 5 aus. Am besten starten Sie das Programm ausgabe als Hintergrundprozess: ausgabe &. Starten Sie dann aendern im Vordergrund.

Welche Beobachtungen machen Sie? Wie nennt sich die Situation?

5 Prozessmodell, Nebenläufigkeit und Synchronisation

5.1 Der Prozessbegriff

Wir haben in den ersten Modulen bereits Prozesse in UNIX/Linux implementiert und eine grobe Vorstellung davon bekommen, was Prozesse auf UNIX-Ebene sind. Das vorliegende Modul widmet sich dem Prozess von einer anderen Seite, nämlich der theoretischen, die für die Entwicklung von Betriebssystemen mindestens genauso wichtig ist.

5.1.1 Eine informelle Einführung

Zunächst versuchen wir, die Komplexität des Prozessbegriffs an einigen Beispielen aus dem täglichen Leben einer Studentin zu verdeutlichen. Es geht uns darum, zu zeigen, was Prozesse sind und welche Zusammenhänge zwischen Prozessen auftreten können.

Hier die Situation: Frau Bärbel M. ist Studentin der Informatik und hat viel zu tun. Sie sitzt am Schreibtisch und bereitet sich auf Klausuren vor.

Beispiel 1

Studentin Bärbel M. liest in ihrem Skript zum Fach Betriebssysteme und macht sich dabei Notizen in ihrem PC.

Interpretation der Situation: Das Lesen des Skripts ist eine Aktion, die gerade ausgeführt wird. Dies bezeichnen wir als *Prozess*. Das Anlegen von Notizen ist ebenfalls ein Prozess.

Diese beiden Prozesse laufen, wenn keine Probleme mit dem Stoff auftreten, sequentiell ab: Sie liest einen Abschnitt, notiert die wichtigsten Dinge, liest wieder einen Abschnitt usw. Die beiden Prozesse hängen voneinander ab. Studentin Bärbel M. muss immer erst einen Abschnitt lesen, ehe sie etwas notiert. Aber nicht nur die Reihenfolge ist wichtig. Der Prozess des Notierens benötigt Informationen aus dem Prozess des Lesens, das heißt, der erste Prozess liefert die *Eingabedaten* für den zweiten Prozess.

Beispiel 2

Die uns schon bekannte Studentin Bärbel M. arbeitet einige Zeit, da klingelt das Telefon. Es ist ein Bekannter, der sie zu einem Eis einlädt. Bärbel M. unterhält sich mit ihm, ist jedoch so in den Stoff vertieft, dass sie während des Gesprächs noch einige Zeilen liest. Außerdem betätigt sie in ihrem Textverarbeitungssystem „Speichern" und lässt das bisher Geschriebene ausdrucken.

Interpretation der Situation: Hier haben wir es nun mit noch mehr Prozessen zu tun. Das Telefonieren kommt als Prozess hinzu. Dieser *unterbricht* zunächst den Prozess des Lesens, läuft dann aber eine Zeit lang parallel zum Lesen ab. Während das Telefonat weiterläuft, wird das Lesen unterbrochen, um die Datei zu speichern und zu drucken. Auch dies sind Prozesse, die allerdings durch den PC ausgeführt werden. Während der Drucker den Text ausgibt, kann sie theoretisch mit dem PC weiterarbeiten. Das Drucken geschieht offensichtlich *parallel*, das heißt, unabhängig von den anderen Prozessen.

Beispiel 3

Der Bekannte ist ebenfalls Student der Informatik. Dadurch sind seine „Softskills" äußerst ausgeprägt. Er schafft es ohne Mühe, Studentin Bärbel M. davon zu überzeugen, dass es sinnvoll ist, sich in der nächsten Viertelstunde zu treffen.

Interpretation der Situation: Betrachten wir dies aus der Situation von Studentin Bärbel M. Sie wird nun eigentlich von zwei Prozessen „angefordert". Der Prozess des Eisessens lockt, der Prozess des Lernens drängt. Hier entsteht ein *Konflikt*. Beide Prozesse können nicht gleichzeitig bedient werden. Eine Freundin zur Verabredung zu schicken, macht wenig Sinn. Es ist nun ihre Aufgabe, den Konflikt, mit schlechtem Gewissen allerdings, zu lösen. Sie entscheidet sich dafür, den Prozess des Lernens im wahrsten Sinne des Wortes erst einmal auf Eis zu legen (im Skript sieht sie gerade den Fachbegriff *Suspendieren* aus der Betriebssystemwelt). Sie weiß, dass sie ihre Arbeit nach einigen amüsanten Stunden des Eisessens fortsetzen muss. Sie merkt sich daher, wo sie mit dem Lernen aufgehört hat (ihr geht dabei der Begriff *Prozesszustand* aus ihrem Skript durch den Kopf), schaltet den PC ab und ist sicher, dass sie irgendwann Zeit findet, ihre Arbeit fortzusetzen.

Wahrscheinlich wird das obige Szenario mit den beteiligten Prozessen das Leben der Studentin nicht gravierend verändern. Nehmen wir dies einmal an. Schauen wir uns jedoch noch den Weg der Studentin zu ihrer Verabredung an.

Beispiel 4

Studentin Bärbel M. nimmt ihr Auto, um in die Stadt zu fahren. An der ersten Ampel, die Rot zeigt, bleibt sie – entgegen ihrem sonstigen Fahrstil – stehen.

Interpretation der Situation: Studentin Bärbel M. hat keine Gefahren zu befürchten. Schauen wir uns einmal die anderen Verkehrsteilnehmer und die Kreuzung an. Offensichtlich ist garantiert, dass nicht die Ampeln der Seiten- und der Hauptstraße gleichzeitig Grün anzeigen. Sie erinnert sich an ihren Betriebssystemstoff und führt sich vor Augen, dass hier mehrere Prozesse offensichtlich in einen *kritischen Bereich*, die Kreuzung, eintreten.

Die Ampelanlage garantiert also eine Art *wechselseitigen Ausschluss*, eine recht *komplizierte Synchronisation*, wie sie sich klarmacht. Offensichtlich kommunizieren auch die Ampelprozesse miteinander. Denn sie kann sicher sein, dass ihre Ampel irgendwann Grün zeigen wird. Studentin Bärbel M. wird ihr Ziel ohne Gefahren erreichen. Sie wird ihren Wagen im Parkhaus abstellen und kann darauf hoffen, dass die Parkhausanlage die verfügbaren freien Plätze dank *Prozessinterkommunikation* korrekt anzeigt.

Wir wollen unser Szenario nicht überstrapazieren, sondern uns zum Schluss noch vorstellen, dass Studentin Bärbel M. den Plan schmiedet, ihrem Bekannten vorzuschlagen, morgen mit ihr in Urlaub zu fliegen. Während sie ihren Wagen abstellt, macht sie sich Gedanken darüber, ob denn auch die Buchung im Reisebüro klappen wird. Was passiert, wenn zwei Buchungen des gleichen Flugs in einer Maschine mit nur noch zwei freien Plätzen zur exakt derselben Zeit, auf den Bruchteil einer Sekunde genau, vorgenommen werden? Zum Glück hatte sie gestern in ihrem Skript den Abschnitt über *Semaphore* gelesen, die eine solche Situation in den Griff bekommen. „Man lernt eben fürs Leben", denkt sich Studentin Bärbel M., setzt sich in ihren Wagen und fährt zurück, um mit ihrem Studium fortzufahren. Ihr Bekannter wird dies sicher verstehen.

Lassen Sie uns nach diesem lebensnahen Beispiel Folgendes über Prozesse festhalten:

- Prozesse sind aktive Komponenten eines Systems.
- Prozesse befinden sich in Ausführung.
- Prozesse können voneinander abhängen.
- Es gibt Konflikt-Situationen zwischen Prozessen.
- Prozesse benutzen Ressourcen.
- Prozessinterkommunikation ermöglicht die Synchronisation zwischen Prozessen.
- Prozesse haben einen Zustand.
- Strategien legen fest, wie mit Prozessen verfahren wird.

5.1.2 Das Prozessmodell

Der Prozessbegriff ist ein zentrales Element im Bereich der Betriebssysteme. Es gibt verschiedene Definitionen des Begriffs. Wir beziehen uns hier auf die Definitionen in [Tanenbaum, 2009], [Silberschatz et al. 1999] und [Kernighan et al. 1986].

> Ein Prozess ist die Abstraktion eines Programms während der Ausführung.

Nach der obigen Definition erzeugen Sie beispielsweise einen Prozess, wenn Sie ein Programm starten. Dies kann z.B. der Aufruf des UNIX/Linux-Kommandos ls sein, das alle Dateien Ihres Directories auflistet. Programme werden in den Hauptspeicher geladen und dann gestartet. Ein sich in Ausführung befindendes Programm bezeichnen wir als Prozess.

Um mit dem Prozessbegriff umgehen zu können, bietet es sich an, ein *Modell* zu verwenden. Dieses Modell abstrahiert von den eigentlichen konkreten Eigenschaften eines Prozesses in einem bestimmten Computersystem. Der Vorteil dieses Vorgehens liegt daran, dass man sich so auf die wesentlichen Eigenschaften von Prozessen beschränken kann und Konzepte leichter versteht, entwickelt und verifiziert.

Prozesse spiegeln die wichtige Eigenschaft wieder, dass Computer mehrere Aufgaben gleichzeitig erledigen können. So können beispielsweise die folgenden Aktionen für einen PC-Benutzer gleichzeitig ausgeführt werden:

- Programm (z.B. ein Textverarbeitungsprogramm) ausführen,
- Zugriff auf die Festplatte (z.B. zum Speichern einer Datei),
- Drucken einer Datei.

Heutige Rechner unterstützen den so genannten *Mehrprogrammbetrieb*. Wie der Name sagt, können hier mehrere Programme gleichzeitig aktiv sein. In der Realität ist jedoch meistens nur ein Prozessor – auch CPU (*Central Processing Unit*) genannt – vorhanden, so dass diese Parallelität nur simuliert wird. In Wirklichkeit werden immer nur bestimmte Teile eines Programms ausgeführt. Dann wird der Prozessor dem Programm entzogen und ein anderer Prozess erhält den Prozessor zugeteilt. Der Prozessor wird mit anderen Worten zwischen verschiedenen Programmen hin- und hergeschaltet. Dies geschieht im Millisekundenbereich, so dass der Benutzer keine Wartezeiten bemerkt.

Es handelt sich beim Mehrprogrammbetrieb also um eine Art *Pseudoparallelität*. Um die Geschwindigkeit von Computersystemen zu steigern, gibt es jedoch auch *echte Parallelität*, die aufgrund der vorhandenen Hardware realisiert wird. Während der Prozessor arbeitet, ist es beispielsweise möglich, dass bestimmte Ein- und Ausgabe-Operationen (I/O-Operationen), wie das Schreiben auf eine Festplatte, parallel stattfinden.

Betriebssysteme müssen mit beiden Arten von Parallelität umgehen können. Im Grunde genommen sind es immer Prozesse, die verwaltet werden müssen. Um die Architektur und Arbeitsweise von Betriebssystemen verstehen zu können, bietet es sich daher an, von der Implementierung zu abstrahieren und mit einem *Prozessmodell* zu arbeiten.

Halten wir fest:

- Ein Prozessmodell erleichtert die Beschreibung von Prozessen und deren Synchronisation.
- Die Verwendung eines Prozessmodells ermöglicht es, mit dem Begriff der Parallelität in Betriebssystemen besser umgehen zu können.

Insbesondere der letzte Punkt ist wichtig. Betrachten wir die Aktivitäten in einem System als das Konkurrieren von Prozessen um den Prozessor, so verlagert sich das Problem der Parallelität zwischen Prozessen aus der Prozessebene hinaus auf eine höhere Ebene. Die Prozesse selbst sind sequentiell.

Es lassen sich diese Eigenschaften des Prozessmodells ableiten (vgl. [Tanenbaum 2009]):

- Alle ausführbaren Programme und das Betriebssystem selbst sind sequentielle Prozesse.
- Jeder Prozess besitzt seinen eigenen virtuellen Prozessor.
- Der reale Prozessor wird schnell zwischen den Prozessen gewechselt.
- Jeder Prozess hat seinen eigenen Kontrollfluss.
- Zu jedem Zeitpunkt ist nur ein Prozess aktiv.

Nun stellt sich die Frage, welche Komponente eines Betriebssystems für die Verwaltung der Prozesse zuständig ist. Insbesondere muss diese festlegen, welcher Prozess den Prozessor für welche Zeitdauer zugeteilt bekommt. Diese Komponente ist der so genannte Scheduler, in dem bestimmte Strategien zur Prozessverwaltung (*Scheduling-Strategien*) realisiert sind. Eine Strategie könnte zum Beispiel sein, kurze Prozesse zu bevorzugen. Eine Alternative wäre, Prozesse nach ihrer Wichtigkeit (Priorität) dem Prozessor zu zuordnen. Dem Scheduler und den Scheduling-Strategien widmen wir später ein eigenes Kapitel.

Prozess 1	Prozess 2	...	Prozess n
Scheduler			

Abbildung 5-1: Prozessmodell

Damit ergibt sich unter Einbeziehung eines *Prozessmodells* das in Abbildung 5.1 dargestellte Bild (vgl. [Tanenbaum 2009]) für Prozesse in einem Betriebssystem. Die angegebenen Prozesse sind dabei sowohl Betriebssystemprozesse als auch Prozesse, die durch Benutzerprogramme ausgelöst werden.

Das Prozessmodell, das wir bis hierhin eingeführt haben, lässt sich in Bezug auf die möglichen *Zustandsübergänge* zwischen Prozessen erweitern. Dies wollen wir im Folgenden tun. Wir haben bereits erwähnt, dass Prozesse einen *Zustand* besitzen. Die folgende Definition beruht auf [Tanenbaum 2009] und [Silberschatz et al. 1999]:

> Ein Prozess befindet sich in genau einem der folgenden Zustände:
>
> - Rechnend: Der Prozessor ist dem Prozess zugeteilt.
> - Rechenbereit: Der Prozess ist ausführungsbereit, aber es ist ihm kein Prozessor zugeteilt.
> - Blockiert: Der Prozess kann nicht ausgeführt werden, bis ein externes Ereignis auftritt. Selbst wenn der Prozessor zugeteilt würde, wäre der Prozess nicht ausführbar.

Lassen Sie uns diese Zustände kurz diskutieren.

Der Zustand *rechnend* ist einfach zu verstehen. Gehen wir von der Annahme aus, es gäbe nur einen einzigen Prozess im System. Der Scheduler wird dafür sorgen, dass der Prozess den Prozessor die ganze Zeit zugeteilt bekommt und mit seiner Arbeit so lange fortfahren kann, bis er beendet ist.

Den Zustand *rechenbereit* erklärt man sich am einfachsten dadurch, dass man annimmt, es gäbe mehrere Prozesse im System, die darauf warten, den Prozessor zugeteilt zu bekommen, während ein Prozess bereits arbeitet. Sie könnten also ausgeführt werden, wenn ihnen der Prozessor zugeteilt würde. Das Scheduling-Verfahren wird dafür sorgen, dass alle Prozesse einen gerechten Anteil der Prozessorzeit erhalten. Dies bezeichnet als man Zeitscheibe für einen Prozess.

Der Zustand *blockiert* ist etwas schwieriger zu verstehen, da hier ein weiterer Aspekt hinzukommt: Prozesse benötigen Ressourcen. So kann es beispielsweise sein, dass ein Prozess die Daten eines anderen Prozesses benötigt, der diese aber noch nicht geliefert hat. Später werden wir hierzu einige Beispiele aus Betriebssystemen angeben. An dieser Stelle ist es vielleicht hilfreich, sich den Sachverhalt an einem Fließband in einer Produktionsstraße klarzumachen. Eine Station am Fließband ist blockiert, wenn die Vorgängerstation nicht mit der Arbeit nachkommt.

Neben den obigen drei Zuständen für Prozesse kann man sich einen vierten Zustand vorstellen, und zwar den Zustand *terminiert* (vgl. [Silberschatz et al. 1999]). Dieser Zustand besagt, dass der Prozess beendet wurde und den Prozessor nicht weiter benötigt.

Die Zustände eines Prozesses stehen in engem Zusammenhang zueinander, da ein Prozess von einem Zustand in einen anderen überführt werden kann. Die möglichen Zustandsübergänge sind in Abbildung 5.2 dargestellt.

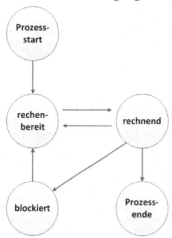

Abbildung 5-2: Prozessübergangsdiagramm

Lassen Sie uns noch kurz auf die Zustandsübergänge im Einzelnen eingehen:

- *Zustandsübergang „rechnend → blockiert"*: Der Prozess rechnet, wird jedoch blockiert, da er beispielsweise auf Eingabedaten wartet (vgl. das obige Pipe-Beispiel).
- *Zustandsübergang „rechnend → rechenbereit"*: Der Scheduler erteilt einem anderen Prozess den Prozessor, da er lange genug ausgeführt wurde und aus Fairnessgründen ein anderer Prozess an die Reihe kommen soll.
- *Zustandsübergang „rechenbereit → rechnend"*: Der Scheduler wählt den Prozess aus und teilt ihm den Prozessor zu.
- *Zustandsübergang „blockiert → rechenbereit"*: Die Situation, die den Prozess blockierte, ist beseitigt und der Prozess kann wieder mit anderen Prozessen um den Prozessor konkurrieren. Dies ist beispielsweise der Fall, wenn Eingabedaten, auf die gewartet wurde, verfügbar sind (vgl. das obige Pipe-Beispiel).

5.1.3 Implementierung von Prozessen in UNIX

Ein Betriebssystem muss also im Zusammenhang mit Prozessen in der Lage sein, Informationen über Prozesse festzuhalten, um bei einem Prozesswechsel auf den letzten Zustand eines Prozesses wieder zugreifen zu können. Daneben muss es Funktionen bereitstellen, die zur Prozessverwaltung dienen, wie das Erzeugen, Löschen und das Zuteilen des Prozessors. In diesem Abschnitt widmen wir uns dem ersten Aspekt, wobei wir zunächst kurz auf allgemeine Designkriterien für die Implementierung eingehen, und uns dann der Realisierung im Betriebssystem UNIX zuwenden.

> Informationen über einen Prozess werden in einem so genannten *process control block* (PCB) gehalten. Der PCB ist eine Datenstruktur, die alle Informationen über einen Prozess festhält, die zur Verwaltung des Prozesses benötigt werden.

Der PCB enthält unter anderem:

- Prozesszustand,
- Registerinhalte der CPU, z.B. Befehlszähler und Stack-Zeiger,
- zugeordnete Hauptspeicherbereiche, z.B. für den Programm-Code und den Datenbereich, z.B. für die globalen Variablen,
- zugeordnete Ressourcen, z.B. Peripheriegeräte und geöffnete Dateien,
- Prozesserzeugungszeitpunkt,
- Priorität,
- verbrauchte Rechenzeit,
- User-ID, das heißt, die Nummer des Benutzers, dem der Prozess gehört,
- Prozess-ID des Vaterprozesses,
- Umgebung des Prozesses, u. a. das Arbeitsverzeichnis.

Prozesstabelle mit PIDs

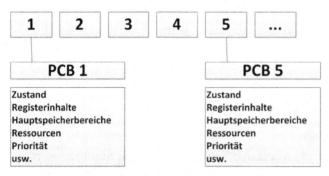

Abbildung 5-3: Implementierung von Prozessen

> Jeder Prozess besitzt zur Identifikation eine eindeutige Nummer, die als *process identification* (PID) bezeichnet wird. Die PIDs aller Prozesse sind in der Datenstruktur *Prozesstabelle* (*process table*) zusammengefasst.

Neben der Prozesstabelle und den PCBs werden Zustandslisten geführt, die die Prozesse gemäß ihren Zuständen gruppieren, das heißt, es gibt unter anderem jeweils eine Liste für die rechenbereiten und die blockierten Prozesse.

Die Funktionen zur Prozessverwaltung operieren mit diesen Datenstrukturen. Beispielsweise wird ein Prozess, wenn er beendet wird, aus der Prozesstabelle entfernt. Ein Zustandsübergang wird durch den Wechsel des Prozesses aus einer Zustandsliste in eine andere realisiert.

Abbildung 5.3 fasst die eingeführten Begriffe noch einmal zusammen.

> Prozesse können weitere Prozesse erzeugen. Den erzeugenden Prozess nennt man *Vaterprozess (parent process)*, der erzeugte Prozess heißt *Kindprozess (Sohnprozess, child process)*. Damit ein Kindprozess weiß, welcher Vater sein Erzeuger ist, speichert es die Prozess-ID des Vaterprozesses (*PPID, parent process ID*).
>
> Da jedes Kind wiederum selbst Kindprozesse generieren kann, entsteht auf diese Weise ein *Prozessbaum*.

Im vorherigen Kapitel haben Sie bereits gesehen, wie man UNIX/Linux-Prozesse erzeugen kann, nämlich mit dem Systemkommando `fork`. Lassen Sie uns die eingeführten Begriffe abschließend am Beispiel der Ausführung eines Kommandos in der UNIX-Shell betrachten.

Beispiel 5

Betrachten wir die Ausführung des Kommandos `date`, welches das aktuelle Datum auf dem Bildschirm ausgibt. $ ist das Prompt-Zeichen der Shell.

```
$ date
Sun Jan 08 21:15:03 MET DST 2005
$
```

Welche Prozesse sind in diesem Fall aktiv?

- Zunächst läuft der Prozess sh (die Shell), der bei RETURN die eingegebene Anweisung analysiert und ausführt.

- Mit der Anweisung date wird ein Kindprozess von sh gestartet, genauer gesagt, wird die Datei /bin/date ausgeführt. Der Vaterprozess wartet nun auf die Beendigung des Kindprozesses.

- Bei Beendigung von date, wenn also das Datum auf dem Bildschirm erscheint, erhält der sh-Prozess eine Mitteilung, dass der Kindprozess terminiert ist, und fährt mit seiner Arbeit fort. Es wird ein neuer System-Prompt angezeigt und der Benutzer kann ein neues Kommando eingeben.

5.1.4 Zusammenfassung

Lassen Sie uns noch einmal die wichtigsten Punkte zur Implementierung von Prozessen in UNIX wiederholen und ergänzen:

- Jeder Prozess hat eine eindeutige Prozessnummer.
- Jeder Prozess hat einen Vaterprozess.
- Jeder Prozess hat eine Benutzer- und Gruppennummer.
- Für jeden Prozess werden Verwaltungsinformationen gespeichert.
- Jeder Prozess hat ein aktuelles Verzeichnis.
- Jeder Prozess hat eine Umgebung.

5.1.5 Threads

5.1.5.1 Motivation

Prozesse dienen dazu, Programmabläufe flexibler und modularer zu gestalten. Sie sind ein wichtiges Hilfsmittel zur Strukturierung komplexer und verteilter Anwendungen. Jeder Prozess verfügt über eigene Betriebsmittel, insbesondere über einen eigenen Adressraum.

Programme werden normalerweise sequentiell durch einen Prozess abgearbeitet. Wir können genau angeben, welche Programmanweisungen in welcher Reihenfolge abgearbeitet werden. Das ist in der Regel auch die Voraussetzung für das Funktionieren und auch für das Verständnis eines Programms. Die Abarbeitungsreihenfolge der Programmanweisungen nennt man in der Programmierung auch *Kontrollfluss*.

Die genaue Ausführungsreihenfolge ist aber fast nie in jedem Punkt zwingend einzuhalten. Meist spielt es keine Rolle, wenn man sich an einigen Stellen für eine beliebige Abfolge entscheidet. In anderen Fällen ist dies jedoch nicht sinnvoll oder nicht möglich.

Die Tatsache, dass ein sequentielles Programm den Kontrollfluss exakter festlegt als nötig, kann zu erheblichen Leistungsverlusten führen. Natürlich hängt das im

Einzelfall von dem Problem und auch von der Ausführungsumgebung ab. Es gibt Szenarien, in denen die Leistungsverluste gravierend und nicht hinnehmbar sind:

- Die effiziente Ausnutzung von Mehrprozessorsystemen erfordert, dass es möglich ist, Programmteile gleichzeitig auszuführen. Dabei soll dem System in einem hohen Maße gestattet werden, die Abarbeitung einzelner Teile selbst zu steuern.

- Serveranwendungen sollen in der Lage sein, mit möglichst geringer Verzögerung auf neu eintreffende Anforderungen zu reagieren. Dies ist nur möglich, wenn sie in der Lage sind, gerade ablaufende Bearbeitungen (z.B. die Kopie großer Dateien) zu unterbrechen.

- Eingabe- und Ausgabeoperationen sind mit Wartezeiten verbunden, in denen die Prozessorleistung anderweitig genutzt werden kann.

- Grafische Oberflächen verfügen über eine eigene Ereignisschleife (*event loop*), die auf Benutzereingaben wartet und gegebenenfalls eine Funktion zur Behandlung des Benutzerereignisses aufruft (*call back*-Funktion). Häufig sollen während des Wartens aber weitere Programmaktionen ausgeführt werden, wie interne Berechnungen oder das Einlesen von externen Daten.

Grundsätzlich ist es denkbar, dass man diese (quasi-)gleichzeitigen Abläufe durch mehrere Prozesse modelliert. Dies hat jedoch mehrere Nachteile:

- Ein Prozess benötigt beträchtliche Systemressourcen (Speicher, Beschreibungstabellen, Sicherheitsmechanismen usw.).

- Prozesswechsel sind aufwändige Aktionen des Betriebssystems.

- Die Kommunikation zwischen verschiedenen Prozessen ist zeitaufwändig und komplex.

Threads lösen die dargestellten Probleme, in dem sie mehrere Abläufe innerhalb eines einzigen Prozesses bereitstellen.

> Ein *Thread* (deutsch: Faden (des Kontrollflusses)) ist ein sequentieller Abarbeitungsablauf (Kontrollfluss) innerhalb eines Prozesses. Wenn ein Prozess mehr als einen Thread umfasst, spricht man von *Multithreading*.

Gemäß dieser Definition enthält jeder Prozess mindestens einen Thread, *mainthread* genannt. Besondere Mechanismen sind nur dann erforderlich, wenn ein Prozess mehr als einen Thread umfasst.

Grundsätzlich werden alle für die Ausführung eines Programms benötigten Betriebsmittel von dem Betriebssystemprozess verwaltet. Generell werden einige Betriebsmittel von allen Threads gemeinsam verwendet: Dateideskriptoren, Hauptspeicher, Rechnerregister. Das Laufzeitsystem muss aber für jeden Thread besondere Datenstrukturen bereitstellen:

- Jeder Thread verfügt über einen eigenen Laufzeitstack, in dem die lokalen Variablen und Rücksprungadressen verwaltet werden.

- Ein nicht-aktiver Thread speichert die aktuellen Werte der Prozessorregister.
- Threads haben einen bestimmten Zustand und bestimmte Attribute (ausführbar, wartend, Name, Priorität usw.)
- Threads verfügen manchmal über threadlokale Variablen.

Ein Betriebssystem, das Threads unterstützt, verfügt daher immer über eine geänderte Prozessstruktur, da ja grundsätzlich Threads Teile der Aufgaben eines Prozesses übernehmen. Die genaue Rollenverteilung ist systemabhängig.

5.1.5.2 Threadscheduling

In einem Einprozessorsystem kann immer nur ein Thread aktiv sein. Aber auch in einem Mehrprozessorsystem gibt es in der Regel mehr Threads als Prozessoren. Auch auf Threadebene stellt sich damit die Frage der Rechenzeitzuteilung.

Die grundsätzliche Festlegung betrifft die Frage, wer für die Rechenzeitzuteilung (Scheduling) zuständig ist:

- Das *Laufzeitsystem des laufenden Prozesses (user level thread)*. Diese Lösung wird praktisch nur in Systemen verwendet, in denen das Betriebssystem keine Threads unterstützt. Diese Lösung lässt sich leicht implementieren und ist auch sehr effizient. Ihr Problem besteht aber im Umgang mit blockierenden Systemaufrufen. Grundsätzlich sollten während der Wartezeit auf die Rückgabe durch einen Systemaufruf (z.B. Tastatureingabe) andere Threads eines Prozesses weiter ausgeführt werden können. Mangels fehlender Kommunikation zwischen Laufzeit- und Betriebssystem ist dies jedoch bei User level-Threads nicht möglich. Da ein flexibles Scheduling nicht ohne weiteres möglich ist, wird bei User level-Threads meist ein reines *Scheduling on demand* durchgeführt. Trotz dieser Einschränkungen kann das Scheduling durch das Laufzeitsystem in Spezialfällen die beste Lösung darstellen.
- Das *Betriebssystem (system level thread)*. Moderne Betriebssysteme unterstützen grundsätzlich Threadscheduling. Dies bietet den Vorteil, dass alle Mechanismen der Rechenzeitzuteilung zur Verfügung stehen. In UNIX Systemen (Linux) werden die Threadmechanismen mittels der POSIX-Thread-Library dem Programmierer zur Verfügung gestellt.
- *Hybrides Threadsystem*. Die Vor- und Nachteile der Threadimplementierung nur durch das Betriebssystem (*system level*) oder nur durch das Laufzeitsystem (*user level*) führen dazu, dass in der Regel, so auch bei Linux, hybride Lösungen gewählt werden. Dabei werden nur die notwendigsten Aufgaben, die mit der Ausführungssteuerung zu tun haben, dem Betriebssystem übertragen.

5.1.5.3 Threadsysteme

Derzeit werden einige wenige Threadsysteme allgemein verwendet:

- das Threadsystem von *Windows-NT* (vgl. [Tanenbaum 2009]).
- das durch den POSIX Standard festgelegte System der *POSIX-Threads* (pthreads). POSIX-Threads sind unter Linux und anderen UNIX-Systemen verfügbar.
- das Threadsystem von *Java*. Java bietet eine Betriebssystem-unabhängige Sprachschnittstelle an. Die Implementierung erfolgt in der Regel auf der Basis des Thread-Systems des zugrunde liegenden Betriebssystems. In wenigen Ausnahmefällen kann das Java-Threadsystem aber auch durch User-Level-Threads implementiert sein.

Unterschiedliche Implementierungen bedingen im Detail ein unterschiedliches Verhalten und insbesondere eine unterschiedliche Definitionen der Primitive. Trotz dieser Unterschiede ist das Grundverhalten aller Threadsysteme jedoch sehr ähnlich. Die Aufgaben eines Threadsystems lassen sich wie folgt untergliedern:

- Datenstrukturen zur Beschreibung des Threadzustandes und zur Speicherung der Threadattribute,
- Mechanismen zur Threaderzeugung,
- Mechanismen zur Threadterminierung,
- Zuteilung der Rechenzeit (Scheduling),
- Schutz kritischer Bereiche,
- Warten auf Zustandsänderungen, die durch andere Threads hervorgerufen wurden,
- Regelung des Zugriffs auf verteilten Speicher.

5.1.5.4 POSIX-Threads in Linux

POSIX-Threads stellen eine betriebssystemneutrale Spezifikation der elementaren Threadfunktionen dar. Die Grundelemente des Systems sind Threads, Locks und Bedingungsvariablen. Diese drei Grundobjekte werden durch Datenstrukturen repräsentiert, die Attribute des jeweiligen Objekts und seinen Zustand speichern und über entsprechende Aufrufe manipuliert werden können.

Die nötigen Deklarationen werden durch die Headerdatei `pthread.h` bereitgestellt. Das Einbinden der Bibliothek erfolgt über den Linker-Schalter `-lpthread`.

Die charakteristische Besonderheit von Linux gegenüber anderen Betriebssystemen besteht darin, dass es nicht von einem eng koordinierten Team realisiert wird, sondern durch eine relativ lose Koordination einzelner Entwickler. Der Erfolg von Linux war nur möglich, weil diese unabhängigen Einzelentwicklungen klar abgesprochene Schnittstellen berücksichtigen.

Ebenso wichtig ist aber auch, dass Weiterentwicklungen des Systems möglichst wenig in bisherige Strukturen eingreifen und möglichst einfach realisiert sind.

Bezüglich der Implementierung der POSIX-Threads wurde der Schluss gezogen, dass die Anzahl der zusätzlichen Systemaufrufe möglichst gering gehalten werden sollte, um so die Struktur des Gesamtsystems nicht zu komplizieren und die Funktionsweise nicht zu beeinträchtigen. Tatsächlich wurde für das Threadsystem zunächst nur ein einziger neuer Systemaufruf definiert.

Der zusätzliche Systemaufruf wird aufgerufen durch die Funktion clone. Bis auf einige Details ist die Funktionsweise von clone ähnlich der Erzeugung eines neuen Prozesses mittels fork. Der wesentliche Unterschied besteht darin, dass der neue Thread den Adressraum (und alle externen Ressourcen)mit dem erzeugenden Thread/Prozess teilt. Dem neuen Thread wird jedoch innerhalb des Adressraums ein eigener Stapelbereich zugewiesen, da nur so die Abarbeitung des separaten Kontrollflusses möglich ist.

Diese Implementierung des Prozesssystems hat die Konsequenz, dass den Linux-Threads durch dieselben Mechanismen wie Prozessen Rechenzeit zugewiesen wird. Ebenso erfolgt die Synchronisation und Koordination von Threads nicht anders als bei Prozessen. Gegenüber einer hinsichtlich der Laufzeit optimierten Implementierung benötigte das ursprüngliche Threadsystem von Linux für alle Threadaktionen Prozesswechsel. Dieser Nachteil wird aber wieder dadurch ausgeglichen, dass in Linux Prozesswechsel besonders effizient implementiert sind.

Die genaue Form des Aufrufes von clone lautet:

```
int clone(int (*fn)(void*), void* child_stack, int flags, void* args)
```

Die Argumente bedeuten:

- fn: Im neuen Thread auszuführende Funktion. Dieser Funktion wird das Argument args, die Adresse eines Speicherbereichs, übergeben, in dem sich eventuelle Startdaten für den Threadablauf befinden können (kann optional gleich NULL sein). Beim Ende der Funktion fn terminiert der Thread.
- child_stack: Die Adresse des genügend groß alloziierten Stapelspeichers. Je nachdem, ob die Rechnerhardware den Stack nach kleineren oder nach größeren Adressen wachsen lässt, muss die Start- oder die Endadresse (die Regel) des Stapelbereichs übergeben werden.
- flags: einige Implementierungs-spezifische Schalter und Informationen für die Threadsausführung.

Der eigentliche Systemaufruf weicht nochmals von clone selbst ab.

Mit dem Linux-Kernel 2.6 wurde als weiterer Systemaufruf futex eingeführt. Damit ergibt sich eine erheblich effizientere Lösung. Frühere Restriktionen, wie Einschränkungen der Anzahl der Threads, fallen weg.

Bei beiden Aufrufen handelt es sich nicht um direkt vom Programmierer zu verwendende Schnittstellen.

Bei der Programmierung von Threads wird stattdessen ausschließlich die standardisierte Bibliothek der POSIX-Threads genutzt. `futex` dient ausschließlich als Implementierungsmittel für die POSIX-Bibliothek.

Beispiel 6

Die Aufrufe der POSIX-Schnittstelle erlauben die Erzeugung, Vernichtung und auch die Synchronisation von Threads. Das folgende einfache Beispiel zeigt die Ausführung mehrerer Threads mittels der POSIX-Schnittstelle.

```c
#include <pthread.h>
#include <stdio.h>
#include <time.h>
#define COUNT 80000

// Funktion fuer einen Thread
void* threadfunc(void* a) {
    sleep(1);
    // Terminierung:
    pthread_exit(NULL);
}
int main () {
    int i;
    // Thread-Deskriptoren
    pthread_t thr[COUNT];
for (i = 0; i < COUNT; i++) {
        if (i % 1000 == 0) printf("%d\n", i);
        // Erzeugung und Start eines Threads
        pthread_create(&thr[i], NULL, &threadfunc, NULL);
    }
    pthread_exit(NULL);
}
```

5.1.5.5   Das Threadsystem von Java

In Java werden Threads durch Instanzen der Klasse `Thread` (oder davon abgeleiteter Klassen) beschrieben. Die Ausführung eines Threads startet die Methode `run` eines Objekts, das die Schnittstelle `Runnable` implementiert. Der Thread wird beendet, wenn die Methode `run` beendet ist. Natürlich kann die Methode `run` ihrerseits Methoden weiterer Objekte aufrufen. Deren Ausführung erfolgt innerhalb des entsprechenden Threads.

Beispiel 7

Das folgende Beispiel erzeugt zwei Threads, die einfache Meldungen ausgeben:

```java
public class ThreadTest {
    private static class RunClass implements Runnable {
        public void run() {
            String myName = Thread.currentThread().getName();
            for (int i = 1; i < 2; i++)
                System.out.println(myName + ": " + i);
```

```
                }
        }
        public static void main(String[] args) {
                // Erzeugung des Ausfuehrungsobjekts
                RunClass runObject = new RunClass() {
                // Erzeugung zweier Threads
                Thread t1 = new Thread(runObject, "Thread1");
                Thread t2 = new Thread(runObject, "Thread2");
// Start der beiden Threads
                t1.start();
                t2.start();
                // Weitere Ausfuehrung des main-Thread
                Thread mainThread = Thread.currentThread();
                System.out.println(mainThread.getName() + " finished");
        }
}
```

In dem Beispiel wird zwecks Illustration des Threadverhaltens ein einziges Ausführungsobjekt erzeugt. Zu jedem Thread gehört zwar ein eigenes Threadobjekt, das den Zustand und die Eigenschaften des Threads speichert. Dieses Threadobjekt spielt aber für die Ausführung keine besondere Rolle. Es kann also ohne weiteres mehrfach die run-Methode eines Objekts aufgerufen werden. Es sollte klar sein, dass das Threadobjekt in der Regel nicht als this-Objekt zugänglich ist. Die Java-Bibliothek enthält die Methode Thread.currentThread(), die das gerade in Ausführung befindliche Threadobjekt zurückgibt.

Bei der Erzeugung des Threadobjekts kann optional neben dem Ausführungsobjekt ein Name mitgegeben werden. Die Ausführung eines Threads startet mit dem Aufruf der Methode start.

Java macht keinerlei Aussagen über die Ausführungsreihenfolge von Threads. Bei einem Test ergab sich folgende Ausgabe:

```
main finished.
Thread1: 0
Thread1: 1
Thread2: 0
Thread2: 1
```

Es wären aber auch viele andere Reihenfolgen möglich gewesen, wie z.B.:

```
Thread1: 0
Thread2: 0
Thread2: 1
main finished.
Thread1: 1
```

Das Threadsystem gibt bezüglich der Ausgabe nur die eine Garantie, dass nämlich jeder einzelne Thread streng sequentiell ausgeführt wird.

In der Java-Terminologie ist die Ausführung der Methode main() mit einem Thread namens *main* verbunden.

In Java terminiert ein Thread, wenn er das Ende der Methode `run()` erreicht hat. Der Java-Prozess terminiert, wenn alle nicht-Dämon-Threads beendet sind. Ein Dämon-Thread ist dadurch definiert, dass er vor dem Start durch den Aufruf `set-Daemon(true)` markiert wurde.

5.2   Parallelität

Das Prozessmodell macht uns deutlich, dass es in Betriebssystemen zum einen darum geht, Parallelität auszunutzen, um eine gute Performanz zu erreichen. Zum anderen benötigt man aber Mechanismen zur Synchronisation. Sehr eindrucksvoll hat uns das Beispielprogramm `race.c` im Kapitel über Shared Memory gezeigt, dass es zu fatalen Effekten kommen kann, wenn man den Prozessen, die in ein Shared Memory-Segment schreiben und daraus lesen, freien Lauf lässt. Es entstehen so genannte *Race Conditions*, die wir von außen nicht beeinflussen können, weil wir nicht wissen, wann der Scheduler einen Prozess unterbricht und einem anderen Prozess den Prozessor zuteilt.

Die Problematik liegt also darin, dass wir bisher kein Synchronisationswerkzeug zur Hand haben, das dies steuern könnte.

Beleuchten wir dieses Thema zunächst einmal theoretisch, ehe wir auf die Möglichkeiten eingehen, die uns UNIX und Linux geben.

5.2.1   Race Conditions

Wie wir oben gesehen haben, bedeutet Parallelität auf Prozess-Ebene, dass Prozesse sich den Prozessor teilen müssen. In der Betriebssystemliteratur sagt man auch, sie benutzen ein *gemeinsam benötigtes Betriebsmittel*.

Dieser Begriff ist bewusst abstrakt definiert, denn er umfasst nicht nur die CPU, was – wie wir oben gesehen haben – bei Prozesswechseln eine Rolle spielt, sondern auch Speicher, Drucker oder den Zugang zu einem Netzwerk.

Betrachten wir zunächst das folgende Beispiel, das Variablen als gemeinsam benötigte Betriebsmittel darstellt.

Beispiel 8

Stellen Sie sich ein System vor, in dem es zwei Prozesse P1 und P2 gibt, die gemeinsam auf die globalen Variablen x und y zugreifen. Betrachten wir die folgende Situation (vgl. [Tanenbaum 2009]), in der wir die Berechnungsschritte nummeriert haben:

```
int x = 5;
int y = 0;

Prozess P1                    Prozess P2
(1.1) y = 1;                  (2.1) y = -1;
(1.2) x = x + y;              (2.2) x = x + y;
```

Offensichtlich tritt hier ein Problem auf, weil es in der Praxis vorkommen kann, dass einem Prozess zu jedem beliebigen Zeitpunkt durch das Scheduling-Verfahren der Prozessor entzogen werden kann.

Die beiden folgenden Berechnungssequenzen sind dann möglich:

```
Scheduling:
a) (1.1) (1.2) (2.1) (2.2)        Ergebnis: x = 5.
b) (1.1) (2.1) (2.2) (1.2)        Ergebnis: x = 3.
```

Wir erhalten also verschiedene Ergebnisse beim verzahnten Lesen und Speichern der gemeinsam benutzten Variablen (genauer gesagt, des Speichers als gemeinsam benötigtem Betriebsmittel).

Schauen wir uns ein anderes Beispiel an:

Beispiel 9

Wir betrachten einen Druckerspooler, in den Druckaufträge geschrieben werden, die nacheinander abgearbeitet werden. Der Druckerspooler soll folgendermaßen funktionieren (vgl. [Tanenbaum 2009]):

- Falls ein Prozess eine Datei drucken möchte, schreibt er den Dateinamen in das Druckerspooler-Verzeichnis.
- Der Drucker-Dämon (ein anderer Prozess) überprüft periodisch, ob das Verzeichnis nicht leer ist, druckt dann die Dateien nacheinander aus und löscht die Namen aus dem Verzeichnis.
- Die Prozesse benutzen eine gemeinsame Variable mit dem Namen position, die den nächsten freien Eintrag im Druckerspooler enthält.

Diese Einträge seien bereits im Druckerspooler:

0	Datei-0
1	Datei-1
2	Datei-2
3	Datei-3
4	Datei-4
5	Datei-5
6	Datei-6

Der Wert von position (nächster freier Eintrag) ist 7.

Schauen wir uns die folgende Situation an:

- Die Prozesse A und B möchten gleichzeitig eine Datei ausdrucken.
- Prozess A liest position und merkt sich den Wert 7 in der lokalen Variablen naechster_freier_Eintrag.
- Der Scheduler suspendiert Prozess A und aktiviert B.
- Prozess B liest position = 7, speichert den Namen der auszudruckenden Datei in Eintrag 7 ab und erhöht position auf 8.

- Prozess A wird nun in den Zustand rechnend überführt. Der Wert von naechster_freier_Eintrag ist 7. Daher schreibt Prozess A den Namen der auszudruckenden Datei in Eintrag 7 und erhöht position auf 8.

Was ist das Resultat dieser unglücklichen Abfolge von Ereignissen?

Der Druckauftrag von Prozess B geht verloren. Dramatisch ist, dass wahrscheinlich nur der Benutzer, der seine Datei drucken wollte, diesen Zustand bemerken wird. Die gemeinsam benutzte Variable position wurde von Prozess B gelesen, obwohl Prozess A noch nicht beendet war.

Die beiden Beispiele verdeutlichen die Problematik, die uns bereits im vorherigen Kapitel begegnet ist. Es handelt sich um Situationen, in denen Race Conditions auftreten. Es findet, mit anderen Worten, ein „Wettrennen" der Prozesse um die Benutzung der Ressource statt.

> *Race Conditions (zeitkritische Abläufe)* sind Situationen, in denen
> - zwei oder mehr Prozesse gemeinsame Betriebsmittel nutzen und
> - die Endergebnisse von der zeitlichen Reihenfolge der Operationen abhängen.

Race Conditions führen in Programmen zu fatalen Fehlern, da nicht vorhergesagt werden kann, wann sie auftreten. Es gibt Anwendungen, die jahrelang fehlerfrei laufen, weil die Wahrscheinlichkeit, dass eine solche Situation auftritt, sehr gering ist. Natürlich kann man dies nicht akzeptieren. Eine Hauptanforderung an Programme ist, dass sie korrekt sind. Dies gilt insbesondere für Betriebssysteme, wobei hinzukommt, dass gerade dort die Parallelität von vielen Prozessen eine herausragende Rolle spielt, und daher die Wahrscheinlichkeit, dass Race Conditions auftreten können, eher hoch ist.

Wir werden nun Konzepte einführen, mit denen Race Conditions vermieden werden können.

5.2.2 Wechselseitiger Ausschluss

An den obigen Beispielen erkennt man, dass es zur Vermeidung von Race Conditions darauf ankommt, den Zugriff der Prozesse auf Betriebsmittel einzuschränken. Mit anderen Worten ist der exklusive Zugriff einzelner Prozesse auf gemeinsam genutzte Betriebsmittel erforderlich. Betrachten wir den Druckerspooler aus dem obigen

Beispiel: Race Conditions würden nicht mehr auftreten, wenn nicht gleichzeitig die Variable position von mehreren Prozessen geändert werden könnte.

Wie aber erreichen wir dies? Wir müssen den Teilen eines Prozesses erhöhte Aufmerksamkeit schenken, die auf gemeinsame Betriebsmittel zugreifen. Dabei hilft uns die nächste Definition.

Ein *kritischer Bereich (critical section)* ist der Teil eines Prozesses, der auf gemeinsam benutzte Betriebsmittel zugreift.

Mit anderen Worten sagt uns diese Definition, wie wir zeitkritische Abläufe vermeiden können: Man muss verhindern, dass mehr als ein Prozess zu einem Zeitpunkt die gemeinsam benutzten Daten liest oder schreibt. Falls ein Prozess eine gemeinsam benutzte Variable verwendet, müssen alle anderen Prozesse davon ausgeschlossen werden, diese zu verwenden. Prozesse haben damit allgemein die folgende Struktur:

```
kritischer_Bereich();
nicht_kritischer_Bereich();
kritischer_Bereich();
nicht_kritischer_Bereich();
```

Hat man die kritischen Bereiche der Prozesse identifiziert, so können Race Conditions vermieden werden, wenn man garantiert, dass der Zugriff auf die kritischen Bereiche „wechselseitig ausgeschlossen" erfolgt. [Tanenbaum 2009] gibt für den *wechselseitigen Ausschluss (mutual exclusion)* die folgenden Bedingungen an:

- Nur ein Prozess darf sich zu jedem Zeitpunkt in seinem kritischen Bereich befinden.
- Es dürfen keine Annahmen über die Ausführungsgeschwindigkeit oder die Anzahl der Prozessoren gemacht werden.
- Kein Prozess, der sich nicht in seinem kritischen Bereich befindet, darf andere Prozesse blockieren.
- Jeder Prozess kann nach endlicher Zeit in seinen kritischen Bereich eintreten.

Es gibt viele Beispiele für den wechselseitigen Ausschluss in Betriebssystemen. Wir wollen hier nur drei erwähnen:

- Zwei Prozesse wollen gleichzeitig ihren Druckauftrag in den Druckerspooler ablegen, wie oben dargestellt.
- Zwei Prozesse wollen gleichzeitig Daten in ein gemeinsam genutztes Speichersegment (Shared Memory) schreiben.
- Zwei Prozesse wollen gleichzeitig auf einen Kommunikationskanal zugreifen.

In Betriebssystemen ist die Auswahl von geeigneten Primitiven für den wechselseitigen Ausschluss eine wichtige Designentscheidung. Es hat im Laufe der Zeit viele Vorschläge gegeben, die sich damit beschäftigen. Es würde den Rahmen dieses Buches sprengen, wenn wir diese alle behandeln wollten. Das für die Praxis wichtigste Synchronisationsprimitiv sind ohnehin die so genannten *Semaphore*, mit denen wir uns schwerpunktmäßig beschäftigen wollen.

Für diejenigen, die andere Primitive kennen lernen wollen, sei auf [Tanenbaum 2009] verwiesen. Bevor wir uns mit den Semaphoren beschäftigen, geben wir im folgenden Abschnitt allerdings einen kurzen Überblick über die wichtigsten Primitive für den wechselseitigen Ausschluss (nach [Tanenbaum 2009]).

5.3 Synchronisationsprimitive für den wechselseitigen Ausschluss

Man unterscheidet drei verschiedene Strategien für Prozesse, um den wechselseitigen Ausschluss in Betriebssystemen zu realisieren:

- Sperren aller Unterbrechungen
- Aktives Warten
- Schlafen und Aufwecken

Das Sperren aller Unterbrechungen ist die restriktivste aller Lösungen und wird hardwaremäßig realisiert. Aktives Warten bedeutet, dass ein Prozess periodisch überprüft, ob das Betriebsmittel frei ist. Dies wird durch eine Warteschleife realisiert. Die Strategie „Schlafen und Aufwecken" basiert im Gegensatz dazu darauf, dass ein Prozess von einem anderen ein Wecksignal erhält, wenn das Betriebsmittel frei ist.

Betrachten wir diese Verfahren im Einzelnen:

5.3.1 Sperren aller Unterbrechungen

Dies ist eine Hardware-Lösung. Ein Prozess, der in seinen kritischen Bereich eintritt, sperrt alle Unterbrechungen und lässt sie wieder zu, wenn er den kritischen Bereich verlässt. Es kann keine Unterbrechung durch den Scheduler eintreten, durch die dem Prozess der Prozessor entzogen wird.

Diese Lösung kann unter den folgenden Gesichtspunkten bewertet werden:

- Es ist nicht praktikabel, einem Benutzerprozess das Recht einzuräumen, alle Unterbrechungen zu sperren. Falls der Prozess seinen kritischen Bereich nicht mehr verlässt, entsteht ein Systemstillstand.
- Die Lösung ist nicht geeignet für Multiprozessor-Systeme.
- Die Technik des Sperrens von Unterbrechungen ist jedoch nützlich innerhalb des Kerns (z.B. bei der Verwaltung der Liste der rechenbereiten Prozesse).

5.3.2 Aktives Warten

5.3.2.1 Striktes Alternieren

Bei dieser Software-Lösung wird eine gemeinsam benutzte Variable (*Sperrvariable*, *lock variable*) mit 0 initialisiert. Will ein Prozess in seinen kritischen Bereich eintreten, so liest er die Sperrvariable:

- Ist der Wert 0 (`false`), setzt er die Sperrvariable auf 1 (`true`) und tritt in den kritischen Bereich ein.
- Ist der Wert 1, so wartet er, bis die Sperrvariable den Wert 0 hat.

Leider ist die Verwendung der Sperrvariablen alleine noch keine Lösung für den wechselseitigen Ausschluss. Wir haben hier das gleiche Problem wie mit unserem

Druckerspooler. Wir müssen den Lösungsansatz also modifizieren und erweitern die Sperrvariable zu einer Integer-Variablen an_der_Reihe, die beim Verlassen des kritischen Bereichs auf die Nummer des Prozesses gesetzt wird, der als nächster in seinen kritischen Bereich darf.

Hier ein Stück Programmcode für zwei Prozesse (aus [Tanenbaum 2009] entnommen und leicht modifiziert). Achten Sie darauf, dass hinter der while-Schleife ein Semikolon steht. Dieses realisiert das Warten.

```
int an_der_Reihe = 0;

// Prozess 0
while (true) {
    while (an_der_Reihe != 0); // warten
    kritischer_Bereich();
    an_der_Reihe = 1;
    nicht_kritischer_Bereich();
}
// Prozess 1
while (true) {
    while (an_der_Reihe != 1); // warten
    kritischer_Bereich();
    an_der_Reihe = 0;
    nicht_kritischer_Bereich();
}
```

Die Synchronisation sieht folgendermaßen aus:

- Prozess 0 ermittelt, dass an_der_Reihe == 0 ist und tritt in den kritischen Bereich ein.
- Prozess 1 ermittelt, dass an_der_Reihe == 0 ist und wartet, bis an_der_Reihe == 1 ist.
- Wenn Prozess 0 den kritischen Bereich verlässt, weist er an_der_Reihe = 1 zu.

Diese Lösung ist folgendermaßen zu bewerten:

- Aktives Warten wird durch die while-Schleife realisiert und vergeudet CPU-Zeit. Wenn ein Prozess wesentlich langsamer als der andere ist, wird der schnelle Prozess blockiert, obwohl sich kein Prozess in einem kritischen Bereich befindet.
- Dies sollte in einem „fairen" Prozess-System nicht vorkommen.

Diese Lösung ist damit auch zu verwerfen. Was dies für ein reales System bedeuten würde, können Sie leicht sehen, wenn Sie sich vorstellen, es handele sich um den weiter oben besprochenen Druckerspooler. Die kritischen Bereiche sind das Lesen und Schreiben in den Druckerspooler. Dann könnte Prozess 0 keine Datei ausdrucken, weil Prozess 1 mit etwas anderem beschäftigt ist.

5.3.2.2 Petersons Lösung

Peterson fand 1981 eine Lösung, die nicht aus Striktem Alternieren besteht.

Bevor ein Prozess in seinen kritischen Bereich eintritt, ruft er eine Prozedur enter_region mit seiner Prozessnummer als Parameter auf. Hier wartet er gegebenenfalls, ehe er in den kritischen Bereich eintritt. In der Prozedur leave_region gibt er bekannt, dass er seinen kritischen Bereich verlassen hat.

Hier ein Code-Segment (aus [Tanenbaum 2009] entnommen und modifiziert):

```
#define N 2                           // Anzahl der Prozesse

int an_der_Reihe;                     // Wer ist an der Reihe?
int interessiert[N] = {FALSE};        // Alle Werte sind FALSE.
void enter_region(int prozess) {
int anderer = 1 - prozess;            // Nummer des Konkurrenten
interessiert[prozess] = TRUE;         // Prozess will den Prozessor
an_der_Reihe = prozess;               // Setzen der globalen Variablen
while (an_der_Reihe == prozess && interessiert[anderer] == TRUE);
}

void leave_region(int prozess) {
interessiert[prozess] = FALSE;        // Prozess hat kein Interesse
                                mehr
}
```

Um den wechselseitigen Ausschluss zu realisieren, müssen die Prozesse den folgenden Aufbau haben:

```
Prozess 0:                       Prozess 1:
nicht_kritischer_Bereich();  nicht_kritischer_Bereich();
enter_region(0);                 enter_region(1);
kritischer_Bereich();            kritischer_Bereich();
leave_region(0);                 leave_region(1);
```

Sie können sich leicht überlegen, wie die Synchronisation funktioniert. Dazu bietet es sich an, zwei Fälle zu unterscheiden:

- sequentielles Interesse der Prozesse,
- gleichzeitiges Interesse der Prozesse.

Dabei ist der zweite Fall – Prozesse rufen gleichzeitig enter_region auf – etwas schwieriger nachzuvollziehen. Wir wollen dies hier nicht tun, sondern empfehlen auch hier die Lektüre von [Tanenbaum 2009].

5.3.2.3 TSL-Instruktion

Viele Computer (insbesondere Multiprozessor-Systeme) besitzen die Instruktion TEST AND SET LOCK (TSL-Instruktion) mit den folgenden Eigenschaften:

- Es gibt die unteilbaren (atomaren) Operationen READ and WRITE: Der Speicherbus wird gesperrt, wenn eine atomare Operation ausgeführt wird.

- Eine gemeinsam benutzte Variable flag wird verwendet, um Zugriff auf gemeinsam benutzte Betriebsmittel zu synchronisieren.
- Mit der TSL-Instruktion kann ein Prozess der Variablen flag den Wert 0 oder 1 zuweisen.
- Die Operationen enter_region und leave_region sind in Assemblersprache realisiert. Wir geben hier die Implementierung nicht an (vgl. hierzu [Tanenbaum 2009]).

Die Synchronisation geschieht folgendermaßen:

- Bevor ein Prozess in seinen kritischen Bereich eintritt, ruft er enter_region auf.
- enter_region wartet aktiv, bis die Sperre aufgemacht wird.
- Nach Verlassen des kritischen Bereiches ruft der Prozess leave_region auf, die der Variablen flag den Wert 0 zuweist.

5.3.2.4 Zusammenfassung

Soweit zu den Lösungen mit aktivem Warten und TSL-Instruktion. Festhalten wollen wir Folgendes:

- Die Prozesse sind selbst verantwortlich für die Realisierung des wechselseitigen Ausschlusses, das heißt, die atomaren Operationen müssen an der richtigen Stelle aufgerufen werden.
- Beide Lösungen gehen so vor, dass ein Prozess, der in seinen kritischen Bereich eintreten möchte, zunächst prüft, ob er das darf. Falls nicht, begibt er sich in eine Warteschleife.
- Aktives Warten verschwendet nicht nur CPU-Zeit, sondern funktioniert nicht, wenn Prozesse mit Prioritäten – so wie es meistens in der Praxis ist – versehen sind (vgl. Prioritätsumkehrproblem in [Tanenbaum 2009]).

5.3.3 Schlafen und Aufwecken

Die oben dargestellten Lösungen verwenden aktives Warten (Warteschleifen), in denen Prozesse Sperrvariablen ständig überprüfen. Dies ist konzeptionell nicht notwendig, denn man setzt besser Interprozess-Kommunikationsprimitive ein, die Prozesse blockieren und aktivieren. Die Idee, die dahinter steckt, ist die folgende:

Es ist unnötig, Prozesse ständig Sperrvariablen testen zu lassen. Stattdessen werden sie *blockiert* (*schlafen gelegt*), wenn sie warten müssen. Sie werden erst dann wieder *aktiviert* (*aufgeweckt*), wenn sich der Wert der Sperrvariablen ändert.

Hierzu gibt es zwei Systemaufrufe (vgl. [Tanenbaum 2009]):

- SLEEP: Der Aufrufer wird blockiert, das heißt, suspendiert, bis er von einem anderen Prozess aufgeweckt wird.
- WAKEUP: Der aufzuweckende Prozess wird als Parameter für WAKEUP zur Verfügung gestellt.

Betrachten wir hierzu ein sehr bekanntes Beispiel, um die Funktionsweise dieser Synchronisation zu erläutern: das Erzeuger-Verbraucher-Problem.

Beispiel 10

Das *Erzeuger-Verbraucher-Problem* (*producer consumer problem, beschränktes Puffer-Problem*) lässt sich folgendermaßen spezifizieren (vgl. [Tanenbaum 2009]):

- Zwei Prozesse besitzen einen gemeinsamen Puffer mit der festen Größe N.
- Der Erzeuger füllt Daten in den Puffer.
- Der Verbraucher entnimmt Daten aus dem Puffer.
- Der globale Zähler `zaehler` enthält die aktuelle Anzahl von Daten im Puffer.

Wenn wir dies mit Schlafen und Aufwecken implementieren wollen, müssen wir die folgenden Situationen in den Griff bekommen:

- Situation 1: Der Erzeuger will ein neues Datum in den Puffer einfügen, aber der Puffer ist voll (`zaehler == N`).
  Lösung: Der Erzeuger legt sich schlafen und wird vom Verbraucher geweckt, wenn er ein Datum aus dem Puffer entnommen hat.
- Situation 2: Der Verbraucher will ein Datum aus dem Puffer entnehmen, aber der Puffer ist leer (`zaehler == 0`).
  Lösung: Der Verbraucher legt sich schlafen, bis er vom Erzeuger geweckt wird, wenn dieser ein Datum in den Puffer eingefügt hat.

Wir machen einen ersten Versuch einer Implementierung. Das Programmfragment wurde leicht modifiziert aus [Tanenbaum 2009] entnommen. Wir stellen hier ein Erzeuger-Verbraucher-System in einem industriellen Fertigungsbetrieb vor. Der Erzeuger produziert Werkstücke, die vom Verbraucher aus dem Puffer entnommen und dann verarbeitet werden. Beide Prozesse laufen in Endlosschleifen.

```
#define N 150                        // Puffergröße
int zaehler = 0;                     // Anzahl der Teile im Puffer

void erzeuger() {
    int teil;                        // zu produzierendes Teil
    while (TRUE) {
            produziere_teil(&teil); // Produziere das nächste Teil.
            if (zaehler == N)        // Der Puffer ist voll,
                sleep();             // also kann der Prozess
                                     // schlafen.
            einfuegen_puffer(teil); // Das Teil kommt in den Puffer.
            zaehler = zaehler + 1;

            if (zaehler == 1)        // Der Puffer war vorher leer,
                wakeup(verbraucher); // also wecke den Verbraucher.
            }
}
```

```
void verbraucher() {
    int teil;                            // zu verarbeitendes Teil
    while (TRUE) {
            if (zaehler == 0)            // Der Puffer ist leer,
                sleep();                 // also kann der Prozess
                                         // schlafen.
            entnimm_puffer(&teil);       // Hole Teil aus dem Puffer.
            zaehler = zaehler - 1;
    if (zaehler == N - 1)                // Der Puffer war vorher voll,
                wakeup(erzeuger);        // also, wecke den Erzeuger.
            verarbeite_teil();
    }
}
```

Dieses Beispiel zeigt, wie Erzeuger und Verbraucher sich gegenseitig durch Weck-aufrufe benachrichtigen. Hier tritt jedoch wieder unser altbekanntes Problem auf. Sie werden es schon ahnen. Die Frage, ob diese Lösung korrekt ist, müssen wir verneinen. Es liegen *Race Conditions* vor.

Der Grund dafür ist, dass der Zugriff auf die Variable zaehler nicht exklusiv ist! Sie sehen das fatale Verhalten des Systems an folgendem Szenario:

- Der Puffer ist leer.
- Der Verbraucher überprüft zaehler und merkt sich, dass er den Wert 0 hat.
- Der Scheduler unterbricht den Verbraucher und startet den Erzeuger.
- Der Erzeuger fügt ein Datum ein und setzt zaehler = 1.
- Der Erzeuger überprüft zaehler und stellt fest, dass er vorher den Wert 0 hatte und weckt den Verbraucher.
- Unglücklicherweise hatte sich der Verbraucher gar nicht schlafen gelegt.
- Das WAKEUP-Signal geht verloren.
- Der Verbraucher wird vom Scheduler aktiviert, und da die Variable zaehler für ihn den Wert 0 hat, legt er sich schlafen.
- Der Erzeuger füllt auf diese Weise den Puffer und legt sich ebenfalls schlafen.
- Beide schlafen für immer.

Tanenbaum bringt den Grund für das Versagen der Synchronisation treffend auf den Punkt (vgl. [Tanenbaum 2009]): „Das wesentliche Problem ist hier, dass ein Weckruf, der an einen (noch) nicht schlafenden Prozess geschickt wird, verloren geht. ... Eine schnelle Korrektur wäre ein Ändern der Regeln derart, dass ein Weckruf-Warte-Bit eingefügt wird ...".

Leider ist diese Lösung auch nur eine Scheinlösung, denn es lassen sich leicht Bei-spiele mit mehr als zwei Prozessen konstruieren, wo man mit einem Bit nicht aus-kommt. Die Synchronisation sollte aber immer funktionieren, unabhängig von der Anzahl der Eingabeparameter für ein Problem.

Wir sind nun endlich an dem Punkt angelangt, wo wir *Semaphore* einführen sollten. Dies geschieht im nächsten Abschnitt.

5.3.4   Semaphore

Semaphore sind eines der wichtigsten Synchronisationsprimitive der Informatik und werden in fast allen Systemen verwendet. Ehe wir uns ihrer Definition zuwenden, führen wir unser Beispiel aus dem Einführungskapitel zu diesem Modul fort, das für das tägliche studentische Leben eine innovative Entwicklung anstößt.

Beispiel 11

Unsere Studentin Bärbel M. – Sie erinnern sich – geht täglich zur Mensa. Diese ist fast immer hoffnungslos überfüllt. Insbesondere stört Bärbel M., dass der Aufenthalt in der Mensa sowohl für die essenden als auch für die wartenden Studenten zur Qual wird. Bei ihren Überlegungen, wie man dies ändern könnte, kommt unserer Studentin eine Idee. Es wäre doch kostengünstiger, wenn jeder Student seinen Teller selbst spült.

Sie schlägt daher dem Mensa-Betreiber das folgende Verfahren vor:

- Ein Stapel mit Tellern wird am Eingang der Mensa postiert. Es gibt so viele Teller, wie es Sitzplätze in der Mensa gibt.
- Betritt ein Student die Mensa, nimmt er einen Teller.
- Verlässt ein Student die Mensa, legt er den (gespülten) Teller auf den Stapel zurück.
- Ist der Stapel leer, darf kein Student mehr die Mensa betreten. Die Studenten müssen vor der Mensa warten, bis wieder Teller verfügbar sind.

Nach Einführung des Verfahrens sind alle zufrieden. Der Mensa-Betreiber hat weniger Kosten und die Studenten können ihre Mahlzeit in Ruhe genießen. Das Verfahren garantiert, dass nie mehr Studenten in der Mensa sind, als es Teller und damit Sitzplätze gibt.

Durch den Erfolg ihrer Aktion motiviert, überlegt Bärbel M. weiter.

Beispiel 12

Wie oben schon erwähnt, sind alle sehr zufrieden. Es gibt jedoch noch Optimierungspotenzial. Die Studenten langweilen sich, wenn sie auf verfügbare Teller warten müssen. Da sie wegen der bevorstehenden Prüfungen sehr erschöpft sind, nutzen die Studenten die Zeit des Wartens effektiv: Sie schlafen eine Runde, allerdings nicht sehr tief. Sie müssen immer ein Auge auf den Tellerstapel haben und nachschauen, ob neue Teller da sind.

Bärbel M. erinnert sich daran, was sie gerade für das Fach Betriebssysteme lernt. Man könnte das Schlafen als allgemeines Prinzip einführen und die Studenten aufwecken, wenn ein neuer Teller eintrifft. Dies ist einfach zu realisieren. Wenn der Tellerstapel leer ist, und ein neuer Teller eintrifft, ertönt ein laut hörbares und schrilles Wecksignal, das die Studenten aufweckt.

Wie Sie sehen, hat Bärbel M. ihren Betriebssystemstoff gut verstanden und kann ihn in der Praxis Gewinn bringend einsetzen: Sie hat das recht Kräfte zehrende

Szenario des *aktiven Wartens* (immer ein Auge auf den Tellerstapel halten) durch die Einführung von Systemaufrufen SLEEP und WAKEUP abgelöst.

Was E. W. Dijkstra 1965 dazu bewog, ein solches Verfahren für die Informatik vorzuschlagen, wissen wir nicht ganz genau. Es hatte wahrscheinlich mehr mit Betriebssystemstrukturen als mit der Reorganisation einer Mensa zu tun.

Er prägte den Begriff *Semaphor*, was so viel wie Zeichenträger heißt. Ein Semaphor stellt einen Sperrmechanismus bereit, der Prozesse unter bestimmten Bedingungen blockiert.

Im Wesentlichen bestehen Semaphore aus den Dingen, die wir in den obigen Beispielen hergeleitet haben: einer Zählvariablen (Tellerstapel), einem Warteraum für Prozesse (Schlange der hungrigen und wartenden Studenten) und dem Mechanismus des Schlafens und Aufweckens.

Im Folgenden geben wir eine Definition für Semaphore an, die auf [Tanenbaum 2009] beruht:

Semaphore bezeichnen einen speziellen Datentyp mit den folgenden Komponenten:

- eine nicht-negative Integervariable COUNT, die Wecksignale für den späteren Gebrauch registriert.
- Falls der COUNT-Wert des Semaphors gleich Null ist, ist kein Wecksignal zu berücksichtigen.
- Die Operation DOWN ist eine Verallgemeinerung von SLEEP und überprüft die Semaphorvariable:
- Falls der Wert des Semaphors größer als 0 ist, wird er um 1 erniedrigt (eines der gespeicherten Wecksignale ist verbraucht worden).
- Falls der Wert gleich 0 ist, wird der ausführende Prozess schlafen gelegt.

Das Überprüfen und Verändern des Semaphorwerts und das Schlafen legen des Prozesses in der DOWN-Operation wird in einer einzigen, *unteilbaren* Aktion durchgeführt (*atomare Aktion*): Wenn eine Semaphor-Operation durch einen Prozess gestartet wurde, kann kein anderer Prozess auf den Semaphor zugreifen.

Die Operation UP ist eine Verallgemeinerung von WAKEUP und erhöht den Wert des Semaphors um 1. Falls es schlafende Prozesse bezüglich des Semaphors gibt, wird einer von ihnen ausgewählt und der Prozess kann seine DOWN-Operation beenden.

Das Inkrementieren des Semaphors und das Aufwecken eines Prozesses ist eine atomare Operation.

Beleuchten wir diese Definition noch einmal anhand unseres Beispiels aus dem studentischen Leben:

- Offensichtlich könnten wir das Wegnehmen eines Tellers unter Zuhilfenahme der Operation DOWN implementieren. Wenn noch Teller da sind, kann der Student sich einen davon nehmen. Ein Wecksignal wird verbraucht. Wenn kein Teller mehr da ist, begibt sich der Student in den Warteraum der Prozesse zum wohlverdienten Schlaf.

- Das Hinstellen eines Tellers kann mit Hilfe von UP realisiert werden. Es kommt ein Wecksignal hinzu, das bewirkt, dass einer der schlafenden Studenten geweckt wird.

- Und noch ein Wort zur Tatsache, dass UP und DOWN atomare Operationen sind. Dies ist nötig, um Race Conditions zu vermeiden. Es könnte ja sein, dass der Prozess unglücklicherweise innerhalb der Operation unterbrochen wird.

  Dadurch käme es zu inkonsistenten Zählerständen der Semaphore so, wie wir es auch schon in den vorherigen Szenarien erlebt haben. Für unsere Studenten bedeutet dies, dass sie nicht unterbrochen werden, wenn sie einen Teller hinstellen bzw. einen Teller vom Tellerstapel nehmen.

E. W. Dijkstra hat DOWN als *P-Operation* bezeichnet. Dies ist eine Abkürzung für den holländischen Begriff *passeeren* (passieren) und macht deutlich, dass ein Prozess den Semaphor passieren möchte und eventuell warten muss. Die Operation UP hat er als V-Operation bezeichnet. Dies steht für die holländische Bezeichnung *vrijgeven* (freigeben).

Abbildung 5.4 fasst die Funktionsweise von Semaphoren noch einmal zusammen (vgl. [Vogt, 2001]).

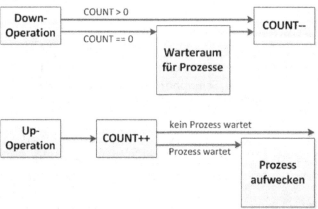

Abbildung 5-4: Semaphore

Wie Semaphore implementiert werden können, zeigt die folgende Klasse unter Verwendung von Pseudocode. Aber Achtung: Die Forderung, dass die Operationen atomar sind, ist hier nicht implementiert. Dazu brauchen wir Systembefehle, die wir später im Zusammenhang mit der Realisierung von Semaphoren in UNIX/Linux besprechen werden.

```
class Semaphor {
    public:
            Semaphor(unsigned int initialwert) {
                    COUNT = initialwert;
            }
            void DOWN() {
            if (COUNT == 0) <Prozess in den Warteraum>;
                    COUNT --;
            }

            void UP() {
                    COUNT ++;
                    if (<Warteraum nicht leer>)
                    <Wecke wartenden Prozess>;
            }

            private:
                    int COUNT;
};
```

Nun haben wir alle Voraussetzungen, um die Probleme dieses Kapitels zu lösen, die uns zu Semaphoren gebracht haben. Zunächst geben wir eine Lösung für das Erzeuger-Verbraucher-Problem an.

Beispiel 13

Wir haben gesehen, dass in der vorgestellten Lösung das Problem des wechselseitigen Ausschlusses nicht gelöst ist. Dies beseitigen wir nun, in dem wir Semaphore verwenden. Die folgenden Ideen leiten uns dabei (aus [Tanenbaum 2009]):

- Semaphore lösen das Problem der verloren gehenden Wecksignale.
- UP und DOWN werden als Systemaufrufe verwendet. Sie können so implementiert werden, wie wir es oben gezeigt haben. Damit die Operationen atomar sind, sperrt das Betriebssystem alle Unterbrechungssignale während des Überprüfens und Setzens des Semaphors (z. B durch eine TSL-Instruktion).

Wir verwenden drei Semaphore:

- Der Semaphor Voll zählt die belegten Einträge im Puffer und wird mit 0 initialisiert.
- Der Semaphor Leer zählt die freien Einträge im Puffer und wird mit N initialisiert.
- Der Semaphor W_ausschluss regelt den wechselseitigen Ausschluss des Zugriffs von Erzeuger und Verbraucher auf den Puffer und wird mit 1 initialisiert.

```
#define N 150                  // Puffergröße
Semaphor W_ausschluss(1);      // Wechselseitiger Ausschluss für den
                               // Eintritt in einen kritischen Bereich
                               // Wird mit 1 initialisiert
```

```
Semaphor Leer(N);                    // Zählt die freien Puffereinträge
Semaphor Voll(0);                    // Zählt die belegten Puffereinträge

void erzeuger() {
    int teil;
    while (TRUE) {
            produziere_teil(&teil);
            Leer.DOWN();             // Ein freier Eintrag weniger
            W_ausschluss.DOWN();     // Eintritt in kritischen Bereich
            einfuegen_puffer(teil);
            W_ausschluss.UP();       // Austritt aus kritischem Bereich
            Voll.UP();               // Ein belegter Eintrag mehr
    }
}

void verbraucher() {
    int teil;
    while (TRUE) {
            Voll.DOWN();             // Ein belegter Eintrag weniger
            W_ausschluss.DOWN();     // Eintritt in kritischen Bereich
            entnimm_puffer(&teil);
            W_ausschluss.UP();       // Austritt aus kritischem Bereich
            Leer.UP();               // Ein freier Eintrag mehr
            verarbeite_teil();
    }
}
```

Diskutieren wir kurz die Rolle der Semaphoren im obigen Beispiel:

- Der Semaphor W_ausschluss wird mit 1 initialisiert und kann somit nur die Werte 0 und 1 annehmen. Derartige Semaphore nennt man auch *binäre* Semaphore.

- Der wechselseitige Ausschluss wird garantiert, falls jeder Prozess vor jedem Eintritt in seinen kritischen Bereich die DOWN-Operation und nach dem Verlassen des kritischen Bereichs die UP-Operation ausführt. Es ergibt sich damit die folgende

- Struktur für das Programm:

```
<nicht_kritischer_Bereich>
W_ausschluss.DOWN();
<kritischer_Bereich>
W_ausschluss.UP();
<nicht_kritischer_Bereich>
```

- Die Semaphore Voll und Leer dienen der Synchronisation, um bestimmte Ereignisfolgen zuzulassen bzw. zu verhindern: Der Erzeuger unterbricht seine Ausführung, wenn der Puffer voll ist. Der Verbraucher unterbricht seine Ausführung, wenn der Puffer leer ist.

5.3.5 Nachrichtenaustausch

Beim *Nachrichtenaustausch* (*Botschaftenaustausch, Message Passing*) stehen die Prozesse in einer Sender-Empfänger-Beziehung. Je nach Anzahl der Sender und Empfänger, die am Nachrichtenaustausch beteiligt sind, kann man die folgenden Kommunikationsbeziehungen unterscheiden:

- 1:1-Beziehung (Unicast): ein Sender, ein Empfänger.
- 1:N-Beziehung (Broadcast): Ein Sender überträgt dieselbe Nachricht an mehrere Empfänger.
- N:1-Beziehung: Mehrere Sender übertragen Nachrichten an einen Empfänger.
- M:N-Beziehung: Hier kommunizieren mehrere Sender und Empfänger. Dies kommt häufig in Client-Server-Systemen vor, wenn Clients von mehreren Servern Dienste anfordern.

Nachrichtenaustausch kann entweder direkt (*direkte Kommunikation, Rendezvous-Konzept*) oder indirekt über einen Nachrichtenpuffer (*indirekte Kommunikation, Mailbox-Kommunikation*) erfolgen. Beim Rendezvous-Konzept wird keine Pufferung verwendet. Die Nachricht wird direkt vom Sender zum Empfänger geschickt.

Der sendende Prozess wird blockiert, falls sein Senden vor dem entsprechenden Empfangen erfolgt. Dies bewirkt eine sehr enge Kopplung von Sender und Empfänger und ist daher weniger flexibel als die Mailbox-Kommunikation.

Die direkte Kommunikation wird durch Systembefehle realisiert, die folgende Form haben:

- Der Systemaufruf `send(receiver_process, message)` sendet eine Nachricht an einen Empfängerprozess bzw. eine Gruppe von Prozessen.
- Der Systemaufruf `receive(sender_process, message)` empfängt eine Nachricht von einem Senderprozess und kann blockieren, bis eine Nachricht eintrifft. Auch hier ist eine Gruppe von Prozessen möglich, es ist aber auch möglich, keinen Absender anzugeben.

Bei der *indirekten Kommunikation* wird kein bestimmter Empfänger bzw. Sender angegeben, sondern die Nachrichten werden an eine Mailbox gesendet, aus der sie abgeholt werden können. Die Systembefehle für die indirekte Kommunikation haben die folgende Form:

- Der Systemaufruf `send(mailbox, message)` sendet eine Nachricht an eine Mailbox.
- Der Systemaufruf `receive(mailbox, message)` empfängt eine Nachricht aus einer Mailbox.

Bei der Mailbox-Kommunikation werden Sender und Empfänger in den Headern der Nachricht angegeben, oder aber jeder Prozess erhält seine eigene Mailbox. Im Allgemeinen sind Mailboxen als Warteschlangen realisiert. Neben der Unterscheidung in direkte und indirekte Kommunikation sind noch zeitliche Aspekte bei der Nachrichtenübertragung wichtig.

Man unterscheidet *synchrone* Kommunikation, die eine enge zeitliche Kopplung zwischen den Prozessen bezeichnet, und *asynchrone* Kommunikation, bei der Sender und Empfänger nicht gleichzeitig aktiv sein müssen. In der Praxis wird dies durch Blockierungsfunktionen realisiert.

In UNIX/Linux stehen Message Queues zur Nachrichtenkommunikation zur Verfügung. Die Implementierung ähnelt der von Semaphoren und Shared Memory. Die Systembefehle lauten msgget (für *message get*) und msgsnd (für *message send*). Wir gehen hierauf in einem späteren Kapitel ein.

Damit Sie sich einen Eindruck über die Verwendung von Message-Passing machen können, hier ein letztes Beispiel, das unser Erzeuger-Verbraucher-Problem mit Nachrichtenaustausch löst.

Beispiel 14

Im obigen Beispiel hatten wir eine Lösung des Erzeuger-Verbraucher-Problems mit Semaphoren angegeben.

Für die Lösung mit nachrichtenbasierter Kommunikation nehmen wir an, dass die folgenden Voraussetzungen gelten sollen (aus [Tanenbaum 2009]):

- Alle Nachrichten haben die gleiche Größe.
- Nachrichten werden nach dem Absenden automatisch gepuffert.
- Es gibt (konstant) N Nachrichten im System.
- Der Verbraucher sendet als erstes N leere Nachrichten an den Erzeuger.
- Der Erzeuger schickt eine Nachricht ab, indem er eine leere Nachricht konsumiert und eine gefüllte absendet.

```
#define N 150                    // Anzahl der Nachrichten im System

int nachricht[10];              // Nachricht der Größe 10

void erzeuger() {
    int teil;
    while (TRUE) {
        produziere_teil(&teil);
        receive(verbraucher, nachricht);        // Warten auf eine
                                                 // leere Nachricht
        kopiere_nachricht(nachricht, teil);     // Erzeugen der zu
                                                 // versendenden
                                                 // Nachricht aus der
                                                 // leeren durch
                                                 // Kopieren
        send(verbraucher, nachricht);           // Senden der
                                                 // Nachricht zum
                                                 // Verbraucher
    }
}
```

```
void verbraucher() {
    int teil;
    for(int i = 0; i < N; i++)
            send(erzeuger, nachricht);              // Senden von N
                                                    // leeren Nachrichten
                                                    // an den Verbraucher

    while (TRUE) {
            receive(erzeuger, nachricht);           // Empfangen der
                                                    // Nachrichten
                                                    // vom Erzeuger
lies_nachricht(teil, nachricht);                    // Extrahieren des
                                                    // zu verarbeitenden
                                                    // Teils aus der
                                                    // Nachricht durch
                                                    // Kopieren und
                                                    // Löschen
            send(erzeuger, nachricht);              // Zurücksenden der
                                                    // leeren Nachricht

            verarbeite_teil();
    }
}
```

Der Nachrichtenpuffer mit den N Nachrichten wird vom Betriebssystem verwaltet und ist hier nicht implementiert.

Send und Receive leisten die folgende Synchronisation:

- Falls der Erzeuger schneller als der Verbraucher arbeitet, braucht er irgendwann alle Nachrichten auf und blockiert.
- Falls der Verbraucher schneller als der Erzeuger arbeitet, blockiert er, bis eine neue Nachricht eintrifft.

5.3.6 Monitore

Die bisherigen Synchronisationskonstrukte erfordern insbesondere, dass die Systembefehle an der richtigen Stelle im Programm stehen. Ist dies nicht der Fall, entstehen fatale Fehler, wie das nächste Beispiel zeigt.

Beispiel 15

Kehren wir die beiden DOWN-Operationen W_ausschluss und Leer in der Originalversion unserer Lösung um, so ergibt sich der folgende Code (Erzeuger-Verbraucher-System (fehlerhafte Version)):

```
void erzeuger() {
    int teil;
    while (TRUE) {
            produziere_teil(&teil);
            W_ausschluss.DOWN();    // Eintritt in kritischen Bereich
            Leer.DOWN();            // Ein freier Eintrag weniger
            einfuegen_puffer(teil);
            W_ausschluss.UP();      // Austritt aus kritischem Bereich
```

```
            Voll.UP();              // Ein belegter Eintrag mehr
      }
}
```

Das folgende Szenario zeigt, dass dann ein *Deadlock* (Systemstillstand) eintreten kann:

- Der Erzeuger tritt in seinen kritischen Bereich und W_ausschluss == 0.
- Der Puffer ist voll und der Erzeuger wird blockiert, da Leer == 0 ist.
- Der Verbraucher greift auf den Puffer zu und führt ein DOWN auf W_ausschluss durch. Da W_ausschluss == 0 ist, wird auch der Verbraucher blockiert.
- Beide Prozesse sind nun für immer blockiert. Es entsteht ein Deadlock.

Um einen Teil der Verantwortung in Bezug auf die Konstruktion korrekter Systeme von den Schultern der Programmierer zu nehmen, wurden zahlreiche Vorschläge gemacht, die sich mit der Entwicklung höherer Sprachkonstrukte für die Prozess- Synchronisation beschäftigen. Im Allgemeinen werden Sprachkonstrukte als Module oder als Klassen angegeben. Einer dieser Ansätze sind die von Hoare und Hansen 1975 entwickelten *Monitore*.

Wir wollen hier nun die Definition für Monitore angeben (vgl. [Tanenbaum 2009]), damit Sie einen Eindruck davon gewinnen. Ein Beispiel für Monitore werden Sie im nächsten Kapitel im Zusammenhang mit Java kennen lernen.

> *Monitore* bestehen aus Prozeduren, Variablen und Datenstrukturen, die als Modul zusammengefasst sind, und besitzen die folgenden Eigenschaften:
> - Prozesse können Prozeduren des Monitors aufrufen, aber sie können nicht auf die interne Datenstruktur eines Monitors zugreifen.
> - Nur ein Prozess kann zur selben Zeit in einem Monitor aktiv sein.
> - Monitore sind Konstrukte einer *Programmiersprache*.

Insbesondere der letzte Punkt verdeutlicht, dass es sich bei Monitoren um höhere Synchronisationsmechanismen handelt, als bei den Systemaufrufen für die Synchronisationsprimitiven, wie wir sie besprochen haben. Der Compiler kann also mit Monitorprozeduren umgehen und den wechselseitigen Ausschluss garantieren: Ruft ein Prozess eine Monitorprozedur auf, so wird überprüft, ob der Monitor schon aktiv ist. In diesem Fall wird der aufrufende Prozess suspendiert und kann erst in den Monitor eintreten, wenn der andere Prozess ihn verlassen hat. Der Programmierer hat nicht mehr viel Arbeit. Er muss nur dafür sorgen, dass kritische Bereiche in Monitorprozeduren eingebettet werden.

Monitore sind in einigen Sprachen implementiert, z.B. in Concurrent Euclid und in Java.

5.3.7   Besonderheiten der Programmierung mit Threads

Die Thread-Programmierung ist aus der Sicht des Programmierers relativ komplex. Im Unterschied zum Multitasking verschwindet nämlich fast jede Grenze zwischen den verschiedenen Abläufen. Dies wird vor allem bei der objektorientierten Programmierung deutlich, in der permanent aus unterschiedlichen Abläufen auf dieselben Objekte zugegriffen wird. Für die Programmierung ist es daher ganz zentral, die Regeln der Nebenläufigkeit zu beachten.

Es ergibt sich die folgende Ausgangssituation:

- Die *lokalen Variablen* einer Funktion (in C) oder Methode (in Java) sind bei der Ausführung nur in der jeweiligen Funktion oder Methode und damit nur innerhalb eines einzigen Threads sichtbar. Es spielt in dieser Hinsicht keine Rolle, ob und wo die Ausführung unterbrochen wird.

- *Globale Variablen* (in Java betrifft dies die statischen Klassenvariablen) und im dynamischen Speicher *abgelegte Objekte* und Datenstrukturen sind grundsätzlich allen Threads zugänglich. Dies ermöglicht die effiziente Kommunikation zwischen den Threads. Der Zugriff auf gemeinsame Daten eröffnet das Problem der Wettlaufbedingungen (*race conditions*). Sobald mehrere Threads auf dieselben Speicherelemente zugreifen, ist die Ausführungsreihenfolge nicht mehr gleichgültig.

Aufgrund des geringen Aufwands der Kommunikation über gemeinsam verwendete Variable ist in der Regel die Kommunikation zwischen Threads erheblich intensiver und komplexer als diejenige zwischen Prozessen. Dies bedeutet, dass die Gefahr von Programmierfehlern, die auf den Problemen der Nebenläufigkeit beruhen (Wettlaufbedingungen, Verklemmungen, Starvation), sehr groß ist. Hinzu kommt, dass solche Programmierfehler statisch (d.h. durch den Compiler oder durch Analysewerkzeuge) praktisch überhaupt nicht und auch durch Testen nur sehr schlecht zu entdecken sind. Daraus ergibt sich die folgende Maxime:

> Die sichere Programmierung von Nebenläufigkeit erfordert, dass typische Entwurfsmuster erkannt werden und nach Möglichkeit höhere Bibliothekskonstrukte und Frameworks genutzt werden.

Aufgrund der Vielzahl der möglichen Anwendungsmuster gibt es zwar kein allgemeines Grundrezept. Man kann jedoch ganz grob die folgende Unterteilung vornehmen:

- Viele Anwendungen benötigen nur eine ziemlich einfache Kommunikation mit den erzeugten Threads, z.B. nur zum Beginn und zum Ende. In diese Klasse gehören das Muster des *parallelen Servers* und auch das Muster der *zeitlich geplanten Aktion*. Für diese Anwendungen sind fertige Bibliothekslösungen möglich und sinnvoll.

- Einige Anwendungen haben als wesentlichen Bestandteil *periodisch wiederkehrende Aktionen*. Hierfür gibt es zwar keine allgemeinen Komplettlösungen (es gibt aber sehr wohl Lösungen für Spezialfälle) aber eine Reihe spezieller Verfahren, wie das Muster *zyklische Barriere* oder das Muster *Austausch*.

- Man kann Wettlaufbedingungen vollständig eliminieren, wenn man den Zugriff auf gemeinsame Variable vermeidet. Dies kann man erreichen, indem man nur über standardisierte Austauschmechanismen kommuniziert (genau genommen müssen dabei auch alle Objekte, soweit sie veränderlich sind, kopiert werden). Man kann die verschiedenen Lösungen alle als Varianten des *Botschaftenaustauschs* ansehen.

- Bibliotheken stellen *Datenstrukturen* (Behälter) zur Verfügung, in denen verschiedene Threads sicher Daten ablegen und wieder finden können.

- Die unmittelbare Verwendung der *Synchronisationsprimitive* ist nur in Ausnahmefällen sinnvoll. Selbst auf der niedrigen Ebene des direkten Zugriffs auf gemeinsamem Speicher, gibt es erheblich fehlersichere und effizientere Lösungen. Beispiele sind in der Java-Bibliothek die Klassen `ReentrantLock` und `ReadWriteLock` und die mit den Sperren (*lock*) verbundenen Bedingungen *(condition)*.

Im Folgenden wird zunächst auf die Grundelemente der Threadausführung und Threadsynchronisation eingegangen. Anschließend werden einige der höheren Mechanismen skizziert.

In der C-Welt ist die Entwicklung wieder verwendbarer Bibliotheken nur unzureichend möglich. Daher sind höhere Threadbibliotheken derzeit nur in objektorientierten Sprachen wie Java verfügbar. Dementsprechend wird auch nur auf die Grundmechanismen der Linux-Threads eingegangen. Die höheren Mechanismen werden nur am Beispiel von Java diskutiert.

5.3.7.1 Threadzustände und Threadattribute

Threads haben dieselben Ausführungszustände wie Prozesse. Der Lebenszyklus eines Threads sieht grundsätzlich wie folgt aus:

- Nach der Erzeugung ist ein Thread in zunächst in dem Zustand *erzeugt*. Die Ausführung kann erst nach einem expliziten Start-Aufruf erfolgen. Dadurch wird der Thread in den Zustand *bereit* versetzt.

- Einem Thread im Zustand *bereit* kann vom Scheduler Rechenzeit zugeteilt werden. Damit wird er *ausführend*.

- Ein in Ausführung befindlicher Thread kann durch unterschiedliche Aktionen in den Zustand *wartend* versetzt werden. Der Übergang vom wartenden Zustand in den ausführungsbereiten Zustand kann grundsätzlich nur von außen erfolgen (in der Regel auf Veranlassung anderer Threads).

- Ein ausgeführter Thread kann sich selbst terminieren. In einigen Threadsystemen ist auch eine Terminierung von außen (unabhängig vom aktuellen Threadzustand) möglich. Ein terminierter Thread ist im Zustand *beendet*. Er kann nicht wieder erneut gestartet werden.

- Bei Beendigung des Prozesses werden alle zugehörigen Threads beendet. Ein Threadsystem enthält unter Umständen Regeln der Prozessbeendigung in Abhängigkeit der Threadzustände.

- Die unterschiedlichen Gründe für den Übergang in den Wartezustand bedingen unterschiedliche Regeln für das erneute Erlangen der Ausführungsbereitschaft. Man kann daher eventuell unterschiedliche Wartezustände unterscheiden. Die Details hängen vom verwendeten Threadsystem ab.

Threadattribute legen wichtige und weniger wichtige Merkmale eines Threads fest:

- Ein Thread kann zwecks Erleichterung des Debugging einen Namen tragen.
- Ein Thread kann eine Threadpriorität besitzen, mit der das Scheduling beeinflusst wird (wenn das Threadsystem dies unterstützt).
- Dem Thread ist ein Stapelbereich bestimmter Größe zugeordnet.
- Dem Thread kann threadlokaler Speicher zugeordnet sein.

5.3.7.2 Implementierung der Synchronisation und Synchronisationsprimitive

Das Threadsystem von Java und auch das System der POSIX-Threads orientieren sich beide an dem *Monitorkonzept* von Hoare und Brinch Hansen, weichen jedoch auch gravierend davon ab. Dies liegt vor allem daran, dass weder C noch Java über ein Modulsystem verfügen, wie es dem ursprünglichen Konzept zugrunde liegt. Ein durch ein Modul implementierter Monitor ist eine syntaktische Beschreibung geschützter Abschnitte und der Synchronisation zwischen Prozessen.

Im Unterschied zur Prozesssynchronisation mittels einer einzigen Primitivoperation (Semaphor-Mechanismen) unterscheiden alle Varianten des Monitorkonzepts zwischen dem Schutz kritischer Abschnitte (gegenseitiger Ausschluss, Synchronisation) und dem Warten auf Bedingungen (Bedingungsvariable).

Beispiel 16

Das folgende Beispiel zeigt die Monitor-Implementierung eines blockierenden Puffers in einem Pseudocode, der an Java angelehnt ist. Neben den Unterschieden sollen dabei die Gemeinsamkeiten zu der Java und POSIX-Implementierung deutlich werden.

```
monitor BoundedBuffer<E> {
    condition notEmpty, notFull;
    Queue<E> q = new Queue<E>();

    void put(E v) {
        when (q.isFull()) wait notFull;
        q.put(v);
        signal notEmpty;
    }

    E get() {
        when (q.isEmpty()) wait notEmpty;
        E v = q.get();
```

```
                signal notFull;
                return v;
        }
    }
}
```

Ein Monitor entspricht einem Java-Objekt. Dabei sind automatisch alle Variablen verborgen (private). Die Methoden get() und put() sollen sichtbar sein (public). Im Monitorkonzept stellen solche Methoden Monitorabschnitte dar. In der Java-Terminologie sind sie automatisch *synchronized*. Das Monitorobjekt trägt eine Objektsperre und ist mit den Bedingungsvariablen für das Warten auf Bedingungen verknüpft. In dem Beispiel wird dieses Warten durch die Variablen notEmpty und notFull und durch die Operationen wait und signal ausgedrückt. Während des Wartens wird die Objektsperre freigegeben. Das Schlüsselwort when kann man sich in Java durch if oder durch while übersetzt denken. An diesem Punkt unterscheiden sich die Monitorkonzepte von Brinch Hansen und von Hoare. In dem Ansatz von Brinch Hansen erhält der wartende Thread sofort nach dem entsprechenden signal die Kontrolle. Daher ist sicher, dass nach dem Warten die Wartebedingung nicht mehr gilt. Dies ist in der Hoare'schen Variante nicht der Fall, so dass in diesem Fall mittels while die Wartebedingung erneut überprüft werden muss. Die Java-Implementierung entspricht eher dem Hoare'schen Monitor.

Wenn wir uns zum Beispiel die Definition von [Andrews et al. 1993] vornehmen, erkennen wir, dass hier im Wesentlichen eine Klasse oder ein Objekt definiert wird: *„A monitor consists of permanent variables, used to store the resource's state and some procedures, which implement operations on the resource. ... In addition, execution of the procedures in a given monitor is guaranteed to be mutually exclusive. ... A condition variable is used to delay processes executing in a monitor; it may be declared only within a monitor. Two operations are defined on condition variables: signal and wait."*

Es wird garantiert, dass der Zugriff auf Variable nur über Methoden erfolgt, die den gegenseitigen Ausschluss gewährleisten. Dies wird häufig als die wichtigste Eigenschaft eines Monitors angesehen; sie ist statisch aus dem Programmtext erkennbar. Die weitere wichtige Eigenschaft des Monitorkonzepts besteht darin, dass mit dem Mechanismus des gegenseitigen Ausschlusses (auch *Mutex* genannt) eine Art Bedingungsvariable (*condition variable*) verknüpft ist.

Java kennt jedoch nicht die vollständige statische Integration eines Monitors in die Programmiersprache. Der Begriff Monitor wird trotzdem verwendet, da die zur Laufzeit wirksamen Mechanismen und die Verbindung von gegenseitigem Ausschluss und Warten auf eine Bedingung dieselben sind. Die Implementierung eines Monitors und der (in Java einzigen) damit verbundenen Bedingungsvariablen erfolgt über ein beliebiges Objekt.

Bei den POSIX-Threads wird ein Monitor durch eine Datenstruktur realisiert. Diese Lösung kommt dem Java-Konzept sehr nahe.

POSIX-Threads und Java kennen, ebenso wie das ursprüngliche Monitorkonzept, eine enge Kopplung der Mechanismen zum Schutz kritischer Abschnitte durch eine Sperre (Mutex-Mechanismus) und den Mechanismen zum Warten auf bestimmte Ereignisse (Bedingungsvariable). Diese Übereinstimmung erklärt trotz der angesprochenen Unterschiede die Verwendung des Begriffes Monitor.

> Ein *Java-Monitor* ist ein Objekt, das einerseits mittels einer *Sperre (lock)* den Schutz kritischer Abschnitte ermöglicht, und andererseits über eine oder mehrere Wartelisten das Warten auf *Bedingungen (condition)* ermöglicht. Das Warten auf eine Bedingung ist im Monitor immer mit der Sperre koordiniert: Während des Wartens wird die Sperre freigegeben und muss anschließend wieder erlangt werdend.

Brinch Hansen argumentiert, dass die Abweichung von dem reinen Monitorkonzept in der Sprache Java ein gravierendes Problem darstellt. Dieser Argumentation muss man aber nicht vollständig folgen.

Die meisten Anwendungen von Nebenläufigkeit entsprechen nämlich bestimmten Mustern, für die es bereits vorgefertigte Frameworks und Bibliothekslösungen gibt. Die direkte Verwendung der Synchronisationsprimitive tritt dadurch eher in den Hintergrund.

5.3.7.3 Die Synchronisationsprimitive von Java

In Java übernehmen Objekte die Aufgaben eines Monitors. Sie unterstützen einerseits den Schutz kritischer Bereiche durch den Sprachmechanismus der `synchronized`-Methode bzw. des `synchronized`-Block, und andererseits mittels der beiden Methoden `wait()` und `notify()` das passive Warten auf Ereignisse.

Eine Einschränkung der Java-Lösung ist, dass mit einem Monitor-Objekt nur eine einzige Bedingung verknüpft ist.

Ein kritischer Bereich wird durch `synchronized` geschützt. Im Pseudocode sieht dies wie folgt aus:

```
synchronized(monitorObject) {
    geschützter Bereich
}
```

Die Bedeutung von `synchronized` ist, dass stets nur ein einziger Thread einen mit dem jeweiligen Monitorobjekt geschützten Bereich betreten darf. Der Versuch, einen geschützten Bereich zu betreten, ist nur dann erfolgreich, wenn der aktuelle Thread entweder bereits die mit dem Objekt verknüpfte Sperre besitzt, oder sie als verfügbar vorfindet. Andernfalls muss der Thread auf das Freiwerden der Sperre warten. Ausdrücklich muss festgehalten werden, dass dieser Mechanismus nichts mit dem Begriff der Klasse, der Kapselung oder der Ausführung von Methoden zu tun hat (auch wenn es eine syntaktische Variante gibt, die den Körper einer Methode schützt).

Die genaue Semantik ist durch das Petrinetz der Abbildung 5.5 definiert. Die Begriffe *lock* und *unlock* bezeichnen das Betreten bzw. das Verlassen des geschützten Bereichs.

Das Petrinetz in Abbildung 5.5 zeigt, wie zwei Threads um den Monitor, der den Zugang zu dem kritischen Abschnitt kontrolliert, konkurrieren. In dieser Situation erhält zunächst genau einer der beiden Threads den Zugang zu dem kritischen Abschnitt. Der andere Thread wird erst dann fortgeführt, wenn der erste Thread den kritischen Bereich wieder verlassen hat.

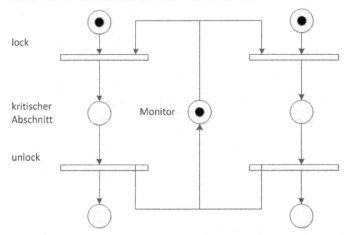

Abbildung 5-5: Das Petrinetz des wechselseitigen Ausschlusses mittels Monitor

Abbildung 5.6 illustriert das Zusammenspiel zwischen dem Warten auf Bedingungen und dem Schutz kritischer Bereiche. Für das Warten auf Ereignisse definiert die Klasse Object die Methoden wait(), notify() und notifyAll(). Der Aufruf dieser Methoden ist nur erlaubt, wenn der Thread die zu dem Empfängerobjekt von wait() oder notify() gehörende Sperre besitzt.

Die Semantik des Aufrufs obj.wait() besagt, dass zunächst die Sperre von obj freigegeben wird und anschließend der Thread in den Wartezustand versetzt wird. Das Warten kann dadurch beendet werden, dass ein anderer Thread (für dasselbe Objekt obj) obj.notify() oder obj.notifyAll() aufruft. notifyAll() weckt alle auf ein Objekt wartende Threads auf, notify() maximal einen einzigen. Wenn bei einem Aufruf von notify() oder notifyAll() kein zugehöriger wartender Thread existiert, sind die Aufrufe ohne Wirkung.

Ein wartender Thread, der aufgeweckt wurde, ist noch nicht ausführungsbereit. Die Ausführung kann erst dann fortgesetzt werden, wenn die durch den Aufruf von wait() abgegebene Sperre wieder verfügbar ist.

Weiterhin zeigt Abbildung 5.6, dass mit einem Monitorobjekt die Objektsperre verknüpft ist, die nur einem einzigen Thread den Zugang erlaubt. Wartende Threads werden in dem Entry-Set geführt und erhalten – nach dem Freiwerden des Monitors – Zugang zu dem geschützten Bereich. Threads, die eine Wait-

Anweisung ausführen, verlassen den Monitorbereich und werden in dem Wait-Set gespeichert, bis sie durch ein `notify()` wieder in den Entry-Set überführt werden.

Die Java-Implementierung macht keine Aussagen darüber, welcher Thread durch `notify()` aus dem Wait-Set oder durch das Verlassen des `synchronized`-Bereichs (*unlock*) ausgewählt wird.

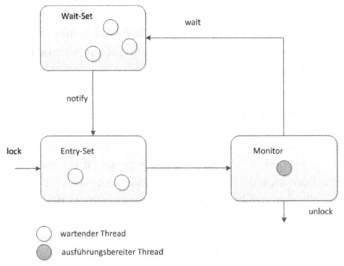

Abbildung 5-6: Monitorobjekt

Beispiel 17

Das folgende Beispiel zeigt die Implementierung eines blockierenden endlichen Puffers.

```java
import java.util.ArrayList;

public class BlockingQueue<E> {
    private final ArrayList<E> data = new ArrayList<E>();
    private final int maxCount;

    public BlockingQueue(int maxCount) {
        this.maxCount = maxCount;
    }
    public void put(E x) throws InterruptedException {
        synchronized(this) {
            while (data.size() == maxCount) this.wait();
            data.add(x);
            this.notifyAll();
        }
    }

    public E take() throws InterruptedException {
        synchronized(this) {
            while(data.size) == 0) this.wait();
            this.notifyAll();
```

```
                       return data.remove(0);
            }
      }
}
```

In diesem Beispiel wurde das this-Objekt als Monitorobjekt verwendet. Die Ausnahme InterruptedException muss deklariert werden (checked-Exception). Sie wird allerdings nur programmgesteuert durch die Thread-Methode interrupt() erzeugt. Sie dient dazu, einem Thread zu signalisieren, dass er sich selbst beenden sollte. Das Warten auf ein Ereignis durch wait() wird durch interrupt() unterbrochen und dabei wird die Ausnahme ausgelöst.

Bei der Programmierung ist zweierlei zu beachten. notify() darf nur benutzt werden, wenn sichergestellt ist, dass das Signal, das ja nur einem einzigen Thread zugestellt wird, von diesem weitergereicht wird, wenn er es selbst nicht verwendet. Ebenso sollte in der Regel nach dem Aufwecken (also nach wait()) geprüft werden, ob die erwartete Bedingung auch vorliegt. Das angeführte Beispiel ist tatsächlich nur in der angegebenen Form korrekt, wo notifyAll() (anstelle von notify()) aufgerufen wird und while (anstelle von if) bei den Wartebedingungen verwendet wird.

5.3.7.4 Die Nachbildung eines Original-Monitors in Java

Die Sprachregeln von Java erlauben es, Klassen zu schreiben, die exakt dem Monitorkonzept von Brinch Hansen und Hoare entsprechen. Dabei sind nur die folgenden Regeln zu beachten:

- Alle Instanzvariablen sind privat und damit nicht von außen zugänglich.
- Der Körper von allen öffentlichen Methoden ist mit dem this-Objekt geschützt (synchronized).
- Innerhalb einer Klasse werden nur this.wait() und this.notifyAll() aufgerufen. Zusätzlich wird beim Warten innerhalb einer while-Schleife das Vorliegen der erwarteten Bedingung geprüft.

Das oben angesprochene Beispiel der Blocking-Queue entspricht genau diesem Vorgehen. Allerdings kann durch folgende syntaktische Variante die Ähnlichkeit mit dem Monitorkonzept noch betont werden:

```
import java.util.ArrayList;

public class BlockingQueue<E> {
    private final ArrayList<E> data = new ArrayList<E>();
    private final int maxCount;

    public BlockingQueue(int maxCount) {
            this.maxCount = maxCount;
    }
```

```
        public synchronized void put(E x) throws InterruptedException {
                while (data.size() == maxCount) wait();
                data.add(x);
                notifyAll();
        }
public synchronized E take() throws InterruptedException {
                while(data.size) == 0) wait();
                notifyAll();
                return data.remove(0);
        }
}
```

Die Angabe von synchronized vor einer Methode erklärt den gesamten Methoden-körper zum geschützten Bereich wie das auch das Monitorkonzept vorsieht.

Die starren Regeln des Monitorkonzepts, insbesondere die zuletzt angesprochene unbedingte Ausdehnung des geschützten Bereichs auf alle Methoden führen jedoch auch manchmal zu Problemen. Das wichtigste und bekannteste Beispiel ist das Problem des verschachtelten Monitors (*nested monitor*).

Ein verschachtelter Monitor entsteht, wenn aus einem Monitorbereich heraus ein anderer Monitor aufgerufen wird.

Der folgende Pseudocode deutet die Problematik an:

```
void synchronized method() {
        // irgendwelche Anweisungen
        otherObject.synchronizedMethod();
        // irgendwelche Anweisungen
}
```

Dieses harmlos aussehende Codesegment hat mindestens zwei gravierende Probleme:

- Der Thread muss für die Ausführung von synchronizedMethod() zwei Objekt-sperren erlangen. Wenn gleichzeitig ein anderer Thread versucht, die beiden Sperren in anderer Reihenfolge zu bekommen, ergibt sich die Gefahr des Deadlocks.

- Wenn synchronizedMethod() mittels wait() wartet, wird zwar die Sperre von OtherObject freigegeben. Die Sperre von method() wird von dem wartenden Thread aber festgehalten. Auch hieraus kann leicht die Blockierung des Programmablaufs resultieren.

Diese Deadlock-Gefahren werden auch noch besonders gravierend dadurch, dass man gemäß dem Geheimnisprinzip grundsätzlich nie wissen kann, ob ein bestimmter Methodenaufruf nicht zu einer der geschilderten Situationen führen kann.

Für Java ergibt sich aus dieser Situation eine einfache Regel, die in vielen Fällen auch erstaunlich einfach zu realisieren ist:

> Versuchen Sie nach Möglichkeit zu vermeiden, dass der Aufruf eines fremden Objekts (das geschützte Bereiche enthalten könnte) erfolgt, wenn der Thread sich in einem geschützten Bereich befindet.

Wie sähe nun die bessere Lösung für unser kleines Programmfragment aus? Nun, wir müssen das reine Monitorkonzept aufgeben, und den Methodenkörper in zwei separat geschützte Bereiche aufteilen:

```
void method() {
    // Deklaration von lokalen Variablen
    synchronized(this) {
        // irgendwelche Anweisungen
    }
    otherObject.synchronizedMethod();
    synchronized(this) {
        // irgendwelche Anweisungen
    }
}
```

Natürlich muss dabei beachtet werden, dass das Objekt sich beim Verlassen des geschützten Bereichs in einem gültigen Zustand befindet (Klasseninvariante!). Das unter Umständen nötige Weitergeben von Information zwischen diesen beiden Bereichen kann nur über lokale Variablen der Methode erfolgen.

5.3.7.5 Synchronisationsprimitive der POSIX-Bibliothek

Die Philosophie der POSIX-Threads ist der von Java sehr ähnlich. Fast alle Unterschiede sind dadurch zu erklären, dass die POSIX-Bibliothek auf der Programmiersprache C aufbaut, die nicht über objektorientierte Konstrukte verfügt. Die POSIX-Variante kann sehr genau an die jeweiligen Bedürfnisse angepasst werden. Sie entspricht weitgehend den Mechanismen des Java-Pakets `java.util.concurrent.lock`.

5.3.7.6 Die Concurrency-Bibliothek von Java

Das Ziel der effizienten Programmierung besteht nicht darin, komplexe Betriebssystemmechanismen unmittelbar zu nutzen, sondern vielmehr darin, das Ziel möglichst effizient und mit möglichst wenigen Risiken zu erreichen. Dies bedeutet in den meisten Fällen, dass die unmittelbaren Betriebssystemkonstrukte durch höhere Mechanismen ersetzt werden sollten.

Höhere Mechanismen werden durch Bibliotheken bereitgestellt, die entsprechende Klassen und Frameworks anbieten. Dies setzt aber voraus, dass es immer wiederkehrende Anwendungsmuster oder mindestens immer wiederkehrende Basismechanismen gibt.

Für den Anwender einer Bibliothek ist es dann wichtig, die Bibliothekslösung mit seinem jeweiligen Problem in Übereinstimmung zu bringen.

Die Bibliothek liefert Unterstützung für

- Einfache atomare Operationen auf Objekten,
- Synchronisationsprimitive (Semaphore, Barrier, Read-Write-Lock, Reentrant-Lock),
- Mechanismen zur Erzeugung von Threads und
- Mechanismen für die Steuerung der Thread-Bearbeitung.

5.3.7.7 Synchronisationsprimitive der Java-Bibliothek

Im Allgemeinen wird behauptet, dass Java die Prozessorhardware schlechter ausnutze als andere Programmiersprachen. Dies ist schon bei sequentieller Programmierung nicht ohne weiteres richtig. Die Unterstützung der Nebenläufigkeit geht in einigen Punkten über die anderer Programmiersprachen hinaus. So besitzt die Java-Bibliothek eine Reihe von Klassen, wie AtomicInteger, die den Zugriff auf gemeinsame Objekte so gestalten, dass Synchronisation und Warten gänzlich vermieden werden können, wenn der Prozessor geeignete test-and-set-Instruktionen bereitstellt. Die entsprechenden Klassen finden sich in dem Paket java.util.concurrent.atomic.

Das Paket java.util.concurrent.lock stellt primitive Monitoroperationen zur Verfügung. Der grundlegende Mechanismus ist durch die Schnittstelle Lock gegeben. Diese Schnittstelle beschreibt den Schutz kritischer Abschnitte mittels der Operationen lock() und unlock() und die Erzeugung von Bedingungen mit der Methode newCondition(). Zusätzlich gibt es Mechanismen, die es erlauben, den Zustand des Sperrmechanismus abzufragen oder das Erlangen einer Sperre an ein Zeitfenster zu binden. Insgesamt ergeben sich differenziertere Möglichkeiten als bei der direkten Verwendung der Primitivoperationen.

Beispiel 18

Die folgende Implementierung des blockierenden Puffers mit dem Lock-Mechanismus kann auch als Beispiel für die Vorgehensweise bei Linux-Threads gelten, da diese über ähnlich definierte Operationen verfügen.

```
import java.util.ArrayList;
import java.util.concurrent.lock.* ;

public class BlockingQueue<E> {
    private final ArrayList<E> data = new ArrayList<E>();
    private final int maxCount;
    private Lock lock = new ReentrantLock();
    private Condition notEmpty = lock.newCondition();
    private Condition notFull = lock.newCondition();
    public BlockingQueue(int maxCount) {
            this.maxCount = maxCount;
    }
    public void put(E x) throws InterruptedException {
            lock.lock();
```

```
            try {
                    while (data.size() == maxCount) notFull.await();
                    data.add(x);
                    notEmpty.signal();
            }
            finally {
                    lock.unlock();
            }
        }
    public E take() throws InterruptedException {
            lock.lock();
            try {
                    while(data.size) == 0) notEmpty.await();
                    notFull.signal();
                    return data.remove(0);
            }
            finally {
                    lock.unlock();
            }
        }
    }
}
```

Unnötiges Blockieren eines Threads stellt eine große Beeinträchtigung des Laufzeitverhaltens dar. Es ist daher sinnvoll, solche Mechanismen zu verwenden, die dies vermeiden. Ein häufiges Szenario besteht darin, dass mehrere Threads wiederholt lesend auf eine Ressource zugreifen und nur selten einzelne Threads die Ressource schreibend verändern. In einem solchen Fall bietet sich die Verwendung eines ReadWriteLock an. Seine Semantik ist wie folgt:

- Es ist erlaubt, dass beliebig viele Threads lesend auf die Ressource zugreifen, ohne sich gegenseitig zu blockieren.
- Ein schreibender Zugriff muss exklusiv erfolgen, d.h. es dürfen keine zwei schreibenden Zugriffe gleichzeitig stattfinden. Parallel zum Schreiben darf auch kein lesender Thread aktiv sein.

Beispiel 19

Das folgende einfache Beispiel zeigt die Implementierung eines threadsicheren Arrays, mittels der Klasse ReadWriteLock.

```
public class SecureArray<E> {
    private E[] data;
    private ReadWriteLock rwLock = new ReadWriteLock();

    public SecureArray(int groesse) {
            data = (E[]) new Object[groesse];
    }
    public void putAt(int index, E x) {
            rwLock.writeLock().lock();
            try {
            data[index] = x;
```

```
        }
        finally {
                rwLock.writeLock.unlock();
        }
    }
    public E getAt(int index) {
        rwLock.readLock().lock();
        try {
                return data[index];
        }
        finally {
                rwLock.readLock().unlock();
        }
    }
}
```

5.3.7.8 Semaphore

Die Java-Bibliothek definiert mittels der Klasse Semaphore auch das Konzept der zählenden Semaphore. Es macht im Java-Kontext jedoch keinen Sinn, die Semaphore als allgemeines Primitivkonstrukt, etwa zum Schutz kritischer Abschnitte zu nutzen, da alle anderen Mechanismen deutlich überlegen sind. Das Semaphorkonzept kann jedoch gut dort angewendet werden, wo - unabhängig von kritischen Abschnitten - die Zugriffsberechtigungen für eine begrenzte Anzahl von Ressourcen verwaltet werden sollen. Das folgende Beispiel illustriert das Konzept am bereits bekannten beschränkten Puffer. Es ist zu beachten, dass innerhalb eines kritischen Abschnitts nicht auf Semaphore gewartet werden darf, da diese nicht mit dem Monitorkonzept verknüpft sind!

Beispiel 20

Schauen wir uns auch hier wieder einmal das Beispiel an (blockierende Warteschlange mittels Semaphore):

```
import java.util.ArrayList;
import java.util.concurrent.* ;

public class BlockingQueue<E> {
    private final List<E> data =
            Collections.synchronizedList(new ArrayList<E>());
    private final Semaphore freeSlot;
    private final Semaphore availableItem = new Semaphore(0);
    public BlockingQueue(int maxCount) {
            freeSlot = new Semaphore(maxCount);
    }
    public void put(E x) throws InterruptedException {
            freeSlot.acquire();
            data.add(x);
            availableItem.release();
    }
    public E take() throws InterruptedException {
```

```
                availableItem.acquire();
                E result = data.remove();
                freeSlot.release();
                return result;
        }
    }
```

In diesem Beispiel ist eine weitere Eigenschaft der Java-Bibliothek ausgenutzt: dass sich nämlich über den Mechanismus `Collections.synchronizedList()` thread-sichere Varianten der Behälterklassen erzeugen lassen. Daher braucht hier der Zugriff auf das Objekt `data` selbst nicht geschützt zu werden.

Die einzige Besonderheit besteht im Warten bei nicht verfügbaren Daten oder bei gefülltem Puffer.

Es ist nachvollziehbar, dass in solchen Fällen (in denen die Bedingung durch eine Anzahl gegeben ist) die Verwendung von Semaphoren zu gut lesbaren Lösungen führt. Anstelle der gewählten Lösung mit einem threadsicheren Behälter ist natürlich auch die Kombination mit einem `Synchronized`-Block oder mit dem `Lock`-Mechanismus möglich.

5.3.7.9 Botschaftenaustausch mittels BlockingQueue

In den bisherigen Beispielen wurde immer wieder der blockierende Puffer besprochen. Dies ist nicht nur darin begründet, dass es sich hier um ein besonders einfaches Beispiel handelt. Tatsächlich ist es nämlich so, dass der blockierende Puffer praktisch der Prototyp aller Mechanismen ist, mit denen Daten zwischen Threads weitergereicht werden können. Er bietet also letztlich die Grundlage aller *Botschaftenmechanismen*.

In der Java-Bibliothek wird dem durch die Schnittstelle `BlockingQueue` Rechnung getragen, die durch eine Vielzahl unterschiedlicher Implementierungen realisiert wird. Natürlich bietet die Schnittstelle mehr Operationen als unser vereinfachtes Textbeispiel. Abgesehen von besonderen Abfragemechanismen sind auch alle Zugriffsmechanismen der generellen Collection-Schnittstelle definiert.

Die einfachsten Realisierungsvarianten sind die Klassen `ArrayBlockingQueue` und `LinkedBlockingQueue`, die in ihrer Funktionalität identisch sind (und am ehesten dem Beispiel entsprechen). Damit lassen sich natürlich viele gängige Beispiele für Nebenläufigkeit, wie das Erzeuger-Verbraucher-Problem, realisieren.

Es gibt aber auch weitere Mechanismen.

SychronousQueue: Dies ist eine effiziente Implementierung des Rendezvous-Mechanismus, der insbesondere durch das CSP-Konzept (*communicating sequential processes*) von Anthony Hoare bekannt wurde. Seine Einschränkung besteht darin, dass die Daten nicht wirklich gepuffert werden, sondern Sender und Empfänger so synchronisiert werden, dass die Daten direkt weitergegeben werden können. Das ist der effizienteste Mechanismus zur Vermeidung von Wettlaufbedingungen. Sein

Nachteil besteht darin, dass auch auf der Senderseite gewartet werden muss. Der Mechanismus ist daher auch besonders dann sinnvoll einzusetzen, wenn aufgrund der Programmlogik diese Synchronisation auch erforderlich ist. Dies ist z.B. immer dann der Fall, wenn der sendende Thread eine Antwort auf seine Nachricht erwartet.

Exchanger: Dies ist eine symmetrische Implementierung für den Datenaustausch zweier Threads. Wie bei der SynchronousQueue müssen auch hier zwei Threads bereit zum Datenaustausch sein. Zusätzlich müssen die jeweiligen Daten bereit stehen. Exchanger realisiert das synchronisierte gleichzeitige Senden und Empfangen zweier Threads. Dies ist ein Mechanismus, der gerade mit dem reinen Rendezvous-Konzept nicht leicht zu realisieren ist.

CyclicBarrier: Das Barrieren-Konzept stellt eine Synchronisation zwischen einer Menge von Threads bereit. In der Java-Implementierung kann der Barriere auch ein Runnable mitgegeben werden, dass z.B. den koordinierten Datenaustausch zwischen allen beteiligten Threads vornehmen kann, bevor diese wieder unabhängig voneinander weiterlaufen. Die Barriere stellt eine Verallgemeinerung des Rendezvous- und Austausch-Konzepts auf mehr als zwei beteiligte Threads dar.

Latch: Dies ist eine besonders einfache Form der Barriere, die in der Regel dazu verwendet wird, eine Menge von gestarteten Threads so lange anzuhalten, bis alle Initialisierungen abgeschlossen sind. Mit dem Latch ist kein Datenaustausch verbunden.

Als Beispiel für die Verwendung dieser Mechanismen soll hier zunächst die Realisierung des Erzeuger-Verbraucher-Problems dargestellt werden. Die unterschiedlichen Implementierungen des Botschaftenaustauschs haben letztlich auch eine Auswirkung auf die Effizienz, die aber nicht generell diskutiert werden kann, sondern in dem jeweiligen Anwendungsfall untersucht werden muss.

Beispiel 21

```java
import java.util.concurrent.*;
class Producer implements Runnable{
    private BlockingQueue<Product> q;

    producer(BlockingQueue<Product> q) {
            this.q = q;
    }

public void run() {
            while (true) {
                    try { q.put(produce()); }
                    catch (InterruptedException ignore) {}
            }
    }
}
class Consumer implements Runnable {
```

```
    private BlockingQueue<Product> q;
    Consumer(BlockingQueue<Product> q) {
            this.q = q;
    }
    public void run() {
            while (true) {
                    try {
                            consume ( q.take() );
                    }
                    catch (InterruptedException ignore) {}
            }
    }
}
public class Main {
    public void main(String[] args) {
            BlockingQueue<Product> q = new SynchronousQueue<Product>();
            for (int i = 0; i < N_PRODUCER; i++)
                    new Thread(new Producer(q)).start();
            for (int i = 0; I < N_CONSUMER; i++)
                    new Thread(new Consumer(q)).start();
    }
}
```

Schließlich gibt es noch zwei weitere Implementierungen der BlockingQueue, nämlich die Klassen TimedQueue und PriorityBlockingQueue. Während die erste sich gut für Echtzeitaufgaben, Animationen und ähnliche Aufgaben eignet, die sich in realer Zeit abspielen, ist die zweite Klasse z.B. gut als Basis für Simulationsanwendungen geeignet.

5.3.7.10 Höhere Mechanismen der Java-Bibliothek

Es gibt einige Muster, die einerseits hinsichtlich der Kommunikation ziemlich einfach sind, andererseits aber besondere Anforderungen an die Effizienz und auch an die sichere Implementierung stellen.

Das vielleicht wichtigste Beispiel bezieht sich auf die Anwendung des *parallelen Servers*. Zum Beispiel können wir von einem Webserver ausgehen. Es sei angenommen, dass es bereits eine Klasse Handler gibt, deren Konstruktor das für die Kommunikation mit dem Client erforderliche Socketobjekt übergeben wird, die die Schnittstelle Runnable implementiert, und deren run-Methode die gesamte weitere Kommunikation abwickelt. Die eigentliche Server-Methode muss die Client-Anforderungen akzeptieren und jeweils in einem eigenen Thread ein Handler-Objekt zur Ausführung der Anfrage starten (andernfalls würden die Clients sich gegenseitig blockieren).

Beispiel 22

Eine erste Implementierung könnte wie folgt aussehen (paralleler Server):

```
ServerSocket server = new ServerSocket(PORT_NUM);
while (true) {
    new Thread(new Handler(server.accept())).start();
}
```

Diese Implementierung hat verschiedene Nachteile. Zunächst einmal besteht das Problem, dass keine Kontrolle über die Maximalzahl der gestarteten Threads besteht. Hinzu kommt aber auch, dass die Bearbeitung der allermeisten HTTP-Requests relativ wenig Rechenzeit benötigt und umgekehrt die Erzeugung und darauf folgende Vernichtung eines Threads ziemlich zeitaufwändig ist. Es ist also wünschenswert, vorhandene Threads für neue Aufgaben weiter zu verwenden.

Die bessere Lösung, die sich auch für eine Reihe anderer ähnlicher Aufgaben anbietet, geht davon aus, dass das Runnable-Objekt über seinen Konstruktor bereits alle nötigen Informationen bekommen hat, so dass es nur noch darum geht, jeweils einmalig die run-Methode aufzurufen (obiges Beispiel macht auch nichts anderes).

Die eigentliche Komplexität der Lösung liegt darin, dass es eine Vielzahl möglicher Strategien für die Erzeugung von neuen Threads, für die Begrenzung der Maximalzahl und für die Zerstörung nicht mehr benötigter Threads gibt.

Die Java-Bibliothek definiert dazu zunächst die Schnittstelle Executor:

```
public interface Executor {
    public void execute(Runnable worker);
}
```

Gleichzeitig bietet sie einige, teilweise hochgradig parametrisierbare Implementierungen an. Die Klasse Executors stellt eine Reihe von Factory-Methoden bereit, die für einige Standardsituationen passende Objekte liefern.

Beispiel 23

Eine mögliche Implementierung unseres Servers könnte jetzt so aussehen:

```
ServerSocket server = new ServerSocket(PORT_NUM);
Executor executor = Executors.newCachedThreadPool();
while (true) {
    executor.execute(new Handler(server.accept()));
}
```

Darüber hinaus implementieren die vordefinierten Klassen alle die Schnittstelle ExecutorService, die Methoden zur Beeinflussung der Executor-Aktionen definiert.

Beispiel 24

Vielleicht fragen Sie sich am Ende noch, wie die Klasse Handler aussieht und was Sie hinsichtlich des *Multithreadings* zu beachten haben.

```
public class Handler implements Runnable {
    private Socket socket;
```

```
    public Handler(Socket s) {
        socket = s;
    }
.   public void run() {
        erledige die nötigen Aufgaben,
        Ein-/Ausgabe erfolgt über socket
    }
}
```

Sie erkennen, dass tatsächlich keinerlei Berücksichtigung der Nebenläufigkeit statt-finden muss. Natürlich ergeben sich in dem Moment Probleme, in dem verschie-dene Handler-Objekte gleichzeitig auf dieselben Ressourcen zugreifen. Dann wird man auf einen der verschiedenen Mechanismen zum Datenaustausch zwischen Threads zurückgreifen.

5.3.8　Barrieren

Barrieren stellen einen Synchronisationsmechanismus dar, der mehreren kooperie-renden Prozessen gestattet, gemeinsam einen konsistenten Zustand zu erreichen, bevor einer von ihnen mit der Arbeit fortfahren darf. Stellen Sie sich vor, die Pro-zesse erarbeiten Teilergebnisse eines umfangreichen Problems. Der nächste Ar-beitsschritt darf aber erst begonnen werden, wenn sämtliche Teilergebnisse des augenblicklichen Schrittes zusammengetragen wurden. Ein Beispiel ist das Rende-ring einer Sequenz von Bildern, wobei jedes Bild auf dem vorigen aufbaut. Mehre-re Prozesse werden jeweils für einen Ausschnitt eines Bildes verantwortlich ge-macht und legen ihre Teilergebnisse in einem gemeinsamen Speicherbereich ab. Erst, wenn alle Teile eines Bildes versammelt und kombiniert wurden, kann mit dem nächsten Schritt fortgefahren werden, der ja auf dem vorherigen aufbaut.

Dafür wird in den Prozessen vor dem nächsten Schritt eine Barriere errichtet. Jeder Prozess, der die Barriere erreicht, wartet, bis alle an der Barriere stehen, dann wer-den sie alle gemeinsam wieder freigegeben.

Abbildung 5.7 zeigt das Barrieren-Problem: (1) Prozess A und C erreichen die Bar-riere und werden suspendiert. (2) Prozess B erreicht als letzter die Barriere, wo-raufhin A und C wieder freigegeben werden.

Hinweise auf weitergehende Informationen findet der Leser in [Tanenbaum 2009]. Hier noch ein paar Erläuterungen:

Im Gegensatz zum Sperren kritischer Bereiche, das in die Zukunft gerichtet ist – der Prozess muss vor dem Betreten des kritischen Bereichs warten, bis andere Pro-zesse ihn verlassen haben – sind Barrieren eher in die Vergangenheit gerichtet: Zum Beispiel wird bei einer Schlossführung die Tür zum nächsten Saal – die Bar-riere – erst geöffnet, wenn alle Besucher davor bis zur Barriere aufgeschlossen ha-ben. Barrieren lassen sich jedoch mit den gleichen Mechanismen (Bedingungsva-riablen) realisieren.

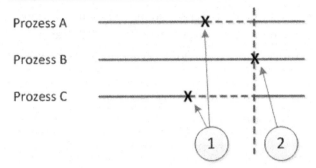

Abbildung 5-7: Das Barrieren-Problem

Während die Synchronisationsmechanismen Mutex-Locks und Semaphore auf Kernel- und Nutzer-Ebene verwendet werden, kommen Barrieren, wie Bedingungsvariablen und Monitore, hingegen eher auf Nutzer-Ebene zum Einsatz.

Barrieren sind ein gedanklich einfaches Hilfsmittel, kooperierende Prozesse „in Gleichtakt" zu bringen. Damit ist verbunden, dass sie ein recht grob-granulares Synchronisationsmittel darstellen. Bei vielen beteiligten Prozessen ist zu beobachten, dass die Wartezeiten an den Barrieren stark ansteigen.

Und ein weiteres Problem, das beim unvorsichtigen Umgang mit Barrieren auftreten kann, ist das folgende: Wenn dieselbe Barriere im Code von mehreren Threads zyklisch aufgesucht wird, kann es passieren, dass ein Prozess die Barriere noch nicht verlassen hat, während ein anderer schon wieder davor steht. Es ist natürlich sicherzustellen, dass der verspätete Prozess nicht mit den „Sprintern" in den gleichen Topf geworfen und erneut gesperrt wird. Durch Hochzählen von geeigneten Ereignisvariablen kann dieses Problem gelöst werden.

5.4 Beispiele für Synchronisationsprobleme

In diesem Kapitel behandeln wir einige klassische Probleme, die in der Betriebssystemliteratur immer wieder herangezogen werden, um Synchronisationsansätze zu diskutieren und zu bewerten. Diese sind:

- das Philosophenproblem,
- das Leser-Schreiber-Problem,
- das Erzeuger-Verbraucher-Problem sowie
- das Kreisverkehr-Problem.

5.4.1 Das Philosophenproblem

Fünf Philosophen sitzen um einen runden Tisch. Jeder Philosoph hat einen Teller mit Spaghetti vor sich. Er braucht zum Essen zwei Gabeln. Zwischen je zwei Tellern liegt eine Gabel. Das Leben eines Philosophen besteht aus abwechselnden Phasen des Essens und Denkens.

Zum Essen versucht er, eine Gabel links und eine rechts von ihm zu greifen. Wenn ihm das gelingt, isst er eine Weile, legt die Gabeln ab und denkt eine Weile nach.

Gesucht: Ein Programm, das garantiert, dass jeder Philosoph gelegentlich zum Essen kommt.

Zunächst eine falsche Lösung (aus [Tanenbaum 2009]):

```
#define N 5                          // 5 Philosophen

void philosopher(int i) {            // Philosoph i
    while (TRUE) {
        think();
        take_fork(i)                 // nimm linke Gabel,
                                     // falls vorhanden
        take_fork((i + 1) mod N);    // nimm rechte Gabel,
                                     //falls vorhanden
        eat();
        put_fork(i);                 // lege linke Gabel hin

put_fork((i + 1) mod N);             // lege rechte Gabel hin
    }
}
```

Betrachten wir das folgende Szenario:

Wenn alle fünf Philosophen die linke Gabel *zur gleichen Zeit nehmen*, müssen sie feststellen, dass die rechte Gabel nicht verfügbar ist, legen gleichzeitig ihre linke Gabel zurück und das Ganze beginnt von vorne. Der Prozess läuft so endlos, kommt aber nicht zum Ziel. Nicht nur die Philosophen müssen verhungern, sondern auch der gesamte Prozess (*Aushungern, Starvation*).

In [Tanenbaum 2009] werden noch einige andere Fälle aufgezeigt, die auftreten können, z.B. *Deadlocks*. Hierauf gehen wir nicht ein, sondern widmen uns nun der Lösung des Problems, die ebenfalls dort zu finden ist. Diese vermeidet Deadlocks und Starvation.

Wir korrigieren die erste Fassung unseres Lösungsversuchs, indem wir die fünf Anweisungen, die auf think() folgen, durch ein binäres Semaphor schützen. Bevor ein Philosoph mit dem Aufheben der Gabeln beginnt, ruft er die DOWN-Operation auf einem Semaphor mutex auf. Nachdem er die Gabeln wieder abgelegt hat, ruft er die Operation UP auf mutex auf.

```
#define N 5                          // 5 Philosophen
typedef int semaphore;
semaphore mutex = 1;
void philosopher(int i) {            // Philosoph i
    while (TRUE) {
        think();
        down(&mutex);
        take_fork(i)                 // nimm linke Gabel
        take_fork((i + 1) mod N);    // nimm rechte Gabel
```

```
                eat();
        put_fork(i);                    // lege linke Gabel hin
        put_fork((i + 1) mod N);        // lege rechte Gabel hin
        up(&mutex);
        }
}
```

Diese Lösung ist zwar korrekt, aber nicht besonders effizient, da immer nur ein Philosoph zur gleichen Zeit essen kann.

Hier eine effizientere Lösung: Mit der im Problem angegebenen Konstellation von fünf Gabeln können zwei Philosophen gleichzeitig essen. Für drei Philosophen ist dies nicht möglich. Dies nennt man daher den *maximalen Parallelitätsgrad* für dieses Synchronisationsproblem.

Hier ist eine Lösung mit maximalem Parallelitätsgrad für N Philosophen (aus [Tanenbaum 2009]):

- Das Array state[N] hält für jeden Philosophen 0 ... N-1 fest, ob er sich im Zustand eating, hungry oder thinking befindet.
- Als Invariante gilt: Ein Philosoph kann nur im Zustand essend sein, wenn seine beiden Tischpartner sich nicht in diesem Zustand befinden.
- LEFT und RIGHT sind Makros, die den linken und rechten Tischnachbarn berechnen.
- Es wird ein Array semaphore s[N] von Semaphoren verwendet, je ein Semaphor für jeden Philosophen, zu dem Zweck, hungrige Philosophen zu blockieren, falls die benötigten Gabeln in Gebrauch sind.
- Jeder Prozess führt die Prozedur philosopher als Hauptprogramm aus, die anderen Prozeduren sind gewöhnliche Unterprogramme und keine Prozesse.

```
#define N 5                  // 5 Philosophen
#define LEFT (i - 1) % N            // Nummer des linken Nachbarn von i
#define RIGHT (i + 1) % N           // Nummer des rechten Nachbarn von i
#define THINKING 0                  // Philosoph denkt nach
#define HUNGRY 1                    // Philosoph will 2 Gabeln bekommen
#define EATING 2                    // Philosoph isst

typedef int semaphore;
int state[N];                       // Zustände der Philosophen
semaphore mutex = 1;                // wechselseitiger Ausschluss
semaphore s[N];                     // ein Semaphor für jeden Philosophen
void philosopher(int i) {           // Philosoph i
    while (TRUE) {
            think();
            take_forks(i);  // nimm beide Gabeln oder blockiere
            eat();
            put_forks(i);           // lege beide Gabeln hin
    }
}
```

```
void take_forks(int i) {          // Philosoph i
    down(&mutex);                 // Eintritt in kritischen Bereich
    state[i] = HUNGRY;
    test(i);                      // versuche beide Gabeln zu kriegen
    up(&mutex);                   // verlasse kritischen Bereich
    down(&s[i]);                  // blockiere, falls Gabeln nicht frei
}

void put_forks(int i) {           // Philosoph i
    down(&mutex);                 // Eintritt in kritischen Bereich
    state[i] = THINKING;
    test(LEFT);                   // teste, ob linker Nachbar essen kann
    test(RIGHT);                  // teste, ob rechter Nachbar essen kann
    up(&mutex);                   // verlasse kritischen Bereich
}
void test(int i) { // Philosoph i
    if (state[i] ==HUNGRY && state[LEFT]!=EATING &&
    state[RIGHT]!=EATING){
            state[i] = EATING;
            up(&s[i]);
    }
}
```

5.4.2 Das Leser-Schreiber-Problem

Dieses klassische Synchronisationsproblem modelliert den Zugriff auf eine Datenbank. Als Beispiel kann man sich ein Flugbuchungssystem vorstellen, wo konkurrierende Prozesse existieren, die lesen und schreiben wollen. Hierbei gilt:

- Mehrere Prozesse können gleichzeitig lesen.
- Wenn ein Prozess schreibt, darf kein anderer Prozess lesen oder schreiben.

Gesucht: Ein Programm, das garantiert, dass diese Synchronisation implementiert
ist.

Die Lösung für das Leser-Schreiber-Problem beruht auf folgenden Ideen (aus [Ta-
nenbaum 2009]):

- Ein Leseprozess führt DOWN auf dem Semaphor db aus, um Zugriff zu erhalten.
- Leseprozesse inkrementieren eine Zählvariable rc (*read count*) und dekremen-
  tieren sie, wenn das Lesen beendet ist.
- Der letzte Leser führt ein UP auf db aus, so dass ein wartender Schreiber schreiben kann.

Diese Lösung bevorzugt die Leseprozesse. Der Schreiber muss warten, solange
gelesen wird, und kann erst schreiben, wenn kein Leser mehr interessiert ist. Man
kann natürlich auch eine Lösung formulieren, bei der die Schreiber bevorzugt
werden.

```
typedef int semaphore;
semaphore mutex = 1;              // überwacht die Zugriffe auf rc
semaphore db = 1;                 // überwacht die Zugriffe auf die DB
int rc = 0;                // Anzahl der Leseprozesse

void reader() {
    while (TRUE) {
            down(&mutex);            // erhalte exklusiven Zugriff auf rc
            rc = rc + 1;             // ein Leser mehr
            if (rc == 1) down(&db);  // der erste Leser bewirkt, dass
                                     // kein Schreiber Zugriff erhält
            up(&mutex);              // gibt exklusiven Zugriff auf rc frei
            read_data_base();        // lies die Daten
            down (&mutex);  // erhalte exklusiven Zugriff auf rc
            rc = rc - 1;             // ein Leser weniger
            if (rc== 0) up(&db);     // der letzte Leser gibt Datenbank frei
            up(&mutex);              // gibt exklusiven Zugriff auf rc frei
            use_data_read();         // nicht-kritischer Bereich
    }
}
void writer() {
    while (TRUE) {
            think_up_data ();        // nicht-kritischer Bereich
            down(&db);               // erhalte exklusiven Zugriff auf db
            write_data_base();       // ändere die Daten
            up(&db);                 // gibt exklusiven Zugriff auf db frei
    }
}
```

Petrinetze eignen sich sehr gut zur Modellierung derartiger Synchronisationsprobleme. Als Beispiel geben wir ein Petrinetz an, das das Leser-Schreiber-Problem mit zwei schreibberechtigten und vier leseberechtigten Prozessen modelliert.

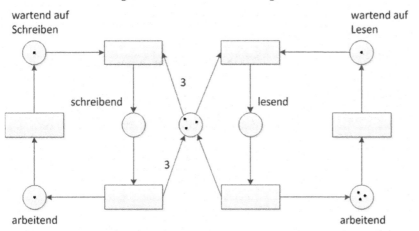

Abbildung 5-8: Petrinetz für das Leser-Schreiber-Problem

5.4.3   Das Erzeuger-Verbraucher-Problem

Das Erzeuger-Verbraucher-Problem haben wir als Beispiel bereits im Kapitel über Semaphore behandelt. Daher hier nur kurz die Problemstellung und die Lösung.

Das Erzeuger-Verbraucher-Problem (*producer consumer problem, beschränktes Puffer-Problem*) lässt sich folgendermaßen spezifizieren (vgl. [Tanenbaum 2009]):

- Zwei Prozesse besitzen einen gemeinsamen Puffer mit der festen Größe N.
- Der Erzeuger füllt Daten in den Puffer.
- Der Verbraucher entnimmt Daten aus dem Puffer.
- Der globale Zähler zaehler enthält die aktuelle Anzahl von Daten im Puffer.

Die Lösung für das Erzeuger-Verbraucher-Problem sieht folgendermaßen aus:

```
#define N 150                  // Puffergröße
Semaphor W_ausschluss(1);      // Wechselseitiger Ausschluss für den
                               // Eintritt in einen kritischen Bereich
                               // Wird mit 1 initialisiert
Semaphor Leer(N);              // Zählt die freien Puffereinträge
Semaphor Voll(0);              // Zählt die belegten Puffereinträge

void erzeuger() {
    int teil;

while (TRUE) {
            produziere_teil(&teil);
            Leer.DOWN();           // Ein freier Eintrag weniger
            W_ausschluss.DOWN();   // Eintritt in kritischen Bereich
            einfuegen_puffer(teil);
            W_ausschluss.UP();     // Austritt aus kritischem Bereich
            Voll.UP();             // Ein belegter Eintrag mehr
    }
}
void verbraucher() {
    int teil;
    while (TRUE) {
            Voll.DOWN();           // Ein belegter Eintrag weniger
            W_ausschluss.DOWN();   // Eintritt in kritischen Bereich
            entnimm_puffer(&teil);
            W_ausschluss.UP();     // Austritt aus kritischem Bereich
            Leer.UP();             // Ein freier Eintrag mehr
            verarbeite_teil();
    }
}
```

Die Semaphoren haben die folgende Funktion:

- Der Semaphor W_ausschluss wird mit 1 initialisiert und kann somit nur die Werte 0 und 1 annehmen.

- Der wechselseitige Ausschluss wird garantiert, falls jeder Prozess vor jedem Eintritt in seinen kritischen Bereich die DOWN-Operation und nach dem Verlassen des kritischen Bereichs die UP-Operation ausführt.

- Die Semaphore Voll und Leer dienen der Synchronisation, um bestimmte Ereignisfolgen zuzulassen bzw. zu verhindern: Der Erzeuger unterbricht seine Ausführung, wenn der Puffer voll ist. Der Verbraucher unterbricht seine Ausführung, wenn der Puffer leer ist.

5.4.4 Das Kreisverkehr-Problem

Eher zur Entspannung schauen wir uns ein Synchronisationsproblem aus dem Alltag an. Was wäre, wenn auch im Kreisverkehr die sonst übliche Regelung „rechts vor links" gelten würde? (Mancher von Ihnen erinnert sich vielleicht daran, dass sich die Verkehrsregeln im Zusammenhang mit Kreisverkehren in der Vergangenheit schon einmal geändert haben.)Wie in Abbildung 5.9 zu erkennen ist, kann „rechts vor links" zu einem Deadlock führen, selbst wenn alle Ausfahrtsstraßen frei sind.

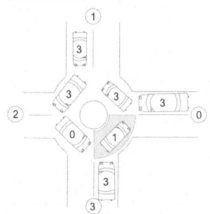

Abbildung 5-9: Kreisverkehr

Mit dem geschärften Blick des Systemprogrammierers erkennen wir, dass das Hineinfahren in die Sektion des Kreisels direkt vor der Einmündung kritisch ist. Nur, wenn dieser Bereich frei ist und außerdem kein Fahrzeug, das sich schon im Kreisel befindet, diesen Bereich befahren will, darf die Einfahrt für ein Fahrzeug aus einer Zufahrtsstraße gewährt werden – das bedeutet „Kreisverkehr hat Vorfahrt".

Wie in Abbildung 5.9 dargestellt, läge bei „rechts vor links" ein Deadlock vor. Der schraffierte Bereich ist die kritische Sektion, die der Einfahrt (3) zugeordnet ist.

Eine mögliche Realisierung wird im Folgenden dargestellt. Wir modellieren die Fahrzeuge als aktive und gegebenenfalls zu blockierende Prozesse, je nachdem, ob die nächste Sektionen befahren werden kann.

```
#define K 4 // Zahl der Ein- und Ausfahrtsstraßen in den Kreisel.
             // Pro Straße eine zu kontrollierende Sektion im Kreis,
             // die jeweis ein Auto aufnehmen kann.
semaphor *wartend_im_kreis[K];        // diese Felder nehmen die
semaphor *wartend_vor_einfahrt[K];// zugeordneten Semaphore auf

int sektion[K];      // Die Abschnittte des Kreisverkehrs und
int einfahrt[K];     // die Einfahrt können frei oder belegt sein.
#define FREI 0        // Wenn belegt, ist ein Semaphor in wartend...
#define BELEGT 1      // abgelegt, mit dem das wartende Auto geweckt werden
                      // kann.

semaphor mutex = 1;// Wird benötigt, weil zum Einfahren zwei Zustände
                    // konsistent abgefragt werden müssen.

void auto_imkreisverkehr (int start, int ziel) {
    // Wir modellieren jeweils ein Auto auf dem Weg durch den Kreisel.
    // Es wird gewährleistet, dass immer nur ein Auto in der Einfahrt vor
    // dem Kreis wartet, und die Ausfahrt aus dem Kreis ist immer frei.
#define IMRKEIS 0
#define ZUFAHRT 1
    boolean zustand = ZUFAHRT;
    semaphor wir;                    // zum Blockieren dieses Autos

    while (zustand <> IMKREIS) {    // wir warten noch vor dem Kreis
            down (&mutex);
            if ((sektion[start] == BELEGT)
                    || (sektion[(start - 1 + K) % K] == BELEGT)) {
                    einfahrt[start] = BELEGT;
                    wartend_vor_einfahrt[start] = &wir;
                    up (&mutex);
                    down (&wir);    // wir warten
            }
            else {          // Fahrt frei und keiner von links,
                            // also Einordnen in den Kreisel
                    zustand = IMKREIS;
                    einfahrt[start] = FREI;
                    sektion[start] = BELEGT;
                    up (&mutex);
            } ;
    };

    int position = start;
    int naechste = (position + 1) % K;
    int hinter_uns = (position + K - 1) % K;
```

```
        while (naechste <> ziel) {              // wir bewegen uns im Kreis
                down (&mutex);
                if (sektion[naechste] == FREI) {        // es geht weiter
                        sektion[naechste] = BELEGT;
                        ektion[position] = FREI;

                        if (sektion[hinter_uns] == belegt)      // Hintermann
                                                                // aufwecken
                        up (wartend_im_kreis[hinter_uns]);

                                else if (einfahrt[position] == BELEGT)
                                // und dem an der Einfahrt auch Bescheid sagen
                                up (wartend_vor_einfahrt[position];
                        hinter_uns = position;
                        position = naechste;
                        naechste = (position + 1) % K;
                        up (&mutex);
                } else {                                // vor uns ist jemand
                        wartend_im_kreis[position] = &wir;
                        up (&mutex);
                        down (&wir);
                };
        };
        // endlich am Ziel der Kreisverkehrswünsche...
        down (&mutex);
        sektion[ziel] = FREI;
        hinter_uns = (ziel + K - 1) % K;

        if (sektion[hinter_uns] == belegt)              // Hintermann aufwecken
                up (wartend_im_kreis[hinter_uns]);
        up (&mutex);
}
```

Anders als in wirklichen Verkehrssituationen wird ein Fahrzeug von den vorherfahrenden geweckt, wenn sie die von ihnen belegte Sektion des Kreisverkehrs verlassen. Das ist ähnlich wie beim Philosophenproblem, bei dem die Philosophen beim Hinlegen der Gabeln prüfen, ob sie ihre Nachbarn wecken müssen.

Dadurch, dass ein Fahrzeug nur dann in den Kreisverkehr eintreten darf, wenn zwei Sektionen frei sind – die vor der Einmündung und die links davon –, bleibt auch nach der Einfahrt noch mindestens ein Bereich frei, so dass der Verkehr im Kreis weiter fließen kann. Man kann sich überlegen, dass auch im „Rechts-vor-links"-Kreisverkehr keine Blockierung auftreten kann, wenn nie die maximale Anzahl Fahrzeuge im Kreis ist, d.h. wenn immer noch eine Lücke da ist, in die ein Fahrzeug aufschließen kann – es gilt also „rechts vor links" für alle, außer für den letzten. Zur Implementierung dieser Regelung bietet sich ein Semaphor an, der mit der maximalen blockierungsfreien Fahrzeugzahl initialisiert wird. Das Programm hierzu wird als Übungsaufgabe gestellt.

In der Regel läuft der Verkehr im täglichen Leben in Kreisverkehren ohne Semaphore oder Ampeln, ohne dass es zu Verklemmungen kommt. Wenn dies gelegentlich doch der Fall ist, ist die Ursache meistens auf einer Ausfahrtstraße, außerhalb des Kreisels, zu finden. Wenn es von dort in den Kreis zurückstaut, werden über kurz oder lang so viele Autos mit dem Ziel dieser Ausfahrt oder darüber hinaus in den Kreisel hineingefahren sein, dass auch alle anderen nicht mehr weiterfahren können. Eine konservative Lösung dieses Problems ist damit auch schon angedeutet: Ein Fahrzeug müsste vor Eintritt in den Kreisverkehr sicherstellen, dass alle Sektionen bis einschließlich zur gewünschten Ausfahrt frei sind oder höchstens von Autos belegt sind, die weiterfahren wollen. Dies ist in der Praxis wohl kaum zu realisieren.

5.5   Übungen

Sie dürfen die im Buch angegebenen Beispiele benutzen und modifizieren. Es geht im Wesentlichen darum, dass Sie die verschiedenen Synchronisationsmethoden verstehen.

1. Betrachten Sie das folgende Verfahren, das eine Sperrvariable zur Realisierung des wechselseitigen Ausschluss verwendet: Eine gemeinsam benutzte Variable (Sperrvariable, lock variable) wird mit 0 initialisiert. Will ein Prozess in seinen kritischen Bereich eintreten, so liest er die Sperrvariable:
   - Ist der Wert 0 (FALSE), setzt er die Sperrvariable auf 1 (TRUE) und tritt in den kritischen Bereich ein.
   - Ist der Wert 1, so wartet er, bis die Sperrvariable den Wert 0 hat.

   Warum ist dies keine Lösung für das Problem des wechselseitigen Ausschlusses?

2. Schauen Sie sich die Lösung des Strikten Alternierens zur Realisierung des wechselseitigen Ausschlusses an:

```
int an_der_Reihe = 0;
// Prozess 0
while (TRUE) {
while (an_der_Reihe != 0); // warten
kritischer_Bereich ();
an_der_Reihe = 1;
nicht_kritischer_Bereich ();
}
// Prozess 1
while (TRUE) {
while (an_der_Reihe != 1); // warten
kritischer_Bereich ();
an_der_Reihe = 0;
nicht_kritischer_Bereich ();
}
```

Entwickeln Sie ein Szenario, das folgende Behauptung belegt:

Wenn ein Prozess wesentlich langsamer als der andere ist, wird der schnelle Prozess blockiert, obwohl sich kein Prozess in einem kritischen Bereich befindet.

3. Geben Sie ein Codesegment für das Strikte Alternieren für n Prozesse an.

   Hinweis:

   Benutzen Sie die altbekannte Variable `an_der_Reihe` und eine Integer-Variable `anzahl_Prozesse`, die den Wert n bekommt. Benutzen Sie auch den Modulo-Operator.

4. Schreiben Sie ein Programmfragment in Pseudocode. Benutzen Sie Semaphore mit DOWN- und UP-Operationen. Folgendes soll realisiert werden:
   - Ein Prozess P1 errechnet ein Ergebnis, das von Prozess P2 weiterbenutzt werden soll.
   - Prozess P2 kann aber nicht ausgeführt werden, bevor das Ergebnis vorliegt.

   Hinweis:

   Machen Sie es nicht zu kompliziert. Sie müssen keine Schleife benutzen. Überlegen Sie sich, welchen Semaphor Sie brauchen und vor allen Dingen, wie er initialisiert werden muss. Dann müssen Sie nur noch die DOWN- und UP-Operationen an die richtige Stelle in den beiden Prozessen schreiben.

5. Modellieren Sie weitere Systeme aus dem täglichen Leben mit Semaphoren.

   Als Beispiele eignen sich:
   - eine Ampelanlage auf einer Kreuzung,
   - ein Parkhaus,
   - ein Flugbuchungssystem.

Die folgenden Aufgaben beziehen sich auf den Modulabschnitt „Threads".

6. Schreiben Sie eine Klasse, die für ihre Objekte die Methoden `increment-Count()` und `getCount()` definiert. Schreiben Sie ein kleines Programm in dem von mehreren Threads aus `incrementCount()` aufgerufen wird. Demonstrieren Sie, dass es beim Unterlassen von besonderen Schutzmaßnahmen zu Wettlaufbedingungen kommt, die zu einem falschen Zählergebnis führen.

7. Verbessern sie die Zählerklasse aus Aufgabe 6, so dass ein korrektes Funktionieren garantiert ist.

8. Lösen Sie die Aufgaben 6 und 7 auch mit POSIX-Threads in C.

9. Entwerfen Sie ein kleines Programmfragment, in dem Deadlocks auftreten können.

10. Schreiben Sie ein Simulationsprogramm für ein Parkhaus. Neue Autos kommen nach einem Zufallsverfahren an und Autos verlassen nach festgelegter (oder zufälliger) Wartezeit wieder das Parkhaus. Realisieren Sie jedes Fahrzeug als separaten Thread. Das Parkhaus hat natürlich nur eine begrenzte Kapazität. Welche verschiedenen Lösungsmöglichkeiten gibt es (Primitivoperationen, Semaphore usw.)?

11. Mit welchen Threads haben Sie zu tun, wenn Sie in Java ein Programm mit grafischer Oberfläche schreiben (*AWT* oder *Swing*)? Was sagt die Java- Dokumentation über *Swing* und Threads?

12. Schreiben Sie eine einfache Serveranwendung in Java (z.B. vereinfachter http-Server). Wieso benötigen Sie verschiedene Threads? Nutzen Sie die Hilfestellungen der Java-Klassenbibliothek.

6 Anwendungsszenarien zur Interprozess-Kommunikation

6.1 Semaphore und Shared Memory

In den vorhergehenden Kapiteln haben wir einige wichtige Synchronisations-mechanismen kennen gelernt. In diesem Modul stehen nun die Anwendungen im Mittelpunkt. Wir zeigen, wie die Synchronisationsmechanismen und ihre Kombinationen in Anwendungen eingesetzt werden können und sich gegenseitig unterstützen.

6.1.1 Systembefehle für Semaphore

Im vorherigen Teil sind wir auf Semaphore theoretisch eingegangen. Lassen Sie uns nun die konkrete Realisierung von Semaphoren in UNIX/Linux besprechen.

UNIX-Semaphore sind eine Verallgemeinerung der oben eingeführten `DOWN`- und `UP`-Operationen:

- Mit einem einzigen Aufruf kann eine ganze Gruppe von Semaphoren angelegt werden.
- Semaphore können um größere Werte als 1 erhöht bzw. erniedrigt werden.
- Es kann für eine Gruppe von Semaphoren eine Folge von Operationen definiert werden. Diese sind alle atomar.
- Semaphore verfügen über Eigentümer- und Zeiteinträge sowie über Zugangsmodi.

Diese Erweiterungen übersteigen im Normalfall das, was der Programmierer wirklich braucht. Wir sind ja bisher mit den eingeführten Dijkstra-Operationen gut zurechtgekommen.

Die wesentlichen Systembefehle, die sich mit Semaphoren beschäftigen, sind:

- `semget` legt eine neue Semaphorengruppe an oder greift auf eine bereits bestehende Gruppe zu.
- `semop` ändert die Werte der Semaphore einer Gruppe.
- `semctl` führt verschiedene Steuerungsfunktionen auf Semaphoren durch.

Das Systemkommando semget

Das Systemkommando id = semget(key, nsems, flag) legt eine neue Semaphoren-gruppe an oder greift auf eine bereits bestehende zu. Die Parameter bedeuten:

id   Der Aufruf liefert einen Integer als Rückgabewert. Dieser Wert wird in anderen Systemaufrufen zur Identifizierung der Semaphorengruppe verwendet und ist der Index dieser Gruppe in der Semaphoren-Tabelle von UNIX bzw. –1 im Fehlerfall.

Key   Numerischer Schlüssel (Name) vom Typ long für die Semaphoreng-ruppe. Sie können hier IPC_PRIVATE verwenden, wenn Sie keinen Schlüssel angegeben wollen. In diesem Fall erzeugt der UNIX-Kern ihn selbst.

nsems Anzahl der Semaphore in der Gruppe (Typ int).

flag   Das Flag ist vom Typ int und bietet mehrere Möglichkeiten, zum Bei-spiel:

       IPC_CREAT | 0644 zum Anlegen einer neuen Gruppe mit rw-r--r-Zugriff.

       IPC_CREAT | 0777 zum Anlegen einer Gruppe mit uneingeschränktem Zugriff für alle Benutzer.

       0 zum Zugriff auf eine vorhandene Gruppe.

Das Systemkommando semop

Das Systemkommando result = semop(id, sops, nsops) ändert die Werte der Semaphore einer Gruppe, in dem eine oder mehrere DOWN- oder UP-Operationen ausgeführt werden. Alle diese Operationen werden atomar in einem Block ausgeführt. Die Parameter bedeuten:

result Der Rückgabewert dieses Aufrufs ist ein Integer, der über den Erfolg des Kommandos Auskunft gibt.

id   Integerwert zur Identifizierung der Semaphorengruppe (im Allge-meinen aus semget).

sops   Folge der Semaphoroperationen (vom Typ struct sembuf *).

       struct sembuf hat folgenden Aufbau:

```
struct sembuf {
short sem_num;
short sem_op;
short sem_flg;
};
```

sem_num ist dabei die Nummer des Semaphors innerhalb der Gruppe. sem_op legt die auszuführende Operation fest. Ist der Wert größer als 0, so handelt es sich um eine (atomare) UP-Operation, wobei der Semaphor um diesen Wert erhöht wird. Ist der Wert kleiner als 0, so handelt es sich um eine (atomare) DOWN-Operation, wobei der Semaphor um diesen Wert vermindert wird. Mit sem_flg können Flags zur Steuerung der Operationen angegeben werden.

nsops Anzahl der Operationen in der Folge.

Das Systemkommando semctl

> Das Systemkommando `result = semctl(id, nsem, cmd, arg)` führt verschiedene Steuerungsfunktionen auf Semaphoren durch, wie das Setzen und Auslesen der Werte sowie das Löschen von Semaphoren. Die Parameter bedeuten:
>
> `result` Der Rückgabewert dieses Aufrufs ist ein Integer, der über den Erfolg des Kommandos Auskunft gibt.
>
> `id` Integerwert zur Identifizierung der Semaphorengruppe.
>
> `nsem` Anzahl der Semaphore.
>
> `cmd` Integerwert, der das auszuführende Kommando bezeichnet, zum Beispiel `SETALL` oder `GETALL`, um die Semaphorwerte zu setzen bzw. zu lesen. `IPC_RMID` dient zum Löschen der Semaphorengruppe.
>
> `buffer` In diesen Puffer vom Typ union semun werden die Parameter zur Ausführung des Kommandos übertragen. Seine Form hängt vom konkreten Kommando ab.

Das folgende Beispiel stammt aus [Brown 1998] und zeigt einige Verwendungsmöglichkeiten für diese Systemaufrufe.

Beispiel 1

Zu semget

```
id1 = semget(IPC_PRIVATE, 1, IPC_CREAT | 0777)
```

Es wird eine Semaphorengruppe id1 mit nur einem Semaphor erzeugt. Diese ist für alle Prozesse zugreifbar.

```
id2 = semget(80, 2, IPC_CREAT | 0770)
```

Es wird eine Semaphorengruppe id2 mit zwei Semaphoren erzeugt. Diese ist für den Besitzer des Prozesses sowie für seine Gruppe zugreifbar. Es wird der willkürlich gewählte Schlüssel 80 verwendet.

```
id3 = semget(80, 2, 0770)
```

Dieser Aufruf gibt einem weiteren Prozess die Möglichkeit, auf die Semaphorengruppe id2 zuzugreifen.

Zu semop

Zunächst müssen wir ein struct vom Typ sembuf anlegen und füllen:

```
struct sembuf sem_up;
sem_up.sem_num = 0;
sem_up.sem_op = 1;          // Wert größer 0 → UP-Operation
sem_up.sem_flg = 0;
semop(id, &sem_up, 1);
```

Diese Operation führt eine UP-Operation (Inkrementierung um 1) auf dem ersten Semaphor der Gruppe id aus.

Und noch ein zweites Beispiel. Wir füllen zunächst wieder das struct vom Typ sembuf:

```
struct sembuf sem_down[2];
```

```
sem_down[0].sem_num = 0;
sem_down[1].sem_num = 1;
sem_down[0].sem_op = sem_down[1].sem_op = -1;
sem_down[0].flg = sem_down[1].flg = 0;
semop(id, sem_down, 2);
```

Diese Operation führt jeweils eine DOWN-Operation (Dekrementierung um 1) auf dem ersten und zweiten Semaphor der Gruppe id aus.

Zu semctl

Wir zeigen hier drei Beispiele zur Verwendung von semctl. Zunächst wollen wir die frisch angelegten Semaphore initialisieren:

```
unsigend short initial[2];
initial[0] = initial[1] = 1;
id4 = semget(IPC_PRIVATE, 2, IPC_CREAT | 0777);
semctl(id4, 2, SETALL, initial);
```

Nun wollen wir mit semctl auf die Werte dieser Semaphoren zugreifen:

```
unsigend short ausgabe[2];
semctl(id4, 2, GETALL, ausgabe);
```

Nun könnten wir mit ausgabe[0] oder ausgabe[1] auf die Werte zugreifen.

Und zum Schluss wird die gesamte Semaphorengruppe gelöscht:

```
semctl(id4, 2, IPC_RMID, 0);
```

6.1.5   Shared Memory – Absicherung durch Semaphore

Nach diesen etwas langwierigen technischen Vorüberlegungen kommen wir nun zu unserem früheren Beispiel zurück, das wir unter Verwendung von UNIX-Semaphoren verbessern werden.

Beispiel 2

In Modul 3 hatten wir ein Programm entwickelt, das die Verwendung von Shared Memory demonstriert. Das Programm race.c funktioniert folgendermaßen:

- Es werden mehrere Kindprozesse erzeugt, die bis zu einer bestimmten Zahl MAXCOUNT zählen und den aktuellen Wert in ein Shared Memory-Segment schreiben.

- Zusätzlich verfügt jeder Prozess über einen lokalen Zähler.

Wir hatten gesehen, dass in diesem Programm Race Conditions auftreten. Diese wollen wir nun durch den Einsatz von Semaphoren verhindern. Hier das verbesserte Programm:

```
// no_race.c
// Dieses Programm ist eine Weiterentwicklung von race.c. Auch hier
// werden mehrere Kindprozesse erzeugt, die gemeinsam auf ein
// Speichersegment zugreifen. Das Programm zeigt die Verwendung von
// Semaphoren. Es werden mehrere Kindprozesse erzeugt, die alle bis zu
// einer bestimmten Zahl MAXCOUNT hochzählen. Dabei schreiben und lesen
```

```
// alle Kindprozesse den Zählerstand in ein bzw. aus einem Shared Memory
// Segment. Davon unabhängig zählt jeder Kindprozess in einer lokalen
// Variablen die Anzahl der Schleifendurchläufe. Der Zugriff wird hierbei
// durch Semaphore geregelt. Deshalb wird der erste Prozess, der auf den
// Speicher zugreift, den Zugriff der anderen Kindprozesse verhindern,
// bis MAXCOUNT hochzählen, das Ergebnis ausgeben und dann erst wieder
// den Zugriff der anderen Prozesse erlauben. Dabei wird das in race.c
// auftretende gegenseitige Überschreiben des Speichers ebenso
// unterbunden wie das Vermischen der Ausgabe.

#include <stdio.h>
#include <sys/types.h>
#include <sys/ipc.h>
#include <sys/shm.h>
#include <sys/sem.h>
#include <sys/wait.h>

#define MAXCOUNT 1000000
#define NUM_CHILDREN 4
#define SHMSEGSIZE sizeof(int)

int main() {
    // Zu den Variablen:
    // die gleichen Varieblen wie in race.c und zusätzlich:
    // semID = ID der Semaphorengruppe
    // up = definiert die UP-Operation des Semaphors
    // down = definiert die DOWN-Operation des Semaphors
    // signals[1] = zum Setzen der Wecksignale
    int i, semID, shmID, *shared_mem, count = 0;
    int pid[NUM_CHILDREN];
    struct sembuf up, down;
    unsigned short signals[1];

    // Zunächst wird ein Shared Memory-Segment erzeugt, an den
    // Speicherbereich des Prozesses angehängt und auf den Wert 0
    // gesetzt. Durch IPC_PRIVATE muss hier kein Schlüssel
    // angegeben werden.

    shmID = shmget(IPC_PRIVATE, SHMSEGSIZE, IPC_CREAT | 0644);
    if (shmID == -1) {
            printf("Shared Memory kann nicht angelegt werden!\n");
            return 1;
    }
    shared_mem = (int *)shmat(shmID, 0, 0);
    *shared_mem = 0;
    // Nun wird eine Semaphorengruppe mit nur einem Semaphor erzeugt.
    // Durch IPC_PRIVATE muss auch hier kein Schlüssel angegeben
    // werden. Die Anzahl der Wecksignale des Semaphors wird auf 1
    // gesetzt!
```

```
semID = semget(IPC_PRIVATE, 1, IPC_CREAT | 0644);
if (semID == -1) {
        printf("Semaphorengruppe konnte nicht erzeugt werden!\n");
        return 2;
}

signals[0] = 1;
semctl(semID, 0, SETALL, signals);

down.sem_num = 0; // Semaphor 0 der Gruppe (erster Semaphor)
down.sem_op = -1; // Ein Wecksignal entnehmen
down.sem_flg = SEM_UNDO;

up.sem_num = 0; // Semaphor 0 der Gruppe (erster Semaphor)
up.sem_op = 1; // Ein Wecksignal zurückgeben
up.sem_flg = SEM_UNDO;

// Es werden NUM_CHILDREN Kindprozesse erzeugt. Die PID wird
// jeweils im Array pid[] gespeichert!
for (i = 0; i < NUM_CHILDREN; i++) {
        pid[i] = fork();
        if (pid[i] == -1) {
                printf("%iter Kindprozess nicht erzeugbar!\n", i);
                return 0;
        }
        // Jeder Kindprozess hat seine eigene count-Variable! Zur
        // Absicherung des Shared Memories wird zunächst die DOWN-
        // Operation ausgefuehrt. Wenn der Wert im Shared Memory dann
        // kleiner als MAXCOUNT ist, wird dieser und die count-
        // Variable um 1 erhöht. count zählt also, mit wie vielen
        // Durchläufen das aktuelle Kind beteiligt ist! Zuletzt wird
        // die UP-Operation ausgeführt, um den Zugriff für die
        // anderen Kindprozesse wieder zu erlauben!

        if (pid[i] == 0) {
                while (1) {
                        semop(semID, &down, 1); // Anfang kritischer
                                        // Bereich
                                if (*shared_mem < MAXCOUNT) {
                                        *shared_mem += 1;
                                        count++;
                                        semop(semID, &up, 1);
                                        // Ende kritischer Bereich
                                }
                                else {
                                        semop(semID, &up, 1);
                                        // Ende kritischer Bereich
                                        break;
                                }
                        }
                }
```

```
                                printf("%ites Kind erhöhte Wert um %i!\n", i, count);
                                shmdt(shared_mem);
                                return 0;
                }
        }
        // Der Vaterprozess wartet auf die Terminierung aller Kindprozesse
        for (i = 0; i < NUM_CHILDREN; i++)
                waitpid(pid[i], NULL, 0);

        // Das Shared Memory-Segment wird entfernt und letztlich gelöscht.
        // Ebenso die Semaphorengruppe.
        printf("Shared M. = %i - MAXCOUNT = %i\n", *shared_mem, MAXCOUNT);
        shmdt(shared_mem);
        shmctl(shmID, IPC_RMID, 0);
        semctl(semID, 0, IPC_RMID);
        return 0;
}
```

Wenn Sie dieses Programm ausführen, kommt es nicht mehr zu Race Conditions, da wir den kritischen Bereich durch einen binären Semaphor gesichert haben.

6.2 Dateien als Sperrmechanismus

Es gibt eine sehr einfache Möglichkeit, den wechselseitigen Ausschluss zu realisieren, und zwar mit Hilfe von Dateien.

Die Grundidee ist, dass man ein gemeinsam zu benutzendes Betriebsmittel, dessen Gebrauch synchronisiert werden soll, *mit einer Datei im Dateisystem assoziiert*. Wenn ein Prozess das Betriebsmittel benutzen will, so muss er zuvor die Datei exklusiv öffnen. Ein anderer Prozess, der ebenfalls auf die Ressource zugreifen will, muss so lange warten, bis die Datei wieder frei ist.

Im folgenden Beispiel, dessen Idee aus [Brown 1998] stammt, verwenden wir Dateien als „Semaphore" in einem Szenario, das die Verwendung eines Scanners im wechselseitigen Ausschluss zeigt.

Beispiel 3
```
#include <stdio.h>
#include <sys/types.h>
#include <fcntl.h>
#include <unistd.h>
#include <pwd.h>
#define LOCKFILE "/tmp/.fileSem"      // Die mit dem Scanner assoziierte
                                      // Datei
int main() {
    if (!lock(LOCKFILE)) {
            printf("Scanner ist leider belegt!\n");
            return 1;
    }
    else {
```

```
        printf("Scanner wird nun fuer 10 Sekunden verwendet!\n");
        sleep(10);                  // Simuliert das Benutzen des Scanners
        unlock(LOCKFILE);
        printf("Der Scanner ist wieder freigegeben!\n");
        return 0;
    }
}

int lock(char *f) {
    int filedes;                    // Exklusives Öffnen der Datei
    filedes = open(f, O_WRONLY | O_CREAT | O_EXCL, S_IRUSR |
            S_IWUSR | S_IRGRP | S_IROTH);
    if (filedes == -1)
            return 0;
    else {
            close(filedes);
            return 1;
    }
}

void unlock(char *f) {
    unlink(f); // Freigabe der Datei
}
```

Hier folgen nun drei Aufrufe, die versuchen, den Scanner zu benutzen.

```
linux> ./filelock &
[1] 12772
linux> Scanner wird nun fuer 10 Sekunden verwendet!
./filelock
Der Scanner ist leider belegt!
linux> Der Scanner ist wieder freigegeben!
./filelock
Scanner wird nun fuer 10 Sekunden verwendet!
Der Scanner ist wieder freigegeben!
[1]+ Done ./filelock
linux>
```

6.3   Nachrichtenwarteschlangen

In UNIX/Linux kann der Nachrichtenaustausch durch *Nachrichtenwarteschlangen (Message Queues)* realisiert werden.

Eine *Nachrichtenwarteschlange (Message Queue)* ist eine geordnete Nachrichtenliste, die im Kernel gehalten wird.

Wie bei den üblichen Zugangsberechtigungen kann jeder Prozess, der den Schlüssel einer Nachrichtenwarteschlange kennt, Nachrichten dorthin senden und von dort empfangen.

Nachrichtenwarteschlangen stellen neben Shared Memory und Semaphoren eine dritte Art der systemunterstützten Interprozess-Kommunikation dar.

6.3.1 Konzept der Nachrichtenwarteschlangen

Eine Nachrichtenwarteschlange kann man sich als „Wäscheleine" vorstellen, an der die Nachrichten aufgehängt sind. Jede Nachricht besteht aus zwei Teilen, einem *Prioritäts*- und einem *Inhaltsfeld*. Das Prioritätsfeld legt fest, wie wichtig die Nachricht ist. Dies hat Auswirkungen darauf, wann sie vom System von „der Wäscheleine" genommen und dem Benutzer zugestellt wird. Es gibt zwei Systemaufrufe für Nachrichtenwarteschlangen msgsnd und msgrcv. Der erste dient dazu, Nachrichten in die Warteschlange zu platzieren, der zweite dazu, Nachrichten aus der Schlange zu entnehmen. Jede Warteschlange hat – ähnlich wie Semaphore und Shared Memory-Segmente – einen eigenen *Schlüssel* zur Identifizierung (vgl. Abbildung 6.1 aus [Brown 1998]).

6.3.2 Systemaufrufe msgget, msgsnd und msgrcv

Und nun kommen wir zu den Systembefehlen, die sich mit Nachrichtenwarteschlangen beschäftigen:

- msgget: legt eine neue Nachrichtenwarteschlange an bzw. greift auf eine bestehende Nachrichtenwarteschlange zu.
- msgsnd: fügt eine Nachricht in eine Nachrichtenwarteschlange ein.
- msgrcv: entnimmt eine Nachricht aus einer Nachrichtenwarteschlange.

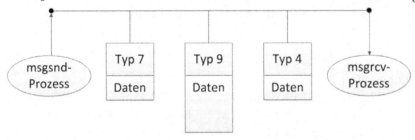

Abbildung 6-1: Struktur von Nachrichtenwarteschlangen

Das Systemkommando msgget
Das Systemkommando id = msgget(key, flag) legt eine neue Nachrichtenwarteschlange an oder greift auf eine bestehende Nachrichtenwarteschlange zu. Die Parameter bedeuten:

id Der Aufruf liefert einen Integer als Rückgabewert. Dieser Wert wird in anderen Systemaufrufen zur Identifizierung der Nachrichtenwarteschlange verwendet. Falls msgget scheitert, ist der Rückgabewert -1.

key Numerischer Schlüssel (Name) vom Typ long für die Nachrichtenwarteschlange. Man kann hier IPC_PRIVATE verwenden, wenn man keinen Schlüssel angeben möchte. In diesem Fall erzeugt der UNIX-Kern ihn selbst.

flag   Das Flag ist vom Typ `int` und bietet mehrere Möglichkeiten, zum Beispiel:
`IPC_CREAT | 0644` zum Anlegen einer neuen Nachrichtenwarteschlange mit `rw-r--r--` Zugriff.
`0`   zum Zugriff auf eine vorhandene Nachrichtenwarteschlange.

Das Systemkommando `msgsnd`

Das Systemkommando `result = msgsnd(id, ptr, size, flag)` fügt eine Nachricht in eine Nachrichtenwarteschlange ein. Die Parameter bedeuten:

result   Der Rückgabewert dieses Aufrufs ist ein Integer, der über den Erfolg des Einfügens Auskunft gibt.

id Integerwert zur Identifizierung der Nachrichtenwarteschlange (im Allgemeinen aus `msgget`).

ptr   Pointer auf ein `struct` mit zwei Komponenten: Typ und Daten der Nachricht, die eingefügt werden soll. Diese Struktur muss vor der Operation gefüllt werden. Die Nachricht muss quasi erst aus diesen beiden Teilen konstruiert werden.

size   Größe des Datenfelds

flag   Das Flag ist vom Typ `int` und steuert den Einfügeprozess, zum Beispiel:
`IPC_NOWAIT` Ist die Schlange voll und kann kein Datum mehr aufnehmen, so meldet sich der Aufruf `msgsnd` sofort zurück und teilt dies mit.
`0` Ist die Schlange voll und kann kein Datum mehr aufnehmen, so blockiert `msgsnd`, bis wieder ein Platz in der Schlange frei ist.

Das Systemkommando `msgrcv`

Das Systemkommando `result = msgrcv(id, ptr, size, type, flag)` entnimmt eine Nachricht aus einer Nachrichtenwarteschlange. Die Parameter bedeuten:

result   Der Rückgabewert dieses Aufrufs ist ein Integer, der über den Erfolg der Entnahme Auskunft gibt.

id   Integerwert zur Identifizierung der Nachrichtenwarteschlange (im Allgemeinen aus `msgget`).

ptr   Pointer auf ein `struct` mit zwei Komponenten: Typ und Datender Nachricht, die entnommen werden soll.

size   Größe des Datenfelds.

type   Dient zur Steuerung des Zugriffs. Hier kann man festlegen, welche Nachricht entnommen werden soll:
0 Die erste Nachricht aus der Schlange soll entnommen werden.
>0 Die erste Nachricht dieses Typs soll entnommen werden.
<0 Die erste Nachricht des niedrigsten Typs <= |type| soll entnommen werden.

> flag   Das Flag ist vom Typ int und steuert den Entnahmeprozess, zum Bei-
> spiel:
> IPC_NOWAIT Wenn es keine passende Nachricht zur Entnahme gibt, so
> meldet sich der Aufruf msgrcv sofort zurück und teilt dies mit.
> 0 Wenn es keine passende Nachricht zur Entnahme gibt, so blockiert
> msgrcv, bis es eine passende Nachricht dieses Typs gibt.

Im folgenden Beispiel zeigen wir, wie man über das Flag type den Zugriff auf eine
Nachrichtenwarteschlange steuert.

Beispiel 4

(a) Nehmen wir an, die Schlange enthält Nachrichten mit folgenden Typen:
5 – 8 – 9. Dann greift type = -10 auf die Nachricht des Typs 5 zu.

(b) Mit diesem Mechanismus lassen sich prioritätsbezogene Nachrichtenschemata
realisieren:

- Angenommen, wir haben Nachrichtentypen von 1 bis 100 und das Intervall
  von bis 10 sei als „dringende Nachrichten" eingestuft.
- Dann kann dieses Intervall mit IPC_NOWAIT und type = -10 abgefragt werden
  und result = -1 veranlasst das Abfragen nicht-dringender Nachrichten.

Beispiel 5

Im diesen abschließenden Beispiel (vgl. [Brown 1998]) zeigen wir, wie man in eine
Nachrichtenwarteschlange schreibt und aus ihr liest.

a) **In eine Schlange schreiben**:

```
#include <stdio.h>
#include <sys/types.h>
#include <sys/ipc.h>
#include <sys/msg.h>

#define MSGSIZE 150

struct message {
    long msgType;
    char msgText[MSGSIZE];
};
int main(int argc, char* argv[]) {
    int msgID;
    struct message msg;

    if (argc != 4) {
        printf("Usage: %s <key> <type> <text>\n", argv[0]);
        return 1;
    }

    if (atoi(argv[1]) == 0) {
        printf("Der Schluessel \"%s\" ist ungueltig!\n", argv[1]);
```

```
                    return 2;
        }

    msgID = msgget((key_t)atoi(argv[1]), IPC_CREAT | 0600);

    if (msgID == -1) {
                    printf("Nachrichtenwarteschlange mit dem Schluessel
            \"%s\"
                    konnte nicht erzeugt werden und der Zugriff ist
                    verweigert!\n", argv[1]);
            return 3;
    }

    // Nachricht anlegen
    msg.msgType = atoi(argv[2]);

if (msg.msgType == 0) {
            printf("Der Typ \"%s\" ist ungueltig!\n", argv[2]);
            return 4;
    }

    strncpy(msg.msgText, argv[3], MSGSIZE-1);
    msg.msgText[MSGSIZE-1] = '\0';
    // Nachricht in die Schlange senden
    if (msgsnd(msgID, &msg, strlen(argv[3])+1, IPC_NOWAIT) < 0) {
            printf("Die Nachricht konnte nicht gesendet werden!\n");
            return 5;
    }
    return 0;
}
```

b) **Aus einer Schlange lesen**:

```
#include <stdio.h>
#include <sys/types.h>
#include <sys/ipc.h>
#include <sys/msg.h>
#include <errno.h>

#define MSGSIZE 150
struct message {
    long msgType;
    char msgText[MSGSIZE];
};

int main(int argc, char* argv[]) {
    int msgID, status, start, end, counter = 0;
    struct message msg;
    struct msqid_ds buffer;

    if (argc != 3) {
```

```
                printf("Synopsis: %s <key> <type>\n", argv[0]);
        return 1;
        }

    msgID = msgget((key_t)atoi(argv[1]), 0);

if (msgID == -1) {
                printf("Auf Nachrichtenwarteschlange mit dem Schluessel %s
                        konnte nicht zugegriffen werden!\n", argv[1]);
                return 2;
        }
        // Nachricht aus der Schlange erhalten
        if (msgrcv(msgID, &msg, MSGSIZE, atoi(argv[2]),
                IPC_NOWAIT | MSG_NOERROR) < 0) {
                if (errno == ENOMSG)
                        printf("Keine Nachricht vom Typ %s vorhanden!\n",
                                argv[2]);
                else {
                        printf("Es ist ein Fehler aufgetreten!
                                Die Nachricht konnte nicht gelesen werden
                        return 3;
                }

        else
                printf("[%d] %s\n", msg.msgType, msg.msgText);
        if (msgctl(msgID, IPC_STAT, &buffer) == 0)
                if (buffer.msg_qnum <= 0)
                        if (msgctl(msgID, IPC_RMID, &buffer) == 0)
                                printf("Die Nachrichtenwarteschlange
                                beinhaltete keine Nachrichten mehr und
                                wurde geloescht!\n");
        return 0;
}
```

c)   Eine kleine Simulation der Funktionsweise:

```
linux> ./msgsnd 7681 4 "Hallo Welt"
linux> ./msgsnd 7681 8 "Alles klar?"
linux> ./msgsnd 7681 9 "Message Queues sind toll"
linux> ./msgsnd 7681 7 "Mir geht's prima"
linux> ipcs -q

----- Nachrichtenwarteschlangen -----
Schlüssel msqid Besitzer Rechte used-bytes messages
0x00001e01 131073 timo 600 65 4

linux> ./msgrcv 7681 0
[4] Hallo Welt
linux> ./msgrcv 7681 9
[9] Message Queues sind toll
linux> ./msgrcv 7681 -5
```

```
Keine Nachricht vom Typ -5 vorhanden!
linux>./msgrcv 7681 -10
[7] Mir geht's prima
linux>ipcs -q

----- Nachrichtenwarteschlangen -----
Schlüssel msqid Besitzer Rechte used-bytes messages
0x00001e01 131073 timo 600 12 1

linux>./msgrcv 7681 0
[8] Alles klar?
Die Nachrichtenwarteschlange beinhaltete keine Nachrichten mehr
und wurde geloescht!
linux>ipcs -q

----- Nachrichtenwarteschlangen -----
Schlüssel msqid Besitzer Rechte used-bytes messages
linux>
```

6.4   Signale

6.4.1   Interrupt-Verarbeitung/Signale

Signale sind das *Softwareanalogon* zu *Hardwareunterbrechungen*. Sie werden aber zu Zwecken der *Interprozess-Kommunikation* eingesetzt und nicht, wie bei Interrupts häufig der Fall, um Fehlerzustände zu signalisieren, z.B. aus der mathematischen Berechnungseinheit heraus bei einer Division durch Null. Der Erzeuger eines Software-Signals kann dabei eine eigene Bedeutung mit dem ausgewählten Signal verknüpfen. Die Anzahl frei definierbarer Signale ist allerdings sehr gering: Es handelt sich nur um SIGUSR1 und SIGUSR2 mit den dahinterliegenden Nummern 30 und 31.

Das Eintreffen eines Signals stoppt den betroffenen Prozess in seiner Arbeit, damit dieser eine adäquate Reaktion zeigen kann. Dazu muss in dem Prozess eine *Signal-Behandlungsroutine* zur Verfügung gestellt und mit der Signalnummer verknüpft werden. Um diese zu starten, wird wie bei einem Unterprogrammaufruf vorgegangen: die Registerinhalte werden auf dem Stack gespeichert und der Prozesszustand soweit gesichert, dass der Prozess nach Beendigung der Signal-Behandlungsroutine an die bisherige Arbeit anknüpfen kann. Bei der Fortführung sollte natürlich das signalauslösende Ereignis, sofern relevant für die Berechnung, berücksichtigt werden.

NAME	Default Action	Description
SIGHUP	terminate process	terminal line hangup
SIGINT	terminate process	interrupt program
SIGQUIT	create core image	quit program
SIGILL	create core image	illegal instruction
SIGTRAP	create core image	trace trap
SIGABRT	create core image	abort(3) call (formerly SIGIOT)
SIGEMT	create core image	emulate instruction executed
SIGFPE	create core image	floating-point exception
SIGKILL	terminate process	kill program
SIGBUS	create core image	bus error
SIGSEGV	create core image	segmentation violation
SIGSYS	create core image	non-existent system call invoked
SIGPIPE	terminate process	write on a pipe with no reader
SIGALRM	terminate process	real-time timer expired
SIGTERM	terminate process	software termination signal
SIGURG	discard signal	urgent condition present on socket
SIGSTOP	stop process	stop (cannot be caught or ignored)
SIGTSTP	stop process	stop signal generated from keyboard
SIGCONT	discard signal	continue after stop
SIGCHLD	discard signal	child status has changed
SIGTTIN	stop process	background read attempted from control terminal
SIGTTOU	stop process	background write attempted to control terminal
SIGIO	discard signal	I/O is possible on a descriptor (see fcntl(2))
SIGXCPU	terminate process	cpu time limit exceeded (see setrlimit(2))
SIGXFSZ	terminate process	file size limit exceeded (see setrlimit(2))
SIGVTALRM	terminate process	virtual time alarm (see setitimer(2))
SIGPROF	terminate process	profiling timer alarm (see setitimer(2))
SIGWINCH	discard signal	Window size change
SIGINFO	discard signal	status request from keyboard
SIGUSR1	terminate process	User defined signal 1
SIGUSR2	terminate process	User defined signal 2

6.4.2   Asynchrone Kommunikationsschemata und Systemaufrufe

Während der Verarbeitung eines Signals wird normalerweise ein weiteres Eintreffen und „Auffangen" des gleichen Signals abgeblockt. Dessen Verarbeitung kann dann zeitlich versetzt nach dem Entblocken des Signaltyps erfolgen. Um die Menge von geblockten Signalen zu spezifizieren, dient das Konzept der *Signalmasken* (*signal_mask*) mit entsprechender mengenbasierter Datenstruktur sigset_t und mengenorientierten, bitweisen Operationen. Übrigens werden Signalmasken von

Vaterprozessen auf Kindprozesse vererbt. Der passende Systemaufruf zur Manipulation von Signalmasken heißt sigprocmask.

> **Die Systemaufrufe** sigprocmask **– *manipulate current signal mask***
>
> Der Systemaufruf result = sigprocmask(how, set, oset) untersucht oder ändert die aktuelle Signalmaske. SIG_BLOCK erzeugt die Vereinigungsmenge von set und der aktuellen Signalmaske, SIG_UNBLOCK die Schnittmenge, SETMASK ersetzt. Die Parameter bedeuten:
>
> result   Integer. Im Fehlerfall -1.
>
> how   Integer. Funktion: SIG_BLOCK, SIG_UNBLOCK, SIG_SETMASK
>
> set   Typ sigset_t.* Wenn Nullpointer, wird lediglich eine Abfrage von oset gestartet. Sonst bestimmt how die Operation.
>
> oset   Typ sigset_t.* Aktueller Wert der Signalmaske. (Speicherplatz reserviert!)
>
> Als Voraussetzung gilt das Einbeziehen von Systemdateien mit folgenden Includes:
>
> #include <signal.h>
>
> SYNOPSIS
>   int
>   sigprocmask(int how, const sigset_t *set, sigset_t *oset);#

Sein Aufruf ermöglicht das Setzen, also das *Blockieren*, von Signalen in einer Maske, dient aber auch zur *Untersuchung von Signalzuständen*. Wird eine Maske set als zweites Argument mitgeliefert, bestimmt der Parameter how die Festlegung der neuen Maske:

- SIG_BLOCK setzt durch Mengenvereinigung (logisches ODER) mit der aktuellen Signalmaske die zusätzlichen Bits von set.
- SIG_UNBLOCK löscht durch Schnittmengenbildung (logisches UND) die in set spezifizierten Bits.
- SETMASK ersetzt die aktuelle Signalmaske durch set.

Es gibt einige Systemaufrufe, die sich nicht ohne weiteres durch Signale unterbrechen lassen:

open(2),	read(2),	write(2),	sendto(2),
recvfrom(2),	sendmsg(2),	wait(2),	ioctl(2).

Ein dann eintreffendes Signal kann das Beenden des Systemaufrufes mit der Fehlerindikation EINTR in der globalen Variablen errno bewirken, aber auch eine partielle Ausführung mit z.B. verkürztem Datentransfer oder – nach Setzen des sa_flags auf SA_RESTART – eine Wiederholung.

Viele andere Systemfunktionen führen hingegen bei ihrer Unterbrechung zu undefiniertem Verhalten, insbesondere solche, die nicht reentrant sind. Es wird daher

allgemein empfohlen, innerhalb der Abarbeitung von Signalhandlern wenig mehr
als das Setzen von Flags vorzunehmen.

Die Systemaufrufe `sigaction` – *software signal facilities*

Der Systemaufruf `result = sigaction(sig, act, oact)` ordnet einem Signal eine
Signalbehandlungsroutine zu. Die Parameter bedeuten:

`result` Integer. Im Fehlerfall -1.

`sig`   Integer. Signal.

`act`   Typ (`const struct sigaction *`). Funktionspointer auf neuen Signal-
      handler.

`oact` Typ (`const struct sigaction *`). Funktionspointer auf aktuellen Signal-
      handler.

Als Voraussetzung gilt das Einbeziehen von Systemdateien mit folgenden Includes:

`#include <signal.h>`

SYNOPSIS

```
    int
    sigaction(int sig, const struct sigaction * restrict act,
    struct sigaction * restrict oact);
```

Der Systemaufruf „sigaction" gilt als *Schlüssel* zur Signalbehandlung. Er ordnet
einem Signal eine Aktion zu. Das Argument `sig` spezifiziert die Signalnummer
einer der oben aufgeführten SIG-Konstanten aus der Include-Datei `<signal.h>`. Die
Aktion bestimmt sich zumeist durch Angabe einer *Funktionsadresse* in der passenden Datenstruktur `sigaction`, kann aber auch durch Angabe von `SIG_IGN` oder
`SIG_DFL` ein Ignorieren bzw. eine Default-Behandlung bewirken: `terminate`, `core dump`
... Zur Spezifikation einer Signalhandler-Adresse existieren die Möglichkeiten von
„ANSI C / BSD" über Funktions-Prototypen mit lediglich der Signalnummer als zu
empfangendem Argument sowie von „POSIX" in ausführlicher Form. Die Unterscheidung wird in der Datenstruktur `sigaction` durch eine eingebettete Union mit
entsprechenden Alternativen getroffen.

Mithilfe dieser Datenstruktur als drittem Argument von `sigaction` kann auch eine
bisher gültige Signalhandler-Konfiguration abgefragt werden.

```
struct sigaction {
    union {
            void (*__sa_handler)(int);
            void (*__sa_sigaction)(int, struct __siginfo *, void *);
            } __sigaction_u;         // signal handler
            int sa_flags;            // see signal options
            sigset_t sa_mask;        // signal mask to apply
};

#define sa_handler __sigaction_u.__sa_handler
#define sa_sigaction __sigaction_u.__sa_sigaction
```

Zum einfacheren Zugang zum Systemaufruf `sigaction` gibt es die C-Funktionen `signal` und `sigset`, welche unter Linux verfügbar sind. Sie assoziieren eine Signalnummer mit einem Signalhandler. Andere C-Funktionen dienen zum bequemeren Umgang mit Signalmasken:

```
void (*signal (int sig, void (* disp )(int)))(int);
void (*sigset(int sig, void (*disp)(int)))(int);
int sighold(int sig);
int sigrelse(int sig);
int sigignore(int sig);
int sigpause(int sig);
```

Die Funktion `sighold()` fügt sig zur Signalmaske des aufrufenden Prozesses hinzu und blockiert das Signal somit. Die Funktion `sigrelse()` macht dies rückgängig. Somit kann ein kritischer Bereich zeitweilig von der Behandlung von Signalen ausgeschlossen werden. Die Funktion `sigignore()` führt zu einem Ignorieren des Signals. Besonders interessant ist die Funktion `sigpause()`, die eine Signalaktivierung oder mit anderen Worten Entblockung des Signals durch Löschen aus der Signalmaske des aufrufenden Prozesses bewirkt, danach aber auch den Prozess bis zum Eintreffen des spezifizierten oder eines anderen aktiven Signals in einen Wartezustand überführt.

Die *Fortführungssemantik* (*completion semantics*) beschreibt ein einfaches Schema, mit dem eine Signalbehandlung realisiert werden kann. Das folgende Beispiel illustriert dies. Das Signal wird zwar der Einfachheit halber aus einer Division durch Null generiert, könnte aber auch von einem anderen Prozess mit Hilfe des `kill`-Systemaufrufs erzeugt und an einen anderen Prozess abgesendet werden.

Nehmen wir an, das Eintreffen eines Signals deutet darauf hin, dass der bisher bearbeitete Codeblock besser verlassen werden sollte, da eine Fortführung wenig Sinn macht. Somit übernimmt der Signalhandler die Aufgabe einer *situationsangepassten Programmfortführung*.

Im Beispiel ist nach Eingabe einer Null in die Variable c und insbesondere nach dem gescheiterten Divisionsversuch eine Fortführung des `while`-Blocks nicht mehr interessant. Allerdings hat uns der Aufruf von `sigset` mit der Angabe des *Floating Point Exception-Signalhandlers* `problem` davor bewahrt, dass das Programm unkontrolliert terminiert.

Die Funktion `sigsetjmp` hat bei jedem Schleifendurchlauf den Registerzustand des Programms gesichert und durch Rückgabe von 0 eine weitere Iteration ermöglicht. Auf den in `jbuf` gespeicherten Programmzustand bezieht sich nun `siglongjmp` in dem Signalhandler `problem()`.

Beispiel 6: *Completion Semantics*

```
sigjmp_buf jbuf;
void mult_divide(void) {
    int a, b, c, d;
    void problem();
```

```
        sigset(SIGFPE, problem);
        while (1) {
                if (sigsetjmp(&jbuf) == 0) {
                        printf("Three numbers, please:\n");
                        scanf("%d %d %d", &a, &b, &c);
                        d = a*b/c;
                        printf("%d*%d/%d = %d\n", a, b, c, d);
                }
        }
}

void problem(int sig) {
    printf("Couldn't deal with them, try again\n");
    siglongjmp(&jbuf, 1);
}
```

Der gespeicherte Programmzustand wird beim Auftreten der *SIGFPE floating-point exception* durch das entsprechende Signal aktiviert. `siglongjmp()` führt zu einer Wiederherstellung des zuletzt gespeicherten Programmzustandes, und zwar vor der *Division durch Null*. Das Programm kehrt erneut aus der Funktion `sigsetjmp()` zurück. Dieses Mal wird allerdings als Rückgabewert das zweite Argument von `siglongjmp()`, benutzt, die *Eins*. So setzt die fortwährende arithmetische Berechnung für dieses Mal aus.

Damit das funktionieren kann, wird vom Betriebssystem der Aufruf `sigreturn` zur Verfügung gestellt und von `longjmp` benutzt. Sigreturn entspricht einem Return zu dem mitgegebenen und vorher gespeicherten Prozesskontext, dem Signalkontext mit vorheriger Signalmaske und Stackzustand.

Der Systemaufruf `sigreturn` – *return from signal*

Der Systemaufruf `result = sigreturn(scp)` beendet eine Signalbehandlung und kehrt zum vorher ausgeführten Programm zurück. Die Operation ist atomar und liest aus dem mitgegebenen Ausführungskontext die Inhalte von Signalmaske, Stack-Status, Stack-Pointer, Frame-Pointer, Argument-Pointer und Prozessorstatus. Sie wird im Zusammenhang mit `longjmp` benutzt. Die Parameter bedeuten:

`result`   Integer. Im Fehlerfall -1.

`scp`   Typ (struct sigcontext *). Signal.

Als Voraussetzung gilt das Einbeziehen von Systemdateien mit folgenden Includes:

`#include <signal.h>`

SYNOPSIS

```
    struct sigcontext {
                int sc_onstack;
                int sc_mask;
                int sc_sp;
```

```
            int sc_fp;
            int sc_ap;
            int sc_pc;
            int sc_ps;
    };
    int
      sigreturn(struct sigcontext *scp);
```

Die Operation sigreturn ist atomar und liest aus dem mitgegebenen Ausführungskontext die Inhalte von Signalmaske, Stack-Status, Stack-Pointer, Frame-Pointer,
Argument-Pointer und Prozessor-Status. Sie wird im Zusammenhang mit longjmp
benutzt.

Die Funktionen sigsetjmp() und siglongjmp() können in multithreaded-
Programmen benutzt werden. Ein Thread darf sich aber bei der Ausführung eines
siglongjmp() nie auf die Ergebnisse eines sigsetjmp() aus einem anderen Thread
beziehen. Zu den gesicherten und wiederhergestellten Zustandsdaten gehört bei
sigsetjmp() und siglongjmp() auch die Signalmaske. Bei den allgemeineren Funktionen setjmp() und longjmp() gilt dies nicht. Daher eignen sich sigsetjmp() und
siglongjmp() besonders zum Einsatz in Signalhandlern.

Das als *completion semantics* beschriebene Konzept des Einsatzes von Signalen lässt
sich auch sehr gut dazu einsetzen, Berechnungen in Prozessen ungestört und effizient im Hintergrund ausführen zu lassen, bis diese per Signal dazu aufgefordert
werden, Zwischenergebnisse zu liefern.

Dies führt uns zur Diskussion der hier zugrunde liegenden Kommunikationsform,
die von *Asynchronität* geprägt ist. Es wartet niemand darauf, dass Informationen
von anderer Seite ausgeliefert werden. Eine Berechnung kann ungebremst fortfahren, bis Signale eintreffen, die eine Reaktion erfordern. Im Gegensatz dazu steht
die *synchrone Form* der Kommunikation, die an festgelegten Punkten auf eine
Kommunikation wartet. Es begegnet uns hier wieder der Systemaufruf wait, der
die Ausführung von Prozessen suspendieren kann. Dieser reagiert auch auf das
Eintreffen von Signalen mit Beendigung des Zustands und kann somit ebenso zur
Synchronisation benutzt werden wie pause(). Explizit zu diesem Zweck dient allerdings der Systemaufruf sigsuspend oder die einfachere Variante über die C-
Bibliotheksfunktion sigpause.

Der Systemaufruf sigsuspend – *atomically release blocked signals and wait for
interrupt*
Der Systemaufruf result = sigsuspend(sigmask) aktiviert die spezifizierten Signale und wartet dann auf deren Eintreffen. Die ursprüngliche Signalmaske
wird danach wieder hergestellt. Die Parameter bedeuten:
result   Integer. Im Fehlerfall -1.
sigmask   Typ (const sigset_t *). sigmask.

Als Voraussetzung gilt das Einbeziehen von Systemdateien mit folgenden Includes:

`#include <signal.h>`

SYNOPSIS

```
int
sigsuspend(const sigset_t *sigmask);
```

Der Systemaufruf `sigsuspend` verändert die Maske der blockierten Signale temporär zu der mitgereichten, gewöhnlich Null, und wartet dann auf das Eintreffen von Ereignissen. Die vorherige Signalmaske wird zurückgegeben.

Eine klassische Vorgehensweise blockiert ein Signal mittels `sigprocmask`, untersucht Variablen, die Aufschluss auf die noch zu leistende Arbeit geben können, um dann eventuell mittels `sigsuspend` zu warten und die vorherige Signalmaske wiederherzustellen.

Ein Signal, dass bei einem Prozess blockiert ist, aber dennoch an diesen abgeschickt wurde, befindet sich im „schwebenden" Zustand (*pending*) und wartet darauf, ausgeliefert zu werden.

Mit dem Systemaufruf `sigpending` lassen sich solche Signale entdecken. Er liefert eine Mengenbeschreibung der betroffenen Signale in Form einer dementsprechend generierten Signalmaske.

Der Systemaufruf `sigpending` – *get pending signals*

Der Systemaufruf `result = sigpending(set)` untersucht die gerade aktiven, schwebenden Signale und gibt diese als set zurück. Schwebende Signale sind solche, die gesendet wurden, aber zeitweise wegen ihrer Maskierung/Deaktivierung in der Signalmaske nicht ausgeliefert werden können. Die Parameter bedeuten:

result	Integer. Im Fehlerfall -1.
sigmask	set Typ (sigset_t *).

Als Voraussetzung gilt das Einbeziehen von Systemdateien mit folgenden Includes:

`#include <signal.h>`

SYNOPSIS

```
int
sigpending(sigset_t *set);
```

Eine weitere wichtige Anwendung von Signalen stellen *Echtzeitanwendungen* dar. Solche verwenden *Intervall-Timer* aus den beiden Kategorien *one-shot-Timer* oder *periodische Timer*.

Ein *one-shot-Timer* besitzt eine Weck-Funktion entweder relativ zur aktuellen oder zur absoluten Zeit und *„feuert"* einmalig nach Ablauf oder beim Erreichen der gewählten Zeit. Damit lässt sich das wichtige *„time-out"* von Operationen steuern und erreichen. Ein *periodischer Timer* besitzt zusätzlich zum on-shot-Timer noch ein *Wiederholungsintervall*. Die typische Auflösungszeit beträgt zehn Millisekunden.

Die Systemaufrufe getitimer, setitimer – *get/set value of interval timer*

Der Systemaufruf result = getitimer(which, value) untersucht den mit which angesprochenen Timer und schreibt den Wert in das zweite Argument. Der Systemaufruf result = setitimer(which, value, ovalue) schreibt den Timerwert value in den mit which angesprochenen Timer und sichert den alten Wert in ovalue. Die Parameter bedeuten:

result Integer. Im Fehlerfall -1.

which   Integer. (ITIMER_REAL, ITIMER_VIRTUAL, ITIMER_PROF)

value   Typ (struct itimerval *value). Timerwert, bestehend aus it_interval und it_value.

ovalue Typ (struct itimerval *value). Aktueller Timerwert.

Als Voraussetzung gilt das Einbeziehen von Systemdateien mit folgenden Includes:

#include <sys/time.h>

SYNOPSIS
```
    int
    getitimer(int which, struct itimerval *value);
    int
    setitimer(int which, const struct itimerval *value, struct itimer val
    *ovalue);
```

Timer senden Signale aus und lassen sich damit gut mit *Prozess-Synchronisationsmechanismen* verbinden. Das setitimer and getitimer Interface, also die Systemaufrufe, bezieht sich auf BSD Timer, welche die Struktur timeval zur Spezifikation von Intervallen benutzen.

Ein Timer-Wert ist durch die Struktur itimerval definiert. Wenn it_value ungleich Null gesetzt ist, ist der Timer aktiv. Wenn it_interval ungleich Null gesetzt ist, wird aus dem *one-shot-Timer* ein periodischer.

```
struct itimerval {
struct timeval it_interval; // timer interval
struct timeval it_value; // current value
};
```

Es werden drei Timer unterschieden, die jedem Prozess zur Verfügung stehen:

ITIMER_REAL: Dieser dekrementiert seine Count-Down-Uhr in Echtzeit und *feuert* das Signal SIGALRM.

ITIMER_VIRTUAL: Dieser zählt in der „virtuellen Prozesszeit", also nur zur Prozessausführung (SIGVTALRM).

ITIMER_PROF: Es zählen „virtuelle Prozesszeit" und für den Prozess aufgebrauchte Systemzeit (SIGPROF).

Zur bequemeren Benutzung gibt es drei vordefinierte Makros in sys/time.h: timerclear, timerisset und timercmp.

POSIX-Timer werden über den Realtime-Bibliotheksaufruf timer_create() erzeugt und beziehen sich auf die POSIX-Uhr CLOCK_REALTIME. POSIX-Timer Operationen werden über die timespec Struktur parametrisiert.

Das folgende Beispiel verdeutlicht, wie mittels setitimer ein periodischer *Signal-Interrupt* erzeugt und dieser kontrolliert entgegengenommen wird.

Neben den besprochenen Systemaufrufen werden zwei hilfreiche Bibliotheksfunktionen zum „Testen auf Null" und „gezieltes Setzen", sigemptyset(&sigset) und sigaddset(&sigset, SIGALRM), eingesetzt.

Beispiel 7: *Controlling Timer Interrupts*

```
#include <unistd.h>
#include <signal.h>
#include <sys/time.h>

#define TIMERCNT 8

void timerhandler();
int timercnt;
struct timeval alarmtimes[TIMERCNT];

main()
{
    struct itimerval times;
    sigset_t sigset;
    int i, ret;
    struct sigaction act;
    siginfo_t si;

    // block SIGALRM
    sigemptyset(&sigset);
    sigaddset(&sigset, SIGALRM);
    sigprocmask(SIG_BLOCK, &sigset, NULL);

    // set up handler for SIGALRM
    act.sa_action = timerhandler;
    sigemptyset(&act.sa_mask);
    act.sa_flags = SA_SIGINFO;
    sigaction(SIGALRM, &act, NULL);
    // set up interval timer, starting in three seconds,
    // then every 1/3 second
```

```
      times.it_value.tv_sec = 3;
      times.it_value.tv_usec = 0;
      times.it_interval.tv_sec = 0;
      times.it_interval.tv_usec = 333333;
      ret = setitimer(ITIMER_REAL, &times, NULL);
      printf ("main:setitimer ret = %d\n", ret);

// now wait for the alarms
      sigemptyset(&sigset);
      timerhandler(0, si, NULL);
      while (timercnt < TIMERCNT) {
      ret = sigsuspend(&sigset);
      }
      printtimes();
}

void timerhandler(sig, siginfo, context)
      int sig;
      siginfo_t *siginfo;
      void *context;
{
      printf("timerhandler:start\n");
      gettimeofday(&alarmtimes[timercnt], NULL);
      timercnt++;
      printf("timerhandler:timercnt = %d\n", timercnt);
}
printtimes()
{
      int i;
      for (i = 0; i < TIMERCNT; i++) {
            printf("%ld.%016d\n", alarmtimes[i].tv_sec,
            alarmtimes[i].tv_usec);
      }
}
```

6.4.3 Signalhandler und asynchrone Signalsicherheit

Der Begriff *asynchrone Signalsicherheit* bezieht sich auf Situationen, in denen Wechselwirkungen zwischen den Aktionen des Signalhandlers und den unterbrochenen Operationen bestehen.

Als Beispiel sei die Ausgabe mittels printf genannt, welche durch ein Signal und die Abarbeitungen eines Signalhandlers unterbrochen wird, wobei wiederum printf benutzt wird. Dabei werden höchstwahrscheinlich die jeweiligen Ausgaben vermischt.

Mit Synchronisationsprimitiven wie *Semaphoren* kann diesem Problem nicht begegnet werden. Es würde sonst wohl in einer *Deadlock-Situation* münden. Der Signalhandler würde bei dem Versuch, die sich bereits in dem unterbrochenen Prozess mit einer *mutex* schützende Ausführung von printf erneut aufzugreifen, in eine Blockade geraten. Die beste Methode, sich gegen solche Situationen zu schützen, ist das Blockieren der relevanten Signale in kritischen Bereichen.

Im Folgenden werden die einzigen Funktionen, welche entsprechend POSIX garantiert signalsicher sind, aufgezählt:

6.4.4   Signalsicherheit: Async-Signal-Safe Functions

_exit(),	fstat(),	read(),	sysconf(),	access(),
getegid(),	rename(),	tcdrain(),	alarm(),	geteuid(),
rmdir(),	tcflow(),	cfgetispeed(),	getgid(),	setgid(),
tcflush(),	cfgetospeed(),	getgroups(),	setpgid(),	tcgetattr(),
cfsetispeed(),	getpgrp(),	setsid(),	tcgetpgrp(),	cfsetospeed(),
getpid(),	setuid(),	tcsendbreak()	chdir(),	getppid(),
sigaction(),	tcsetattr(),	chmod(),	getuid(),	sigaddset(),
tcsetpgrp(),	chown(),	kill(),	sigdelset(),	time(),
close(),	link(),	sigemptyset(),	times(),	creat(),
lseek(),	sigfillset(),	umask(),	dup2(),	mkdir(),
sigismember(),	uname(),	dup(),	mkfifo(),	sigpending(),
unlink(),	execle(),	open(),	sigprocmask(),	utime(),
execve(),	pathconf(),	sigsuspend(),	wait(),	fcntl(),
pause(),	sleep(),	waitpid(),	fork(),	pipe(),
stat(),	write()			

6.5   Übungen

Versuchen Sie bitte, die folgenden Aufgaben zu lösen. Sie dürfen die im Buch angegebenen Beispiele benutzen und modifizieren. Es geht im Wesentlichen darum, dass Sie Anwendungen entwickeln können, die Semaphoren, Nachrichtenwarteschlangen und Signalhandling benutzen.

1. Implementieren Sie eines der folgenden Systeme in UNIX/Linux:
   - eine Ampelanlage auf einer Kreuzung,
   - ein Flugbuchungssystem.
2. Schreiben Sie ein C-Programm-System, das ein Parkhaus simuliert, in das Autos hineinfahren und aus dem Autos herausfahren. Es soll zwei Einfahrten und zwei Ausfahrten geben. Erzeugen Sie Situationen, in denen man *Race Conditions* gut erkennt. Erweitern Sie Ihr Programm so, dass keine *Race Conditions* mehr entstehen können.

3. Implementieren Sie ein kleines E-Mail-System mit *Nachrichtenwarteschlangen* in UNIX/Linux. Unser E-Mail-System ist in der Lage, Nachrichten gemäß ihrer Wichtigkeit zu unterscheiden. Es gibt die folgenden Kategorien:
    - Nachrichtentyp 1 ... 5: very urgent
    - Nachrichtentyp 6 ... 9: urgent
    - Nachrichtentyp 10 ... 20: normal

    Es soll ein Message-Sender implementiert werden, der Nachrichten mit ihrem Typ in die Warteschlange stellt. Außerdem ist ein Message-Receiver zu schreiben, mit dem man die Nachrichten der obigen Kategorien aus der Schlange entnehmen kann.

4. Schreiben Sie ein C-Programm, dass das Abfangen von Signalen demonstriert. Fangen Sie das Signal SIGFPE ab, das bei einer Division durch 0 gesendet wird. Fangen Sie viermal das Signal SIGINT ab, welches beim Drücken der Programmabbruchtaste (meist Strg-C) geschickt wird. Nach dem vierten Drücken der Programmabbruchtaste beendet es sich mit dem Aufruf der exit- Funktion. Sie können das Programm auch mit den Signalen SIGQUIT (Strg-\) und SIGTSTP (Strg-Z) erweitern, dies funktioniert nach dem gleichen Prinzip.

5. Schreiben sie zwei Funktionen, die Signalhandler sein sollen. Die erste Funktion soll catch_int heißen und soll ein Handler für Strg-C sein. Die Funktion soll darin bestehen, dass gezählt wird, wie oft der Benutzer die Tastenkombination „Strg-C" drückt bzw. wie oft er versucht das Programm zu verlassen. Wir legen den Schwellwert auf fünf Versuche fest.

    Bei diesem Wert wird der Benutzer gefragt, ob er das Programm wirklich verlassen will, wenn ja, wird der Programmabbruch eingeleitet, sonst geht es weiter und der Zähler wird zurückgesetzt.

    Die zweite Funktion soll catch_suspend heißen und soll als Handler für Strg- Z dienen. Die Aufgabe besteht darin, dem Benutzer bei Aufruf die Menge der bisherigen Anschläge für Strg-C auszugeben.

    Hinweis: So würde der Aufruf in main aussehen:
    ```
    signal(SIGINT, catch_int);
    signal(SIGTSTP, catch_suspend);
    ```

7   UNIX-Dateisystem

7.1   Grundlagen

Ein essentieller Bestandteil eines Betriebssystems ist das *Dateisystem*. Damit ermöglicht es den Benutzern und Programmen, Informationen langfristig *zu speichern, zu verwalten, zu schützen* und letztendlich wieder *zugänglich zu machen*. Natürlich stellt sich dabei in besonderem Maße die Frage nach der Ergonomie, aber auch die nach der Effizienz.

Was macht ein Dateisystem aus? Es sind sicherlich nicht nur die Mengen von Dateien, die man auf heutigen Computersystemen antrifft. Ein aufeinander abgestimmtes Repertoire von Operationen, welche so definiert und vom Betriebssystem realisiert sind, dass Missbrauch und inkonsistente Zustände vermieden werden, ergänzt das Konzept. Über einige *grundsätzliche Anforderungen* an ein Dateisystem lässt sich sicherlich schnell ein Konsens erzielen:

- Es muss möglich sein, große Mengen von Informationen zu speichern, und zwar persistent.
- Jegliche Art von Information, seien es Texte, Bilder, Musik, Videos, Anwendungen oder das Betriebssystem selbst, sollten integrierbar sein.
- Ein intuitives Benennungs- und Ordnungsschema erleichtert das Navigieren im Datenbestand. Dabei abstrahiert es bewusst von technischen Gegebenheiten und orientiert sich an den Bedürfnissen der Benutzer.
- Schutzmechanismen ermöglichen einen kontrollierten Zugriff für unterschiedliche Personengruppen oder Anwendungen.
- Die Methoden des programmierten Umgangs mit ihm sollten elegant und unbedingt kompatibel zu allen anderen Bestandteilen des Betriebssystems sein.
- Es sollte, wie üblich bei Betriebssystemkonzepten, die Ressourcen effizient nutzen.
- Es muss zukunftssicher sein, also erweiterbar und offen für neue Entwicklungen.

Im Folgenden werden wir der Frage nachgehen, mit welchen Prinzipien das UNIX-Dateisystem verwirklicht ist, um all diesen Anforderungen gerecht zu werden.

7.1.1   Aufbau von UNIX-Dateien

Das Konzept einer neuen Datei, wie wir sie unter UNIX erzeugen können, orientiert sich am ehesten an der Metapher eines *„weißen Blatts Papiers"*. Es ermöglicht, beliebige Folgen von Zeichen aneinander zu reihen und persistent zu machen. Es wird keine Bedeutung der festzuhaltenden Information vorausgesetzt oder eine Struktur vorgegeben, wie das bei Formularen der Fall wäre.

„Braucht man eine kompliziertere Struktur, kann man sie leicht darauf aufbauen; der umgekehrte Weg, nämliches Einfaches aus Kompliziertem zu konstruieren, ist schwieriger. (vgl. [Brown 1998])"

Damit lassen sich, wie man weiß, seit dem Altertum riesige Bibliotheken mit den unterschiedlichsten Abteilungen aufbauen. Zugegebenermaßen – und historisch gesehen – liegt bei UNIX einer Datei natürlich auch die Organisationsstruktur von *Magnetbändern* zugrunde, allerdings nicht die von Floppies.

Anders als bei weißem Papier wäre es mit vorgedrucktem Notenpapier, wo sich zwar Musik verewigen lässt, aber man bei Texten schon Schwierigkeiten hätte. Auf weißes Papier lassen sich sogar Filme bannen, wenn man an das Daumenkino denkt, so wie sich UNIX-Dateien gut zur Aufnahme von Videos eignen, bei denen ja auch Bild auf Bild binär gespeichert folgt. Der Umgang mit unstrukturiertem Papier ist im Gegensatz zu Formularen sehr einfach und offen für alle Informationsmodalitäten. Das gleiche gilt für UNIX-Dateien. Ihre Implementierung stützt sich im Übrigen auf Listen von Blöcken (`a 512, auch 1024, eventuell 2048 Zeichen, ersichtlich aus der Definition von BUFSIZE in der Datei `stdio.h`) ähnlich Stapeln von Papier (voll beschrieben, DIN A4: 50 Zeilen x 80 Zeichen = 4000 Zeichen). Einzig die inhärente Zeilenstruktur eines Blattes, die es in UNIX-Dateien nicht gibt, mag bei diesem Vergleich stören. Da Zeilen aber sehr wichtig sind, gibt es im UNIX-System ein spezielles Zeichen `newline` (oktal 012), das, wenn es eingefügt und vorgefunden wird, die *Interpretation eines Zeilenumbruchs* erlaubt.

> Im Allgemeinen hängt die Bedeutung aller Zeichen oder Bytes einer UNIX-Datei ausschließlich von den Programmen ab, die die Datei bearbeiten.

Eine dermaßen unstrukturierte UNIX-Datei ist jedoch ohne ihren *Filepointer* nicht vorstellbar. Ähnlich wie der Finger eine Position innerhalb eines Buches festhalten kann, fungiert der Filepointer während der Benutzung einer Datei als alleiniger Zeiger auf die Stelle, an der gelesen oder geschrieben werden kann.

Die Ziele bei der *Konzeption* dieses Dateisystems waren explizit die Einfachheit der Struktur und des Gebrauchs. Damit ist das Dateisystem in erster Linie für den Erfolg und die Bequemlichkeit des UNIX-Systems verantwortlich. Realisiert wird dies vor allem durch die folgenden Aspekte:

- Die Konzeption der funktionalen Schnittstelle zu Dateien, der Systemaufrufe. Hinzu kommt die
- Die konsistente Verwendung des Dateikonzepts für Daten, Programme, Verzeichnisse, Festplatten, Ein-/Ausgabegeräte und alle weiteren peripheren Geräte. Eine weitere wichtige Eigenschaft ist die
- Die transparente Verbindung von Dateisystemen auf unterschiedlichen Medien zu einer einheitlichen Gesamtstruktur durch das Konzept des „Mountens".

Es sind bestimmt auch Programme, also binäre Daten, die sich in Dateien wiederfinden. Das Betriebssystem UNIX interessiert das grundsätzlich nicht. Lediglich Anwendungen, die diese Dateien benutzen, erkennen, um welchen Dateityp es sich handelt.

Eine Hilfe dabei ist ein Einblick in den Dateiinhalt, so wie vor der Ausführung einer möglicherweise ausführbaren Datei zuerst geprüft wird, ob in der ersten Zeile der Datei eine vom Compiler erzeugte *„magic number"* (410) zu finden ist.

Der *Dateiname*, der unter UNIX 14 Zeichen, bei POSIX-konformen Systemen 255 Zeichen lang sein und aus mehreren, durch Punkt getrennten Komponenten bestehen darf, wird oft auch zur Typbestimmung mit herangezogen. Dies wird beispielsweise durch die Endung .c angedeutet, die das Programm make oder den C-Compiler darauf einstimmt, dass es sich tatsächlich um ein C-Programm in Sourceform handelt. Dies widerspricht nicht dem unter UNIX anzutreffenden Prinzip: *„keep it simple, stupid"* oder KISS-Prinzip.

Warum das erwähnt wird: Es gibt Betriebssysteme, die sich fast ausschließlich bei der Dateitypbestimmung an der Namensgebung und insbesondere dem drei Zeichen langem Suffix orientieren. Oder aber Dateien grundsätzlich nach Inhalt sowie komplexe Dateibeschreibung (Data-Fork/Ressource-Fork) trennen, dabei aber die eigentliche Namensgebung kaum einschränken, sei es hinsichtlich der verwendeten Zeichen, der Anzahl von getrennten Komponenten, der Groß-/Kleinschreibung oder der Länge. Die Namensgebung unter UNIX ist ähnlich nichtrestriktiv. Aber: Wenn ein Dateiname mit einem Punkt beginnt, dann ist er unsichtbar.

Das Kommando ls, das Verzeichnisinhalte listet, ignoriert solche Dateien. Nur wenn mit der Option -a explizit alle Dateien angesprochen werden sollen, erscheinen „.'-Dateien auch unter ihrem Namen.

7.1.2 Struktur des Dateisystems

So wie sich das Betriebssystem selber in Dateien wiederfindet, speichert es auch seine eigene *Ordnung* in Dateien: das sind die *Verzeichnisse*, auch *Kataloge*, *Ordner* oder *Directories* genannt. Mit diesem Prinzip lassen sich Gruppierungen von Dateien und wiederum Verzeichnissen erreichen. Also ergeben sich letztendlich hierarchische, von Bäumen abgeschaute Strukturen. Nimmt man noch die Idee des *Links* hinzu, also eines weiteren Namens einer Datei, auch Verweis oder Alias genannt, kommt man zu *gerichteten Graphen*, die schlimmstenfalls auch zyklisch werden können. Dabei sind Verzeichnisse keine speziellen Dateien, sondern normale Dateien im Dateisystem. Und Links sind lediglich weitere Einträge wie der erste Dateiname auch in diesen Katalogen.

> Um eine Datei in der UNIX-Ordnungsstruktur zu finden, benötigt man also den Namen sowie den Pfad.

Ein Pfad ist die Zusammenfassung aller übergeordneten Verzeichnisse, getrennt durch das Zeichen Slash „/", beginnend bei *root*, der Wurzel „/".

Interessante Verzeichnisse	
/	Wurzel des Dateisystems
/bin	wesentliche ausführbare Programme (Binärdateien) (auch /sbin, system binaries)
/dev	Gerätedateien
/etc	verschiedene Systeminformation/-konfigurationen
/etc/passwd	Passwortdatei
/lib	wesentliche Büchereien, etc.
/tmp	temporäre Dateien; werden bei Systemstart entfernt
/usr	Dateisystem ohne wesentliche Systemkomponenten
/usr/adm	Systemverwaltung: Verbrauchsbuchhaltung, etc.
/usr/bin	Binärdateien für Benutzer: troff, etc.
/usr/include	Definitionsdateien für C Programme, z. B. math.h
/usr/include/sys	System-Definitionsdateien, z. B.inode.h
/usr/lib	Büchereien für C, FORTRAN, usw.
/usr/man	online Manual (auch /usr/share/man)
/usr/man/man1	Abschnitt 1 des Manuals (General Commands)
/usr/man/man2	Abschnitt 2 des Manuals (System Calls)
/usr/man/man3	Abschnitt 3 des Manuals (Library Functions)
/usr/man/man4	Abschnitt 4 des Manuals (Kernel Interfaces)
/usr/man/man5	Abschnitt 5 des Manuals (File Formats)
/usr/man/man6	Abschnitt 6 des Manuals (Games)
/usr/man/man7	Abschnitt 7 des Manuals (Miscellaneous Information)
/usr/man/man8	Abschnitt 8 des Manuals (Kernel Developer)
/usr/src	Quellen für Dienstprogramme und Büchereien
/usr/spool	Arbeitskataloge für Kommunikationsprogramme
/usr/spool/lpd	temporärer Katalog für den Drucker
/usr/spool/mail	Posteingang
/usr/spool/uucp	Arbeitskatalog für die uucp-Programme
/usr/sys	Quellen für den Kern des Betriebssystems
/usr/you	Ihr Heimatkatalog (auch /home/you)
/usr/you/bin	Ihre eigenen Programme

Abgesehen von dieser einfachen Ordnungsstruktur von Dateien, die sich ja wahrscheinlich wegen ihrer Einfachheit und intuitiven Benutzung durchsetzte, hat man erkannt, dass ebenso intuitive, aber doch komplexere Strukturen ihre Berechtigung haben: In zunehmendem Maß erfolgen der Zugriff und das Wiederfinden von Dateien und den damit verbundenen Inhalten quasi *assoziativ*, indem das Betriebssystem Suchmechanismen zur Verfügung stellt, die sogar Textstellen in Dateien wiederfinden und den Dateinamen präsentieren.

Oder Anwendungen, die vom ausgelieferten Betriebssystem nicht mehr wegzudenken sind, organisieren Musikdateien anhand von Playlists und erlauben den Zugriff über Interpret und Titel, wobei der Dateiname nicht mehr benutzt wird.

Eine im Zusammenhang mit Verzeichnissen interessante Frage ist der *aktuelle Verbrauch von Speicherplatz* bezogen auf alle in einem Verzeichnis integrierten Dateien und Unterverzeichnisse. Überraschenderweise stellt sie sich auch noch im Zeitalter von Terrabytes, da das Wettrennen zwischen angebotenem und benötigtem Speicherplatz meistens zu Lasten des verfügbaren Speicherplatzes ausgeht. Für die Berechnung des verbrauchten Platzes steht das Kommando ‚du -k' zur Verfügung, k für Kilobytes.

Es summiert den von allen untergeordneten Dateien aktuell verbrauchten Speicherplatz:

```
[dinp35:/usr/local]% du -k share
12          share/aclocal
684         share/locale
172         share/man/man1
60          share/man/man3
64          share/man/man7
4           share/man/man8
300         share/man
180         share/mplayer/font/arial-14
300         share/mplayer/font/arial-18
380         share/mplayer/font/arial-24
460         share/mplayer/font/arial-28
1624        share/mplayer/font
1632        share/mplayer
13604       share
[dinp35:/usr/local]%
```

Dateisysteme werden – wie bereits erkannt – aus Verzeichnissen und Dateien gebildet. Warum nicht Platten oder Partitionen von Platten als Unterverzeichnisse hinzunehmen? Nichts liegt ferner als dieser Gedanke. Selbst Dateistrukturen von Wechselmedien wie CD-ROMs lassen sich so integrieren wie z. B. als /cdrom. Oder eine hinzugekommene Festplatte ersetzt das Verzeichnis /opt für „optional" durch erweiterten Speicherplatz. Aber auch die Speicherung in „tieferen" Unterverzeichnissen ist möglich und wünschenswert. Dies ist möglich unter Zuhilfenahme des Konzepts des *Mountens*.

Wenn man statt du -k nun df -k eintippt, bekommt man eine andere Darstellung des belegten und freien Speicherplatzes: Diese ist Dateisystem-orientiert und zeigt, dass das Dateisystem wiederum aus untergeordneten Dateisystemen besteht, die über die so genannten Mountpoints zu einem Ganzen zusammengefügt werden. In der Spalte Mounted on stehen die Stellen oder Pfade des Gesamtsystems, an denen Dateisysteme von weiteren Speichermedien hinzugefügt wurden. Dieses Konzept verhilft dem UNIX-Dateisystem zu einer enormen Flexibilität bei der Konstruktion aus unterschiedlichen Quellen und verschafft ihm eine *homogene Struktur*. Insbesondere entsteht hier eine *Transparenz*, welche die physikalische Struktur der Hardware hinter der logisch motivierten des Dateisystems verbirgt.

```
[dinp35:~] % df -k
Filesystem              1K-          Used        Avail      Capacity    Mounted on
                        blocks
/dev/disk0s9            58604204     56438000    1910204    97%         /
devfs                   93           93          0          100%        /dev
fdesc                   1            1           0          100%        /dev
<volfs>                 512          512         0          100%        /.vol
automount -ns1          0            0           0          100%        /Network
[232]
automount -fstab        0            0           0          100%
[235]
/automount/Servers
automount -static       0            0           0          100%
[235]
/automount/static
[dinp35:~] %
```

In UNIX kann der Befehl mount zur Laufzeit solche Erweiterungen vornehmen. Er dient allerdings meistens bereits beim Systemstart dazu, aus den vorhandenen Ressourcen ein homogenes Dateisystem aufzubauen.

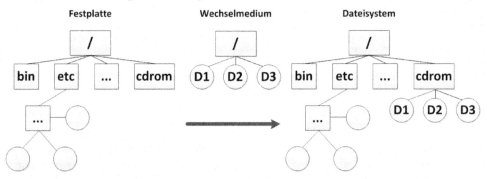

Abbildung 7-1: Das Mount-Konzept

Das Systemkommando mount – *mount file system*

Das Systemkommando mount integriert weitere Dateisysteme in die Systemdateihierarchie. Wird es ohne Argumente verwendet, gibt es eine Übersicht der aktuell gemounteten Systeme. Die Optionen und Argumente bedeuten:

-a   Alle in der Datei /etc/fstab aufgezählten Dateisysteme werden gemountet.

-r   Das Dateisystem wird nur zum Lesen freigegeben.

-t   Der Type des Dateisystems (ufs, nfs …)

special special device. Eintrag aus dem /dev-Verzeichnis, remote node (rhost: path). Netzwerk-Server und -Verzeichnis.

node	Mountpoint. Ein existierendes Verzeichnis, das nach dem Mount dem Zugriff auf das Dateisystem dient. Sein bisheriger Inhalt wird verdeckt (s. auch `-o union`).

Fehlende Argumente versucht dieses Kommando aus der Datei `/etc/fstab` zu bekommen.

SYNOPSIS
```
mount [-adfruvw] [-t ufs | lfs | external_type]
mount [-dfruvw] special | node
mount [-dfruvw] [-o options] [-t ufs | lfs | external_type] special node
```

Als Informationsquelle dient dem `mount`-Kommando die Systemdatei `/etc/fstab` oder auch `/etc/vfstab`. Im laufenden Betrieb liefert die alleinige Eingabe von `mount` als Kommando eine gute Übersicht über die verfügbaren Ressourcen, eventuell in Kombination mit dem Befehl `df -k`.

```
advm2 /dev > mount
node     mounted        mounted over      vfs   date          options
-----    ----------     ---------------   ----  -----------   -----------------
         /dev/hd4       /                 jfs   May 20 20:32  rw,log=/dev/hd8
         /dev/hd2       /usr              jfs   May 20 20:32  rw,log=/dev/hd8
         /dev/hd9var    /var              jfs   May 20 20:32  rw,log=/dev/hd8
         /dev/lv02      /usr/local        jfs   May 20 20:34  rw,log=/dev/loglv01
         /dev/lv04      /usr/NetworkStationV2/userbase
                                          jfs   May 20 20:34  rw,log=/dev/hd8
         /dev/db01      /tsm/db1          jfs   May 20 20:34  rw,log=/dev/loglv00
         /dev/db02      /tsm/db2          jfs   May 20 20:34  rw,log=/dev/loglv03
advm1    /home          /home            nfsv   May 20 20:34  bg,hard,intr,rw
                                          3
         /dev/lv01      /var/spool/mail   jfs   May 20 20:34  rw,log=/dev/loglv04
         /dev/lv05      /var/spool/mqueu  jfs   May 20 20:34  rw,log=/dev/loglv05
                        e
         /dev/lv06      /tmp              jfs   May 20 20:34  rw,log=/dev/loglv02
         /dev/lv00      /tsm/data         jfs   May 20 20:34  rw,log=/dev/loglv05
         /dev/lv03      /usr/local/squid/cache
                                          jfs   May 20 20:34  rw,log=/dev/loglv02
advm2 /dev >
```

Es gibt natürlich auch die Variante des Systemaufrufes *mount(type, dir flags, data)*, um aus C-Programmen heraus das Mounten zu beeinflussen:

Die Systemaufrufe `mount`, `umount` – *mount or dismount a filesystem*
Der Systemaufruf `result = mount(type, dir, flags, data)` integriert ein Dateisystem an eine Stelle in der Systemdateihierarchie. Der Systemaufruf `result = mount(dir, flags)` entfernt es. Die Parameter bedeuten:

`result int`	Der Rückgabewert dieses Aufrufs ist ein Integer, der über den Erfolg des Kommandos Auskunft gibt.
`type`	String. Der Type des Dateisystems (`ufs`, `nfs` …).
`dir`	String. Mountpoint, Stelle, an der gemountet wird.

flags   Integerwert (MNT_RDONLY, MNT_NOEXEC, MNT_NOSUID ...).
data   Zeiger auf eine Struktur. Das Dateisystem, das integriert werden
             soll.

Als Voraussetzung gilt das Einbeziehen von Systemdateien mit folgenden Includes:

```
#include <sys/param.h>
#include <sys/mount.h>
```

SYNOPSIS

```
int
mount(const char *type, const char *dir, int flags, void *data);
int
unmount(const char *dir, int flags);
```

Hier beschreibt der Parameter *data* das zu mountende Dateisystem anhand einer
Struktur, die abhängig vom verwendeten Typ ist.

Einige der Flags erlauben das Modifizieren der mount-Semantik:

- MNT_RDONLY   nur Lesen
- MNT_NOEXEC   keine ausführbaren Dateien
- MNT_NOSUID   kein setuid oder setgid Bit
- MNT_NODEV   keine „special files"
- MNT_UNION   kein Verbergen vorheriger Dateien des Mountpoints
- MNT_SYNCHRONOUS   Ein–/Ausgabe erfolgt synchron

Andere:

- MNT_UDATE   Modifizierte Flags werden angewendet auf ein gemountetes
                    Dateisystem
- MNT_RELOAD   Auffrischen der VFS-Datenstrukturen

Für umount:

- MNT_FORCE   Ignorieren offener Dateien beim Unmount

Bevor ein Dateisystem per mount hinzugenommen werden kann, muss dessen Kon-
sistenz nachgewiesen werden. Das geschieht mit dem Befehl fsck filesystem, der
sich mit dem Argument filesystem auf den Mountpoint bezieht. Es kann aber auch
eine Hardware-orientierte Benennung der Speichereinheit mit darauf liegendem
Filesystem benutzt werden. Dazu schauen wir in das Verzeichnis /dev, welches
Einträge für alle angeschlossenen Geräte besitzt. Wir sehen an dieser Stelle, dass
sogar Geräte ihren Platz innerhalb des Dateisystems finden.

Im Beispiel werden die Plattenpartitionen aufgelistet. Zu sehen ist am ersten Zeichen einer jeden Zeile, dass es sowohl mit ‚c' markierte Einträge für *rohe* Speicher-
einheiten als *character special devices* gibt, als auch solche mit einem b für die *blockorientierte* Variante.

```
[dinp35:/dev] lkoehler% ls -l rdisk*
crw-r----- 1 root operator 14, 0 20 Mar 20:17 rdisk0
cr--r----- 1 root operator 14, 1 20 Mar 20:17 rdisk0s1
cr--r----- 1 root operator 14, 2 20 Mar 20:17 rdisk0s2
cr--r----- 1 root operator 14, 3 20 Mar 20:17 rdisk0s3
cr--r----- 1 root operator 14, 4 20 Mar 20:17 rdisk0s4
cr--r----- 1 root operator 14, 5 20 Mar 20:17 rdisk0s5
cr--r----- 1 root operator 14, 6 20 Mar 20:17 rdisk0s6
cr--r----- 1 root operator 14, 7 20 Mar 20:17 rdisk0s7
cr--r----- 1 root operator 14, 8 20 Mar 20:17 rdisk0s8
crw-r----- 1 root operator 14, 9 20 Mar 20:17 rdisk0s9
[dinp35:/dev] lkoehler% ls -l disk*
brw-r----- 1 root operator 14, 0 20 Mar 20:17 disk0
br-r----- 1 root operator 14, 1 20 Mar 20:17 disk0s1
br--r----- 1 root operator 14, 2 20 Mar 20:17 disk0s2
br--r----- 1 root operator 14, 3 20 Mar 20:17 disk0s3
br-r----- 1 root operator 14, 4 20 Mar 20:17 disk0s4
br-r----- 1 root operator 14, 5 20 Mar 20:17 disk0s5
br--r----- 1 root operator 14, 6 20 Mar 20:17 disk0s6
br--r----- 1 root operator 14, 7 20 Mar 20:17 disk0s7
br-r----- 1 root operator 14, 8 20 Mar 20:17 disk0s8
brw-r----- 1 root operator 14, 9 20 Mar 20:17 disk0s9
[dinp35:/dev] lkoehler%
```

Diese Art der Benennung von Geräten ist allerdings stark abhängig von der jeweiligen UNIX-Variante. So steht im UNIX-System Solaris die Bezeichnung /dev/rdsk/c1t0d0s7 für eine *rohe* Partition aus dem Verzeichnis rdsk, und zwar als *character special device* des zweiten SCSI-Controllers mit der Nummer 1, der ersten angeschlossenen Einheit mit der SCSI-Adresse 0 und insbesondere der achten Partition der Festplatte. Natürlich finden sich in /dev auch Einträge für Drucker und Mäuse, aber auch für alle geöffneten Fenster (tty).

7.1.3 Zugriffsrechte

Eine der wichtigsten Eigenschaften des UNIX-Dateisystems ist von jeher die Etablierung von dedizierten *Zugriffsrechten*. Darunter fallen

- die Festlegung der Useridentität (UID) und Gruppenzugehörigkeit (GID) eines Benutzers in der Systemdatei /etc/passwd, Passwort eventuell in /etc/shadow,
- das Festhalten von Dateizugriffsrechten kodiert in 9 Bit pro Datei für user, group und other,
- das Registrieren mit den Kommandos
   - chmod (oktal: 660 oder symbolisch: ug+rw),
   - umask (*file creation mask*),
- die zusätzliche Autorisierung während einer Programmausführung mittels des setuid-Bits (s anstelle von x) verleiht die Zugriffsrechte des Programmeigners während der Ausführung (z.B. das Programm „passwd").

Was bedeutet das? So wird für die Identifizierung der Zugriffsrechte für Dateien oder Verzeichnisse nicht der Name des Benutzers hinzugezogen, sondern es wird aus der Systemdatei /etc/passwd seine *UID* (*User Identification*) in numerischer Form ermittelt (der dritte Eintrag jeder Zeile), ebenso wie seine Gruppenzugehörigkeit *GID* (vierter Eintrag).Das ist insbesondere interessant für verteilte UNIX-Umgebungen, wo mehrere Dateisysteme auf unterschiedlichen Rechnern zusammengebunden werden. Es muss darauf geachtet werden, dass ein Benutzer immer unter der gleichen UID auftritt. Dann entsprechen die je UID vergebenen Dateirechte (im Inode) auch den einem Benutzer zugestandenen Operationen. Über das Kommando chmod kann die Festlegung dateispezifisch und über umask pauschal erfolgen.

Wenn Sie ls -l in einem Verzeichnis aufrufen, wird die Langform mit allen Rechten und Zugriffszeiten einer Datei angezeigt. Dazu gehören:

- Dateimodus/-zugriffsrechte,
- Anzahl der Verweise,
- Eigentümer,
- Gruppenname,
- Anzahl von verbrauchten Bytes,
- Monat, Tag der letzten Änderung,
- Stunden und Minute der letzten Änderung sowie
- Dateiname.

Der Dateimodus kennt die Unterscheidung zwischen Katalog/Verzeichnis und normaler Datei. Die zum Modus hinzugezählten Rechte differenzieren sich in die Festlegungen der *Lese-, Schreib- und Ausführungserlaubnis* einer Datei für den Dateieigentümer, ein assoziiertes *Gruppenmitglied* sowie den *Rest der Welt* (*other*). Daraus sind dann mittels des Kommandos chmod die $3 \times 3 = 9$ Bit zu gestalten, entweder numerisch, wie z. B. 755 für user:read/write/execute (octal 0400+0200+0100), group: read/execute und other: read/execute, oder symbolisch wie hier z. B. chmod u+rwx,go+rx file. Eine Besonderheit bei Verzeichnissen sei genannt: Das *execute-Bit* bedeutet bei den Zugriffsrechten für ein Verzeichnis nicht Ausführung, sondern Suche. Die Berechtigung x erlaubt die Benutzung von enthaltenen Dateien, aber kein Lesen oder ls des Verzeichnisses.

Ein besonderes Problem bei der Realisierung von Zugriffsschutz entsteht, wenn eigentlich unzugängliche, vor dem Benutzer geschützte Dateien unter Zuhilfenahme von autorisierten Programmen verändert werden müssen, so z. B. beim Ändern des Passworts mit dem Kommando passwd. Das Konzept führt für die entsprechende Datei eine Kennzeichnung in Form des suid–Bits ein, welches erlaubt, die Datei von Programmen mit demselben Eigentümer zu verändern, so z. B. root bei /etc/passwd. Zu sehen ist es beim Kommando passwd im entsprechenden Verzeichnis /usr/bin/passwd nach Eingabe von ls -l passwd. Es ersetzt in der Darstellung das Execute-Bit des Besitzers:

```
-r-sr-xr-x 1 root wheel 39992 10 Nov 21:20 passwd
```

Das suid-Bit ist eine kontrollierte „Hintertür" zur Modifikation ansonsten unveränderlicher Daten und somit ein sehr wichtiger Bestandteil des UNIX-Schutzkonzepts, welches sich ansonsten selber im Wege gestanden hätte. Erst seine Berücksichtigung konnte das Konzept in der Praxis zum Erfolg führen. Es wurde von Dennis Ritchie patentiert.

Im Bereich der Zugriffssteuerung von Dateien ist noch ein weiterer Mechanismus des UNIX-Dateisystems zu nennen. Das sind die *Locks*, also Schlüssel, mit denen Teilbereiche einer Datei gesperrt werden können. Es gibt gemeinsame (*shared*) und *exklusive* Locks. Der Sinn hierbei ist es, mit shared-Locks Bereiche zu definieren, in denen ein Zugriff mit dem Versuch, einen exklusivem Lock zu erhalten, ausgeschlossen ist. Das wird schon interessant, wenn man einen E-Mail-Clienten konstruieren möchte, da E-Mails bisher immer in einer einzigen Datei vorgehalten werden. Nun soll das gleichzeitige Lesen und Empfangen von Mails ja erlaubt sein, so dass eine Lösung mit parallelen Prozessen und der Möglichkeit, Teile der Datei zu lesen während andere beschrieben werden, ideal ist. Aber besonders auch Datenbankanwendungen profitieren von dieser Eigenschaft des Dateisystems. Um sie zu nutzen, sind Kenntnisse des Systemaufrufs fcntl notwendig. Einfacher, aber bezogen auf ganze Dateien, funktioniert das mit dem Systemaufruf flock und auch schon bei open.

7.2   Systemaufrufe zum Dateisystem

Welches Repertoire von *Dateisystem-Operationen* bietet UNIX nun als Systemaufrufe an? Wie ist das mit der Ergonomie und der Effizienz? Und was ist „aufeinander abgestimmt", damit Missbrauch und Inkonsistenz vermieden werden? Nachdem der Aufbau von Dateien geklärt ist, Zugriffsrechte und die Möglichkeit der Anordnung in Verzeichnissen eingeführt worden sind, müssen nun noch die passenden Operationen definiert werden. Hier eine Übersicht zu den *wichtigsten Systemaufrufen zum UNIX-Dateisystem*:

Dateien:
```
fd =            open(name, rwmode, perms);  // Öffnen, 0: read, 1:write, 2:
                                            // read/write
nread =         read(fd, buf, n);           // Lesen, im Gegensatz zu scanf
                                            // unformatiert!
nwritten =      write(fd, buf, n);          // Schreiben
bytesfromstart= lseek(fd, offset, whence);  // Positionieren
success =       close(fd)                   // Schließen, Errorcode s. globale
                                            // errno-Variable
```

Verzeichnisse:
```
success =  link(name, newname)     // Erzeugen von Datei-Referenzen
success =  symlink(name, newname)  // Erzeugen von Datei-Referenzen
unlink     unlink(path)            // Löschen von Dateien/Datei-Referenzen
```

```
success =   mkdir(path, mode)      // Erzeugen eines Verzeichnisses
success =   rmdir(path)            // Löschen eines Verzeichnisses
```

Inodes / Locks

```
success =   chmod(path, mode)      // Ändern der Zugriffsrechte
mode =      umask(mode)            // Festlegung von Default-Zugriffs-
                                   // rechte
success =   stat(path, status)     // Ermitteln von Meta-Informationen
                                   // zur Datei
value =     fcntl(fd, cmd, arg)    // Filedescriptor Control Commands
success =   flock(fd, operaton)    // File-Locking für kooperative
                                   // Benutzung
```

Die Systemaufrufe zu Verzeichnissen und Zugriffsrechten stehen auch als System-kommandos in der Form ln, ln -s, rm, mkdir, rmdir, chmod, umask zur Verfügung. Zum Anlegen einer Datei von der Kommandozeile aus dient häufig der Editor vi und zum Kopieren cp. Nicht zu vergessen das Kommando ls zum Darstellen von Verzeichnisinhalten.

Zur Vollständigkeit sei hier noch der pipe-Systemaufruf aufgeführt:

```
success = pipe( &fd[0]) // Erzeugen einer Pipe
```

Er steht zwar nicht im direkten Zusammenhang mit Dateisystemen, stellt aber über die zurückgegebenen Filedeskriptoren einen Zugriff auf eine Pseudodatei zur *Interprozess-Kommunikation* her.

Weitere Dateisystem-relevante Systemaufrufe sind: chdir, opendir, readdir, closedir, rewinddir.

7.2.1   Dateien

Bevor eine Datei *gelesen* oder *beschrieben* werden kann, muss sie *geöffnet* oder, falls sie noch nicht existiert, *erzeugt* werden. Beides kann mit dem Systemaufruf open geschehen. Zum Erzeugen oder Überschreiben einer vorhandenen Datei kann auch creat benutzt werden, eine Kurzform von open.

Das Öffnen (und Schließen) von Dateien hat zum einen konzeptionellen, vielleicht aber auch einen pädagogischen Charakter: Es gibt dem Programmierer die Chance, dem System mitzuteilen, von wann bis wann eine Datei benötigt wird, und auch, wie. So entstehen Programme, in denen der Programmierer sich selbst und dem System immer Rechenschaft ablegen kann, ob eine Ressource gerade in Gebrauch ist oder nicht, und vor allem, dass er autorisiert ist. Nebenbei vereinfacht sich die weitere Handhabung, indem aus der eventuell längeren Pfad- und Dateinamens-angabe ein eindeutiger *Filedeskriptor* gemacht wird. Soweit zum Aspekt *Ergonomie* oder *Benutzerfreundlichkeit*.

Das System hat dadurch allerdings auch die Chance, besonders *effizient* zu sein: Um einen besonders schnellen Zugriff während des tatsächlichen Arbeitens mit den Dateiinformationen mittels read und write zu ermöglichen, kann beim Öffnen einer Datei ein größerer Teil von der Platte weg in den Arbeitsspeicher geladen werden. Ein Synchronisieren (s. auch Systemmanager-Kommando `sync`) beider Medien muss letztendlich erst bei `close` geschehen. Außerdem kann das System eine Datei mehreren autorisierten Benutzern zum gleichzeitigen Lesen geben, zum Schreiben allerdings nur einem. Soweit an dieser Stelle zum Thema Missbrauch und Inkonsistenz.

Das Erzeugen einer Datei kann mit dem Systemaufruf `creat(path, mode)` geschehen. Dieser ist äquivalent zum Aufruf von

```
open(path, O_CREAT | O_TRUNC | O_WRONLY, mode);
```

Damit erklärt sich dessen Semantik: Seine eigentliche Funktion ist jedoch das Erzeugen eines *Verzeichniseintrags* für die Datei und das Bereitstellen von *Metainformationen* über die Datei in den so genannten *Inodes*. Daher wird hier nicht gesondert darauf eingegangen. Auf jeden Fall wird eine Datei mit dem als Zeichenkette anstelle von `path` spezifizierten Namen erzeugt und zum Schreiben geöffnet. Existiert(e) die Datei bereits, wird sie bis auf Null Bytes abgeschnitten (*truncated*). Andernfalls wird ein neuer Verzeichniseintrag mit dem Dateinamen geschrieben, implizit, was explizit mittels des Systemcalls zum Schreiben von Dateiinhalten `write` bei Verzeichnissen nicht geht. Um darüber hinaus noch weitere Namen hinzuzufügen, kann der Systemaufruf `link(name, additional_name)` benutzt werden. Das Argument `mode` erlaubt die Angabe der Zugriffsrechte entsprechend für Eigentümer, Gruppe und Andere: 660 für Lese-/Schreibrechte der ersten beiden. Der *Rückgabewert* ist nun der im weiteren zu gebrauchende *Filedeskriptor* oder im Fehlerfall bei z.B. nicht vorhandenen Schreibrechten des im Pfad zuletzt umschließenden Verzeichnisses: `-1`.

> Beim *Filedeskriptor* handelt es sich immer um eine *ganze, kleine, nichtnegative* Zahl. Diese übernimmt dann für alle weiteren Zugriffe auf die Datei die Rolle des Dateinamens und ist für alle anderen Dateisystem-bezogenen Systemaufrufe relevant.

Manchmal gibt es Missverständnisse im Zusammenhang mit dem Filedesciptor und der speziellen *Filepointer-Struktur FILE* zur Benutzung nur mit den passenden C-Bibliotheksfunktionen `fopen, fread, fwrite, fclose`:

Ein Filepointer zeigt auf eine Struktur, die den Filedeskriptor enthält. Ein Blick in die Include-Datei `/usr/include/stdio.h` offenbart die Definition dieser recht interessanten Struktur.

> **Der Systemaufruf** `open` – *open or create a file for reading or writing*
> Der Systemaufruf `fd = open(path, flags, mode)` öffnet eine Datei zum Lesen, Schreiben oder zu beidem und ermittelt einen Filedeskriptor für sie. Die Parameter bedeuten:

fd   Der Rückgabewert dieses Aufrufs ist ein Integerwert, welcher als File-
        deskriptor verwendet wird und ebenso über den Erfolg des Kommandos
        Auskunft gibt.

path   String. Der vollständige Name der Datei einschließlich Pfad.

flags   Integerwert. Öffnungsmodus (O_RDONLY, O_WRONLY, ORDWR ...).

data   Zeiger auf eine Struktur. Das Dateisystem, das integriert werden soll.

Als Voraussetzung gilt das Einbeziehen von Systemdateien mit folgenden Includes:

```
#include <fcntl.h>
```

SYNOPSIS
```
int
    open(const char *path, int flags, mode_t mode);
```

Der Aufruf der Systemfunktion open(path, flags, mode) liefert im erfolgreichen Fall
den Filedeskriptor der benannten Datei und setzt den Filepointer an den Dateianfang. Im Normalfall kann daraufhin lesend oder schreibend mit den Daten verfahren werden. Wenn kein Fehler auftritt, wartet open mit der Rückgabe des Filedeskriptors so lange, bis das System die Daten tatsächlich auch anbieten oder
verarbeiten kann. Der Systemaufruf blockiert den aufrufenden Prozess.

Die konkrete Arbeitsweise lässt sich über unterschiedliche Flags variieren:

- O_RDONLY nur zum Lesen öffnen,
- O_WRONLY nur zum Schreiben öffnen,
- O_RDWR sowohl Lesen als auch Schreiben möglich,
- O_NONBLOCK kein Blockieren bis zur Verfügbarkeit von Daten/der Datei,
- O_APPEND jegliches Schreiben erfolgt am Dateiende,
- O_CREAT erzeuge Datei, sofern nicht vorhanden,
- O_TRUNC Abschneiden auf 0 Byte Größe,
- O_EXCL signalisiere Fehler EEXIST bei O_CREAT und existierender Datei,
- O_SHLOCK atomares Anfordern (shared lock),
- O_EXLOCK atomares Anfordern (exclusive lock).

Die einzelnen Flags werden mit dem bool'schen OR (als Zeichen: |) zu einem Wert
zusammengefasst, wie wir am Beispiel von creat gesehen haben. Neben der
O_CREAT | O_TRUNC Variante bietet sich nun noch die O_CREAT | O_EXCL Variante, die
bestehende Dateien bestehen lässt!

Mit O_NONBLOCK lässt sich eine *nicht-blockierende Arbeitsweise* für open erzeugen, welche dann auch auf alle darauffolgenden I/O-Vorgänge seitens der Datei ausge-
dehnt wird. Liefert open also einen Filedeskriptor zurück, bedeutet dies, dass nachfolgende und nicht-blockierende read/write-Operationen wiederholt ausgeführt
und einer genauen Fehlerdiagnose unterzogen werden sollten, da es eine *reine
Zeitfrage* sein kann, wann die Datei bereit ist. Im Gegensatz zu den erwähnten

stdio.h-Bibliotheksfunktionen fopen/fread kann das Wachsen von Dateien von read nämlich bemerkt und mit einem Rückgabewert größer Null signalisiert werden, womit sich die Bereitschaft zu wiederholten und nicht-blockierenden Leseversuchen auszahlt. Zwischendurch kann der Prozess dann noch etwas anderes machen.

Ebenfalls auf die speziellen Erfordernisse von parallelen Prozessen zielt die Möglichkeit des *atomaren Anforderns von Schlüsseln* beim Öffnen von Dateien ab. Dabei schließt jeder exklusiv eine Datei anfordernde Prozess bei Erfolg alle anderen aus (s. auch flock). Die Atomarität verhindert das Auftreten von Race Conditions.

Zur Differenzierung von Fehlerzuständen stehen mehr als zwei Dutzend *open-relevante Errorcodes* in der globalen errno-Variablen zur Verfügung. Diese sind im Manualeintrag zu open(2) aufgelistet und in der Datei /usr/include/sys/errno.h definiert. Dort gibt in dem globalen Textfeld sys_errlist auch aussagekräftigere, über den Errorcode indizierbare Kurzbeschreibungen. Ein Dateisystem-bezogener Fehlerzustand kann zum Beispiel durch zu viele geöffnete Dateien je Prozess hervorgerufen werden. Die aktuelle Grenze lässt der Systemaufruf getdtablesize erkennen. Sie steht aber auch als Definition von NOFILE in der Datei sys/param.h. Ein Beispielprogramm mit Fehlerbehandlung findet sich im Folgenden:

Der Systemaufruf read – *read input*

Der Systemaufruf n = read(fd, buffer, anzahl) versucht, aus einer Datei beginnend an der Stelle des Filepointers eine Anzahl Zeichen zu lesen. Die Parameter bedeuten:

n   Der Rückgabewert dieses Aufrufs ist ein Integerwert, welcher die tatsächlich gelesene Anzahl von Zeichen zeigt und ebenso über den Erfolg des Kommandos Auskunft gibt.

buffer Pointer auf Speicherbereich.

anzahl Integerwert. Anzahl zu lesender Zeichen bzw. auch Größe von buffer.

Als Voraussetzung gilt das Einbeziehen von Systemdateien mit folgenden Includes:

```
#include <sys/types.h>
#include <sys/uio.h>
#include <unistd.h>
```

SYNOPSIS

```
    ssize_t
    read(int d, void *buf, size_t nbytes);
```

Das Lesen von Daten mit dem Systemaufruf read(fd, buffer, anzahl) erfolgt abhängig vom *Filepointer* fd ab der aktuellen Position. Da eine Datei zum Lesen aber mehrfach geöffnet werden darf, kann es zu unterschiedlichen Filedeskriptoren und Filepointern kommen. Somit sind unterschiedliche aktuelle Positionen zu berücksichtigen.

Zum Systemaufruf von read wird ein freier Speicherbereich benötigt, der *Buffer*, ein Character-Array, in den die gelesenen Zeichen transferiert werden. Mit dem Parameter nbytes wird das Limit der zu übertragenden Zeichen spezifiziert. Read versucht, diese Maximalgrenze genau einzuhalten, überschreitet es natürlich nie, unterschreitet es aber bei Antreffen des Dateiendes. Die tatsächliche Anzahl gelesener Zeichen wird zurückgemeldet. Der Lesevorgang bewegt den Filepointer dementsprechend weiter.

Bei Erreichen des Dateiendes wird der Wert Null zurückgegeben, im Fehlerfall -1. Es liegt zum Beispiel der Fehler EAGAIN vor, wenn die Datei im *nicht-blockierenden Modus* geöffnet wurde und keine Daten bereitliegen. Dann kann also nicht vom Erreichen des Dateiendes ausgegangen werden, wie das bei normalen Dateien im blockierenden Modus der Fall ist, selbst wenn dieses Dateiende nur vorübergehend ist.

Für das Schreiben von Daten aus einem Buffer mittels write gilt Analoges. Es wird ab der diesmal eindeutigen aktuellen Position geschrieben. Auch hier ist der Fall des *non-blocking Modus* und der Fehlerindikation EAGAIN zu berücksichtigen, gerade im Fall von Sockets, wo sich die Möglichkeit des Schreibens aufgrund von Netzwerkschwankungen und der Endlichkeit von Buffern hinauszögern kann.

Der Systemaufruf write – *write output*

Der Systemaufruf n = write(fd, buffer, anzahl) versucht, in eine Datei an der Stelle des Filepointers *anzahl* Zeichen zu schreiben. Die Parameter bedeuten:

n   Der Rückgabewert dieses Aufrufs ist ein Integerwert, welcher die tatsächlich geschriebene Anzahl von Zeichen zeigt und ebenso über den Erfolg des Kommandos Auskunft gibt.

buffer   Pointer auf Speicherbereich.

anzahl   Integerwert. Anzahl zu schreibender Zeichen bzw. auch Größe von buffer.

Als Voraussetzung gilt das Einbeziehen von Systemdateien mit folgenden Includes:

```
#include <sys/types.h>
#include <sys/uio.h>
#include <unistd.h>
```

SYNOPSIS
```
    ssize_t
    write(int d, const void *buf, size_t nbytes);
```

Um einigermaßen effizient mit read oder write agieren oder kommunizieren zu können, sollte die systemgegebene Puffergröße oder Blockgröße der Ein-/Ausgabeeinheit berücksichtigt werden. So mag folgendes Programmbeispiel einen Eindruck verschaffen, wie blockweise gelesen und geschrieben werden kann, und gleichzeitig eine anschauliche Fehlerdiagnostik ermöglicht wird.

Beispiel 1

Dieses Beispiel zeigt das Kopieren von Dateien, z. B. durch den Aufruf cp f1 f2:
Am effizientesten liest und schreibt man in Stücken, die zur Platte passen!

```
#include <stdio.h>

#define PERMS 0644
char *progname
main(argc, argv)                     // cp: f1 nach f2 kopieren
int argc;
char *argv[];
{
     int f1, f2 ,n;
     char buf [BUFSIZE]              // Definition aus der Datei stdio.h
     progname = argv[0];
     if (argc != 3)
             error("Usage: %s from to", progname);
     if ((f1 = open (argv[1], 0)) == -1)
             error("Can't open %s", argv[1]);
     if ((f1 = creat (argv[2], PERMS)) == -1)
             error("Can't creat %s", argv[2]);
     while ((n = read (fd1, buf, BUFSIZE)) > 0)
             if (write (fd2, buf, n) != n)
                     error("write error", (char *) 0);
             exit(0)
     }

// Fehlererkennung und -behandlung:
#include <sys/errno.h>

error(s1, s2)
char * s1, s2;
{
extern int errno, sys_err;
extern char *sys_errlist[];
if (progname)
    fprintf(stderr, "%s: ",„progname");
fprintf(stderr, s1, s2);
if (errno > 0 && errno < sys_err)
    fprintf(stderr, " (%s)", sys_err[errno]);
fprintf("\n");
errno = 0;
exit(1);
}
```

In diesem Beispiel wurde gleich eine *Fehlerbehandlung* mit eingeschlossen. Diese
nutzt die globale errno-Variable, um eine passende Fehlermeldung in der System-
textliste sys_errlist zu finden und auszugeben.

Auf keinen Fall sollte man vergessen, die Variable errno wieder auf den Wert Null
zu setzen!

Zur detaillierten Fehleranalyse findet sich in der Datei errno.h eine lange Liste von Errorcodes.

```
// @(#) errno.h 8.5 (Berkeley) 1/21/94
// Error codes
#define EPERM       1      // Operation not permitted
#define ENOENT      2      // No such file or directory
#define ESRCH       3      // No such process
#define EINTR       4      // Interrupted system call
#define EIO 5              // Input/output error
#define ENXIO       6      // Device not configured
#define E2BIG       7      // Argument list too long
...
#define ENOEXEC     8      // Exec format error
#define EBADF       9      // Bad file descriptor
#define ECHILD      10     // No child processes
#define EDEADLK     11     // Resource deadlock avoided
                           // 11 was EAGAIN
#define ENOMEM      12     // Cannot allocate memory
#define EACCES      13     // Permission denied
#define EFAULT      14     // Bad address
#ifndef _POSIX_SOURCE
#define ENOTBLK     15     // Block device required
#endif
#define EBUSY       16     // Device busy
#define EEXIST      17     // File exists
#define EXDEV       18     // Cross-device link
#define ENODEV      19     // Operation not supported by device
#define ENOTDIR     20     // Not a directory
#define EISDIR      21     // Is a directory
#define EINVAL      22     // Invalid argument
#define ENFILE      23     // Too many open files in system
#define EMFILE      24     // Too many open files
#define ENOTTY      25     // Inappropriate ioctl for device
#ifndef _POSIX_SOURCE
#define ETXTBSY     26     // Text file busy
#endif
...
```

Kommen wir nun zum *Versetzen des Filepointers* mittels des Systemaufrufes lseek. Damit besteht die Möglichkeit, die vorgegebene Charakteristik des sequentiellen Lesens und Schreibens, verursacht durch die Bezugnahme auf den Filepointer, aufzuheben und wahlfreien Zugriff zu erlauben.

Der Systemaufruf lseek(fd, offset, whence) erlaubt das Setzen des mit dem Filedeskriptor fd assoziierten Filepointers auf den Betrag offset relativ zu den drei möglichen Positionen Dateianfang (SEEK_SET), aktuelle Position (SEEK_CUR) und Dateiende (SEEK_END). Nach erfolgreicher Ausführung, also nicht bei Pipes, Sockets oder FIFOs (Fehlercode ESPIPE), erhält man als Rückgabewert die absolute nun gültige Position innerhalb der Datei ab deren Anfang. Man beachte bitte nur, dass die offset-Angabe heutzutage nicht mehr mit 32 Bit als Integer zu bewerkstelligen ist, sondern über eine *Typanpassung* eines Wertes X mittels (off_t) X den modernen Erfordernissen großer Dateien angepasst werden sollte.

Der Systemaufruf lseek – *reposition read/write file offset*

Der Systemaufruf pos = lseek(fd, offset, whence) verändert die Position des Filepointers einer Datei. Die Parameter bedeuten:

pos   Der Rückgabewert ist vom Typ off_t und gibt die neue Position, gemessen in Zeichen ab Dateianfang, an. Im Fehlerfall gilt: pos == -1.

fd   Filedeskriptor einer geöffneten Datei.

offset   Pointer auf Speicherbereich.

whence   Integerwert. Adressierungsart (SEEK_SET, SEEK_CUR, SEEK_END).

Als Voraussetzung gilt das Einbeziehen von Systemdateien mit folgenden Includes:

#include <unistd.h>

SYNOPSIS

```
    off_t
    lseek(int fildes, off_t offset, int whence);
```

Im folgenden Beispiel wird veranschaulicht, wie durch Aufruf von lseek auf eine bestimmte Stelle in einer Datei lesend zugegriffen werden kann. Dabei wird absolut vom Dateianfang an positioniert. Gelingt dies, was durch den Vergleich des Rückgabewertes von lseek mit -1 festgestellt wird, kann gelesen werden.

Beispiel 2

Positionieren (wahlfreier Zugriff) mit lseek:

```
get(fd, pos, buf, n) // n bytes ab Position pos lesen
int fd, n;
long pos;
char * buf;
{
if (lseek(fd, (off_t) pos, SEEK_SET) == -1)
return -1;
else
return read(fd, buf, n);
}
```

Das Schließen einer Fileverbindung mittels close(fd) entfernt diesen Deskriptor aus der Tabelle der Objektreferenzen des verantwortlichen Prozesses. Das geschieht automatisch beim Prozess-Ende. Aber auch vorher ist dies sinnvoll, um die Anzahl der Filedeskriptoren zu reduzieren. In Zusammenhang mit dem Systemcall fsync(fd) kann eine Synchronisation mit dem Festplatteninhalt erzwungen werden, die aber sowieso alle 30 Sekunden erfolgt.

Wird eine Datei danach geschlossen, kann ihr Inhalt zumindest über diesen Datei-deskriptor nicht mehr geändert werden und ein anderer Prozess erhält die Gelegenheit, die Datei schreibend zu öffnen.

Im Zusammenhang mit der Prozesserzeugung mittels execve ist eine implizite Form der Dateischließung zu erwähnen. Abhängig vom Erfolg der execve-Ausführung, also dem Start eines anderen Programms in demselben Adressraum, kann ein Schließen von Dateiverbindungen durch den Systemaufruf fcntl(fd, F_SETFD, 1) veranlasst werden. Damit werden dem neuen Programm keine Altlasten aufgebürdet. Erfolgt der Programmstart aus irgendwelchen Gründen nicht, bleiben die Filedeskriptoren unangetastet.

Der Systemaufruf close - close file

Der Systemaufruf result = close(fd) schließt eine Datei. Die Parameter bedeuten:

result   Integer. Im Fehlerfall gilt: result == -1.

fd   Filedeskriptor einer geöffneten Datei.

Als Voraussetzung gilt das Einbeziehen von Systemdateien mit folgenden Includes:

#include <unistd.h>

SYNOPSIS

    int close(int d);

7.2.2   Verzeichnisse

Die Bearbeitung von einzelnen Dateien, sicherlich der wichtigste Punkt in der Festlegung der Dateisystem-Funktionalität, kann mit den eingeführten Hilfsmitteln nun erfolgen. Wir sollten uns aber auch die Frage nach dem Kontext von Dateien stellen, der *Dateiorganisation*. Das Prinzip der Gruppierung von Dateien in Verzeichnissen und das Hinzunehmen von weiteren Verweisen wurde bereits besprochen. Wie kann diese Ordnungsstruktur nun per Systemaufrufschnittstelle erzeugt, geändert und befragt werden? Es passiert ja immer häufiger, dass Dateien bei nur partieller Information über den Namen und ungenügende Pfadangabe lokalisiert werden müssen. Da helfen Suchmechanismen des Systems, also Programme, die sich in der Verzeichnisstruktur „bewegen" und die Verzeichnisinformation lesen können. Systemaufrufe werden benötigt, die genau das und mehr bewerkstelligen.

Aus Gründen der *Konsistenzhaltung des Dateisystems* werden Verzeichnisse mit den eigenen Systemaufrufen mkdir(name) und rmdir(name) oder auch mit den gleichnamigen Systemkommandos angelegt und gelöscht.

Verzeichnisse sind *normale Dateien im Dateisystem*, die Dateinamen und Verweise auf die Inhalte und Attribute speichern. In den meisten UNIX-Systemen kann man sich Verzeichnisse auch anschauen. Anschauen meint in diesem Fall die *textuelle, uninterpretierte Wiedergabe* z. B. mit dem Kommando od (*octal dump*), nicht das Anschauen von Verzeichnissen mit dem ls-Kommando, was natürlich immer geht, wenn man die Zugriffsrechte hat.

```
advm1 / > od -cb .
0000000 \0 002 .  \0 \0 \0 \0 \0 \0 \0 \0 \0 \0 \0 \0 \0
    000 002 056 000 000 000 000 000 000 000 000 000 000 000 000 000
0000020 \0 002 .  .  \0 \0 \0 \0 \0 \0 \0 \0 \0 \0 \0
    000 002 056 056 000 000 000 000 000 000 000 000 000 000 000 000
0000040 \0 020 l  o  s  t  +  f  o  u  n  d \0 \0 \0 \0
    000 020 154 157 163 164 053 146 157 165 156 144 000 000 000 000
0000060 020 \0 v  a  r  \0 \0 \0 \0 \0 \0 \0 \0 \0 \0 \0
    020 000 166 141 162 000 000 000 000 000 000 000 000 000 000 000
0000100 020 001 t  m  p  \0 \0 \0 \0 \0 \0 \0 \0 \0 \0 \0
    020 001 164 155 160 000 000 000 000 000 000 000 000 000 000 000
0000120 020 002 h  o  m  e  \0 \0 \0 \0 \0 \0 \0 \0 \0 \0
    020 002 150 157 155 145 000 000 000 000 000 000 000 000 000 000
0000140 \0 ?  .  X  a  u  t  h  o  r  i  t  y \0 \0 \0
    000 273 056 130 141 165 164 150 157 162 151 164 171 000 000 000
0000160 020 003 u  s  r  \0 \0 \0 \0 \0 \0 \0 \0 \0 \0 \0
    020 003 165 163 162 000 000 000 000 000 000 000 000 000 000 000
```

Die *interne Struktur von Verzeichnissen*, wie sie sich einem bei der Benutzung der Kommandos od -cb oder hexdump zeigt, wird definiert in der Include-Datei sys/dir.h. Dies ist eine Datei mit Definition in der Sprache C zur Benutzung in der Systemprogrammierung. Sie ist daher zu finden im Pfad /usr/include/sys.

Es ist zu erkennen, dass in diesem Beispiel unter dem Betriebssystem AIX bei den gewählten Optionen cb alternierend jeweils eine Character- oder Zeichensatz-orientierte Darstellung und eine octal-kodierte des gleichen Inhalts einer *Zeile von 16 Byte* widergegeben werden. Dabei folgt auf die *Position* in der Katalogdatei eine zwei Byte Kodierung der so genannten *Inode-Nummer*, des Verweises auf den Dateiinhalt und Attribute, sowie 14 Byte für den Namen.

Ein Blick in die Datei dir.h bestätigt uns diese Anordnung: Grundsätzlich wird die Struktur einer Verzeichnisdatei durch die Definitionen direct und dirent festgelegt. Sie enthalten zumindest die Komponenten d_ino, die Inode-Nummer sowie d_name, den Namenseintrag. Abhängig von der UNIX-Variante, bei der diese Datei zur Übersetzung eingesetzt wird, werden durch #ifdef / #else Direktiven verschiedene Ausprägungen der Struktur direct gewählt: Bei BSD-UNIX sind direct und dirent gleich und zur Definition der Inode-Nummer wird der Typ ino_t herangezogen. Dieser wird in den meisten Fällen eher durch *vier* als durch *zwei* Byte definiert sein. Hier kann der Name auch *255 Zeichen* lang werden. Außerdem enthält die Struktur noch zusätzliche, aber eher unwesentliche Hilfskomponenten.

Beispiel 3

```
<sys/dir.h>


...
#ifdef _POSIX_SOURCE
#define _D_NAME_MAX 255

struct dirent {
    uint32long64_t  d_offset;        // real off after this entry
    ino_t                  d_ino;         // inode number of entry
                                          // make ino_t when it's ulong
    ushort_t              d_reclen;      // length of this record
    ushort_t              d_namlen;      // length of string in d_name
    char                  d_name[_D_NAME_MAX+1];
                                          // name must be no longer
};
...
#ifdef _BSD
#define direct dirent
#else

#define AIX_DIRSIZ 14
struct direct {
    ushort_t d_ino;
    char d_name[AIX_DIRSIZ];
};
...
```

Bei *System-V UNIX* und speziell hier der *AIX*-Variante ist die direct-Struktur maß-
geblich. Ihre Definition beschränkt die Inodenummer tatsächlich auf *zwei Byte* und
den Namen auf *14 Byte Länge*. Das *Linux-System* verwendet beide Formen von Dateisystemen: Das *Ext2*-Dateisystem wurde mit *langen Dateinamen* und *Dateigrößen*
über zwei GB zum Hauptdateisystem. Seine *Inodes* sind mit *128 Byte* doppelt so groß
wie die klassischen.

Kataloge sind somit lesbar wie andere Dateien auch, und zwar, wenn man die eben
betrachteten Strukturen kennt, auch mit den gängigen Systemaufrufen zu Dateien.
Komfortabelerweise bietet UNIX dazu in den *„Basic Library Functions (Manual Abschnitt 3C)"* die speziellen Funktionen:

- DIR *opendir(const char *name),
- struct dirent *readdir(DIR *dir),
- void rewinddir(DIR *dir) **und**
- int closedir(DIR *dir) **an.**

Diese zählen genau genommen nicht zu den eigentlichen Systemaufrufen, sondern
sind zusätzliche Bibliotheksfunktionen. In den UNIX-Quellen wird ausdrücklich
darauf hingewiesen, *zwecks Portabilität diese Funktionen zu nutzen*. Kataloge sind
allerdings nicht direkt beschreibbar. Wie eben erwähnt gibt es Dateiattribute, die
über die Verfolgung des Inode-Verweises ermittelbar sind. Dort gibt es naturge-

mäß auch die Kennzeichnung d für Directory. Wird diese vorgefunden, behält sich das Betriebssystem das Recht zum Beschreiben von Verzeichnissen vor: „… um seine fünf Sinne und die Dateien des Benutzers zusammenzuhalten, behält sich der Kern die gesamte Kontrolle über den Inhalt von Katalogen selbst vor." (vgl. [Brown 1998])

Mit anderen Worten wird ein Verzeichniseintrag erst dann angelegt, wenn auch eine Datei erzeugt wird oder eventuell ein Aliasname hinzukommt. Ähnlich verhält es sich mit dem Löschen von Verzeichniseinträgen. Das Gleiche gilt beim Anlegen oder Löschen von Unterverzeichnissen, da auch sie durch Verzeichniseinträge repräsentiert werden.

Fangen wir mit dem einfachsten an: dem Hinzufügen und Entfernen von Dateireferenzen.

Die Systemaufrufe link – *make a hard file link,* symlink – *make symbolic link to a file,* unlink – *remove directory entry*

Der Systemaufruf result = link(name, newname) schreibt einen weiteren Namenseintrag in das aktuelle Verzeichnis. Dieser ist nicht über Dateisystemgrenzen zu gebrauchen.

Der Systemaufruf result = symlink(name, newname) erzeugt einen symbolischen Link im aktuellen Verzeichnis. Das ist eine eigene Datei und uneingeschränkt verwendbar.

Der Systemaufruf result = unlink(path) löscht einen Namenseintrag aus dem aktuellen oder im Pfad spezifizierten Verzeichnis.

Die Parameter bedeuten:

result Integer. Im Fehlerfall gilt: result == -1.

name String. Name einer bestehenden Datei.

newname String. Neuer Name.

path String: Name einer bestehenden Datei.

Als Voraussetzung gilt das Einbeziehen von Systemdateien mit folgenden Includes:

```
#include <unistd.h>
```

SYNOPSIS

```
int
link(const char *name1, const char *name2);
int
symlink(const char *name1, const char *name2);
int
unlink(const char *path);
```

Zusätzliche Bezeichnungen (Aliasnamen, Hardlinks) können mit dem Systemaufruf link(name, newname) zu einem Verzeichnis hinzugefügt werden. Ganz einfach als weitere Zeile mit dem gleiche Inode-Index und dem neuen Namen. Das sind *Hardlinks,* geeignet für *dasselbe* Dateisystem. Damit erhöht sich auch der Verweiszähler.

Mit dem Systemaufruf symlink(name, newname) werden *symbolische Links* erzeugt, die *über Dateisystemgrenzen* hinweg ihre Gültigkeit bewahren. Diese stellen eigenständige Dateien dar, werden aber von Systemcalls und Kommandos als Verweise auf die eigentlichen Dateiobjekte interpretiert.

Ein Löschen von Dateien ist über den Systemaufruf unlink(path) möglich. Hier wird wieder der Inhalt von Verzeichnis-Dateien manipuliert: Der mit dem Dateiname verbundene Eintrag in dem zuletzt genannten Verzeichnis des Pfades wird gelöscht. Das ist nicht wörtlich zu nehmen: Aus Effizienzgründen wird der Inodenummer-Eintrag d_ino mit Null überschrieben! Der Zähler der bestehenden Dateiverweise (Links) wird dekrementiert. Ist die Null erreicht und die Datei nicht mehr im geöffneten Status, können alle Ressourcen der Datei anderweitig vergeben werden und die Datei gilt als gelöscht. Sollte die Datei noch geöffnet sein, wird die Zerstörung nur verzögert.

Die Systemaufrufe mkdir, rmdir – *make a directory file / remove a directory file*

Der Systemaufruf result = mkdir(path, mode) erzeugt ein neues Verzeichnis mit der Eigentümer-ID des Prozesses und der GID des übergeordneten Verzeichnisses. Beim Löschen mit rmdir(path) muss das Verzeichnis leer sein. Die Parameter bedeuten:

result Integer. Im Fehlerfall gilt: result == -1.
path   String: Name eines Verzeichnisses.
mode   Typ mode_t: Zugriffsrechte.

Als Voraussetzung gilt das Einbeziehen von Systemdateien mit folgenden Includes:
#include <sys/types.h>
#include <sys/stat.h>
bzw. #include <unistd.h>

SYNOPSIS
```
    int
    mkdir(const char *path, mode_t mode);
    int
    rmdir(const char *path);
```

Die Systemaufrufe mkdir und rmdir zum Erzeugen und Löschen von Unterverzeichnissen haben damit ebenso das Recht zur Modifikation von Verzeichnisdateien wie creat, open, link und unlink.

7.2.3 Inodes/Locks

Wie beim Erzeugen von Dateien werden auch beim Erzeugen von neuen Verzeichnissen die UNIX-typischen *Inodes* angelegt. Eigentlich heißen diese Index-
Nodes, kurz I-Node. Viele schreiben noch kürzer Inode. Da sich diese Schreibweise
auch in den Systemdateien wiederfindet, greifen auch wir zu ihr. In Inodes sind
die *Metainformationen* abgelegt, die eine Datei zur Datei und ein Verzeichnis zum
selbigen machen, sowie *Besitzer, Gruppenzugehörigkeit, Modifikationszeiten, Zugriffsrechte* und vieles mehr. Vor allem werden die *Datenblöcke* darüber lokalisiert, typischerweise bis zu 12 Blöcke. Nun werden Dateien immer größer und benötigen
eine Anzahl von Blöcken, die nicht mehr in einer einzelnen Inode-Struktur erfasst
werden können. Die Datenblöcke liegen ja üblicherweise nicht hintereinander, was
für Video- oder Musikdateien sehr wünschenswert wäre. Die Konsequenz ist, dass
aus einem Inode heraus Blöcke adressiert werden können, die wiederum Adressen
von Blöcken enthalten. Wenn man das Schema weiterdenkt, kommt man von diesen *einfach-indirekten Blöcken* zu *doppelt-* und *dreifach-indirekten Blöcken* und kann
damit bei vier Byte- Adressen und einer Blockgröße von 1 KB Dateigrößen bis zu
$12 + 256 + 2^16 + 2^24$ KB, also *16 Gigabyte*, erfassen.

Es stellt sich die Frage: Ist der Filepointer, der ja die aktuelle Position zum Lesen
oder Schreiben bei geöffneten Dateien anzeigt, ebenfalls im Inode enthalten? Das
kann nicht sein, da ja mehrere Benutzer eine Datei lesend öffnen können und dann
ihren eigenen Filepointer benötigen. Um benutzer- oder prozessspezifisch vorzu-
gehen, bietet sich die *Dateideskriptortabelle* eines jeden Prozesses mit den Deskriptoren der von ihm geöffneten Dateien an. Wenn nun aber zwei Kindprozesse eine
geöffnete Datei von ihrem Vaterprozess erben, sollte ihnen auch der gleiche Dateideskriptor zugeordnet werden. Somit bleibt nur die Lösung, dass von jedem open-
Systemaufruf in einer speziellen *Systemtabelle der geöffneten Dateien* ein Eintrag mit
einem eigenen Filepointer reserviert wird. Dessen Index wird an der Stelle des
Dateideskriptors in der Prozess-eigenen Deskriptortabelle festgehalten. So erklärt
sich auch die Natur von Deskriptoren als kleine, nichtnegative Ganzzahlen.

Auch zur Manipulation dieser Datenstrukturen gibt es *Systemaufrufe*, welche da
sind: chmod zur Veränderung der Zugriffsrechte, umask zum Festlegen von Standard-
Zugriffsrechten, die benutzt werden, wenn bei der Dateierzeugung nichts anderes
spezifiziert wird, stat (!) als eigentliche Informationsquelle bezüglich Inodes, fcntl
zum Verändern von Attributen und mehr sowie flock, welches insbesondere bei
parallelen Prozessen Anwendung findet und Dateibereiche sperren kann. Letzterer
kann sogar die Gefahr von Deadlocks erkennen und meldet dies mit dem Fehlercode EDEADLK.

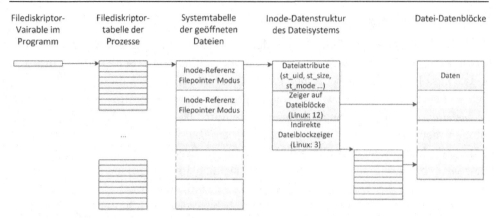

| Filediskriptor-
Vairable im
Programm | Filediskriptor-
tabelle der
Prozesse | Systemtabelle
der geöffneten
Dateien | Inode-Datenstruktur
des Dateisystems | Datei-Datenblöcke |

Abbildung 7-2: Der Weg vom Filedeskriptor zum Datenblock

Ein solcher Zustand würde auftreten, wenn der anfordernde Prozess darauf beharren würde, sein exklusiv angeforderter Dateibereich aber bereits anderweitig exklusiv vergeben ist.

Die Systemaufrufe chmod, fchmod – *change mode of file*

Der Systemaufruf result = chmod(path, mode) ändert die Zugriffsrechte einer Datei. Die Parameter bedeuten:

result   Integer. Im Fehlerfall gilt: result == -1.

path   String. Name einer bestehenden Datei.

fd   Integer. Filedeskriptor.

Als Voraussetzung gilt das Einbeziehen von Systemdateien mit folgenden Includes:

```
#include <sys/types.h>
#include <sys/stat.h>
```

SYNOPSIS

```
    int
    chmod(const char *path, mode_t mode);
    int
    fchmod(int fd, mode_t mode);
```

Der Systemaufruf chmod(path, mode) bzw. die Filedeskriptorvariante fchmod(fd, mode) erwartet die bitweise kodierten Rechte im Argument *mode* und überträgt diese in die Inodestruktur, allerdings nur, wenn die Berechtigung vorhanden ist. In sys/stat.h stehen symbolische Konstanten zur Spezifikation der Rechte zur Verfügung:

```
#define S_IRUSR 0000400        // R for owner
#define S_IWUSR 0000200        // W for owner
#define S_IXUSR 0000100        // X for owner
#define S_IRWXG 0000070        // RWX mask for group
#define S_IRGRP 0000040        // R for group
#define S_IWGRP 0000020        // W for group
```

```
#define S_IXGRP 0000010    // X for group
#define S_IRWXO 0000007    // RWX mask for other
#define S_IROTH 0000004    // R for other
#define S_IWOTH 0000002    // W for other
#define S_IXOTH 0000001    // X for other
#define S_ISUID 0004000    // set user id on execution
#define S_ISGID 0002000    // set group id on execution
#define S_ISVTX 0001000    // save swapped text even after use
```

Das *ISVTX-Bit (sticky bit)* zeigt dem System *bei ausführbaren Dateien* an, dass diese als sharable/ mehrfach benutzbar gelten und zur weiteren Verfügung im Swapbereich bereitgehalten werden sollen.

Das *sticky bit* ist außerdem nützlich im Zusammenhang mit *Verzeichnissen*, die eine Charakteristik ähnlich /tmp vorweisen. Obwohl öffentlich beschreibbar, ist es Benutzern nicht erlaubt, Dateien anderer Eigentümer zu löschen oder umzubenennen. Daher werden solche Verzeichnisse auch append-only genannt.

S_ISUID/ S_ISGID erlaubt die Ausführung von Programmen mit den Rechten des Eigentümers bzw. der Gruppe. Angewandt auf ein Verzeichnis X bestimmt es, dass alle Inhalte fortan dem Eigentümer von X gehören.

Der Systemaufruf umask – *set file creation mode mask*

Der Systemaufruf result = umask(numask) ändert die Zugriffsrechtemaske eines Prozesses, die als Standardwert bei der Dateierzeugung benutzt wird. Die Parameter bedeuten:

result   Integer. Enthält immer die vorherige Maske.

numask   Typ mode_t. Zugriffsrechte-Spezifikation.

Als Voraussetzung gilt das Einbeziehen von Systemdateien mit folgenden Includes:

```
#include <sys/types.h>
#include <sys/stat.h>
```

SYNOPSIS
```
    mode_t
    umask(mode_t numask);
```

Der Systemaufruf umask(mask) bezieht sich auf die „*process file creation mask*" und gibt deren Zustand auch zurück.

Nun kommen wir zur Abfrage von *Metainformationen*: Wann und von wem ist eine Datei eigentlich angelegt worden? Mit welchen Schutzrechten? Und: Handelt sich dabei etwa um ein Verzeichnis? Die Antworten auf all diese Fragen erhalten wir mit dem stat-Systemcall.

Der Systemaufruf stat – *get file status*

Der Systemaufruf result = stat(path, sb) ermittelt alle über eine Datei zur Verfügung stehenden Meta-Informationen und füllt damit die Struktur sb. Die Parameter bedeuten:

result   Integer. Im Fehlerfall -1.

path   String. Dateiname.

sb   Typ (struct stat *), status buffer.

Als Voraussetzung gilt das Einbeziehen von Systemdateien mit folgenden Includes:

```
#include <sys/types.h>
#include <sys/stat.h>
```

SYNOPSIS

```
    int
    stat(const char *path, struct stat *sb);
```

Der Systemaufruf stat(path, statusbuffer) ermittelt alle Meta-Informationen über eine Datei und schreibt diese in den Speicherplatz der mitgegebenen Struktur *sb*.

Der Systemaufruf lstat unterscheidet im Gegensatz zu stat zwischen *symbolischen Links*, die über Dateisystemgrenzen hinweggehen können (s. ls -s), und *Hardlinks*. Mit fstat kann Bezug auf einen Filedeskriptor genommen werden, um die Information zu erhalten.

Der vom System zur Verfügung gestellte Typ struct stat muss benutzt werden, um einen *status buffer sb* zu deklarieren:

```
struct stat {
    dev_t st_dev;              // device inode resides on
    ino_t st_ino;             // inode's number
    mode_t st_mode;            // inode protection mode
    nlink_t st_nlink;          // number or hard links to the file
    uid_t st_uid;             // user-id of owner
    gid_t st_gid;             // group-id of owner
    dev_t st_rdev;        // device type, for special file inode
    struct timespec st_atimespec; // time of last access
    struct timespec st_mtimespec; // time of last data modification
    struct timespec st_ctimespec; // time of last file status change
    off_t st_size;       // file size, in bytes
    quad_t st_blocks;          // blocks allocated for file
    u_long st_blksize;         // optimal file sys I/O ops blocksize
    u_long st_flags;           // user defined flags for file
    u_long st_gen;        // file generation number
};
```

Zu den Metainformationen einer Datei zählen *die Anzahl der Verweise (Hardlinks)*, *User-ID* und *Group-ID* des Eigentümers, *Zugriffs-/Modifikations- und Statuswechsel-*

Zeit, *Dateigröße* und insbesondere in der Statusbuffer-Komponente st_mode die folgenden Bits (einzusehen in der Datei sys/stat.h):

```
#define S_IFMT 0170000  // type of file
#define S_IFIFO 0010000        // named pipe (fifo)
#define S_IFCHR 0020000        // character special
#define S_IFDIR 0040000        // directory
#define S_IFBLK 0060000        // block special
#define S_IFREG 0100000        // regular
#define S_IFLNK 0120000        // symbolic link
#define S_IFSOCK 0140000       // socket
#define S_IFWHT 0160000        // whiteout
#define S_ISUID 0004000        // set user id on execution
#define S_ISGID 0002000        // set group id on execution
#define S_ISVTX 0001000        // save swapped text even after use
#define S_IRUSR 0000400        // read permission, owner
#define S_IWUSR 0000200        // write permission, owner
#define S_IXUSR 0000100        // execute/search permission, owner
```

Damit lässt sich vor allem auch der *Typ der Datei* bestimmen: *Pipe, Verzeichnis* oder
normale Datei. Um die Interpretation der st_mode Bits zu erreichen, werden boole-
sche Vergleiche auf der Basis konjunktiver AND-Verknüpfungen (&) mit den aufgezählten Konstanten durchgeführt. Das ist in der Datei stat.h vorbereitet:

```
#define S_ISDIR(m) (((m) & 0170000) == 0040000) // directory
#define S_ISCHR(m) (((m) & 0170000) == 0020000) // char special
#define S_ISBLK(m) (((m) & 0170000) == 0060000) // block special
#define S_ISREG(m) (((m) & 0170000) == 0100000) // regular file
#define S_ISFIFO(m) (((m) & 0170000) == 0010000) // fifo or socket
#ifndef _POSIX_SOURCE
#define S_ISLNK(m) (((m) & 0170000) == 0120000) // symbolic link
#define S_ISSOCK(m) (((m) & 0170000) == 0140000) // socket
#define S_ISWHT(m) (((m) & 0170000) == 0160000) // whiteout
#endif
```

So ermöglicht die Verknüpfung mit der Konstante S_IFMT, also *type-of-file*, eine Ein-
grenzung auf den Dateityp, der dann mit einem bitweisen Vergleich oder einem
„switch" bezogen auf die verbliebenen acht Untertypen S_IFIFO (*named pipe*) bis
S_IFWH (*whiteout* oder vielleicht auch *whatever*) unterschieden werden kann.

Eine Beispielanwendung von stat wird im Folgenden gezeigt: Periodisch wird die
Größe der Email-Datei eines Benutzer abgefragt. Ändert sich diese, wurde eine
neue Mail empfangen. Diese Datei liegt gewöhnlich im Verzeichnis /usr/spool/mail
oder auch /var/spool/mail und trägt den Namen des Benutzers. Beim Eintreffen
von Mails werden diese textuell an die Datei angehängt. Der Name des Benutzers
ist mit dem Systemaufruf getlogin abfragbar.

Beispiel 4

```
// checkmail: auf Briefkasten aufpassen
#include <stdio.h>
#include <sys/types.h>
```

```
#include <sys/stat.h>
char *progname;
char *maildir = "/usr/spool/mail"; // systemabhaengig
main(argc, argv)
    int argc;
    char *argv[];
{
    struct stat buf;
    char *name, *getlogin();
    int lastsize = 0;

    progname = argv[0];
    if ((name = getlogin()) == NULL)
            error("can't get login name", (char *) 0);
    if (chdir(maildir) == -1)
            error("can't cd to %s", maildir);
    for (;;) {
            if (stat(name, &buf) == -1) // kein Briefkasten
                    buf.st_size = 0;
            if (buf.st_size > lastsize)
                    fprintf(stderr, "\nYou have mail\007\n");
            lastsize = buf.st_size;
            sleep(60);
    }
}
```

Wie man sieht, ist der Zugriff auf die Inode-Information recht einfach: Man muss nur wissen, dass die Größeninformation in der Komponente st_size der vom System definierten Struktur stat zu finden ist.

Der Systemaufruf fcntl – *file control*

Der Systemaufruf result = fcntl(fd, cmd, arg) sorgt für erweiterte Kontrollmöglichkeiten über einen Filedeskriptor, insbesondere das Setzen von Locks auf Teilbereichen von Dateien. Die Parameter bedeuten:

result Integer. Abhängig von cmd. Im Fehlerfall -1.Filedeskriptor, Flag ...

fd   Integer. Dateideskriptor.

cmd   Integer. Durchzuführende Operation (F_DUPFD, F_GETFD ...)

arg   Integer. Argument zu cmd, eventuell auch Pointer auf flock-Struktur.

Als Voraussetzung gilt das Einbeziehen von Systemdateien mit folgenden Includes:

#include <fcntl.h>

SYNOPSIS

```
    int
    fcntl(int fd, int cmd, int arg);
```

Mit dem Systemaufruf fcntl(fd, cmd, arg) erhält der Programmierer die Möglichkeit, Kontrolle über den Filedeskriptor und damit die Dateibehandlung auszuü-

ben. Welcher Art dies ist, wird mit dem Argument cmd und dem Argument arg
spezifiziert:

- F_DUPFD

  Ein neuer Filedeskriptor mit gleichem Filepointer für eine Datei wird zurückgegeben.
- F_GETFD/F_SETFD

  ermittelt/setzt close-on-exec flag: flag > null: Datei wird nach exec geschlossen.
- F_GETFL/F_SETFL

  ermittelt/setzt descriptor status flag O_NONBLOCK/ O_APPEND/ O_ASYNC (bei Vorhandensein von Daten für read wird das Signal SIGIO gesendet!)
- F_GETOWN/F_SETOWN

  ermittelt/setzt process ID/-group, für Empfang der SIGIO- und SIGURG-Signal
- F_PREALLOCATE

vorbereitende Speicherreservierung

- F_SETSIZE

Filegröße wird angepasst (nur root)

- F_RDADVISE

„Issue an advisory read async with no copy to user"

- F_RDAHEAD

„read ahead off/on"

- F_READBOOTSTRAP/ F_WRITEBOOTSTRAP

„Read/write bootstrap from/on disk"

- F_NOCACHE

„data caching off/on", das Vorhalten von Daten zur Effizienzsteigerung

- F_LOG2PHYS

ermittelt *„disk device information"*.

- F_GETLK/ F_SETLK/ F_SETLKW(ait)

„advisory record locking" bzgl. Struktur „flock" in arg

(Sperren von Dateibereichen: read/write/unlock, error: EACCESS/EDEADLK)

Interessant ist hier, dass der Systemaufruf die *Bereitschaft zum Versenden von Signalen* (SIGID) initiieren kann. Das trifft zu, wenn mit dem ‚codecmd' F_SETFL das Flag
O_ASYNC gesetzt ist, und neue Daten zum Lesen angekommen sind und beim Filedeskriptor bereitliegen. Wurde bezüglich eines Filedeskriptors mit F_SETFL
‚O_NONBLOCK' die nicht-blockierende Form der read/writes gewählt und sind keine
Daten da bzw. können noch nicht geschrieben werden, melden die Systemaufrufe
read/write mit dem Rückgabewert –1 einen Fehler und beschreiben diesen in der
errno-Variablen mit EAGAIN. Das Signal SIGID könnte dann einen Signalhandler
aktivieren. Dies ist ein Thema, das besonders bei parallelen Prozessen und asynch-

ronen, nicht-blockierenden Kommunikationsformen interessant ist, ähnlich wie im Folgenden. Bei flock werden ganze Dateien gesperrt, um konkurrierenden Prozessen einen kontrollierten aber nichtdeterministischen Zugriff zu erlauben.

Was mit flock(fd, op) hinsichtlich ganzer Dateien erlaubt ist, wird mit dem Systemaufruf fcntl in Verbindung mit den cmds F_GETLK/ F_SETLK/ F_SETLKW auf Teilbereiche von Dateien anwendbar. Mit F_SETLK oder der wartenden Variante F_SETLKW wird das Setzen von Locks veranlasst, sofern möglich. Wenn nicht, wird dies durch EACCESS in errno erläutert. Mit F_GETLK kann die bestehende Konstellation von bereits gesetzten Locks eruiert werden. Hier kann auch die Prozessnummer (PID) von demjenigen ermittelt werden, der schon über einen konfliktären Lock verfügt.

So sind Szenarien denkbar, in denen eine Datei von mehreren Prozessen schreibend verändert wird, begrenzt aber auf disjunkte, mittels exklusiven Locks geschützte Bereiche, während woanders gelesen wird. Um das zu erreichen, muss als Argument eine Struktur der Form flock mitgegeben werden, in der der Bereich sowie die Art des Locks

- shared: F_RDLCK
- exklusiv: F_WRLCK
- entfernen: F_UNLCK

spezifiziert werden. Die Angabe Länge = 0 bedeutet im Übrigen immer „Rest der Datei".

```
struct flock {
off_t l_start;        // starting offset
off_t l_len;          // len = 0 means until end of file
pid_t l_pid;          // lock owner
short l_type;         // lock type: read/write, etc.
short l_whence;       // type of l_start
                      // (SEEK_SET, SEEK_CUR, SEEK_END)
};
```

Etwas Vorsicht ist geboten bei der Benutzung von Locks auf Dateiteilbereiche, wenn es innerhalb des Prozesses zum Schließen eines mit der Datei assoziierten Filedeskriptors kommen kann, wie das z. B. durch Bibliotheksaufrufe bezüglich dieser Datei geschehen kann: dann werden alle Locks der Datei gelöscht.

Das fcntl-Kommando F_PREALLOCATE dient zum Reservieren von Speicherplatz für eine Datei. Eine besonders schöne Eigenschaft ist dabei die Möglichkeit, zusammenhängenden Speicher anzufordern:

```
Flag F_ALLOCATECONTIG: Allocate contiguous space
```

Wie man sich denken kann, betrifft das vor allem Multimedia-Dateien, bei denen ein schneller und kontinuierlicher Zugriff von großem Vorteil ist.

Der Systemaufruf flock *– apply or remove an advisory lock on an open file*

Der Systemaufruf result = flock(fd, op) setzt oder löscht Locks bezüglich ganzer Dateien. Er erlaubt kooperierenden Prozessen einen kontrollierten gemeinsamen Zugriff und damit eine konsistente Operationsausführung. Die Parameter bedeuten:

result   Integer. Im Fehlerfall -1

fd   Integer. Dateideskriptor.

op   Integer. (LOCK_SH, LOCK_EX, LOCK_NB, LOCK_UN)

Als Voraussetzung gilt das Einbeziehen von Systemdateien mit folgenden Includes:

```
#include <sys/file.h>
#define LOCK_SH 1 // shared lock
#define LOCK_EX 2 // exclusive lock
#define LOCK_NB 4 // don't block when locking
#define LOCK_UN 8 // unlock
auch enthalten in #include <fcntl.h>
```

SYNOPSIS

```
    int
    flock(int fd, int op);
```

Das Anfordern eines Schlüssels von einem Dateiobjekt, das bereits gelockt, also verschlossen ist, resultiert normalerweise in einer *Blockade des aufrufenden Prozesses*. Möchte man das nicht so haben, besteht die Möglichkeit, durch Hinzufügen von LOCK_NB zur Operation in einem solchen Fall den Fehlerfall EWOULDBLOCK zu provozieren. Der Systemaufruf kehrt unblockiert zurück, liefert -1 als Rückgabewert und die Variable errno enthält dann die Meldung EWOULDBLOCK. Das wird zur Kenntnis genommen und der Prozess fährt fort, sich zwischenzeitlich wichtigeren Dingen zu widmen.

7.2.4   Zusammenfassung

Lassen Sie uns noch einmal die wichtigsten Punkte zu Dateisystemaufrufen zusammenfassen:

Wir haben nun *drei Gruppen von Dateisystem-relevanten Systemaufrufen* kennen gelernt. Die erste ermöglicht den unkomplizierten Umgang mit Dateidaten. Im Wesentlichen wird dieser vom *Paradigma des konsekutiven Lesens anhand des Filepointers* bestimmt.

Das mag sich ändern, wenn die hauptsächlich auftretende Form der Dateibenutzung sich ändert. Bislang orientiert sie sich immer noch an der *Metapher des Buches mit dem Zeigefinger* an der Position des Lesens oder Schreibens und erfüllt damit bestens ihren Zweck.

Die zweite Gruppe ermöglicht ein *Ordnungsschema* inmitten der heutzutage riesigen Anzahl von Dateien. Ob dieses den Anforderungen noch genügt, mag in Frage gestellt sein. Wertvoll ist die Möglichkeit, mittels Links diese streng hierarchische Ordnung „aufzubrechen". Auf jeden Fall ist es spannend, ob eine gute Idee dieses universell anwendbare Schema in Zukunft ersetzen kann.

Die dritte Gruppe erlaubt dem Betriebssystem, auf effiziente Weise *Metainformationen* zu sammeln und zur Verfügung zu stellen: Dies ist ein äußerst wichtiger Bereich. Dabei ist das Repertoire an Informationen sicherlich ausreichend und sehr überschaubar für den praktischen Bedarf und die Systemverwaltung. Die Erweiterung hinsichtlich der Locks und der *gemeinsam oder exklusiv zu nutzender Dateibereiche* ist für die sehr zukunftsträchtige, und im Übrigen auch herausfordernde und Spaß machende Disziplin der Parallelverarbeitung notwendig und wohlintegriert.

7.3   NFS (Network File System)

„Das Netzwerk ist der Computer." Diesen Satz haben wir schon öfter gehört. Allerdings galt er schon im Vor-Internet-Zeitalter. Beim UNIX-System gehörte dieser Gedanke von Anfang an dazu. So verwundert es nicht, dass sehr früh das *netzwerkweite Verfügbarmachen von Dateisystemen* realisiert wurde. Dies geschah mit *NFS (Network File System)* der Firma SUN Microsystems. Allerhand Bequemlichkeit resultierte daraus: So kann man sich an eine beliebige vernetzte Workstation setzten, sich einloggen und bekommt sein Home-Verzeichnis mit den aktuellen Daten „auf den Tisch". Aber auch für den Administrator bedeutet es eine echte Arbeitserleichterung, sozusagen als Belohnung für das zusätzlich zu erwerbende Wissen und weitere zu beherrschende Kommandos sowie Konfigurationsdateien, wenn er mit einer einzigen Installation einer Software auf einem Server gleich ein Dutzend Anwender zufrieden stellen kann. Und für alle UNIX-Varianten bedeutete dies eine *konzeptionell wertvolle Erweiterung*: ihnen wurde das *virtuelle Dateisystem mit V-Nodes und R-Nodes* zusätzlich zu den *Inodes* offenbart. Deshalb heißt die zentrale mount-Datei im Verzeichnis /etc bei SUN-Maschinen auch nicht fstab, sondern vfstab. Außerdem lernten sie zwei neue Sprachen: die NFS-Protokolle zum „entfernten Mounten" und den „entfernten Dateizugriff".

7.3.1   Architektur

Das *Netzwerk-Dateisystem* verträgt sich sehr schön mit dem *Konzept des Mountens von Dateisystemen*. Typischerweise werden „entfernte Home-Verzeichnisse", die auf einem Server unter /export/home anzutreffen sind, bei einem entfernten Klienten unter /home gemountet.

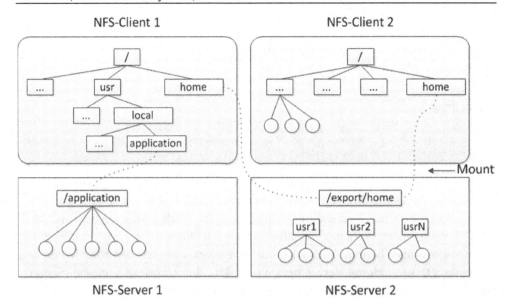

Abbildung 7-3: Die Verbindung des NFS- und des Mount-Konzepts

Beliebige Verzeichnisse des Servers können exportiert werden. Welche das im konkreten Fall sind, wird in der Datei /etc/vfs/exportfs oder auch /etc/exports/ beim Server festgelegt und mit dem Kommando exportfs bestätigt. Beim Klienten wird in der für das Mounten zuständigen Datei /etc/vfstab durch Voranstellen eines *Servernamen-Präfix'* plus : und Angabe der Filesystem-Art nfs festgelegt, dass die Daten nicht lokal sind. Wenn diese Vereinbarungen getroffen sind, wird beim Booten der betroffenen UNIX-Systeme durch Shellscripte, die sich in den Verzeichnissen /etc/rc, /etc/init.d oder /etc/rc3.d befinden, für Import und Export gesorgt. Der Befehl mount wird dann automatisch vom System durch mount_nfs ersetzt.

Das Systemkommando mount_nfs *– mount nfs file systems*
Das Systemkommando mount_nfs verwendet den mount-Sytemaufruf zum Einbinden eines entfernten NFS-Dateisystems (rhost:path) in das lokale Dateisystem an der Mountpoint-Stelle *node*. Dieses Kommando wird normalerweise durch das mount-Kommando ausgeführt. Die Optionen und Argumente bedeuten:
-2 NFS Version 2
-3 NFS Version 3
-K Kerberos-Authentifizierung
-L kein Locking
-P reservierte Socket-Portnummer
-T TCP statt UDP
-U Das NFS-Mount-Protokoll verwendet immer UDP (auch bei –T).
-a vorausschauendes Lesen (read ahead) von 0-4 Blöcken

```
...
rhost:path    angefordertes Verzeichnis
node          Mountpoint


SYNOPSIS
    mount_nfs [-23KLPTUbcdilqs] [-D deadthresh] [-I readdirsize]
    [-R retrycnt] [-a maxreadahead] [-g maxgroups] [-m realm]
    [-o options] [-r readsize] [-t timeout] [-w writesize]
    [-x retrans] rhost:path node
```

Gleichzeitig gibt es das Konzept des *Automounts*. Hiermit wird *on demand* gearbeitet, es werden also nur Verzeichnisse importiert, die auch angesprochen und benutzt werden. Entsprechende Konfigurationsdateien gibt es im Verzeichnis /etc/automount des Klienten. Hier wird z.B. festgelegt, dass ein Benutzer, wenn er sich einloggt, sein Home-Verzeichnis vorfindet, das dann von einem Server stammt. Wenn entfernte Verzeichnisse erst *on demand* gemountet werden, hat dies auch den Vorteil der *Fehlertoleranz*: Beim Ausfall eines Servers bleibt das lokale System trotzdem im Betrieb. Allerdings hilft das dem Benutzer mit fehlendem Home-Verzeichnis wenig. Es können aber redundante Server spezifiziert werden, die dann einspringen, vorausgesetzt, sie verfügen über konsistente Daten.

Das Systemkommando daemon automount – *automatic NFS mount / unmount*
Das Systemkommando automount startet einen Hintergrundprozess (daemon), der im Zusammenhang mit NFS für das automatische Mounten von Verzeichnissen bei ihrem ersten Zugriff sorgt.
SYNOPSIS
    automount [-d] [-tm secs] [-tl secs] [-m directory map]

Automount ist ein „*Dämon*", ein Hintergrundprozess, der automatisch NFS-Dateisysteme mountet, sobald auf sie zugegriffen wird. Werden sie eine Zeit lang nicht benutzt, sorgt automount auch für das „*unmount*" (umount). Die für Automounts zur Verfügung stehenden Mountpoints erscheinen im Dateisystem als symbolische Links. Werden diese gelesen, wird ein Mount-Vorgang gestartet. Hier findet das bereits erwähnte „sticky bit" aus dem Bereich der Zugriffsrechte wieder Verwendung: Bei Verzeichnissen, die zu NFS-Mountpoints gehören, ist dieses gesetzt und dient so als Indiz, dass hier beim Lesen des Verzeichnisses eventuell ein Mount-Vorgang über das Netzwerk angestoßen wird. Dies lässt sich so vermeiden, wenn es nur darum geht, lokale Verzeichnishierarchien zu traversieren.

Zur *Effizienzsteigerung* beim Zugriff auf entfernte Daten können so genannte cachefs-Partitionen von lokalen Speichermedien genutzt werden. Diese werden beim Mounten eines NFS-Verzeichnisses hinzugenommen, um Daten lokal zwischenzuspeichern und den Netzwerkverkehr einzuschränken, sofern das in der vfstab-Datei in der Spalte *Optionen* spezifiziert wurde. Die Option -cachefs mit der Angabe des *device* aus dem /dev-Verzeichnis wird dann vom *mount*-Befehl berücksichtigt. Es muss in diesem Zusammenhang allerdings darauf hingewiesen werden, dass die default-Konfiguration das Cachen von größeren Dateien verhindert. Dementsprechend sollten die Parameter überdacht werden. Die Kombination von netzwerkweiten Dateisystemen und lokalen Ressourcen ist sehr sinnvoll, vereint sie doch das Vorhandensein netzwerkweit gültiger Daten mit dem von lokalen Ressourcen.

7.3.2 NFS-Protokolle

Sobald mehrere Kommunikationspartner interagieren, ist und muss die Rede sein von *Protokollen*, also den verbindenden Sprachen und Vereinbarungen. Damit werden Kommunikationsschnittstellen geschaffen. Im Falle von NFS dient das *erste Protokoll* zum Erhalt von Datei-Handles für den Client, nachdem dieser nach einem hoffentlich exportierbarem Verzeichnis gefragt hat (RFC 1094). Das *zweite NFS-Protokoll* dient dem Zugriff auf aktuelle Daten und Verzeichnisinhalte des Servers. Überraschenderweise kennt ein NFS-Server darin nicht die Operationen open und close, dafür ist nur der Client zuständig. Der Server erhält lediglich eine lookup-Nachricht bezüglich der *Datei*, einer anvisierten *Position* darin und der *Anzahl* zu transferierenden Bytes. Die Quintessenz ist, dass das Protokoll mit dem Server *zustandslos* ist. Der Server darf also ruhig zwischenzeitlich „abstürzen", ohne dabei die NFS-basierte Kommunikation zu gefährden: Der Filepointer existiert nur beim Client! Probleme gibt es damit nur bei konkurrierenden Prozessen, die Sperren verwenden wollen.

Probleme gibt es aber auch im Kontext der *Authentifizierung* beim netzwerkweiten Betrieb. Hier wird vorausgesetzt, dass ebenfalls auch die numerische Benutzeridentifizierung *UID* und Gruppenzugehörigkeit *GID* netzwerkweit konsistent gültig sind, womit die Einträge in den lokalen passwd-Dateien gemeint sind. Glücklicherweise wird *NFS* meistens in Kombination mit *NIS* verwendet, also dem *System zur netzwerkweiten Identifizierung*. Trotzdem reicht das nicht aus: Bei netzwerkweitem Betrieb empfiehlt sich immer die Anwendung von fundierteren Authentifizierungsmechanismen, wie der im Zusammenhang mit RPC (*remote procedure call*) möglichen *Public-Key-Kryptographie*. Das Kommando mount_nfs kann mit der Option -K für Kerberos-Authentifizierung versehen werden.

```
mount_nfs -K
Pass Kerberos authenticators to the server for client-to-serverusercredential
mapping.
```

Es wird dann bei jeder Anfrage und Antwort ein sicherer Schlüssel zur Validierung von Client und Server ausgetauscht.

7.3.3   NFS-Implementierung

Zur Einbeziehung von Netzwerk-Verzeichnissen wird eine *zusätzliche Schicht in der Implementierung von Dateisystem-Aufrufen* eingerichtet. Diese liegt zwischen der Systemaufrufschnittstelle und den bekannten lokalen Dateisystemmechanismen. Sie heißt virtuelles Dateisystem.

Der Sinn der VFS-Schicht ist die Verwaltung einer Tabelle zum Finden der Datenblöcke zu sowohl lokalen wie auch entfernten geöffneten Dateien. Ihre Einträge heißen nun V-Nodes (virtuelle Inodes). Wenn eine entfernte Datei geöffnet wird und damit ein Datei-Handle zur Verfügung steht, wird ein *R-Node* (remode inode) erzeugt. In diesen werden die Datei-Handles gespeichert. Ein Filedeskriptor indiziert nun Einträge in der Dateistruktur der V-Nodes, um Daten zu lokalisieren. Er kann damit zwischen lokalen und entfernten Dateien unterscheiden und entweder Inodes oder R-Nodes zum Finden der Daten heranziehen.

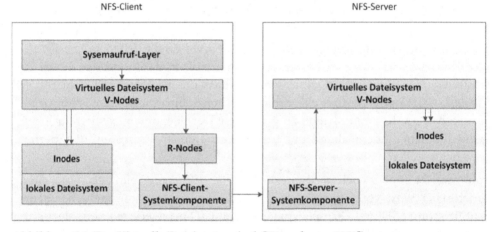

Abbildung 7-4: Das Virtuelle Dateisystem (vgl. [Tanenbaum 2009])

Das Lesen und Schreiben von entfernten Dateiinhalten geschieht in größeren Stücken, *Blöcken von 8 KB*. Beim Lesen wird sogar *vorausschauend* übertragen, d. h., der nächste Block wird direkt nach dem Empfang des letzten angefordert. Das mount_nfs-Kommando kennt hierzu die a-Option:

```
-a   Set the read-ahead count to the specified value. This may be in the
     range of 0 - 4, and determines how many blocks will be read ahead
     when a large file is being read sequentially. (man mount_nfs)
```

Beim Schreiben wird so lange gewartet, bis ein ganzer Block voll ist, und dieser dann übertragen. Durch die resultierende Zeitverzögerung zwischen gelesenen und geschriebenen Daten kann es zu Inkonsistenzen kommen.

Das Problem ist nicht gelöst, es wird ein Workaround geschaffen, indem alle 30 Sekunden synchronisiert wird und die Änderungsdaten aus den Inodes regelmäßig konsultiert werden. Hierzu gibt es eine Erweiterung des NFS-Protokolls, aller-

dings nur zur NFS Version 3: die *leasing extension* zur Cache-Konsistenz, die beim
mount_nfs mit der Option -q aktiviert wird.

Die Implementierung von *NFS* basiert standardmäßig auf dem *UDP* (*unreliable
datagram protocol*) Transportmechanismus. Dies kann, sofern von der UNIX-
Variante und dem Server (möglichst BSD-UNIX) unterstützt, mit der Option -T des
mount_nfs-Kommandos zu *TCP* geändert werden. Für Client/Server-Verbindungen,
die „nicht direkt nebeneinander stehen", also nicht am selben LAN-Kabel hängen,
wird ein Wechsel zur *TCP*-Verbindung zwecks Effizienzsteigerung dringlichst
empfohlen.

7.3.4   Zusammenfassung

Lassen Sie uns noch einmal kurz über das UNIX-Dateisystem reflektieren. Trotz
der eingeführten, unzähligen Details und Konventionen lässt sich eines kaum ab-
streiten:

Das UNIX-Dateisystem ist an Einfachheit und konzeptioneller Stärke kaum zu überbieten.

Dafür sorgen folgende Eigenschaften:

- Eine UNIX-Datei ist unstrukturiert. Der Zugriff orientiert sich ausschließlich
  am Filepointer.
- Zugriffsrechte schützen Dateien. Sie differenzieren zwischen Benutzer, Gruppe
  und Other.
- Dateiattribute wie Eigentümer und Größe werden in Inodes und V-Nodes
  festgehalten.
- Verzeichnis-Dateien gruppieren Dateien und schaffen so eine Ordnungsstruk-
  tur.
- Links erlauben dabei deren Veränderung zu gerichteten Graphen.
- Mit dem Mount-Konzept lassen sich Dateisysteme zu einer homogenen Struk-
  tur verbinden.
- Das Netzwerk-Filesystem NFS erlaubt die Integration entfernter Verzeichnisse.

Zur Nutzung in Programmen dient ein kompaktes Repertoire von Systemaufrufen:

- In Programmen mit Systemaufrufen werden Dateien über Filedeskriptoren
  identifiziert.
- Dateiinhalte sind mit den Systemaufrufen open, read, write, lseek, close bear-
  beitbar.
- Zur Festlegung und Veränderung von Zugriffsrechten dienen chmod und umask.
- Verzeichnisse werden indirekt mit creat, open, link, symlink, unlink, mkdir, rmdir
  geändert.
- Zum Wandern in Verzeichnisstrukturen dient chdir, zum Lesen opendir, read-
  dir, closedir.
- Dateiattribute ruft man mit dem Systemaufruf stat ab.
- Konkurrierender Zugriff auf Dateibereiche wird mit Locks und flock bzw.
  fcntl kontrolliert.

Damit ist die Möglichkeit der Verarbeitung unterschiedlichster Daten, gerade auch von Multimediadaten, im wahrsten Sinne des Wortes vorprogrammiert. Die starke Abstraktion sowie die Schaffung einer homogenen logischen Struktur erlauben die Nutzung unterschiedlichster technischer Lösungen. Effizienten Implementierungen steht so nichts im Weg. Parallele und netzwerkweite Anwendungen werden unterstützt und machen das Dateisystem zu einem zukunftssicheren Bestandteil des Betriebssystems.

7.4   Übungen

1. Was ist so besonders daran, dass beinahe „alles" (auch Named Pipes, UNIX Sockets, Peripheriegeräte (bzw. deren Treiber), Shared Memory-Segmente…) in UNIX eine Datei ist? Wobei macht man sich das zu Nutze?

2. Stellen Sie sich vor, jeder Benutzer eines UNIX-Systems hätte in seinem Home-Verzeichnis ein Verzeichnis namens *public*, in dem jeder User beliebige Inhalte veröffentlichen kann. Diese Inhalte möchten Sie nun jedem Nutzer des Systems zur Verfügung stellen. Allerdings sind Sie berechtigterweise vorsichtig und haben Bedenken dabei, dass dann auch jeder Nutzer den Inhalt Ihres Home-Verzeichnisses einsehen könnte. Wie könnten Sie mithilfe der UNIX-Dateirechte realisieren, dass alle Benutzer zwar den Inhalt des Verzeichnisses *public* einsehen und auch alle darin befindlichen Dateien lesen (und ggf. ausführen) können, den Inhalt des darüber liegenden Verzeichnisses jedoch nicht?

3. Wie Sie wissen, ist sämtliche Hardware des Rechners durch einen Eintrag (in Form einer Datei) im Verzeichnis /dev repräsentiert. Wie würden Sie beispielsweise auf das (erste) CD-ROM-Laufwerk zugreifen?

4. Schreiben Sie ein interaktives C-Programm, das eine Datei öffnet und auszuwählen erlaubt, in welchem Modus die Datei geöffnet wird (Modus r, w, a, r+, w+, a+). Weitere Wahlmöglichkeiten sollen Lese- und Schreiboperationen sowie Positionieren mit detaillierter Fehlerbehandlung sein. Zeigen Sie den Dateiinhalt und die Systemreaktion, also Erfolgs- oder Fehlermeldung, nach jeder Kommandoausführung an. Probieren Sie die möglichen und unmöglichen Kombinationen aus Öffnungs- und Zugriffsmodi und verfolgen Sie das Resultat.

5. Schreiben Sie ein Programm, das es Ihnen erlaubt, an einer beliebigen Stelle in einer Datei Text einzufügen. Gestalten Sie das Programm so, dass der Benutzer über die Eingabeaufforderung die Möglichkeit bekommt, die zu editierende Datei auszuwählen, und danach die Möglichkeit hat, sich den Punkt in der Datei auszusuchen, von dem ab er Text einfügen will. Ein *Tipp*: Speichern Sie sich den Teil hinter dem Einstiegspunkt zwischen!

   Hinweis: Es kann sein, dass Sie Ihrem Compiler mitteilen müssen, dass Sie mathematische Funktionen verwenden, welche in separaten Bibliotheken untergebracht sind. Dazu verwendet man z. B. beim GNU-Compiler (gcc) die Option -lm. Das -l fordert den Compiler auf, eine Bibliothek einzubinden, und m steht hier für die mathematische Bibliothek libm.a. Wenn der Compiler die Bibliothek nicht findet, muss entweder die Umgebungsvariable LD_LIBRARY_PATH um den Pfad zur libm.a ergänzt werden oder man gibt diesen mit der -L-Option beim Compileraufruf an.

6. Welche Systemfunktionen und Datenstrukturen werden benötigt, um ein Auslesen aller Einträge eines Verzeichnisses zu ermöglichen? Welche Systemfunktionen und Datenstrukturen werden benötigt, um genauere Informationen (Typ, UserID, Rechte, Größe etc.) einer Datei auszulesen?

7. Schreiben Sie ein Programm, das im aktuellen oder angegebenen Verzeichnis nachschaut, ob ein spezifizierter Dateiname richtig buchstabiert wurde. Kann der Name nicht gefunden werden, soll der bestmögliche Vorschlag gefunden werden: „Meinten Sie vielleicht xxx ?". Existiert nämlich eine Datei, deren Name fast gleich ist, zwei Zeichen wurden vertauscht, wie das häufig vorkommt, oder ein Zeichen fehlt, ist extra oder falsch, kann davon ausgegangen werden, dass diese gemeint ist. Nutzen Sie die Hilfsfunktion spdist zum Messen der Ähnlichkeit (Vertippen Sie sich bitte nicht dabei!).

```
// spdist: Abstand zwischen zwei Namen liefern

// sehr grobes Buchstabiermass:
// 0 wenn die Namen gleich sind
// 1 wenn zwei Zeichen vertauscht sind
// 2 wenn ein Zeichen falsch, extra oder nicht da
// 3 sonst

#define EQ(s,t) (strcmp(s,t) == 0)

spdist(s, t)
    char *s, *t;
{
    while (*s++ == *t++)
            if (*t++ == '\0')
                    return 0; // exakt gleich
    if (*--s) {
            if (*t) {
                    if (s[1] && t[1] && *s == t[1]
                            && *t == s[1] && EQ(s+2, t+2))
                    return 1; // vertauscht
                    if (EQ(s+1, t+1))
                            return 2; // 1 Zeichen falsch
            }
            if (EQ(s+1, t))
                    return 2; // 1 Zeichen extra
    }
    if (*t && EQ(s, t+1))
            return 2; // 1 Zeichen fehlt
    return 3; // nichts zu machen
}
```

8. Schreiben Sie ein Programm, in dem drei oder mehr Prozesse gleichzeitig und immer wieder auf eine Datei zugreifen und mindestens einer davon schreibend zugreifen will. Benutzen Sie den Systemaufruf `flock` zur Synchronisation. Geben Sie aus, welcher Prozess die Datei gerade besitzt.

9. Schreiben Sie ein Programm, in dem fünf oder mehr Prozesse gleichzeitig und immer wieder auf zufällig bestimmte Teilbereiche einer Datei zugreifen und auf mindestens zwei davon schreibend zugreifen möchten. Vielleicht lassen Sie die lesenden Prozesse ihre Bereiche ausgeben. Benutzen Sie den Systemaufruf `flock` zur Synchronisation. Geben Sie auch aus, welcher Prozess seinen Dateibereich gerade besitzt. Nehmen Sie sich dazu eine verhältnismäßig kleine Textdatei, vielleicht mit einem Gedicht, und setzen Ihr Programm und Ihre Prozesse darauf an.

    Zum Sperren von Dateiteilbereichen benutzen Sie den Systemaufruf `fcntl`. Um einen Teilbereich zu sperren, müssen Sie `l_start` und `l_whence` sowie `l_len` und natürlich `l_type` setzen. Informieren Sie sich über die Struktur `flock`. Entsperren Sie auch! Benutzen Sie `F_GETLK`, um abzufragen, welche Sperren für eine Datei gesetzt sind. Mit `F_SETLK` können Sie eine Sperre einrichten und mit `F_UNLCK` können Sie sie wieder aufheben, mit `F_SETLKW` wird ein Prozess suspendiert, bis es ihm möglich ist, die geforderte Sperre einzurichten. Beantworten Sie die Frage, ob es möglich ist, dass die Sperren `F_WRLCK` und `F_RDLCK` gleichzeitig auf eine Datei angewendet werden, und begründen Sie es.

    Starten Sie einen weiteren „Monitoring"-Prozess, der mittels `fcntl(fd, F_GETLK, &lock)` wiederholt abfragt und ausgibt, ob die Datei common_ressource Schreib- oder Lesesperren hat und welcher Prozess diesen Lock besitzt.

10. Für die Musikfreunde unter Ihnen: Schreiben Sie ein Programm, das Ihnen eine MP3-Playlist-Datei generiert. Dazu suchen Sie ab einem Verzeichnis alle Dateien mit dem Postfix `.mp3` und schreiben diese Zeile für Zeile in eine Datei mit dem `Postfix .m3u`! Diese Playlist können Sie nun in jedem aktuellen Audioplayer verwenden. Der Aufruf sollte wie folgt gestaltet sein:

    ```
    m3uGenerator [-r] [<Verzeichnis>]
    ```

    Beide Parameter sind optional. Existiert der Parameter `-r`, so werden auch alle Unterverzeichnisse rekursiv ausgegeben. Fehlt der Parameter `<Verzeichnis>`, so wird das aktuelle Verzeichnis verwendet.

8   Verteilte Systeme

In früheren Kapiteln haben Sie Prozesse in Betriebssystemen kennen gelernt. Wir haben besprochen, wie man Prozesse in UNIX erzeugt und synchronisiert. Einerseits haben wir gesehen, dass Prozesse als aktive Komponenten eines Systems sinnvoll sind, weil sie beispielsweise einen hohen Grad an Parallelität, und damit auch einen Nicht-Determinismus ermöglichen. Andererseits haben wir gesehen, dass beispielsweise das UNIX-Prozesskonzept einen gravierenden Nachteil hat: Die meisten Prozesssynchronisationsprimitive sind nicht über Rechnergrenzen hinweg einsetzbar.

Wir wollen daher in diesem Kapitel besprechen, wie man wirklich *verteilte Anwendungen* entwickelt, in denen ein Rechner durchaus Programme aufruft, die sich auf einem anderen Rechner befinden.

> Ein *verteiltes System* ist die logische und elektronische Verbindung zweier oder mehrerer Computersysteme über ein Datennetz zur gemeinsamen Bearbeitung von DV-Aufgaben.

Die Vorgehensweise, komplexe Aufgaben so zu strukturieren, dass sie in kleinere und leicht lösbare Problemstellungen aufteilbar sind und auf mehrere, spezialisierte Prozessoren verteilt werden können, findet man an vielen Stellen des täglichen Lebens. Verteilte Systeme sind damit keineswegs eine Errungenschaft der Informatik. Wir beschränken uns hier natürlich auf die Aspekte der verteilten Rechnersysteme.

Dieses Kapitel stellt ein Bindeglied zu Texten dar, die dieses Thema vertieft behandeln. Einige Dinge, die Sie aus anderen Kapiteln kennen, werden angewandt, und die Grundkonzepte verteilter Systeme, die zum Verständnis moderner Betriebssysteme wichtig sind, werden eingeführt.

In der Vergangenheit konzentrierte sich eine Anwendung in der Regel auf ein zentrales System – den Mainframe, der eine Zeit lang geschmäht wurde, und der nun in einigen Bereichen wieder hoffähig wird. *Peer-to-peer-Systeme* als lose Kopplung gleichberechtigter Systeme entstanden im Mainframe-Bereich in den 80er Jahren, um die hochspezialisierten Systeme gemeinsam an einer Problemlösung beteiligen zu können.

Eine zweite Entwicklungswelle brachte uns die LANs (Local Area Networks) und die lokal vernetzten Systeme. Einige Systeme bis hin zu Hunderten werden so miteinander verbunden, dass es möglich ist, kleinere Informationsmengen im Millisekundenbereich zwischen den Rechnern hin- und herzuschicken. Damit wird es sinnvoll, die Erledigung einer Aufgabe auf mehrere kooperierende Systeme zu verteilen – die verteilten Systeme sind erfunden.

Moderne verteilte Anwendungen basieren auf *Web-Services*, die man mit Protokollen auf der Anwendungsebene erstellt. Aber damit sie überhaupt kommunizieren können, sind die darunter liegenden Strukturen, die in diesem Kapitel behandelt werden, vorausgesetzt.

Diesen verschiedenen Konzepten ist gemeinsam, dass, damit die Vernetzung der Systeme effizient erfolgt, Vorkehrungen in den Betriebssystemen erfolgen müssen – bis hin zu Modifikationen im Betriebssystemkern. Deshalb kann ein einführender Text über Betriebssysteme nicht auf die Erwähnung der verteilten Systeme und ihrer Grundlagen verzichten, selbst wenn es weitgehende Überlappungen zu benachbarten Disziplinen gibt.

8.1   Grundlagen

Es ist sehr wohl bemerkenswert, dass moderne verteilte Anwendungen wie selbstverständlich über Rechnergrenzen hinweg funktionieren. Der Benutzer des WWW kann beispielsweise die Illusion haben, dass er sich eines einzigen riesigen Computers bedient, obwohl die Informationen weltweit verteilt auf Servern unterschiedlichster Bauweise, Hersteller und Software liegen.

Die Frage nach der Basistechnologie für diesen ungeheuren Rechnerverbund, der den größten Fortschritt der Informationsverarbeitung der letzten Jahrzehnte darstellt, ist leicht zu beantworten: Es sind die Kommunikationsnetzwerke, die Computer miteinander verbinden und die von allen Rechnern akzeptierten und verarbeitbaren Protokolle. Das wohl populärste und weltweit am meisten eingesetzte Protokoll ist hierbei TCP/IP (*Transmission Control Protocol/Internet Protocol*) in seiner Version 4. Es ermöglicht den Aufbau und Betrieb von Netzwerken und verteilten Systemen, wie Telematik-Dienste und multimediale Anwendungen. Dabei stellen große und kleine Entfernungen und unterschiedliche Rechnerarchitekturen offenbar keine Hindernisse dar.

Wir werden in diesem Kapitel zunächst auf die Grundstrukturen von verteilten Systemen wie TCP/IP und dem *OSI-Referenzmodell* eingehen. Sie bilden die standardisierte Grundlage für die Kommunikation in Netzen, das OSI-Modell eher in theoretischer Hinsicht, und TCP/IP aus Sicht der Praxis, und gestatten uns die Festlegung einiger Begriffe, die für das Verständnis und die Motivation verteilter Systeme erforderlich sind.

Für die Programmierung konkreter verteilter Anwendungen gibt es ebenfalls Standards, die vor allem dazu dienen, den Entwicklungsprozess komfortabler zu gestalten. Zu nennen sind hier vor allen Dingen *Sockets* und *Remote Procedure Calls* (RPC), die in heutigen Betriebssystemen zur Verfügung stehen.

Wir behandeln also exemplarisch die folgenden Themen in diesem Kapitel:

- Grundlagen
  - OSI-Referenzmodell
  - TCP/IP-Protokoll
- Programmiertechniken
  - Sockets
  - Remote Procedure Call.

Soweit es sinnvoll und vom Platz her möglich ist, werden neben den theoretischen Konzepten auch konkrete Beispiele angegeben, die zum unmittelbaren Ausprobieren ermuntern sollen.

8.1.1 Nutzen der verteilten Systeme

Wie schon eingangs erwähnt, sind die Rechnernetze in der Informatik-Anwendung allgegenwärtig und aus keinem größeren Projekt mehr wegzudenken. Die in diesem Bereich sehr innovative Firma SUN prägte den Slogan: „Das Netz ist der Computer". Der Grund ist, dass verschiedenartiger Nutzen unmittelbar oder mittelbar daraus gezogen werden kann, dass Anwendungen auf miteinander vernetzten Rechnern laufen.

Geschwindigkeit: Aus physikalischen und technologischen Gründen sind der Leistungsfähigkeit von Computern nach oben Grenzen gesetzt. Das Wachstum von Rechnernetzen und damit ihre Leistungsfähigkeit sind theoretisch unbegrenzt.

Bedarfsgerechte Größe: Eng mit dem letzten Punkt verbunden ist die Möglichkeit, ein vernetztes System bei veränderten Anforderungen durch Hinzunehmen weiterer Komponenten in relativ kleinen Schritten wachsen oder auch schrumpfen zu lassen, ohne große finanzielle oder organisatorische Einschnitte zu erfordern.

Kosteneffektivität: Wenn man die Kosten pro MIPS (Millionen Instruktionen pro Sekunde) betrachtet, wird es erheblich teurer, einen Mainframe in der Leistung zu verdoppeln als einen Mikroprozessor. Das liegt an deren niedrigen Stückpreisen, die durch die riesigen produzierten Stückzahlen möglich werden. Wenn man den Aufwand für die Vernetzung, der in der erforderlichen Kommunikationshardware und der koordinierenden Software liegt, niedrig halten kann, ist es kostengünstiger, viele kleine Rechner statt wenigen großen einzusetzen.

Räumliche Verteilung der Anwendung: Einige Anwendungen sind von sich aus im Raum verteilt: Produktionsdaten fallen in Fabriken an und werden am besten dort gespeichert und verdichtet, während das Management und der Vertrieb an anderen Stellen sitzen und dort ihre Datenbasen haben. Aber die Produktionsplanung muss auch auf Marketingdaten zugreifen und umgekehrt.

Zuverlässigkeit: Aus Sicherheitsgründen wird man die Arbeitslast wichtiger Anwendungen auf mehrere Systeme verteilen. Wenn eines davon versagt, ist noch nicht das ganze Unternehmen gefährdet.

Gemeinsame Ressourcen-Nutzung: In Rechnernetzen kann man vorhandene Hard- und Software von vielen Stellen aus nutzen. Sie wird dadurch ökonomischer genutzt, als wenn sie an jedem potentiellen Einsatzort getrennt beschafft werden muss. Dies gilt für Hardware, wie z.B. Drucker, und für Software, wie z.B. statistische Anwendungspakete. Weitere wichtige Ressourcen sind aber auch die Datenbestände eines Unternehmens, die in einem Netz jedem berechtigten Nutzer zugänglich gemacht werden können, und, zunehmend von Bedeutung, kostenpflichtige, lizenzierte Softwaresysteme.

Kommunikation: Nicht zuletzt wird man die ursprünglich für die Datenkommunikation geschaffenen Netze auch für menschliche Kommunikation nutzen, sei es E-Mail, Telefonie oder Videokonferenzen. Insbesondere seit dem Einzug der Multimedia-Techniken wachsen alle auf digitaler Technik basierenden Geräte immer mehr zusammen.

Diesem geradezu überwältigenden Nutzen stehen natürlich auch einige Probleme entgegen, die den Einzug der verteilten Systeme in den DV-Alltag verlangsamen.

Komplexität: Ein Hauptproblem ist die steigende *Komplexität* eines großen Rechnernetzes und darauf verteilter Anwendungen. Ein Rechner als Kombination von Hard- und Software ist schon ein komplexes Gebilde, aber die in Netzen verteilten Systeme sind um Größenordnungen komplexer. Viele verschiedene Technologien müssen reibungslos zusammenspielen, viele verschiedene Hersteller bieten unterschiedliche Möglichkeiten zum Zusammenschluss von Rechnern und Netzen an – es gibt unendlich viele Kombinationsmöglichkeiten. Das Management einer großen verteilten Anwendung ist eine sehr anspruchsvolle Aufgabe.

Mangelnde Standards: Es gibt noch immer verhältnismäßig wenig etablierte anwendungsorientierte Standards und zu viele konkurrierende Entwicklungen. Dieses Problem behindert die Einführung verteilter Systeme insbesondere, wenn man heterogene Netze braucht, also Systeme verschiedener Hersteller miteinander verbinden muss. Eine Ursache hierfür könnte sein, dass die Entwicklung von Standards und zugehörigen ausreichend mächtigen Entwicklungswerkzeugen nicht mit der technologischen Entwicklung Schritt hält.

Netzbelastung: Wie wir gesehen haben, kann ein Netz zur besseren Auslastung der Rechnerhardware führen. Aber auch die Netze sind in ihrer Übertragungskapazität begrenzt, insbesondere, wenn größere Entfernungen zu überbrücken sind. Das Wachstum einer verteilten Anwendung kann also durch Überlastung des Datennetzes behindert oder kostspielig werden.

Sicherheit: Einen Rechner mit seiner Peripherie kann man gegen schädliche Einwirkungen abschirmen. Auch gegen unbefugte Benutzer kann man sich bei einem einzelnen System durch Zugangskontrollen schützen. Aber ein Datennetz mit räumlich weit verteilten Strukturen ist erheblich schlechter gegen Missbrauch und Beschädigung zu schützen.

In der Summe wachsen die Anzahl vernetzter Rechner und ihre Nutzung nach wie vor explosionsartig. Heute stellt der Zugang zu Netzen für sich schon einen Wert dar. Z.B. legen heute selbst Behörden und Schulen Wert auf Präsenz im Internet. Es ist noch kein Ende im Wachstum der Rechnernetze zu erkennen.

Verteilte Systeme haben, gemessen am Tempo der Informatik-Innovationen, eine lange Entwicklungsgeschichte. Wir beenden diesen Abschnitt, indem wir wichtige frühe Meilensteine angeben. Einige davon werden Ihnen sicher bekannt sein. Die anderen werden wir zum Teil besprechen.

Das folgende Evolutionsschema für verteilte Systeme folgt und erweitert [Brown 1998]:

1. Schon die frühen Betriebssysteme unterstützen Multitasking, z.B. in UNIX: Hintergrundjobs, `fork()` und `pipe()`.
2. Das 1984 von AT & T entwickelte UNIX-System V enthält die Konzepte Shared Memory, Message Queues und Semaphore.
3. Im BSD UNIX 4.2 der University of Berkley gibt es die erste Implementierung von TCP/IP und Sockets zum Zugriff auf das TCP/IP-Protokoll aus einem Anwendungsprogramm. Damit eröffnet sich die Möglichkeit, verteilte Anwendungen rechnerübergreifend zu realisieren. Mit diesem Schritt wird auch die Entwicklung von Dienstprogrammen wie telnet und FTP eingeleitet.
4. BSD UNIX wird weiter entwickelt. 1986 entsteht die Bibliothek Transport Level Interface (TLI), die im Wesentlichen den Sockets entspricht, sich aber am OSI-Referenzmodell orientiert.
5. Die Firma SUN – SUN steht für Stanford University Node – ist Vorreiter im Bereich der verteilten Systeme. Workstat und Ethernet werden um 1986 entwickelt, außerdem das Network File System (NFS), was ein De-facto-Standard für verteilte UNIX-Dateisysteme ist. Wenig später gibt es die erste Implementierung der Remote Procedure Calls (RPC), die funktional den Sockets entsprechen, aber eine sehr viel bequemere Entwicklungsmöglichkeit für verteilte Anwendungen darstellen. Auch dieses wichtige Thema werden wir später genauer besprechen.
6. Die Entwicklung verteilter Systeme ist ein kontinuierlicher Prozess, der heute – unter anderem bedingt durch die Durchdringung des Internet – in allen Bereichen andauert. Als Meilensteine sind hier Netz-PCs, Intranet-Technologien, JAVA, DCE und DME der Open Group sowie andere (teilweise proprietäre) Standards zu nennen.
7. Besonders herausstellen wollen wir noch die rasante Verbreitung von Linux. Immer mehr Unternehmen setzen dieses lizenzfreie Betriebssystem ein. Viele Hardware-Hersteller liefern ihre Produkte mit vorinstalliertem Linux aus. Namhafte Software-Hersteller stellen bereits Linux-Versionen ihrer Programme zur Verfügung. Dies wird das Gebiet der verteilten Systeme nachhaltig beeinflussen. UNIX als Basis für die praktischen Übungen zu verwenden ist da-

mit eine strategisch richtige Entscheidung. Sie werden die Dinge lernen, die für die Praxis in Zukunft relevant sind!

8. Seit etwa der zweiten Hälfte der neunziger Jahre ist man bestrebt, die immer wieder ähnlichen Strukturen zu verallgemeinern, die man beim Entwurf verteilter Systeme findet. So entstand der Begriff der für eine zwischen Betriebssystem und Anwendung liegenden Schicht von Funktionen und Definitionen, die möglichst unabhängig von beiden definiert ist und so einerseits die rasche Übernahme von Anwendungen zwischen verschiedenen Hardware- und Betriebssystemumgebungen ermöglicht und andererseits gestattet, anwendungsübergreifend benötigte Basisfunktionen auf breiter Basis zur Verfügung zu stellen. RPC stellt eine frühe Realisierung von Middleware-Konzepten dar. Corba und Java RMI gehen weiter in diese Richtung und lehnen sich an die Prinzipien der Objektorientierung an.

8.1.2   OSI-Referenzmodell

Alle Partner, die an einer Kommunikation beteiligt sind, seien es Computer oder auch Menschen, haben ein Interesse daran, dass sie die an sie gerichteten Nachrichten auch empfangen und dass die von ihnen abgeschickten Nachrichten auch den richtigen Empfänger erreichen. Dazu vereinbaren die Kommunikationspartner untereinander Regeln für den Informationsaustausch, die so genannten *Protokolle*. Diese Regeln legen unterschiedlichste Dinge fest, von der Art der Signale auf den verwendeten Leitungen über die Steckverbindungen, die verwendeten Codes, die Länge und das Format der Nachrichten, die Form der Adressierung, Bestätigungen bis zu den Fehlermitteilungen usw.

8.1.2.1   Geschichtete Protokolle

Man legt nun nicht das gesamte Regelwerk als ein großes, alles umfassendes Protokoll fest, sondern untergliedert es in verschiedene Protokollebenen, so genannte Protokollfamilien. Jedes Teilprotokoll kümmert sich um einen bestimmten, genau festgelegten Teil der gesamten Kommunikation. Die einzelnen Protokolle einer Familie bauen aufeinander auf und setzen voneinander nur die gegenseitigen Schnittstellen voraus. Man stellt sich die Protokolle gerne in einem Schichtenmodell vor, bei dem die Protokolle mit zunehmender Abstraktion zwischen den Bedürfnissen der Kommunikationshardware und der Anwendungsprogramme vermitteln. Wenn eine Protokollfamilie diese geschichtete Struktur aufweist, spricht man auch von einem *Protokollstapel* (engl. *stack*).

8.1.2.2   Interoperabiliät

Wenn man mehrere Computer miteinander „reden" lässt, treten verstärkt Probleme auf, sobald es sich um Systeme verschiedener Hersteller handelt (so genannte heterogene Systeme). Verständlicherweise versuchen viele Hersteller, ihren Kunden ein funktionierendes Netzwerk aus einer Hand anzubieten und die Verbindungen zu den Produkten anderer Anbieter nicht gerade zu erleichtern –man spricht von *mangelnder Interoperabilität*. Oft können aber nicht alle Funktionen und Dienste, die man für eine Gruppe von Anwendungen oder in einem Unternehmen benötigt, bei einem Hersteller bezogen werden. Um die erforderliche Interoperabilität zu erreichen, bilden sich Konsortien und Gremien, die für ihr Gebiet Standards oder Normen vereinbaren. Eine solche Gruppierung hat sich unter dem Namen OSI (*Open Systems Interconnection*) in der ISO (International Organization for Standardization) gebildet, um so genannte offene Systeme zu spezifizieren, die definierte Schnittstellen haben, die, wenn sie von den Herstellern eingehalten werden, Interoperabilität gewährleisten.

8.1.2.3 Der OSI-Stack

Als Modellstruktur und Richtschnur für die Implementierung von Kommunikationsfunktionen hat sich ein Schichtenmodell, das so genannte OSI-Modell, bewährt, das schon 1979 von der ISO zur Norm erhoben wurde. Es handelt sich hierbei um ein Referenzmodell, das bei der Entwicklung und Beschreibung von Netzwerkprotokollen verwendet werden soll.

Es verlangt, dass der logische Nachrichtenaustausch Protokollen folgt, die für sieben Funktionsschichten festgelegt sind. Die Schichtenbildung wurde nach einigen allgemeingültigen Prinzipien vorgenommen.

Die Kommunikation erfolgt also in konzeptionell voneinander getrennten Schichten. Das ist auf dem elementarsten Niveau die Technik des Übertragungsmediums. Auf höherem Niveau sind es Informationseinheiten wie Worte oder Transaktionen. Diese Schichtenbildung hat enge Beziehungen zum Objektorientierten Systementwurf (in einer frühen Form): Die Methoden der Abstraktion und des Information-Hidings kommen zum Einsatz. Nur die für die jeweilige Schnittstelle nötigen Informationen und Funktionen stehen zur Verfügung. Die Details der Implementierung sind nicht zugänglich. Auf diese Weise lassen sich Systeme definieren, bei denen einzelne Schichten ausgetauscht werden können – von einem anderen Hersteller bezogen oder mit einer anderen Technologie realisiert – ohne dass darunter oder darüber liegende Schichtendavon betroffen sind.

Das OSI-Modell ist inzwischen in die Jahre gekommen, und Protokolle, die neueren Anforderungen genügen, passen nicht immer in das Modell. Aber die mit dem Modell eingeführte Terminologie hat sich bis heute bewährt, und neue Protokolle oder Protokollfamilien werden immer noch gerne am OSI-Modell orientiert.

8.1.3   Die Ebenen des OSI-Modells

Im OSI-Modell benutzen die Anwendungen die Funktionen in Schicht 7 (sie werden oben angesiedelt), und die eigentliche physikalische Kommunikation geschieht „unterhalb" der Schicht 1 des OSI-Modells (vgl. Abbildung 8.1). Die Ebene

0 denkt man sich als die elektrische oder optische Datenübertragung, die durch die Gesetze der Physik bestimmt ist und die das Fundament bildet.

1   *Bitübertragungsschicht/physikalische Ebene* (physical layer): Auf dieser Ebene erfolgt die physikalische (elektrische, optische oder mechanische) Übertragung der Daten, und die Einzelheiten des Sendens und Empfangens von unstrukturierten Folgen oder Strömen von Bits werden hier festgelegt.

2   *Sicherungsschicht/Datenverbindungsebene* (data link layer): Diese Ebene ist verantwortlich für die Übertragung von Bits in Blöcken von festgelegter Größe, den so genannten Bitrahmen (Frames, Datenübertragungsblöcke). Dies beinhaltet auch die Korrektur von Fehlern, die in der Ebene 1 bemerkt worden sind. (In leitungsvermittelten Netzen werden außerdem in dieser Ebene die Verbindungen auf- und abgebaut.)

3   *Vermittlungsschicht/Netzwerkebene* (network layer): Hier werden Verbindungen für vermaschte Netze hergestellt und die Routen für Pakete festgelegt. Ausgehende Pakete werden mit Adressen versehen bzw. die Adressen eingehender Pakete analysiert.

4   *Transportschicht* (transport layer): Auf dieser Ebene wird die Kommunikation auf Nachrichtenbasis abgewickelt. Die Umsetzung zwischen Nachrichten, die in den höheren Ebenen variable Längen haben können, und Paketen fester Größe erfolgt hier, ebenso wie die Aufrechterhaltung der Reihenfolge der Pakete. In dieser Schicht wird die zuverlässige Ende-zu-Ende-Verbindung zwischen zwei Kommunikationspartnern bereitgestellt.

5   *Sitzungsschicht/Steuerungsebene* (session layer): Verantwortlich für die Organisation von Sitzungen (sessions). Typischerweise werden remote login (Authentifizierung und Aufbau einer interaktiven Sitzung auf einem entfernten Rechner), Datei- und E-Mail-Übertragung hier abgewickelt.

6   *Darstellungsschicht/Anpassungsebene* (presentation layer): Auf dieser Ebene werden unterschiedliche Zeichencodes und die Generierung des Echos auf Zeicheneingaben erledigt. Die Umwandlungen vom anwendungsspezifischen Format in das netzwerktypische Format und zurück, Ver- und Entschlüsselung und gegebenenfalls Komprimierung der Daten werden hier vorgenommen.

7   *Anwendungsschicht/Verarbeitungsebene* (application layer): Auf dieser Ebene kommt der Endbenutzer mit der Datenübertragung in Kontakt. Die Anwendungssoftware z.B. für E-Mail, Dateitransfer oder verteilte Datenbanken befindet sich auf dieser Ebene.

Die unteren Schichten, Ebene 1 bis Ebene 4, bilden das Anwendungs-unabhängige Transportsystem, während Ebene 5 bis Ebene 7 anwendungsorientiert sind.

Für die anwendungsorientierten Schichten ist das verwendete Transportsystem transparent, sie können eine funktionierende Verbindung zwischen zwei Punkten voraussetzen.

8.1.4 Protokollköpfe

Im Allgemeinen fügt jede Schicht den Nutzdaten, die sie von der darüber liegenden Schicht zur Übertragung übergeben bekommt, für ihre Zwecke bestimmte zusätzliche Informationen bei, z.B. laufende Paketnummern, Prüfsummen, Adressen. Diese Informationen stellt man als Kopf vor oder als Anhang hinter die Nutzdaten, so dass auf der untersten Ebene mehrere verschachtelte Datenköpfe die Nutzdaten begleiten.

8.1.5 Verbindungsorientierung

Man unterscheidet verbindungsorientierte und verbindungslose Protokolle. Ein verbindungsloses Protokoll funktioniert wie eine Briefzustellung: Die Daten sind in ein Paket eingeschnürt, der Protokollkopf eines jeden Pakets enthält die Zieladresse, und jeder an der Kommunikation beteiligte Knoten entscheidet anhand der Adresse selbstständig über die zukünftige Route des Paktes. Ein verbindungsorientiertes Protokoll entspricht eher einer Telefonverbindung, da vor der Aufnahme der eigentlichen Kommunikation eine Verbindung aufgebaut wird, die dann während der gesamten Sitzungsdauer bestehen bleibt. Am Ende der Sitzung muss die Verbindung wieder freigegeben werden.

8.2 Aufgaben von Kommunikationsprotokollen

Einige der Eigenschaften, die von Protokollen für eine zuverlässige Datenübertragung typischerweise gewährleistet werden, zählen wir im Folgenden auf. Wir werden auf sie zurückgreifen, wenn wir die Protokolle in höheren Schichten anwenden und diese Eigenschaften voraussetzen. Nebenbei werden wir informell einige Begriffe einführen.

8.2.1 Fehlererkennung

Durch Redundanz in den einzelnen Paketen oder Frames kann eine Übertragung abgesichert werden. Man verwendet hierfür Prüfbits, d.h. redundante Zeichencodes, oder Blockprüfungen, d.h. Prüfsummen oder CRCs und auch Kombinationen beider Methoden.

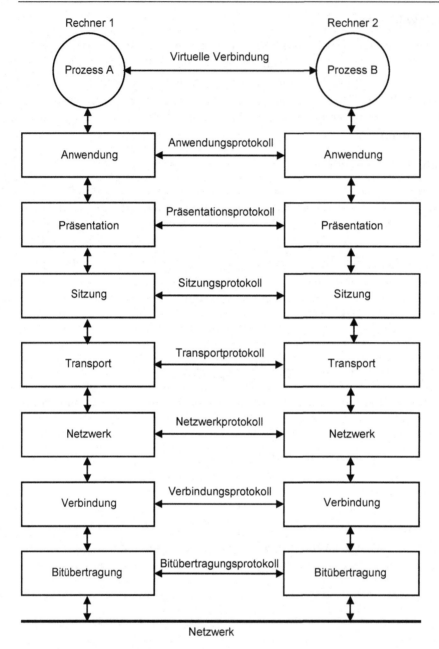

Abbildung 8-1: OSI-Modell, Protokoll-Ebenen

8.2.2   Reihenfolge der Pakete

In einem größeren Kommunikationsnetz werden die Pakete in aller Regel nicht direkt zwischen den Rechner-Knoten ausgetauscht, sondern sie werden über verschiedene Zwischenstationen geroutet. Die Route kann sich auch bei einem verbindungsorientierten Protokoll durchaus von Paket zu Paket ändern. Dies kann zur Folge haben, dass die Paketreihenfolge beim Empfänger gestört ist, weil einzelne Pakte über eine kürzere oder schnellere Verbindung reisen als andere.

Durch das so genannte *Sequencing* kann ein Protokoll diesen Umstand erkennen und korrigieren: Die Pakete werden durch das Transportprotokoll auf der sendenden Seite mit einer laufenden Nummer versehen, und auf der empfangenden Seite wird anhand der Nummer des letzten korrekt empfangenen Pakets und der aktuell vorliegenden Paketnummer festgestellt, ob es sich um das erwartete Paket handelt. Falls ein Paket fehlt, wird das zu früh gekommene in einem Puffer zwischengespeichert und erst dann an die höhere Protokollebene abgegeben, wenn die fehlenden Pakete eingetroffen sind und es an der Reihe ist.

8.2.3 Verlorene Pakete

Wenn ein Paket nicht ordentlich empfangen wurde, weil es durch Übertragungsfehler beschädigt wurde, wird es in der Regel beim Empfänger in Gänze ignoriert. Um den Sender über den Erfolg seiner Übertragung auf dem Laufenden zu halten, verwendet man ein Quittungssystem, so genannte *Acknowledgments*: Nach erfolgreichem Empfang schickt der Empfänger eine Quittung an den Sender. Der Sender seinerseits überprüft für jedes abgeschickte Paket, ob die Quittung in angemessener Zeit eingegangen ist. Falls nicht, setzt er eine erneute Übertragung in Gang.

8.2.4 Verdoppelte Pakete

Durch Hardware-Probleme kann es geschehen, dass ein Paket mehrfach beim Empfänger eintrifft. Dies ist insbesondere in fehleranfälligen Weitverkehrsverbindungen (WAN) der Fall, wenn der Empfänger das erste Exemplar eines Pakets zwar richtig erhalten hat, der Absender aber den Eindruck hat, dass die Übertragung fehlgeschlagen ist, weil z.B. die Quittung gestört wurde, und deshalb einen zweiten Übertragungsversuch startet. Auch hierfür kann die mit übertragene Folgenummer genutzt werden: Ein Paket mit der gleichen Nummer wie ein schon korrekt empfangenes wird nicht an die höheren Protokollebenen weitergegeben.

8.2.5 Datenüberlauf

Wenn eine Komponente eines Netzes die eingehenden Pakete nicht so schnell abarbeiten kann, wie sie eintreffen, muss sie diese zwischenspeichern. Irgendwann kann der Speicher überlaufen, wodurch Daten verloren gehen können. Dieses Problem tritt insbesondere auf, wenn schnelle LANs über ein langsames WAN gekoppelt sind. Im einfachsten Fall wird der Empfänger dem Sender ein Stop-Signal senden, wenn ein Überlauf droht. Wenn der Empfänger wieder bereit ist, sendet er ein Go-Signal, das den Sender wieder aktiviert. Die Paketzahl, die der Sender schicken darf, ohne dass er ein Acknowledge vom Empfänger erhält, und ohne dass er befürchten muss, einen Überlauf zu erzeugen, nennt man das Übertragungsfenster.

8.2.6   Routen

Wenn in Netzen Überlastungen entstehen, werden die vorhandenen Ressourcen durch Paketverluste noch schlechter genutzt. Deshalb versucht man in verbindungslosen Netzen, Engpässe im Netz zu erkennen und durch Änderung der Übertragungsroute zu vermeiden. Dazu müssen die Informationen über überlastete Netzsegmente nicht nur an die unmittelbaren vorhergehenden Netzknoten gesandt werden, sondern möglichst bis zum ursprünglichen Absender der Pakete, weil der die größte Freiheit bei der Auswahl einer besseren Route hat.

Eine optimale Wahl der vielen Parameter bei der Kontrolle eines Netzes zu finden, ist eine schwierige Aufgabe, weil sich die Parameter der Protokolle gegenseitig beeinflussen: Z.B. führt gute Absicherung zu größerem Protokoll-Overhead und damit zu größerer Belastung der Netze, was wiederum die Möglichkeit für Paketverluste steigen lässt. Ebenso lässt ein großes Übertragungsfenster eine effiziente Nutzung der Bandbreite zu, führt aber gleichzeitig leichter zu einer Überlastung. Wenn daraufhin die Parameter zurückgenommen werden, um die Netzlast insgesamt zu reduzieren, kann dies zu einem eigentümlichen Schwanken des Durchsatzes führen, der für den Benutzer sehr lästig sein kann.

8.3   TCP/IP

Einer der schwerwiegendsten Nachteile des OSI-Modells bestand darin, dass der Standardisierungsprozess durch die ISO sehr langsam verlief. Zwar gab es schon sehr früh das Sieben-Schichten-Referenzmodell, es fehlte aber eine einheitliche und allgemein akzeptierte Detaillierung. So gibt es heute zahlreiche Standards, die auf diesem Referenzmodell beruhen.

Zu annähernd der gleichen Zeit wie der Entwicklung von OSI kam in den USA ein Standardisierungsprozess in Gang, der pragmatischer und vor allen Dingen zügiger vonstattenging. Das Ergebnis dieses Prozesses ist das so genannte *TCP/IP-Protokoll*, das sehr schnell Verbreitung fand. Dies lag vor allen Dingen daran, dass im Gegensatz zu OSI ein stringentes Vier-Schichten-Modell sehr schnell in allen Ebenen detailliert wurde und die Implementierungen (meistens in C-Code) ab 1983 allen Interessierten als Public-Domain-Software zur Verfügung gestellt wurden.

Von da an war der Siegeszug von TCP/IP nicht mehr aufzuhalten. Das heutige Internet mit seinen zig Millionen angeschlossenen Rechnern basiert auf diesem Protokoll!

8.3.1   Elemente des TCP/IP-Protokolls

TCP/IP bezeichnet eine Protokollfamilie, deren wesentliche Bestandteile die beiden Kommunikationsprotokolle *Transmission Control Protocol* (TCP) und *Internet Protocol* (IP) besteht.

TCP/IP spezifiziert die folgenden Basisdienste:

- Adressierung der Kommunikationspartner,
- Steuerung des Datenflusses,
- zuverlässige und standardisierte Datenübertragungsverfahren,
- Integration von heterogenen Systemen.

TCP/IP zerlegt eine Nachricht in so genannte *Pakete*, die im Netzwerk zwischen den entsprechenden Kommunikationspartnern transportiert werden. Dabei dürfen verschiedene Pakete durchaus unterschiedliche Wege zum Empfänger nehmen. Um zu garantieren, dass die Nachricht beim Empfänger wieder korrekt zusammengesetzt werden kann, werden die Pakete durchnummeriert. Daneben gibt es Verfahren, die garantieren, dass keine Pakete verloren gehen (Zeitlimits und erneutes Senden eines Pakets) oder falsch übertragen werden (Prüfsummen).

8.3.2 Ebenen des TCP/IP-Stacks

Die Architektur von TCP/IP besteht aus vier Schichten (vgl. Abbildung 8.2).

Lassen Sie uns auch hier die Aufgaben der einzelnen Schichten kurz besprechen: diesmal von „oben", der Anwendungsebene, ausgehend.

- *Verarbeitungsebene*: Auf dieser Ebene laufen die verteilten Anwendungen, die Sie bzw. das System ausführen können, z.B. E-Mail, FTP (File Transfer), Telnet (Login auf einer fremden Maschine), NFS (Network File System) usw.

- *Transportebene*: Auf dieser Ebene können hauptsächlich zwei Protokolle eingesetzt werden: TCP und UDP.

  Das Transmission Control Protocol (TCP) stellt einen zuverlässigen Transportdienst mit Fehlerkorrektur zur Verfügung. Während der Datenübertragung muss das System überwachen, ob die Pakete korrekt übertragen werden, und es muss dafür sorgen, dass die Datenpakete in der richtigen Reihenfolge beim Empfänger zu einer Nachricht zusammengebaut werden.

- Anstelle von TCP wird auf dieser Ebene auch häufig das User Datagram Protocol (UDP) verwendet. UDP garantiert keine zuverlässige Datenübertragung und entspricht von der Funktionalität her eher IP (s.u.). Es gibt Anwendungen, für die dies sinnvoll ist, zum Beispiel NFS oder Time Server.

- *Internet*: Die so genannte *Internet-Protokoll-Schicht* transportiert IP-Pakete, so genannte *Datagramme*. Wichtig ist, dass mit IP keine zuverlässige Datenübertragung garantiert wird. Das IP-Protokoll ist verbindungslos.

- *Hardware-Schnittstelle* zum Netzwerk: Diese Ebene enthält alle Funktionen – und nur die –, die für den Transport von Bits über die Leitungen notwendig sind.

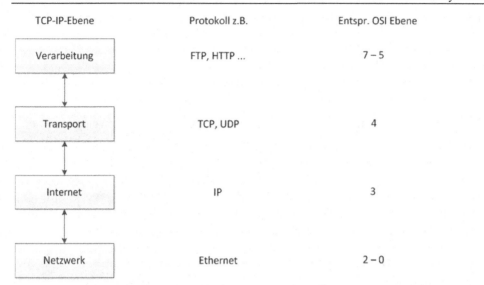

Abbildung 8-2: TCP/IP-Schichtenmodell

Der Hauptvorteil des Protokollstapels ist auch hier der, dass eine Schicht sich nicht um die Details der unteren Schicht kümmern muss, sondern lediglich deren Funktionen benutzt. Dieses Design macht es möglich, Technologien auszutauschen, ohne den gesamten Stack neu implementieren zu müssen.

Die einzelnen Schichten des TCP/IP-Protokoll-Stapels sind in so genannten *RFCs (Request for Comments)* definiert, wodurch der geforderte Funktionsumfang der einzelnen Ebenen spezifiziert wird.

8.3.3   TCP/IP in der Zukunft

Ein Hauptproblem von TCP/IP ist, dass es auf unzuverlässige Netze hin optimiert worden war. Eine gesicherte Datenübertragung wird erst durch das TCP-Protokoll gewährleistet. Heutzutage sind aber die Fehlerraten der Übertragungshardware im Vergleich zurzeit, in der TCP/IP konzipiert wurde, sehr niedrig geworden, und es wäre sinnvoll und möglich, die Sicherung der Übertragung auf niederen Ebenen, ggf. sogar in der Hardware vorzunehmen. TCP/IP erzwingt aber eine relativ aufwendigere Fehlerkontrolle in der höheren Schicht.

Das Nachfolgeprotokoll, IPv6, liegt seit 1996 vor. Es bietet Verbesserungen gegenüber der Vorgängerversion (IPv4), die es in die Lage versetzen, mit den gestiegenen Übertragungsgeschwindigkeiten und der Zunahme der Multimedia-Daten Schritt zu halten. Außerdem liefert es Ansätze zur Lösung der in der Zwischenzeit erkannten Probleme der Version 4, insbesondere eine Vergrößerung des Adressraums von 32- Bit- auf 64-Bit-Adressen.

Beide Versionen können im gleichen Netz parallel betrieben werden, so dass der Übergang uns noch einige Jahre begleiten wird.

Dies soll unseren Überblick über die TCP/IP-Protokollfamilie beenden. Wir wollen uns nun noch die Funktionsweise des TCP/IP-Protokollstapels an einem Beispiel ansehen.

8.3.4   FTP im TCP/IP-Stack

Betrachten wir folgendes Szenario:

Ein Benutzer möchte Dateien von einem fremden Rechner auf seinen PC übertragen. Er benutzt hierzu ein Programm, das mit dem *File Transfer Protocol (FTP)* arbeitet.

Schauen wir uns an, welche Rolle die einzelnen Ebenen des Protokollstapels spielen (Abbildung 8.3).

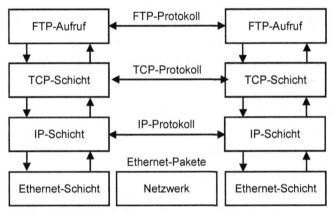

Abbildung 8-3: Aufruf von FTP im TCP/IP-Netz

Der FTP-Aufruf (auf dem PC des Benutzers, dem so genannten *Client*) und die Ausführung des FTP-Kommandos auf einem Server werden im Benutzeradressraum des jeweiligen Rechners ausgeführt und sind, im Gegensatz zu den beiden darunter liegenden Schichten TCP und IP, nicht Teil des Betriebssystemkerns. Die Ethernet-Schicht ist in der Hardware einer entsprechenden Netzwerkkarte implementiert.

Zwischen Client und Server liegen die Protokolle, die definieren, wie die beiden Kommunikationspartner auf derselben Ebene kommunizieren. Der Benutzer bekommt von der Kommunikation auf den unteren Ebenen im Allgemeinen gar nichts mit. In unserem Beispiel sieht er nur die Aktivitäten des FTP-Protokolls und glaubt, Client und Server kommunizierten nur auf dieser Ebene. Dem ist jedoch nicht so. Ruft er ein FTP-Kommando auf seinem PC auf, so wird dies zunächst an die TCP-Schicht gegeben, diese leitet es weiter an die IP-Schicht, diese dann an die Netzwerkebene und von da aus geht es den Protokollstapel des Empfängers hinauf bis zur obersten Ebene, wo der FTP-Aufruf ausgeführt wird. Die Antwort des Servers wird dann analog im Empfänger-Protokollstapel hinunterlaufen und über den Protokollstapel, der in unserem PC vorhanden ist, bis nach oben zur FTP-Schicht transportiert.

Sie sehen, wieso man hier von Schichten spricht. Jede Schicht verdeckt die Funktionalität der darunter liegenden Schicht.

Mit diesen grundsätzlichen Bemerkungen wollen wir die Vorstellung von TCP/IP und OSI beenden. Sie können Genaueres darüber in anderen Quellen nachlesen, die sich mit Kommunikationsnetzen beschäftigen [Tanenbaum 2009].Wir werden uns im Folgenden auf komfortable Aufrufmechanismen konzentrieren, die Teil der Betriebssysteme sind und die es uns ermöglichen, aus Anwendungsprogrammen TCP/IPFunktionen zu benutzen, bis hin zur Realisierung ganzer Client-Server-Anwendungen.

8.3.5   Das Client-Server-Modell

Die im FTP-Beispiel eingeführten Begriffe *Client* und *Server* sollen etwas weiter erläutert werden. Ein verteiltes System ist eine Zusammenfassung von Einzelkomponenten – Rechnern –, die miteinander kooperierend zur Bearbeitung von Aufgaben verwendet werden. Dabei können durchaus nur einzelne Teile anderer DV-Systeme bei einer Bearbeitung verwendet werden – von einem System der Drucker, vom anderen die Datenbank und vom dritten der Bildschirm – und diese Konstellationen können von Aufgabe zu Aufgabe wechseln.

Oft wird die Problembearbeitung unter der Kontrolle eines Anwendungsprogramms durchgeführt, das auf einem Rechner im Netz lokalisiert ist. Dieses Programm besorgt sich die nötigen Ressourcen im Netz von anderen Rechnern. Der Ressourcenanbieter wird Server genannt, der Nutzer heißt Client. Üblich sind Datei-Server, Drucker-Server, Archiv-Server, Lizenz-Server. Man verwendet den Begriff *Compute-Server* für Höchstleistungsrechner, die zur Lösung von sehr rechenzeitintensiven Aufgaben herangezogen werden. Weitere spezialisierte Server sind denkbar, insbesondere solche, auf denen spezielle, lizenzpflichtige Anwendungssoftware installiert ist.

Clients und Server kommunizieren typischerweise über ein einfaches, verbindungsloses Frage-und-Antwort-Protokoll: Der Client schickt eine Anforderung an den Server, und der Server erledigt den Auftrag und sendet seine Ergebnisse zurück, oder er teilt mit, warum er nicht erfolgreich war.

Traditionelle Formen der verteilten Verarbeitung machten wenig Gebrauch von der dezentralen Intelligenz, d.h., z.B. der Rechnerleistung am Schreibtisch des Anwenders. Zu Zeiten der großen, teuren Zentralrechner (Hosts oder Mainframes) war es sinnvoll, ihre Kapazität so effektiv wie möglich zu nutzen. Deshalb hat man möglichst viele Zugangspunkte (so genannte *Terminals*) an sie angeschlossen, durchaus auch über Datenleitungen und Kommunikationsnetze. Selbst wenn es sich bei dem Rechnerzugang um eine Terminalemulation auf einen PC mit autonomen DV-Fähigkeiten handelt, fehlt die kooperierende Problembearbeitung.

Bei einfach strukturierten Netzen mit gleichberechtigten Partnern spricht man von *Peer-to-Peer-Netzwerken*. Sie wurden früher im Großrechnerbereich mit kleinen Netzen eingeführt und sind heute Standard als Netze von bis zu 50 PCs für kleinere Arbeitsgruppen (Workgroup Computing). Hier wird die Aufgabenbearbeitung jeweils vollständig auf einem Peer durchgeführt, beim PC-Netz auf dem Arbeitsplatzrechner des Benutzers. Typisch ist, dass jeder Peer für einige Funktionen als Server und für andere zur gleichen Zeit als Client auftreten kann. Wenn nur die gemeinsame Peripherienutzung und gelegentlicher Austausch von Daten gewünscht ist, sind diese Strukturen sinnvoll. Sie sind leicht zu errichten, und sie haben in der Regel keine besondere Zugangskontrolle oder andere Netzwerkmanagementfunktionen.

Neuere Ansätze und auch Produkte gehen über die Client-Server-Ansätze hinaus, die immer eine Vorplanung und Festlegung der Verteilungsstrukturen erfordern. Im Objektorientierten Paradigma spricht man vom *Object Request Broker*, der die gewünschten Objekte (Daten und zugehörige Methoden) über Factories erzeugt und dem Client zur Verfügung stellt. Die Objekte können während der Nutzung lokal, in einem LAN oder dezentral angesiedelt sein.

8.4 Sockets

Wir wollen uns jetzt um die Frage kümmern, welche Dienste das Betriebssystem üblicherweise bereitstellt, damit die Anwendungen möglichst bequem auf im Netz verteilte Ressourcen zugreifen können. Eine große Leistung des UNIX-Ansatzes war es, verschiedenartigste Informationsquellen über das File-System in gleichartiger Weise bereitzustellen (denken Sie an die unterschiedlichsten Dateiarten auf verschiedenen Datenträgern bis hin zu Named Pipes). Eine konsequente Weiterentwicklung dieses Gedankens ist es, wenn die Anwendungsprogramme mit unveränderten Schreibe- und Lesebefehlen, wie sie für Dateien benutzt werden, Informationen mit Anwendungen auf entfernten Rechnern austauschen können.

Dieser Ansatz wird mit den so genannten *Sockets* verfolgt. Auf diese können weit reichende Dienste aufgesetzt werden, z.B. verteilte Dateisysteme, bei denen der Rechnerbenutzer mit völlig identischen Strukturen auf Datenbestände und Dateisysteme auf entfernten Rechnern zugreift.

Hier werden wir uns zunächst um die Basis-Mechanismen kümmern: Wie kann ein Client sich an einen entfernten Server wenden und mit ihm Daten austauschen – sozusagen auf Assembler-Niveau, aber aufbauend auf dem TCP/IP-Protokoll-Stapel, so dass wir von den Einzelheiten der technischer Kommunikation losgelöst sind?

8.4.1 Sockets: Grundlagen

Seit UNIX BSD 4.2 gibt es Sockets. Sie sind eine Implementierung des FCFS-Mechanismus, der sich an die üblichen Operationen zur Ein- und Ausgabe anlehnt.

> Ein *Socket* (dt. Steckdose) ist ein Kommunikationsendpunkt, das heißt, er stellt
> eine spezifische Schnittstelle zwischen dem Anwendungsprogramm und dem
> Transportmedium, in unserem Falle TCP/IP, dar.

Sockets sind rechnerübergreifend verwendbar, können aber auch zur Kommunikation innerhalb einer Maschine eingesetzt werden.

Beispiel 1

Sollten Sie sich unter dem Begriff *Kommunikationsendpunkt* nichts vorstellen können, denken Sie doch einmal an einen Briefkasten. Er stellt im täglichen Leben einen Kommunikationsendpunkt dar. Dort legt man seine Briefe hinein, und um den Rest, nämlich den Transport, braucht man sich nicht zu kümmern, wenn man Glück hat.

Ein weiteres Beispiel wäre die Telefonanschlussbox in Ihrem Zimmer. Auch dies ist ein Kommunikationsendpunkt.

Was ist diesen Beispielen gemeinsam? Nun ja, eigentlich, das, was einen Informatiker immer erfreut: Es gibt definierte Schnittstellen. Um Sockets in UNIX verwenden zu können, müssen wir uns daher „nur" mit ihrer Schnittstelle (zum Anwendungsprogramm) beschäftigen.

Sockets sind wie in Abbildung 8.4 dargestellt in UNIX eingebunden.

Sockets können dynamisch erzeugt und zerstört werden. Das Erzeugen eines Sockets liefert einen Dateideskriptor, der für den Aufbau einer Verbindung, das Lesen und Schreiben von Daten sowie für den Abbau der Verbindung benötigt wird.

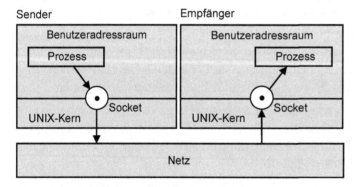

Abbildung 8-4: Einbindung von Sockets in UNIX

8.4.2 Socket-Typen

Sockets sind für einen Datenstrom verantwortlich, der zwischen Client und Server fließt. Daher spricht man auch von *Streams*. Es lassen sich mindestens zwei hauptsächliche Arten von Streams und damit auch zwei Socket-Typen unterscheiden:

Stream-Typ (SOCK_STREAM) Zuverlässiger verbindungsorientierter Bytestrom. Eine Verbindung zu einer bestimmten Adresse wird am Anfang einer längeren Übertragung einmal aufgebaut und kann dann immer wieder ohne erneute Angabe der Adresse genutzt werden. Bei Verlust oder Beschädigung einer Nachricht sorgt das Protokoll für Korrektur, ohne dass der Anwender eingreifen muss.

Datagramm-Typ (SOCK_DGRAM) Unzuverlässige verbindungslose Paketübertragung. Eine Nachricht wird vom Sender zum Empfänger geschickt, ohne vorher eine Verbindung aufzubauen. Nachrichten können beschädigt oder verstümmelt oder überhaupt nicht ankommen, weder Absender noch Empfänger müssen davon benachrichtigt werden.

Mit Hilfe des ersten Socket-Typs können zwei Prozesse auf verschiedenen Maschinen eine Kommunikation führen, die äquivalent zu Pipes ist. Bytes werden am einen Ende eingefüttert, und sie kommen in derselben Reihenfolge am anderen Ende wieder heraus. Der zweite Socket-Typ stellt quasi eine Art direkte Verbindung zu IP her, wobei keine Liefergarantie gegeben wird.

Wenn ein Socket erzeugt wird, muss angegeben werden, welches Protokoll dafür zu verwenden ist. Für zuverlässige Byte- und Paketströme ist TCP/IP das geeignete Protokoll. Für die unzuverlässige, paketorientierte Übertragung benutzt man UDP.

Ehe wir auf die Funktionsweise der Kommunikation zwischen Client und Server eingehen, schauen wir uns die Möglichkeiten an, wie Sockets adressiert werden können. Es gibt zwei so genannte *Adressfamilien*:

UNIX-Adresse

In diesem Fall wird das Socket mit einem Dateinamen auf einem UNIX-System assoziiert. Der Nachteil dieser Adressfamilie ist, dass man damit nur die Kommunikation auf ein und derselben Maschine realisieren kann. Wir gehen daher hier nicht weiter darauf ein.

Internet-Adresse

Diese Adressfamilie ermöglicht die Kommunikation zwischen verschiedenen Rechnern. Dies ist der Fall, der uns interessiert.

Die Internet-Socket-Adressenstruktur beruht auf der Struktur struct sockaddr_in und wird durch Einbinden der Header-Datei net-inet/in.h verfügbar.

```
struct sockaddr_in {
    short sin_family;              // AF_INET
    unsigned short sin_port;       // 16-bit TCP
                                   // oder UDPPortnummer

    struct in_addr sin_addr;       // 32-Bit IP-Adresse
    char sin_zero[8];              // wird nicht
                                   // verwendet und dient zum Auffüllen
                                   // der Struktur (padding), damit alle
                                   // Socket-Adressen mindestens 16 Byte
                                   // groß sind
};
struct in_addr
```

```
{
    unsigned long s_addr;          // 32-Bit IP-Adresse
};
```

Hierbei bezeichnet AF_INET ein so genanntes *Tag*. Es kennzeichnet die Art der Adresse, hier Adress Family Internet. Die Internet-Adresse wird intern als Zahl dargestellt. Der Port ist eine Art Schlüssel, so wie wir ihn beim Shared Memory verwendet haben, und kennzeichnet den Kommunikationskanal des Rechners, an dem er mit anderen Rechnern über den entsprechenden Dienst kommuniziert.

Halten wir fest:

Zur Identifikation eines Sockets sind zwei Zahlen notwendig: die 32-Bit-Adresse des Hosts, auf dem sich das Socket befindet, und eine 16-Bit-Portnummer, auf der der Host nach außen „hört".

Es gibt noch weitere Adressierungsschemata, z.B. generische Adressen. Auf diese gehen wir an dieser Stelle nicht ein. Außerdem kann die obige Adress-Struktur in verschiedenen Betriebssystemen anders aussehen, das heißt, mehr Einträge haben. Wir haben den Minimalstandard genommen, der von POSIX vorgeschrieben wird.

8.4.3   Iterativer Socket-Server

Nach diesen Vorbereitungen können wir uns nun anschauen, wie der Verbindungsaufbau zwischen Client und Server funktioniert.

Zunächst muss man feststellen, dass die Arbeitsweise von Server und Client unterschiedlich ist. Ein Server wartet passiv auf Arbeit, d.h. auf eine Client-Anfrage. Der Client hingegen geht aktiv auf die Suche nach einem Server, dessen Dienst er benötigt.

Schauen wir uns zunächst die Aktionen des Servers an:

1. Anlegen eines Sockets:
   ```
   int sock;
   sock = socket(AF_INET, SOCK_STREAM, 0);
   ```

   Das erste Argument bezeichnet die Adressfamilie, hier eine Internet-Adresse, das zweite Argument den Socket-Typ, hier einen verbindungsorientierten Dienst. Das dritte Argument spezifiziert, welches Protokoll gewählt werden soll. In diesem Fall soll das System selbst wählen und wird sich für TCP entscheiden. Der Rückgabewert ist der Socket-Deskriptor. Er stellt einen Handle dar, mit dem wir in späteren Systemaufrufen das Socket ansprechen können.

2. Binden einer Adresse an das Socket. Wir müssen zunächst die obige sockaddr_in- Struktur füllen und diese Adresse dann an das Socket binden:
   ```
   #define SERVER_PORT 4711
   struct sockaddr_in server;

   server.sin_familiy = AF_INET;
   server.sin_addr.s_addr = INADDR_ANY;
   ```

```
server.sin_port = htons(SERVER_PORT);
```

Sie können dies in Ihren Programmen so übernehmen. Natürlich gäbe es viele Details zu erwähnen. Wenn diese Sie interessieren, schauen Sie in der Literatur oder im Systemmanual nach. Vielleicht sollten wir erwähnen, dass INADDR_ANY die Kommunikationsschnittstelle des Hosts bezeichnet. Normalerweise gibt es davon nur eine, nämlich die IP-Adresse. Es gibt aber auch Rechner, die über mehrere solcher Schnittstellen verfügen. Diese heißen Gateways.

Die Funktion htons ist kein Hexenwerk. Sie transformiert die Portnummer in eine Form, die jeder Rechner versteht (Network-Byte-Order). Zahlen werden nämlich in verschiedenen Systemen oft anders dargestellt.

3. Der UNIX-Kern muss nun wissen, dass wir an diesem Socket Verbindungen akzeptieren:

```
listen(sock, 5);
```

Das zweite Argument gibt an, dass fünf Verbindungen gleichzeitig akzeptiert werden können und in einer Warteschlange abgelegt werden. Sie sollten dies kommentarlos auch so machen.

4. Nun muss der Server auf eine Verbindungsanfrage eines Clients warten:

```
struct sockaddr_in client;
int fileDescriptor, client_len;

client_len = sizeof client;
fileDescriptor = accept(sock, &client, &client_len);
```

Im zweiten Argument des accept-Aufrufs wird die Adresse des Clients zurückgegeben. Dies kann verwendet werden, wenn der Server aus Sicherheitsgründen prüfen will, wer seine Dienste in Anspruch nimmt. Ansonsten kann man diese Information ignorieren.

Wichtig ist jedoch der neue Dateideskriptor, der im accept-Aufruf zurückgegeben wird. Sie können diesen verwenden, so wie sie auch normale Dateien verwenden: Mit dem read-Systemaufruf können Sie auf diese Weise die Daten lesen, die der Client überträgt. Mit dem write-Systemaufruf können Sie Daten an den Client übertragen.

Es könnte Sie vielleicht verwirren, dass wir es bei der Arbeit mit Sockets mit zwei Dateideskriptoren zu tun haben (fileDescriptor und sock in den obigen Programmabschnitten). Sock heißt auch Rendezvous-Deskriptor. Er dient lediglich dazu, neue Verbindungen zu akzeptieren und kann nichts zur Ein- bzw. Ausgabe beitragen. Der Filedeskriptor hingegen heißt auch Verbindungsdeskriptor und ermöglicht die Kommunikation mit dem Client.

Nach diesen technischen Bemerkungen können wir uns nun anschauen, wie die allgemeine Struktur eines Servers aussieht. Im Wesentlichen enthält er die obigen Befehle und Warteschleifen, in denen er auf Aufträge eines Clients wartet. Das Code-Fragment stammt aus [Brown 1998] und wurde an einigen Stellen modifiziert und kommentiert:

```
// Struktur eines Servers, der mit Sockets arbeitet

struct sockaddr_in client;

                                        // Socketadresse eines Clients
in fd;                                  // Filedeskriptor für das Socket
int client_len;                         // Länge der Client-Daten
char in[2000];
                                        // Daten vom Client an den Server
char out [2000];
                                        // Daten vom Server an den Client
client_len = sizeof client;
                                        // Größe der Client-Nachricht
    while (TRUE)                        // Server wartet auf die
                                        // Verbindungsanfrage eines Clients.
    fd = accept(sock, &client, &client_len);
                                        // accept blockiert bis eine Anfrage
                                        // kommt.
    while(read(fd, in, 2000) >0) {      // Die Daten werden vom Socket
                                        // in das Array "in" geschrieben.
                                        // Hier wird nun mit den Daten des
                                        // Clients gearbeitet.
                                        // Die Daten, die der Server
                                        // zurückgeben will, müssen in
                                        // das Array "out" geschrieben werden.
        write(fd, out, 2000);
                                        // Die Daten werden vom Array
                                        // "out" in das Socket geschrieben.

        }
    close(fd);
                                        // Der Client hat keine Daten mehr zu
                                        // übertragen.
                                        // Daher schließt der Server den
                                        // Deskriptor und wartet auf eine neue
                            // Anfrage.
}
```

8.4.4   Sockets und Threads, parallele Server

Diese Art Server nennt man auch *iterativen Server*, weil er in einer Schleife eine Anfrage nach der anderen abarbeitet. Typisch ist, dass der Server blockiert, wenn er eine Betriebssystemanforderung für ein Socket absetzt, nicht nur beim Abwarten auf einen neuen Client-Wunsch mit accept, sondern auch beim Verbinden oder Lesen. Häufig sind parallele Server erwünscht, die mehrere Anfragen gleichzeitig bearbeiten können.

Parallele Server eröffnen für jeden Client einen eigenen Thread. Der Haupt-Thread des Servers eröffnet ein Socket, das zur Annahme ankommender Verbindungen bereitsteht. Wenn ein Verbindungswunsch hereinkommt, wird ein neuer Socket für diese Verbindung und ein neuer Thread erzeugt. Der Haupt-Thread benutzt das neu erzeugte Socket nicht selber, ebenso wenig benutzt der neue Thread das ursprüngliche Socket. Diese Vorgehensweise entspricht den Pipes.

Wenn die neue Verbindung gelegentlich zu Ende kommt, wird das neue Socket mit close aus dem System entfernt, bevor der Thread beendet wird. Wir überlassen die ausführlichere Diskussion von parallelen Servern der weiterführenden Literatur über verteilte Systeme.

8.4.5   Socket-Clients

Damit haben wir alles besprochen, was Sie zur Entwicklung eines Servers benötigen. Ehe wir zu einem Beispiel kommen, müssen wir uns noch klarmachen, wie wir einen Client entwickeln.

Zunächst geben wir eine recht einfache Realisierung eines Clients an, die Sie insbesondere gut verwenden können, um den geschriebenen Server zu testen. Das Bequeme an dem nun folgenden Vorschlag ist, dass Sie gar keinen Client implementieren müssen. Das Ganze geht folgendermaßen:

Der einfachste Client, den man zum Testen eines Servers verwenden kann, ist der telnet-Aufruf. Telnet ist ein Dienst, der in jedem UNIX-System existiert. Man kann damit auf einen anderen Rechner zugreifen, so, als säße man an seiner Bedienerkonsole.

Die folgenden Schritte sind zum Testen des Servers und zum Aufbau einer Client-Server-Kommunikation notwendig:

- Kompilieren Sie den Server und führen Sie ihn als Hintergrundprozess aus:

  ```
  $ cc -o meinserver meinserver.cc
  $ meinserver &
  ```
- Nun bietet es sich an, nachzuschauen, ob der Server auch läuft und an dem Port, den wir vorgegeben haben, auf Anfragen wartet. Hierzu kann man das Kommando netstat verwenden:

  ```
  $ netstat -a | grep 4711
  ```
  Mit grep suchen wir nur den Dienst für den Port 4711 (den haben wir im Server-Programm so festgelegt). Das Ergebnis unserer Anfrage sieht dann im Wesentlichen so aus:
  ```
  tcp ... *.4711 ... LISTEN
  ```
- Nun starten wir unseren telnet-Client, damit er mit dem Server kommuniziert:

  ```
  $ telnet <Name_des_Servers> 4711
  ```

  Wir müssen also hier wieder den Port des Servers angeben, damit die Kommunikation funktioniert. Es wird sich nun der Server melden, etwa mit der Auskunft „Hier bin ich". Sie können nun über die Tastatur Zeichen eingeben, die an den Server übertragen werden. Der Server liefert analog seine Antworten.

Sie sehen, dies ist ein sehr einfacher Weg. Der Nachteil ist, dass wir so keine Client-Funktionalität implementieren können. Dies ist aber in den meisten Client-Server-Anwendungen notwendig. Stellen Sie sich hierzu einen Geldautomaten vor, mit dem Sie auf ihr Konto zugreifen. Sie erwarten zumindest eine komfortable Oberfläche, mit der Sie auf den „Bank-Server" zugreifen können.

Wir müssen uns also im letzten Teil dieses Kapitels noch damit beschäftigen, wie man ein Client-Programm schreibt. Schauen wir uns die Aktionen des Clients an:

1. Anlegen eines Sockets:

```
int sock;
sock = socket(AF_INET, SOCK_STREAM, 0);
```

Dies ist identisch zum Server. Auch hier wird ein Socket zur Kommunikation benötigt.

2. Binden einer Adresse an das Socket (nicht unbedingt notwendig): Dies geschieht ebenfalls genauso, wie wir es für den Server beschrieben haben. Im Gegensatz zum Server kann dieser Schritt jedoch ausfallen. In diesem Fall wählt das System selbst einen freien Port aus. Im Grunde genommen ist es für den Client gleichgültig, welchen Port er benutzt. Allerdings gibt es bestimmte Dienste, die sich beim Server authentifizieren müssen. In diesem Fall muss ein Port, dessen Nummer kleiner als 1024 ist, zugewiesen werden. Portadressen unter 1024 beziehen sich sehr oft auf fest definierte Dienste und sind privilegiert, beispielsweise arbeitet der telnet-Server mit dem Port 23, wenn man es nicht ausdrücklich anders wünscht.

3. Verbindung mit dem Server herstellen: In diesem Schritt muss das Socket des Clients mit dem des Servers verbunden werden

```
connect(sock, &server, sizeof server);
```

Das erste Argument ist wieder eine sockaddr_in-Struktur, die genauso gefüllt werden muss, wie wir es beim Server gesehen haben. Allerdings muss hier die Adresse des Servers eingetragen werden, zu dem Verbindung aufgenommen werden soll.

Sie werden sich denken, dass dies doch kein Problem sei, da dies genauso wie beim Server funktionieren wird. Dem ist leider nicht so. Stellen Sie sich vor, wir würden Server-Adresse und Port-Nummer fest im Client-Programm implementieren. Dies hat einen gravierenden Nachteil. In der Praxis ändern sich Server-Adressen häufig, wenn zum Beispiel die Dienste, die wir anfragen, auf einen anderen Server verlagert werden, oder das Netz neu strukturiert wird. Portnummern sind weniger das Problem. Die bleiben meistens gleich. Was bedeutet der erste Aspekt aber für unseren Client? Eine umständliche Lösung wäre, ihn dann neu zu übersetzen. Benutzern von Clients steht aber der Quellcode meistens nicht zur Verfügung. Dies wird also nicht funktionieren.

Die meistens Clients sind daher so aufgebaut, dass sie den Namen des Servers auf der Kommandozeile oder einer Konfigurationsdatei verlangen. Sie erinnern sich, telnet hatten wir genauso verwendet.

So weit, so gut. Leider reicht der Name des Servers nicht aus. Wir brauchen seine Adresse. Es gibt in jedem System eine Datei /etc/hosts, wo die Namen der Server mit ihren entsprechenden Adressen stehen. Es gibt nun einen Systemaufruf gethostbyname, der für uns alle möglichen Informationen aus dieser Datei in ein (sehr) kompliziertes struct hostent füllt. Diese Informationen können wir dann im connect-Systemaufruf verwenden.

Dies ist aber nun wirklich etwas für Spezialisten und programmiertechnisch nicht so einfach. Lassen Sie sich daher nicht von dem folgenden Programmfragment schocken. Sie finden Erläuterungen dazu in [Brown 1998] oder im Systemmanual. Wir gehen nicht darauf ein, aber geben es an, damit Sie es gegebenenfalls in Ihren Programmen benutzen können:

```
// Client-Code: Ermittlung der Server-Adresse aus dem Server-
// Namen,der von der Kommandozeile eingelesen wird.
// Keine Panik, wenn Sie das nicht in allen Details verstehen.
// Es ist wirklich sehr kompliziert!

#define SERVER_PORT 4711
struct hostent *host_info;
struct sockaddr_in server;

// Der Server-Name steht in der Kommandozeile
host_info = gethostbyname(argv [1]);
memcpy(&server.sin_addr, host_info->h_addr,
          host_info->h_length);
server.sin_port = htons(SERVER_PORT);
connect(sock, &server, sizeof server);
```

Wie Sie sehen, ist das Thema Socket-Programmierung sehr schreibaufwendig. Man vergleicht es immer wieder mit Assembler-Programmierung. Wir könnten noch viel dazu sagen, wollen aber diesen Text nicht mit diesem Thema sprengen. Wen dieses Thema weiter interessiert, dem empfehlen wir abschließend noch einmal das entsprechende exzellent geschriebene Kapitel in [Brown 1998].

Bevor wir ein abschließendes Server-Beispiel angeben, fasst Abbildung 8.5 noch einmal die Aktionen von Server und Client zusammen.

Sockets stellen eine Art De-facto-Standard der Nutzung der im Betriebssystem verankerten Kommunikationsprotokolle durch Anwendungsprogramme dar. Sie sind, je nach Betriebssystem, unmittelbar im Kern oder in einer direkt darauf aufliegenden Bibliothek implementiert.

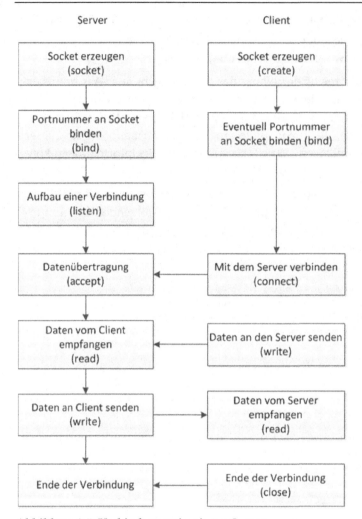

Abbildung 8-5: Verbindungsorientierter Server

Die Socket-Programmierung folgt dem UNIX-Schema open-read-write-close. Wenn das Betriebssystem einheitliche Deskriptoren für Sockets wie für Dateien verwendet, können die Anwendungsprogramme mit nur geringen Modifikationen für die Client-Server-Kommunikation eingerichtet werden.

Wegen der Komplexität der Verbindungsparameter sind für Sockets einige weitere Prozeduren erforderlich, die noch einmal zusammengefasst werden sollen. Beim Erzeugen eines Sockets mit socket() muss die Protokollfamilie und die Art der Kommunikation (verbindungslos oder verbindungsorientiert) spezifiziert werden. Mit der Prozedur bind() stellt der Server die Adresse und Portnummer bereit, unter der er auf Client-Anforderungen wartet. Die Prozedur listen() weist das Betriebssystem an, den Server in den Wartezustand auf eingehende Verbindungen überzugehen, mit der Möglichkeit der Einrichtung einer Warteschlange. Mit accept() wird für eine spezifische eingehende Verbindung ein neues Socket erstellt,

das dann für die Schreib- und Leseanweisungen verwendet wird. Ein Client verlangt den Verbindungsaufbau zu einem speziellen Server und Port mit der Prozedur connect(). Mit close() werden von der Anwendung alle erzeugten Client- und
Server-Sockets wieder freigegeben, wenn die Verbindung beendet ist.

8.4.6   Ausführliches Beispiel für Socket-Server

Im Folgenden geben wir einen Server für einen „Geldautomaten" an. Der Server
muss alles für uns tun, da wir als Client telnet aufrufen werden. Der Kunde hat die
Möglichkeit, Geld einzuzahlen, abzuheben und den Kontostand abzufragen. Alle
Aufrufe werden auf dem Server ausgeführt.

```
// bankserver.c
// Das Programm „bankserver.c" dient als Server, der einen
// Geldautomat simuliert. Auf diesen Server wird mit telnet
// zugegriffen.
// Das Programm erzeugt im main-Part ein Socket, weist es zu und
// wartet auf Verbindungsanfragen. Der Filedeskriptor „sd" wird
// dann an den com-Part übergeben. Hier findet dann die
// Bearbeitung der Anfragen des Clients statt.
// Bei diesem Programm wurden wegen der besseren Übersichtlich-
// keit Fehlerabfragen und -behandlungen weggelassen.

#include <stdio.h>
#include <stdlib.h>
#include <string.h>
#include <unistd.h>
#include <time.h>
#include <fcntl.h>
#include <sys/types.h>
#include <sys/socket.h>
#include <sys/time.h>
#include <netinet/in.h>

#define SERVER_PORT 4003

typedef enum {false, true} bool;

// Funktionsdeklarationen:
// „com" zur Kommunikation
// „aus" zum Auszahlen eines Betrags
// „ein" zum Einzahlen eines Betrags
// „stand" zur Kontostandsabfrage

int com(int sd, struct sockaddr_in sin,
    int *sin_len);
int aus(FILE *sockstream, int *sum);
int ein(FILE *sockstream, int *sum);
int stand(FILE *sockstream, int *sum);
```

```
int main()
{
    int sd;
    struct sockaddr_in sin;

    // Das struct „sin" wird mit geeigneten Werten initialisiert.
    // Dabei entspricht AF_INET dem ARPA Internet Protokoll.
    // INADDR_ANY wird mit der IP des Hosts, auf dem der Server
    // läuft, initialisiert.

    int sin_len = sizeof (sin);
    sin.sin_family = AF_INET;
    sin.sin_addr.s_addr = INADDR_ANY;
    sin.sin_port = htons(SERVER_PORT);

    // Hier wird das Socket erzeugt, bekommt einen Namen zugewiesen,
    // und es wird dafür gesorgt, dass es auf ankommende
    // Verbindungsanfragen lauscht.

    sd = socket(AF_INET, SOCK_STREAM, 0);
    bind(sd, (struct sockaddr *)& sin,
    sizeof(sin));
    listen(sd, 5);

    // Der Socket-Deskriptor wird an die Hauptfunktion übergeben.

    com(sd, sin, &sin_len);

    // Sobald das Programm aus der Hauptfunktion zurückkehrt, wird
    // das Socket geschlossen.

    unlink((const char *)& sin);
    return(EXIT_SUCCESS);
}


// Die Funktion „com" läuft in einer Endlosschleife und wartet auf
// ankommende Verbindungsanfragen. Sobald eine solche eingeht, wird
// für diese Anfrage mit der Funktion „accept" ein neues Socket „n_sd"
// geschaffen und die Kommunikation mit dem Client läuft über dieses
// Socket. Auch hier verwenden wir eine Endlosschleife,
// damit mehrere Anfragen nacheinander gestellt werden können.

// Dazu wird der Pointer „*sockstream" mit Hilfe der Funktion
// m„fdopen" it dem neuen Socket verbunden. Anschließend kann
// dieses Socket wie ein gewöhnliches File behandelt werden. Das
// Schreiben und Lesen geschieht mit „fprintf" bzw. „fscanf".
// Die einzige Besonderheit ist die Positionierung innerhalb des Files
// mittels der Funktion „rewind", die nach jedem Schreib-
// bzw. Lesevorgang stattfindet.
```

```
int com(int sd, struct sockaddr_in sin,
    int *sin_len)
{

    // Einige Variablen: „n_sd" ist der neue Socket-Deskriptor,
    // „choose" wird entsprechend der gewünschten Operation gesetzt
    // und „sum" ist das Startkapital auf dem Konto.

    int n_sd, choose, sum = 1000;
    FILE *sockstream;

    char *wel = "Herzlich Willkommen bei der G-Bank.\n";
    char *next = "
            Geld abheben (1)
            Geld einzahlen (2)
            Kontostand abfragen (3)\n
            Verbindung beenden (4)\n
            Ihre Eingabe: ";
    char *ciao = "Vielen Dank. Sie haben einen einfachen Geldautomaten
    sehr glücklich gemacht.\n\n";

    while(true) {
            n_sd = accept(sd, &sin, sin_len);
            sockstream = fdopen(n_sd, "r+");
            fprintf(sockstream, "%s", wel);
            rewind(sockstream);
            while(true) {

            // Zu Beginn der Schleife wird gefragt, was der Kunde mit
            // seinem Konto machen will.

            fprintf(sockstream, "%s", next);
            rewind(sockstream);
            fscanf(sockstream, "%i", &choose);
            rewind(sockstream);

            // Nachdem der Kunde gewählt hat, wird in ein entsprechendes
            // Unterprogramm gesprungen.

            if (choose == 1) {
                    aus(sockstream, &sum);
            }
            if (choose == 2) {
                    ein(sockstream, &sum);
            }
            if (choose == 3) {
                    stand(sockstream, &sum);
            }
            if (choose == 4) {
                    fprintf(sockstream, "%s", ciao);
                    rewind(sockstream);
```

```
                        break;
                }
        }

        // Sobald die innere Schleife verlassen wird, wird auch das nicht
        // mehr benötigte Socket geschlossen.

        close(n_sd);
}
        return(EXIT_SUCCESS);
}

// Die Hilfsfunktionen für „com":

int aus(FILE *sockstream, int *sum)
{
        int in_sum;
        char *ask = "Wieviel Geld möchten Sie abheben? ";

        char *tell = "Ihr neuer Kontostand: ";

        fprintf(sockstream, "%s", ask);
        rewind(sockstream);
        fscanf(sockstream, "%i", &in_sum);
        rewind(sockstream);
        *sum -= in_sum;
        fprintf(sockstream, "%s%i\n\n", tell, *sum);
        rewind(sockstream);

return(EXIT_SUCCESS);
}

int ein(FILE *sockstream, int *sum)
{
        int in_sum;
        char *ask = "Wieviel Geld möchten Sie einzahlen? ";
        char *tell = "Ihr neuer Kontostand: ";

        fprintf(sockstream, "%s", ask);
        rewind(sockstream);
        fscanf(sockstream, "%i", &in_sum);
        rewind(sockstream);
        *sum += in_sum;
        fprintf(sockstream, "%s%i\n\n", tell, *sum);
        rewind(sockstream);

        return(EXIT_SUCCESS);
}
```

```
int stand(FILE *sockstream, int *sum)
{
    char *tell = "Ihr aktueller Kontostand: ";

    fprintf(sockstream, "%s%i\n\n", tell, *sum);
    rewind(sockstream);

    return(EXIT_SUCCESS);
}
```

Damit schließen wir den Abschnitt über Sockets ab und wenden uns nun einer bequemeren und mächtigeren Programmentwicklungstechnik für verteilte Anwendungen zu. Schauen Sie sich auch die Übungen zu diesem Kapitel an. Dort sind weitere interessante Anwendungen für Client-Server-Systeme zu finden.

8.5   Remote Procedure Call

Programme oder Prozesse, die auf einem Rechner ausgeführt werden, können über verschiedene Schnittstellen miteinander kommunizieren, d.h. Informationen austauschen, z.B. kann die Ausgabedatei eines Programms die Eingabe des Programms für den nächsten Verarbeitungsschritt sein. Wenn die Programme gleichzeitig ablaufen, können Sie auf gemeinsamen Speicher zugreifen. Und Funktions- oder Methodenaufrufe stellen eine Form der Kommunikation dar, bei der die beteiligten Partner hierarchisch angeordnet sind: Der Aufrufende übergibt Parameter an das Unterprogramm und wartet seine Ergebnisse ab. Diese typischen und bewährten Kommunikationsstrukturen lassen sich auch auf verteilte Systeme ausdehnen.

Sockets stellen eine Möglichkeit dar, mit „normalen" Schreib-/Lese-Operationen Daten an entfernte Systeme zu übertragen, ohne dass das Anwendungsprogramm während der Verarbeitung dies berücksichtigen müsste. Natürlich wird extra Aufwand betrieben, um die Verbindung aufzubauen. Der gleichzeitige Zugriff von verschiedenen Rechnern auf verteilte Dateisysteme stellt eine Möglichkeit dar, wie verteilte Anwendungen gemeinsamen Speicher nutzen können. Auf die dritte Methode, den Aufruf von Unterprogrammen auf Servern, gehen wir in diesem Abschnitt ein.

Wenn man genauer in die Strukturen von verteilten Anwendungen hineinsieht, erkennt man häufig ein bestimmtes Muster: Eine Routine stellt Informationen zusammen, die sie an ein anderes Programm übergibt. Dort werden die Informationen bearbeitet und ein Ergebnis wird zurückgegeben. Übersetzt in Begriffe des Client-Server-Modells: Der Client fordert den Server zur Arbeit auf und erwartet dessen Resultate. Unterprogramm- oder Methodenaufrufe stellen oft nicht anderes dar, nur dass man sich vorstellt, dass das aufgerufene Programm auf demselben Rechner läuft wie das aufrufende. Das braucht aber nicht so zu sein.

Der Remote Procedure Call (RPC) ist ein sehr bewährter Mechanismus, der die Programmierung verteilter Anwendungen unterstützt. Er strebt eine starke Ähnlichkeit zu lokalen Prozedur- (bzw. Methoden-)Aufrufen an. Insbesondere wird Wert darauf gelegt, dass die Kommunikation zwischen Client- (hier: aufrufendem) und Server- (hier: aufgerufenem) Programm synchron erfolgt, d.h. dass der Client blockiert ist, bis der Server die Ergebnisse zurückgibt. Dies macht die Übertragung modular strukturierter Programme auf eine Client-Server-Lösung relativ einfach und gestattet vor allen Dingen übersichtliche Schnittstellen. Zwei Probleme, die man sich durch diesen eleganten Weg einkauft, seien hier direkt vermerkt.

RPC-Client und -Server arbeiten in der Regel in unterschiedlichen Adressräumen, so dass globale Variable nicht gemeinsam genutzt werden können; und da die Rechnerarchitekturen durchaus unterschiedlich sein können, kann man unterschiedliche Kodierungen von Variablen nicht ausschließen.

> Beim *Remote Procedure Call* ruft ein Client-Prozess eine Routine auf einem anderen Rechner, dem Server, auf. Der Aufruf erfolgt synchron. Information vom Client kann an den Server in Form von Parametern übertragen werden, die Ergebnisse des Servers werden als Return-Wert zurück übermittelt. Diese Übertragungen erfolgen für die Programme transparent.

Es gibt unterschiedliche Realisierungen des grundsätzlichen RPC-Konzepts, die sich in der Vielfalt der Kommunikations- und Kontrollmöglichkeiten und in Einzelheiten der Implementierung unterscheiden. Einen De-facto-Standard stellt SUN-RPC dar, auch ONC-RPC genannt, auf den wir uns in dieser Beschreibung beschränken.

Wichtig ist auch DCE-RPC, der weitergehende Automatisierungen für die Spezifikation der Schnittstellen enthält und insgesamt moderner ist. Grundlegende Eigenschaften des RPC sind

- der Mechanismus zur Durchführung von Aufrufen,
- die Übertragung der Parameter und Ergebnisse, insbesondere ihre Umkodierung,
- die Identifikation und das Binden der Kommunikationspartner und
- das Verhalten und die möglichen Reaktionen im Fehlerfall.

8.5.1   Genereller Ablauf eines RPC

Ein RPC-Client ruft ein Unterprogramm auf, das auf einem anderen Rechner als Server zur Ausführung kommen soll. Erforderliche Informationen werden vom Aufrufenden an den Aufgerufenen in Form von Parametern übermittelt. Der aufrufende Prozess wird blockiert, und die aufgerufene Prozedur wird auf dem Server ausgeführt. Informationen in die andere Richtung werden als Ergebnisse der Prozeduren übermittelt. Der Programmierer muss sich nicht um die Nachrichtenübermittlung kümmern, er ruft lediglich eine Prozedur auf. Dieser Vorgang soll dem Aufruf eines lokalen Unterprogramms so weit wie möglich ähneln.

Um diesen Mechanismus möglichst transparent handhabbar zu machen, wird die „aufgetrennte" Verbindung zwischen aufrufendem und aufgerufenem Programm durch so genannte *Stubs* (= Stummel, Stumpf) ergänzt, die die nötigen RPC Verwaltungs- und Transportfunktionen enthalten. Das Erstellen der Stubs kann weitestgehend automatisiert erfolgen. Das lokale System auf der Seite des Client transformiert den Aufruf des entfernten Unterprogramms so, dass stattdessen das entsprechende Unterprogramm auf dem Server gestartet wird. Auf dem Client verbleibt der so genannte *Client-Stub*, der die erforderlichen Steuerungs- und Parameterinformationen bereitstellt und die erforderlichen RPC-Routinen aufruft. Diese Routinen haben Informationen darüber, welcher Server das angeforderte Unterprogramm anbietet. (Es ist nicht ausgeschlossen, dass es sich dabei auch um den gleichen Rechner handelt.)

Ein entsprechender Stub wird im Server von den RPC-Routinen aufgerufen, der seinerseits das eigentlich gewünschte Unterprogramm aufruft. (Da der Server-Stub eigentlich eine Art Hülle um das gewünschte Serverprogramm darstellt, wird hierfür in einigen Büchern auch das Wort Wrapper verwendet.) Der Server-Stub stellt die Parameter bereit und empfängt die Rückgabewerte des Unterprogramms nach Ende der Berechnungen. Mit denen läuft der Kommunikationsvorgang in Rückrichtung ab, bis schließlich das Clientprogramm die Ergebnisse zur Verfügung hat und damit weiter arbeiten kann.

Zusammengefasst zeigt Abbildung 8.6 den Ablauf der Daten- und Kontrollübertragung beim RPC.

8.5.2 Parameter und Ergebnisse

Es ist Aufgabe des Client-Stubs, die Parameter für das Unterprogramm zu verpacken und auf die Reise zum Server zu schicken (marshalling). Hierbei sind doch einige Einschränkungen in der Wahl der Parametertypen hinzunehmen. Ein Call by Reference (also die Übertragung einer Referenz, d.h eines Zeigers auf eine Variable) macht für eine entfernte Prozedur keinen Sinn, da man in einem anderen Adressbereich, meistens sogar in einem anderen Rechner, mit der Speicheradresse des Clients nichts anzufangen weiß.

Da C, die ursprüngliche Heimat des RPC, keinen anderen Weg als über Adresszeiger als Parameter oder den Return-Wert kennt, um Werte von der Prozedur an das aufrufende Programm zu übertragen, bleibt nur die folgende einfache Aufteilung:

- Werte vom Client zum Server werden über die Parameterliste übergeben,
- Werte vom Server zum Client werden als Return-Werte übergeben.

Um die Lage weiter zu vereinfachen, hat jedes SUN-RPC-Programm genau eine Parameter- Variable. Wenn mehrere Variable an den Server übermittelt werden sollen, müssen sie in einer Struktur zusammengefasst werden. Entsprechend kann die Rückgabevariable auch aus einer Struktur mit vielen Werten bestehen.

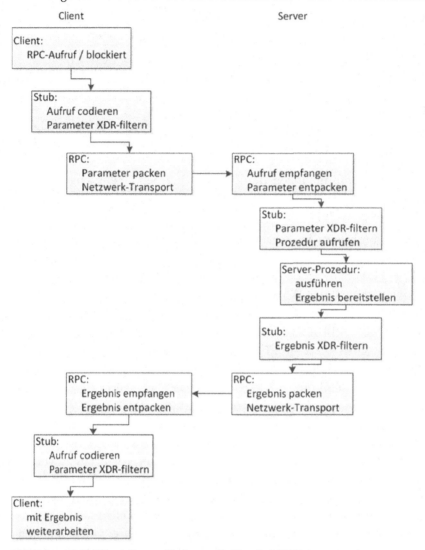

Abbildung 8-6: Client-Server-Kommunikation bei RPC

Für jeden Transport werden die Parameter-Strukturen in eine Rechner-neutrale Form konvertiert und als serialisierte, in handliche Pakete zerteilte Bytefolge über-tragen, um auf der Gegenseite wieder in die Rechner-spezifische Form des Emp-fängers und in die erforderliche Struktur zurück gewandelt zu werden. Der Trans-port selber kann mit UDP oder TCP erfolgen.

8.5.3   XDR

Nicht alle Rechner verwenden die gleiche interne Darstellung für die verschiedenen Variablentypen. Da ein und derselbe Server von Clients der verschiedensten Architekturen benutzt werden können soll, ist eine Vielzahl von Konvertierungen denkbar. Wenn jeweils direkt von der Darstellung des einen Rechners in die des anderen gewandelt würde, müsste ein Server die Darstellungen aller möglichen Clients kennen, und er müsste beim Hinzukommen eines neuen Client-Typs entsprechend erweitert werden.

Einen Ausweg aus dieser unglücklichen Situation stellt die Verwendung eines einheitlichen Formats dar, das von allen Clients und Servern genutzt wird. Dieses Format und die dazugehörige Komponente von RPC wird *XDR* genannt (External Data Representation). Jede RPC-Implementierung für ein spezielles Rechnersystem muss aus seiner ihm eigenen Darstellung in das XDR-Format und zurück konvertieren, so dass die Übertragung ausschließlich im XDR-Format erfolgt.

Da XDR nun schon einmal da ist, kann es auch einige weitere Aufgaben im Zusammenhang mit der Parameter und Return-Werte- Übertragung übernehmen. Im Prinzip stellt XDR eine eigene Sprache dar, in der die Schnittstelle der RPC-Routine und die zu konvertierenden Datenstrukturen definiert werden. Aus der Schnittstellendefinition werden Prototypen für Client- und Server-Stubs samt den Aufrufen der XDR- und der Transport-Funktionen generiert.

XDR bietet Konvertierungsmöglichkeiten für eine Reihe von elementaren Datentypen an (`int`, `char`, `float`, `boolean` ...). Aber auch Arrays und sogar, mit gewissen Einschränkungen, mit Referenzen verkettete Strukturen werden für die Übertragung zwischen verschiedenartigen Rechnerarchitekturen aufbereitet. Für weitere Einzelheiten sei auf die XDR-Dokumentation des jeweiligen Betriebssystems verwiesen.

8.5.4   Identifikation und Binden

Nur in sehr elementaren Fällen wird ein Server jedem beliebigem Client zur Benutzung offen stehen. Ein Mindestmaß an Authentifizierung ist in der Regel erforderlich. RPC bietet hierfür einige Methoden an, von denen wir eine kurz darstellen wollen.

Grundsätzlich benötigt ein Client für das Aufsetzen einer RPC-Verbindung die IP-Adresse des Servers und die Bezeichnung des gewünschten Programms, das auch als *Dienst* (*Service*) bezeichnet wird. Es ist sinnvoll, den Client von diesen technischen Einzelheiten zu entlasten und einen flexibleren Verbindungsaufbau zu ermöglichen, da sich z.B. die IP-Adresse des Servers ändern kann, ohne dass der Client davon informiert wurde. Zu diesem Zweck verwendet man das so genannte *dynamische Binden*. Ein Server gibt seine Dienste für die Clients bekannt, indem er seine Schnittstelle exportiert, d.h. er meldet sich bei dem Binder – einem für diesen Zweck spezialisierten Server – an und wird dort registriert. Dem Binder werden die Details des Dienstes mitgeteilt, z.B. der Name des Server-Programms, eine Versionsnummer, ein netzweit eindeutigen Bezeichner, der auch Identifier genannt wird und meistens 32 Bit groß ist, und die IP-Adresse des Servers, auch Handle genannt. Ein Server kann sich beim Binder auch wieder deregistrieren bzw. abmelden, falls er keine Dienste mehr zur Verfügung stellen möchte.

Bevor ein Client seinen ersten Server-Aufruf erzeugt, schickt er eine Nachricht an den Binder, aus der hervorgeht, welchen Dienst und welche Version er importieren will. Der Binder überprüft, welche der exportierten Server-Schnittstellen mit der gewünschten übereinstimmen. Falls ein derartiger Server registriert ist, übergibt der Binder den Handle und den Identifier an den Client. Nun kann der Client die gewünschten Dienste anfordern. Falls der Binder keinen der gewünschten Server registriert hat, wird der RPC-Aufruf fehlschlagen und mit einer Fehlermeldung abschließen.

Ein Binder wird in der Regel mehrere Dienste von mehreren Servern verwalten. Es ist auch denkbar, dass ein Dienst mit derselben Schnittstelle von verschiedenen Servern exportiert wurde. Dann ist der Binder in der Lage, Clients auf mehrere Server zu verteilen, um die Last im Netz unter den Servern zu balancieren. Durch zyklische Abfragen bei den Servern, ob sie noch arbeiten, kann der Binder ausgefallene Server selbständig deregistrieren. Auch eine Authentizitätsprüfung kann von einem Binder vorgenommen werden.

Ein Nachteil des dynamischen Bindens ist, dass durch die zusätzliche Kommunikation mit dem Binder ein größerer Verwaltungsaufwand (Overhead) entsteht. Dagegen stehen natürlich die gewonnene Flexibilität und die Unabhängigkeit des Clients von der Kenntnis der IP-Adressen der Server. Nun muss er nur die IP-Adresse des Binders kennen.

Um zu vermeiden, dass der Binder in einem größeren Netzwerk zu einem Flaschenhals wird, kann man diese Aufgaben auf mehrere Binder verteilen, die allerdings untereinander kommunizieren müssten, um sich zu synchronisieren.

8.5.5   Fehlerfälle und ihre Behandlung

Bei der Client-Server-Kommunikation können vielfältige Fehler auftreten. Nicht jeden Fehler kann man leicht erkennen und korrigieren. [Tanenbaum 2009] unterscheidet fünf Fehlerklassen:

1) Der Client findet den Server nicht.
2) Die Anfrage vom Client an den Server geht verloren.
3) Die Antwort vom Server an den Client geht verloren.
4) Der Server stürzt ab, nachdem er einen Auftrag erhalten hat.
5) Der Client stürzt ab, nachdem er einen Auftrag gesendet hat.

Wir schauen uns die verschiedenen Fehlerklassen kurz an. Gelegentlich versteckt sich in der Praxis ein Fehler einer Klasse hinter einer anderen.

Zur näheren Analyse der verschiedenen Fehler und der Vorkehrungen, die zu treffen sind, um ihre negativen Auswirkungen in Grenzen zu halten, verwendet man den Begriff der *idempotenten* Aufträge. Damit sind Aufträge gemeint, die auf dem Server ohne signifikante bleibende Folgen sind, ihn also nicht gezielt verändern. Ein lesender Zugriff auf eine Datenbank ist eine idempotente Anforderung, eine Transaktion, die die Datenbestände verändert, eine Buchung z.B. ist es nicht.

Zu 1) Server nicht erreichbar: Aus unterschiedlichen Gründen kann es geschehen, dass der Client den Server nicht findet, z.B. durch Netzstörungen, Ausfall des Server-Rechners oder der RPC-Software. Da der RPC-Identifier auch eine Kennung der Version der Dienst-Software enthält, kann es sein, dass der Server auf eine neuere Version übergegangen ist, der Client aber noch eine ältere anfordert, die der Server nicht mehr unterstützt. RPC muss dem Client-Programm mitteilen, dass etwas schief gegangen ist. Dies kann über spezielle Rückgabewerte oder das Aufwerfen einer Ausnahmebedingung erfolgen. Es ist Teil der Spezifikation des RPC, genau festzulegen, welche Reaktion der Client erwarten muss.

Zu 2) Die Anfrage vom Client an den Server ist verloren gegangen: Selbst wenn im Grunde alles auf Serverseite für die Beantwortung bereit ist und die Verbindung auch besteht, kann es durch Übertragungsfehler geschehen, dass die Anfrage des Clients auf dem Weg zum Server verloren geht. Wenn die Anfrage nicht auf der Transportebene abgesichert wurde, muss der Client einfach, z.B. nach Ablauf eines Zeitintervalls, eine erneute Anfrage senden. Wenn dieses Problem mehrfach nacheinander auftritt, muss der Client annehmen, dass ein Fehler der Klasse 1, Server nicht erreichbar, vorliegt.

Zu 3) Die Antwort vom Server an den Client ist verloren gegangen: Für den Client wirkt sich dieser Fehler zunächst aus wie Klasse 2, und er wird in der Regel genauso darauf reagieren. Wenn es um einen idempotenten Auftrag geht, so kann der Server ohne große Gefahr zur erneuten Bearbeitung aufgefordert werden. Im anderen Fall, z.B. schreibende Veränderungen einer Datenbank, kann die Integrität des Systems gestört werden, z.B. indem Aufträge mehrfach verbucht werden. Zur Behebung dieses Problems kann der Client alle Aufträge durchnummerieren und einen wiederholten Auftrag kennzeichnen, so dass der Server überprüfen kann, ob er das Original schon ausgeführt hat.

Zu 4) Absturz des Servers: Der Server kann a) unmittelbar nach Empfang und Quittierung der Nachricht abstürzen, ohne ihre Bearbeitung begonnen zu haben, oder er hat b) alles bearbeitet und alle Nebenwirkungen veranlasst, aber er kommt nicht mehr dazu, die Antwort zurückzusenden. In beiden Fällen kann der Client, nach Ausbleiben einer Antwort in einer angemessenen Zeit, die Anforderung nur erneut versenden. Im Fall a) ist damit alles geregelt. Im Fall b) ist wieder zu unterscheiden, ob der Auftrag idempotent war oder nicht. Zur Auflösung dieses Problems ist eine Einigung zwischen Client und Server über die grundsätzliche Art der Behandlung der Aufträge erforderlich. Man kann verschiedene Realisierungen unterscheiden, die jeweils festlegen, wie mit Aufträgen umzugehen ist: at least once, at most once, may be und exactly once. Man spricht hierbei von den unterschiedlichen Semantiken des RPC-Aufrufs.

- **At least once:** Es wird garantiert, dass der Auftrag mindestens einmal, aber im Fehlerfall durchaus auch häufiger ausgeführt wird. Der Client sendet seinen Auftrag so lange, bis er eine positive Antwort bekommt. Zwischenzeitlich kann der Server neu gebootet werden, oder die Kommunikationsverbindung wurde wieder hergestellt.
- **At most once:** Im Zweifelsfall wird die Bearbeitung abgebrochen und eine Fehlermeldung an den Client geschickt.
- **May be:** Es wird alles nicht so tragisch genommen, und es gibt keine Garantien in irgendeine Richtung.
- **Exactly once:** Dieses Verhalten erwartet man eigentlich von einem vernünftigen System, aber es gibt keine allgemeingültige, einfache Lösung, wie es zu erreichen ist.

Zu 5) Absturz des Clients: Der Server steht unter Umständen vor der Situation, dass der Client zwar den Auftrag absendet, aber danach aufhört zu arbeiten. Der Server bearbeitet den Auftrag, aber kann die Ergebnisse nicht mehr zurücksenden – man sagt, der Auftrag ist verwaist. Man kann sich verschiedene Methoden überlegen, wie verwaiste Aufträge erkannt werden können, aber alle sind relativ aufwändig und lösen das Problem nicht hundertprozentig. Ein Client wird versuchen, nach einem Wiederanlauf von seinen früheren Servern zu erfahren, welche verwaisten Aufträge in welchem Status existieren, und es muss im Einzelnen entschieden werden, wie mit jedem umzugehen ist.

8.5.6   Komponenten einer RPC-Implementierung

Es gibt einige unterschiedliche Umsetzungen der RPC-Konzepte in praktisch nutzbaren Code. Eine solche Implementierung besteht aus Bibliotheksroutinen und Header-Dateien für die Einbindung der anwendungsspezifischen Client- und Server- Programme, aus so genannten *Dämonen*, die als Hintergrundprogramme mit eigenen Prozessen bereitstehen, um wichtige Funktionen für die Anwendungsprogramme abzuwickeln, und aus Hilfsprogrammen, die durch Kommandos die Verwaltung der RPC-Funktionen ermöglichen.

Weit verbreitet ist der so genannte *SUN-RPC*, der von der Firma SUN stammt und der als ONC-RPC als Quelltext frei erhältlich ist (ONC = Open Networking Computing). Er ist für eine Vielzahl von Rechnern und Betriebssystemen verfügbar. Unter anderem stellt er die Basis des NFS dar, eines sehr erfolgreichen Systems für verteilte Dateisysteme.

Beim SUN-RPC kann man zwischen TCP und UDP als Transportprotokoll wählen. TCP ist ein gesichertes Transportprotokoll, und hat man hiermit eine at most once-

Semantik. Mit UDP erhält man eine may be-Semantik, da UDP ein ungesichertes verbindungsloses Protokoll ist.

SUN-RPC standardisiert die Datendarstellung für den Transport mittels des XDR. Es werden Filter-Routinen zur Verfügung gestellt, die die Konvertierung von und nach XDR vornehmen.

SUN-RPC stellt mit rpcgen einen Compiler bereit, der die zu implementierende Schnittstelle für Client und Server aus einer formalen Beschreibung in C-Code übersetzt. rpcgen erzeugt die Stubs für Client und Server und ruft außerdem die benötigten XDR-Filter auf.

Mit portmap wird ein Registrierungsdienst bereitgestellt, bei dem alle RPC-Dienste eines Systems registriert, abgefragt und verwaltet werden können. Damit können die einfachsten Formen des dynamischen Bindens realisiert werden. Der Portmapper ordnet, für Client und Server transparent, RPC-Programmen eindeutig IP-Ports zu. Für die Einzelheiten sei wiederum auf die einschlägige Literatur verwiesen.

Die Arbeitsweise von rpcgen wird am besten an einem Beispiel verdeutlicht. Wir wollen dazu einen Server bauen, der zwei float-Zahlen addiert und die Summe an den Client zurückgibt. Zugegebenermaßen keine sehr anspruchsvolle Aufgabe, aber so können wir uns auf die Einzelheiten der Kommunikation konzentrieren. Das nichtverteilte Programm könnte so aussehen:

```c
//add_Programm.c

#include <stdio.h>
#include <stdlib.h>
#include <string.h>

float add (float a, float b) ;

void main(int argc, char *argv[]) {

    char *wel = „Herzlich Willkommen beim Addier-Service.";
    char *frage = ". Summanden eingeben: ";
    char *tell = "... und die Summe ist ";
    float a, b, summe;
    //Begrüßen und Summanden erfragen
    printf("%s", wel);
    printf("\n%i%s", 1, frage); scanf ("%f", &a);
    printf("\n%i%s", 2, frage); scanf ("%f", &b);
    //Ergebnis berechnen
    summe = add (a, b);
    // Ergebnis verkünden
    printf("\n%s%g\n\n", tell, summe);
}

// die Addiermaschine
float add (float a, float b) {
```

```
    float summe ;
    summe = a + b ;
    return summe ;
}
```

Um dieses Programm beim Aufruf der add-Funktion zwischen Client und Server aufzuteilen, benötigen wir drei Dateien:

- add_client.c ist das Client-Programm, das den Client-Stub der Additionsroutine aufruft,

- add_server.c ist die Additionsroutine, die vom Server-Stub aufgerufen wird, und

- add.x definiert die Schnittstelle und die zu übertragenden Datenstrukturen als Eingabedatei für rpcgen.

Schauen wir uns zunächst add.x, die XDR-Definition der Schnittstellen, an:

```
//add.x - Addier-Server, Schnittstellen-Spezifikationen

// Eingabeparameter - zu addierenden Zahlen
struct add_anforderung {
    float a;
    float b;
    } ;

// Ausgabeparameter - die Summe
struct add_ergebnis {
    float summe;
    } ;

// Serverdefinition - ein Programm, eine Version, eine Prozedur
program ADD_PROG {
    version ADD_VERS {
            add_ergebnis ADD(add_anforderung) = 1;
            } = 1;   // Versionsnummer
    } = 0x2000009b; // Programmnummer
```

Die Syntax der .x-Datei erinnert stark an C, so dass ein intuitives Verständnis möglich ist. Aber trotzdem ist hierzu noch einiges zu erläutern.

Die Strukturen add_anforderung und add_ergebnis dienen zum Transport von Parametern und Ergebnissen zwischen Client und Server. Alle Eingabeparameter werden in einer Struktur verpackt. rpcgen kann nun die benötigten Filter kombinieren und bereitstellen. Für den Client und den Server wird eine entsprechende Definition in der .h-Datei erzeugt.

Wir müssen für RPC eine Programm- und eine Versionsnummer für unseren Dienst vergeben. Dies erfolgt in einer geschachtelten Schreibweise. Wir haben einen Server mit der Nummer 0x2000009b definiert, den wir ADD_PROG nennen. Diese Nummer ist innerhalb eines definierten Bereichs frei wählbar. Es existiert nur Version 1 dieses Dienstes, und es gibt nur eine Prozedur mit Nummer 1, die ADD heißt.

Diese Prozedur nimmt Parameter in der Form der Struktur add_anforderung entgegen und liefert Ergebnisse in Form der Struktur add_ergebnis. Wie die geschachtelte Schreibweise und die Nummern andeuten, ist es möglich, mehrere Versionen eines Dienstes anzugeben, die auch mehrere Funktionen zur Verfügung stellen können. So können auch ältere Versionen neben neuen ohne Konflikte weiter angeboten werden.

Rpcgen erstellt aus add.x vier Ausgabedateien:

- add.h: Headerdatei, Schnittstellen und Strukturen für den C-Compiler,
- add_clnt.c: C-Code des Client-Stubs,
- add_svc.c: C-Code des Server-Stubs,
- add_xdr.c: C-Code der XDR-Filter.

Ein Blick auf die Header-Datei add.h gibt uns weitere Einsicht in die Arbeitsweise.

```
struct add_anforderung {
    float a:
    float b:
};
typedef struct add_anforderung add_anforderung;
bool_t xdr_add_anforderung();
struct add_ergebnis {
    float summe:
};
typedef struct add_ergebnis add_ergebnis;
bool_t xdr_add_ergebnis();

#define ADD_PROG ((u_long)0x2000009b)
#define ADD_VERS ((u_long)1)
#define ADD ((u_long)1)
extern add_ergebnis *add_1();
```

Die Strukturen wurden in unserem sehr einfachen Beispiel unverändert übernommen. Wenn kompliziertere Datenstrukturen, Felder oder bedingte Strukturen, übergeben werden, werden einige Bezeichnungen automatisch generiert, die man im Client und Server benutzen muss. Ein typedef für die Strukturen gestattet die Verwendung des Typs ad_xxx, statt struct add_xxx schreiben zu müssen. Für jede der Strukturen wurde außerdem ein XDR-Filter definiert.

Für Programm-, Versions- und Funktionsnummern wurden symbolische Konstanten mit den von uns definierten Namen erzeugt.

Wichtig ist noch die letzte Zeile, in der unsere Stub-Funktion, definiert wird, die wir im Client aufrufen und im Server implementieren müssen. Der Name ist der von uns vergebene Name ADD in Kleinbuchstaben mit der angehängten Versionsnummer, also add_1. Außerdem muss beachtet werden, dass der Return-Wert in einen Zeiger auf add_ergebnis geändert worden ist, und die Funktion einen Zeiger auf add_anforderung als Parameter erwartet – Letzteres ist nicht aus der Header-Datei zu entnehmen.

Client- und Server-Stub und XDR-Filter sehen wir uns hier nicht genauer an. Sie erledigen die hier verlangten Aufgaben vollständig, ohne dass wir uns um sie kümmern müssen. Für komplexere Anwendungen wird man auch sie modifizieren müssen oder sie sogar vollständig selbst erstellen.

Mit den Kenntnissen aus der add.h-Datei können wir uns die Realisierung des Servers ansehen. Es handelt sich ja um die add-Funktion in der Form, wie sie der Server-Stub aufrufen wird.

```
// add_server.c addiert zwei Zahlen.
// Auf diesen Server wird mit RPC zugegriffen.

#include <rpc/rpc.h>
#include "add.h" // Schnittstelle, aus rpcgen add.x

add_ergebnis *add_1 (add_anforderung *anforderung) {
    static add_ergebnis ergebnis;

    ergebnis.summe =
            anforderung->a + anforderung->b;
    return &ergebnis;
}
```

Die Funktion muss nun add_1 heißen, mit der 1 als Versionsnummer aus der .x-Datei. Die Argumente a und b müssen in eine Struktur verpackt werden, und es werden die Adressen von Parameter- und Ergebnisstruktur als Parameter- bzw. Ergebniswert erwartet. Damit hängt zusammen, dass die Variable für das Ergebnis im statischen Speicher angelegt werden muss. Wenn das Ergebnis nur im dynamischen Speicher der add_1-Funktion existieren würde, wäre es u.U. längst aus dem Speicher verschwunden, wenn der Server-Stub anfangen könnte, die Ergebnisse an den Client zurück zu übertragen.

Der Client kann nun wie folgt erstellt werden:

```
// add_client.c
// Test-Client für den RPC-Addierserver

#include <stdio.h>
#include <stdlib.h>
#include <string.h>

#include <rpc/rpc.h>
#include "add.h" // Schnittstelle, aus rpcgen add.x

int main(int argc, char *argv[]) {
    char *wel = "Herzlich Willkommen beim RPC-Addier-Service.";
    char *frage = ". Summanden eingeben: ";
    char *tell = "... und die Summe ist ";

    CLIENT *cl;
```

```
        add_ergebnis *ergebnis;
        add_anforderung anforderung;
        if (argc != 2) {
                printf ("Aufruf: %s server\n", argv[0]) ;
                exit(1);
                }
        // verbinde Client mit Host, der als 1. Argument angegeben wurde
        cl = clnt_create (argv[1], ADD_PROG, ADD_VERS, "tcp") ;
        if (cl == NULL) {
                clnt_pcreateerror (argv[1]) ;
                exit(2);
                }
        // Begrüßen und Summanden erfragen
        printf("%s", wel);
        printf("\n%i%s", 1, frage); scanf ("%f", &anforderung.a);
        printf("\n%i%s", 2, frage); scanf ("%f", &anforderung.b);

        ergebnis = add_1 (&anforderung, cl);
        if (ergebnis == NULL) {
                clnt_perror (cl, "Host") ;
                exit(3);
                }
        // Ergebnis verkünden
        printf("\n%s%g\n\n", tell, ergebnis->summe);
        }
```

Als Start der Kommunikation zwischen Client und Server ruft der Client die RPC-Routine clnt-create() auf. Er übergibt ihr den IP-Namen des angeforderten Servers, die Programm- und Versionsnummer des angeforderten Dienstes sowie die Auswahl des Transportprotokolls, TCP oder UDP. Die RPC-Routinen des Clients stellen hierauf eine Verbindung mit dem Portmapper des angeforderten Servers her (über reservierte Sockets). Der Portmapper ordnet der Anforderung eine Socket-Adresse zu und teilt sie, für den Anwender verdeckt, dem Client mit. Wenn die Verbindung nicht hergestellt werden kann, weil z.B. der Host nicht bekannt ist oder der angeforderte Dienst nicht registriert ist, wird ein NULL-Pointer zurückgegeben und eine Fehlermeldung kann generiert werden.

Die eigentliche Kommunikation wird durch den Aufruf von add_1 abgewickelt. Als ersten Parameter erhält er die Adresse einer Struktur vom Typ add_anforderung. Als ein zweiter Parameter ist die Client-Kennung angefügt, die von clnt_create() erzeugt wurde. Als Rückgabewert liefert er einen Zeiger auf eine Struktur vom Typ add_ergebnis. (Die Typen add_ergebnis und add_anforderung sind in der Datei add.h als Abkürzungen für die jeweiligen Struktur-Typen vereinbart worden.)

Die Abbildung 8.7 zeigt, wie die fünf .c-Dateien und die .h-Datei miteinander übersetzt und gebunden werden, um daraus die ausführbaren Client- und Server-

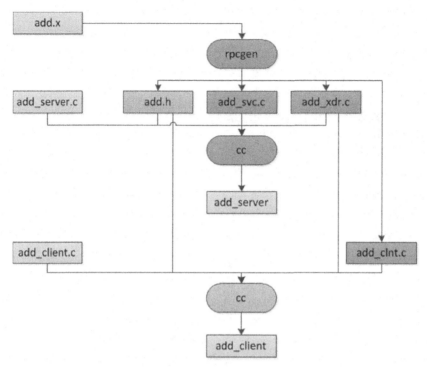

Abbildung 8-7: RPC-Programmdateien

Programme zu gewinnen. Wenn Client und Server auf unterschiedlichen Rechnern ausgeführt werden sollen, muss rpcgen auf jedem beteiligten System ausgeführt werden, und nur die jeweils benötigten Komponenten werden übersetzt und gebunden. Die folgende vereinfachte make-Datei erzeugt Client und Server gleichzeitig auf demselben System.

```
# Makefile für Addier-Server

CC = cc
LD = -lnsl

all: add_client add_server

# die XDR-Schnittstelle
add_clnt.c add_svc.c add.h add_xdr.c: add.x
    rpcgen add.x
# die Server-Prozedur
add_server.o: add_server.c add.h
    ${CC} -c add_server.c -o add_server.o

# der Server-Stub
add_svc.o: add_svc.c add.h
${CC} -c add_svc.c -o add_svc.o

# der XDR-Filter
```

```
add_xdr.o: add_xdr.c add.h
    ${CC} -c add_xdr.c -o add_xdr.o

# der Client-Stub
add_clnt.o: add_clnt.c add.h
    ${CC} -c add_clnt.c -o add_clnt.o

# das Client-Programm
add_client.o: add_client.c add.h
    ${CC} -c add_client.c -o add_client.o

# der Server
add_server: add_xdr.o add_svc.o add_server.o
    ${CC} ${LD} add_xdr.o add_svc.o add_server.o \
-o add_server

# der Client
add_client: add_client.o add_xdr.o add_clnt.o
    ${CC} ${LD} add_client.o add_xdr.o add_clnt.o \
-o add_client

clean:
rm -f add.h add_clnt.* add_svc.* add_xdr.* *.o add_client add_server core

fresh: clean all
```

Die RPC- und XDR-Routinen liegen je nach System in unterschiedlichen Bibliotheken, bei AIX sind sie in der Standard-C-Bibliothek zu finden, unter Solaris und in manchen Linux-Systemen stehen sie in libnsl, deshalb die Angabe -lnsl.

Zunächst starten wir den Server im Hintergrund durch

```
prompt> add_server &
```

Ob er erfolgreich gestartet wurde kann mit dem Befehl rpcinfo -p abgefragt werden. In der vermutlich langen Liste müssten zwei Zeilen erscheinen, die die Zuordnung unserer Dienstnummer, Version und dem Namen zu einem Port angeben, z.B.:

```
prompt> rpcinfo -p
programm vers proto port service
536871067 1 tcp 1096 add
536871067 1 udp 1098 add.
```

Die kryptische Zahl 536871067 ist nichts weiter als die Dezimaldarstellung der Programmnummer, die wir in add.x hexadezimal als 0x2000009b definiert hatten. Es erscheinen zwei Zeilen, weil unser Server sowohl für TCP als auch für UDP registriert wurde.

Wenn wir nun, auf demselben oder einem anderen Rechner, den Client starten, können wir die Früchte unserer Arbeit sehen: Der Server addiert für uns.

```
prompt> add_client advm2.gm.fh-koeln.de
Herzlich Willkommen beim RPC-Addier-Service.
1. Summanden eingeben: 17.4
2. Summanden eingeben: 47.11
… und die Summe ist 64.51
```

8.5.7   RPC-Beispiel mit interativem Server

In einem weiteren Beispiel sollen zwei weitere Aspekte von SUN-RPC kurz angedeutet werden, nämlich Überprüfung der Authentifizierung und Überladen von
Parametern.

8.5.7.1 Authentifizierung

Zum einen geht es um die Überprüfung, ob der anfragende Client überhaupt be-
rechtigt ist, von diesem Server bedient zu werden. In einer ersten Authentifizie-
rungs-Stufe verwendet man innerhalb von gemeinsam verwalteten UNIX-Clustern
die sowieso schon vergebenen Benutzerkennungen. Immer dann, wenn der Benutzer des Clients auf dem Rechner des Servers einen gültigen Account besitzt, kann
man annehmen, dass er legitimiert ist, Dienste auf dem Server zu nutzen. Diese
Kennungen sind aber für einen erfahrenen Programmierer einigermaßen leicht zu
fälschen, so dass sie nur eingeschränkte Sicherheit bieten. Weitergehende Authen-
tifizierungsschemata verwenden netzweit eindeutige Benutzernamen und verschlüsselte Übertragung. Wir beschränken uns hier auf die einfache Überprüfung
der Benutzerkennung.

Nachdem der Client sich beim Server durch clnt_creat angemeldet hat, muss er
eine Autorisierungsstruktur erzeugen, die seine persönlichen Daten enthält. Dazu
verwendet er in unserem Rahmen authunix_creat_default(). Zusammen sehen die
Programmzeilen etwa so aus:

```
cl = clnt_create(argv[1], BANKPROG, BANKVERS, "tcp");
cl->cl_auth = authunix_create_default();
```

Alles Weitere auf der Seite des Clients erledigen die RPC-Routinen automatisch.

Auf der Server-Seite ist etwas mehr Aufwand zu erbringen. Die Serverroutine
kann die zusätzliche Authentifizierungsinformation aus einem zweiten Parameter
entnehmen, der vom Server-Stub an sie übergeben wird und der vom Typ struct
svc_req * ist. Die Details der Felder der Struktur sollen hier übersprungen werden.
Wir verwenden ein Feld rq_cred.oa_flavor, in dem mitgeteilt wird, ob der Client
die authunix- Informationen mitgeschickt hat. Falls ja, verweist das Feld rq_clntcred
auf eine weitere Struktur vom Typ authunix_parms, in der u. a. das Feld aup_uid endlich die Benutzerkennung vom Client enthält. Mit dieser können wir z.B. mit der
Systemroutine getpwuid() erfahren, ob unter dieser Benutzerkennung auf dem Server ein Passwort vergeben wurde.

8.5.7.2 Überladene Strukturen

Die andere Erweiterung betrifft die Reaktion auf Ergebnisse dieser Prüfungen. Wie teilt der Server dem Client mit, dass er ihn nicht bedienen kann, wenn er nur die Möglichkeit der Übertragung der Ergebnisstruktur hat? Logischerweise muss die Return-Struktur um Felder erweitert werden, die den Erfolg der Arbeit des Servers mitteilen. Ein weiterer Grund für Misserfolg wären ungültige Anforderungen, die nur der Server feststellen kann. XDR bietet hierzu die Möglichkeit, Strukturen zu „überladen", indem die Felder in Abhängigkeit von Bedingungsfeldern unterschiedlich interpretiert werden. Pascal-Programmierern sind solche Konstruktionen geläufig. In C-Begriffen stellen sie eine Kombination von union- und case-Anweisungen dar, die so im eigentlichen Sprachumfang nicht vorhanden sind.

Das Beispiel greift den simulierten Bankautomaten aus dem Socket-Abschnitt wieder auf – diesmal in einer RPC-Version. Der Client führt den Dialog mit dem Benutzer und überträgt die Anforderungen Einzahlen, Abheben und Kontostandabfragen an entsprechende Server-Unterprogramme. Hier wurde das Beispiel um die Möglichkeit erweitert, mit verschiedenen Konten zu arbeiten (die zugegebenermaßen etwas vereinfacht als statischer Array realisiert wurden – wenn der Server endet, werden alle Kontostände vergessen ...).

8.5.7.3 Die XDR-Definitionen

```
// bank.x - Bankautomat, Schnittstellen-Spezifikationen

const MAXKONTO = 100;
const true = 1;
const false = 0;
enum bank_status {
    bank_OK = 1,
    konto_ungueltig = 2,
    user_ungueltig = 3
    } ;

// Eingabeparameter - Kontonummer und Veränderungsbetrag des Bereichs
struct bank_anforderung {
    int kto_nr;
    int bewegung;
    } ;

// Eingabeparameter - nur die Kontonummer
struct bank_kontostand {
int kto_nr;
} ;

// Ausgabeparameter - der aktuelle Kontostand und der Status des Ergebnisses
union bank_ergebnis switch (bank_status status) {
    case bank_OK : int kto_stand;
    case konto_ungueltig : void;
```

```
        case user_ungueltig : void;
        } ;

// Programmdefinition - ein Programm, eine Version, eine Prozedur
program BANKPROG {
    version BANKVERS {
            bank_ergebnis AUS(bank_anforderung) = 1;
            bank_ergebnis EIN(bank_anforderung) = 2;
            bank_ergebnis STAND(bank_kontostand) = 3;
            } = 4; // Versionsnummer
    } = 0x2000009d; // Programmnummer
```

Der Server besteht aus drei Routinen, und er liegt in seiner vierten Version vor.

8.5.7.4 RPC-Server-Code für den Bankautomaten

Exemplarisch wird hier das Einzahlungs-Unterprogramm des Servers mit der Funktion zur Authentifizierungsüberprüfung angegeben. Auszahlung und Kontostand erfolgen nach dem gleichen Muster.

```
// bank_server.c simuliert einen Geldautomaten.
// Auf diesen Server wird mit RPC zugegriffen.

#include <rpc/rpc.h>
#include "bank.h"                    // Schnittstelle, aus rpcgen bank.x

static int konto [MAXKONTO] ;        // Kontostände, zu Null initialisiert!
// Einzahlungsroutine
bank_ergebnis *ein_4 (bank_anforderung *anforderung, struct svc_req
*request) {
    static bank_ergebnis ergebnis;
    // den Benutzer überprüfen
    if (user_gueltig (request) == 0)
            ergebnis.status = user_ungueltig ;
    else
    // die Kontonr überprüfen
    if (anforderung->kto_nr < 0
                    || anforderung->kto_nr >= MAXKONTO)
            // illegale Kontonummer
            ergebnis.status = konto_ungueltig ;
    else {
            ergebnis.status = bank_OK ;
            ergebnis.bank_ergebnis_u.kto_stand =
                    konto[anforderung->kto_nr]
                            += anforderung->bewegung ;
    }
    return &ergebnis;
    }
// Funktion zur Überprüfung, ob ein gültiger User
// die Anforderung abgeschickt hat
int user_gueltig (struct svc_req *request) {
```

```
        struct authunix_parms *ucred;
        struct passwd *passwort;
        // hat der Client seine Identifikation mitgeschickt?
        if (request->rq_cred.oa_flavor != AUTH_UNIX)
                return 0;
        // extrahiere userid vom Client und sein Passwort auf
        // Server - Abbruch, wenn nicht eingetragen
        ucred = (struct authunix_parms *)
                (request->rq_clntcred) ;
        passwort = getpwuid (ucred->aup_uid);
        if (passwort == NULL) return 0;
        // an dieser Stelle sollten weitergehende Prüfungen folgen,
        // ob der Benutzer für diesen Dienst autorisiert ist
        return 1;
        }
```

Hier ist zu vermerken, dass der Server zustandslos arbeitet, d.h. er merkt sich
nicht, ob er den gleichen Benutzer gerade schon überprüft hat, sondern er bekommt jedes Mal alle zu einem Auftrag erforderlichen Daten und überprüft sie
jedes Mal aufs Neue. Der Durchsatz wäre sicher höher, wenn er sich die kürzlich
überprüften Benutzerkennungen in einem Cache-Speicher merken und darauf
vertrauen würde, dass eine einmal überprüfte Berechtigung auch bei der nächsten
Anfrage noch gültig ist, aber damit ist natürlich auch ein Sicherheitsrisiko verbunden.

8.5.7.5 RPC-Client-Code für den Bankautomaten

Der Client folgt als Letztes. Auch hier sind die Routinen für Einzahlung und Kon-
tostands-Überprüfung weggelassen worden, weil sie nichts Neues enthalten.

```
// bank_client.c Test-Client für den Bankautomaten

#include <stdio.h>
#include <stdlib.h>
#include <string.h>
#include <rpc/rpc.h>
#include "bank.h"                       // Schnittstelle, aus rpcgen bank.x

int main(int argc, char *argv[]) {

    int choose, konto;
    char *wel = "Herzlich Willkommen bei der RPC-Bank.\n
                    Bitte Kontonummer eingeben: ";
    char *next = "Geld abheben (1)\n
                    Geld einzahlen (2)\n
                    Kontostand abfragen (3)\n
                    Verbindung beenden (4)\n
                    Ihre Eingabe: ";
```

```
char *ciao =
                        "Vielen Dank, Sie haben einen einfachen\n
                        Geldautomaten sehr glücklich gemacht.\n\n";

    CLIENT *cl;
if (argc != 2) {
            printf ("Aufruf: %s server\n", argv[0]) ;
            exit(1);
            }
    // verbinde Client mit Host, der als 1. Argument angegeben wurde
    cl = clnt_create (argv[1], BANKPROG, BANKVERS,
                    "tcp") ;
    if (cl == NULL) {
            clnt_pcreateerror (argv[1]) ;
            exit(2);
            }
    // UNIX - Identifikationsdaten generieren
    cl->cl_auth = authunix_create_default() ;
    // Begrüßen und Kontonummer erfragen
    // aktuellen Kontostand ausgeben
    // Abbruch, falls ungültig
    printf("%s", wel);
    scanf("%d", &konto);
    if (!stand (cl, konto)) exit(7);

    while(true) {
                    // Zu Beginn der Schleife wird gefragt, was der
                    // Kunde mit seinem Konto machen will.
                    printf("%s", next);
                    scanf("%i", &choose);
                    // Nachdem der Kunde gewählt hat, wird in ein
                    // entsprechendes Unterprogramm gesprungen.
                    if (choose == 1) {aus(cl, konto);}
                    if (choose == 2) {ein(cl, konto);}
                    if (choose == 3) {stand(cl, konto);}
                    if (choose == 4) {
                            printf("\n%s", ciao);
                            break;
                            }
            }
    return(EXIT_SUCCESS);
}
// Die Hilfsfunktionen :
int ein(CLIENT *cl, int konto) {
    int in_sum;
    bank_ergebnis *ergebnis;
    bank_anforderung anforderung;

    printf("\nWieviel Geld möchten Sie auf Konto %d einzahlen? ", konto);
    scanf("%i", &in_sum);
```

```
anforderung.kto_nr = konto;
anforderung.bewegung = in_sum;
ergebnis = ein_4 (&anforderung, cl);
if (ergebnis == NULL) {
        clnt_perror (cl, "Host") ;
        exit(3);
        }
switch (ergebnis->status) {
        case bank_OK :
                printf("\nIhr neuer Kontostand: %i\n\n",
                        ergebnis->bank_ergebnis_u.kto_stand);
                return (true);
        case konto_ungueltig :
                printf("\nKontonummer %d unzulässig!\n",
                        konto);
                return(false);
        case user_ungueltig :
                printf("\nServer verweigert!\n") ;
                return(false);
        }
}
```

8.5.8   Vor- und Nachteile von RPC

Die Verwendung von RPC mag zunächst durch die umfangreicheren Bibliotheken und die einzuhaltenden Schnittstellendefinitionen aufwendiger erscheinen als die direkter zugängliche Programmierung mit Sockets oder der einfache Austausch von Dateien. Dies gilt insbesondere für Programmierer, die gern eine genaue Kontrolle über das Geschehen haben wollen und denen jeder überflüssig erscheinende Overhead ein Gräuel ist. Für komplexere Anwendungen bietet RPC aber unbestreitbare Vorteile:

- Die Anwendungen sind übersichtlicher zu erstellen, weil sie dem Konzept des Unterprogrammaufrufs folgen.
- Es ist möglich, eine Anwendung zunächst für ein lokales System zu schreiben, unter Vermeidung von globalen Variablen, und dann geeignete Routinen auf Server auszulagern.
- Es ist möglich, ohne Einzelheiten der Rechnerarchitekturen zu kennen, Anwendungen auf unterschiedliche Rechnersysteme zu verteilen.
- Anwendungsprogrammierer werden vor häufigen Fehlerquellen geschützt, indem die Schnittstellen an nur einer Stelle zentral definiert werden und der Compiler die Möglichkeit erhält, die Typen von aktuellen und formalen Parametern zu überprüfen. Bei der Verwendung von Sockets müssen Clients und Server in Bezug auf die Reihenfolge jedes einzelnen Bytes vollständig miteinander abgestimmt sein.

Als Nachteile von RPC kann man aufführen, dass der Client in der Regel zunächst blockiert ist, bis der Server seinen Auftrag erledigt hat. Dies kann man durch eine Aufteilung des Clients in mehrere Prozesse leicht umgehen. Die Kommunikation zwischen Client und Server erfolgt ungeteilt; das soll heißen, dass eine Anforderung als ein Paket an den Server geschickt wird, und während des Auftrags findet keine weitere Kommunikation statt. Um eine feinere Granularität der Kommunikation zu erreichen, muss der Auftrag in verschiedene Aufrufe unterteilt werden, und der Server muss den jeweils erreichten Zustand festhalten. Bei unsicheren Verbindungen bringt dies im Zusammenhang mit der at most once-Semantik Integritätsprobleme mit sich.

Der ungeteilte, monolithische Charakter der Kommunikation zwischen Client und Server setzt der Menge der in einer Transaktion zu übertragenden Daten Grenzen. Ein RPC-Server, der nur einen Auftrag zur gleichen Zeit abarbeitet, kann leicht zu einem Engpass werden. Das Starten eines neuen Prozesses für jeden Auftrag belastet den Server ziemlich stark. Als Ausweg bietet sich an, Threads zu verwenden, wo immer das möglich ist.

RPC-Anwendungen sind nicht ortsunabhängig, da der Client die IP-Adresse des Servers kennen muss oder sie sich von einem ihm bekannten Binder besorgt.

Als letzter kritischer Punkt sei erwähnt, dass das RPC-Modell in die Jahre gekommen ist. Es ist nicht von vornherein an eine objektorientierte Arbeitsweise angepasst. Für einen objektorientierten Server weicht man von den durch XDR und rpcgen vorgegebenen Strukturen ab und definiert Objekte und Methoden, die die RPC-Funktionalität enthalten. Modernere Middleware wie Corba ist hierbei nützlich.

8.6   Übungen

1. In welcher OSI-Schicht
    a.   werden Bitfolgen zu Frames gruppiert,
    b.   wird festgelegt, welche Route zu wählen ist,
    c.   werden geheim zu haltende Daten ver-/entschlüsselt?
2. Welche Schichten des TCP/IP-Protokollstapels müssen Sie kennen, wenn Sie eine Client-Server-Anwendung programmieren wollen?
3. Welche Vorteile hat das Schichtenmodell für die Computerindustrie und die Anwender?
4. Welche Nachteile hat ein genormter Protokollstapel für die Computerindustrie und die Anwender?
5. Machen Sie sich klar, wieso man in manchen Anwendungen UDP anstatt TCP einsetzt. Versuchen Sie dies am Beispiel eines Time-Servers zu erläutern, d.h. eines Dienstes, der eine Synchronisation der Uhrzeiten in verteilten Systemen ermöglicht.

6. Verbindungen zwischen Client und Server werden bei Sockets durch fünf Angaben definiert. Welche sind das?

7. Wieso macht es keinen Sinn, die IP-Adresse eines Servers in einem Client-Programm zu implementieren?

8. Stellen Sie sich einen Server vor, der einen Lagerbestand verwaltet. Clients können Material aus dem Lager entnehmen oder auch hinzufügen. Wir würden Sie das Design eines solchen Servers festlegen? Würden Sie einen iterativen Server schreiben?

9. Welchen Nachteil hat die UNIX-Adressfamilie?

10. Im Beispiel auf Seite 265 haben wir einen Server für einen „Geldautomaten" angegeben. Auf den Server haben wir mit telnet zugegriffen. Schreiben Sie bitte diese Anwendung so um, dass ein echter Client auf den Server zugreift. Überlegen Sie sich, welche Funktionalität Client und Server haben sollten.

11. XDR verwendet ein einheitliches, rechnerunabhängiges Format für den Transfer von Daten. Dies erfordert Konvertierungsaufwand auf der Seite des Clients und des Servers. Überlegen Sie sich, ob das auch anders geht, und diskutieren Sie die Vor- und die Nachteile Ihres Vorschlags.

12. Überlegen Sie für einige Anwendungen, ob at least once oder at most once angebrachter sind, z.B. für

   a. das Übersetzen eines Programms,
   b. das Bestellen einer Pizza,
   c. eine elektronische Überweisung.

13. Programmieren Sie die Anwendung Telebanking auf der Basis des SUN RPC. Die Kunden wenden sich über ein Terminal (zum Beispiel einen Geldautomaten) an den Server einer Bank. Schreiben Sie die Anwendung möglichst realistisch!

   a. Aufgaben des Clients:
      - Nimmt die Kontonummer und eine 4-stellige PIN des Kunden entgegen.
      - Bietet dem Kunden ein Menü an, wo er bestimmte Auszahlungsbeträge wählen kann: 50 , 100 , 200 , 400 oder einen anderen Betrag.
      - Bietet dem Kunden eine Kontostandsabfrage an.
      - Bietet dem Kunden eine Abbruchfunktion an.
      - Gibt dem Kunden mögliche Meldungen aus:
         - „Falsche Kontonummer bzw. PIN. Erneut versuchen!"
         - „Vorgang abgebrochen. Konto hat einen zu geringen Betrag!"
         - „Auszahlung erfolgt! Danke für Ihren Besuch!"

   b. Aufgaben des Servers:
      - Verwaltet Kontonummern, PINs und Kontostände.
      - Führt Authentifizierung durch.
      - Führt Transaktionen (Geld abheben) durch.
      - Generiert die Meldungen.

9   Strategien zum Scheduling und zur Speicherverwaltung

Wir haben das Betriebssystem bisher als eher initiativlose Einheit erlebt, die lediglich auf Anforderungen in Form von Systemaufrufen reagiert und die versprochene Funktionalität realisiert. UNIX hat jedoch auch ein Eigenleben: Es bestimmt, wann ein Prozess zur Ausführung gelangt, und es entscheidet eigenständig, wann Speicherbereiche im Hauptspeicher tatsächlich verfügbar sind. Die Entscheidungsstrategien zur adäquaten Durchführung dieser Ziele nennt man Scheduling-Verfahren. Mit ihnen wird die Ressourcenverwaltung für Prozessor und Hauptspeicher möglichst intelligent gelöst. Sie sind in den Betriebssystemkomponenten Prozess-Scheduling und Speicherverwaltung realisiert.

Folgende Charakteristika moderner Anwendungen motivieren den Einsatz ausgefeilter Prozess- und Speicherverwaltungstechniken:

- Durch steigenden Parallelitätsgrad von Anwendungen wächst die Menge der zu bearbeiten den Prozesse.
- Große Datenvolumina erhöhen den Speicherbedarf, aber insbesondere auch die Blockadezeiten beim I/O.
- Ausgefeilte Algorithmen beispielsweise zur Verschlüsselung oder Kompression sind rechenintensiv.

Dem gegenüber stehen die Eigenschaften moderner Systeme:

- Mehrprozessor-Systeme unterstützen parallele Prozesse, schaffen aber eigenen Synchronisationsbedarf.
- Speicherhierarchien werden nicht etwa ab-, sondern ausgebaut (Caches, Hauptspeicher, Platten, Speichersticks).
- Minimalistische Systeme wie Handhelds oder eingebettete Systeme müssen ihre Ressourcen effizient nutzen.

Das UNIX- oder Linux-Betriebssystem hat mittlerweile alle Plattformen erobert und verwaltet von den kleinsten Smartphones bis hin zu Multiprozessorsystemen die unterschiedlichsten Nutzungsformen.

9.1   Prozess-Scheduling

Das Prozessmodell hat bereits aufgezeigt, das zwischen den Zuständen rechenbereit, rechnend und wartend unterschieden werden muss. Es gibt immer Situationen, in denen Prozesse auf das Fertigwerden einer Anweisung warten. Sie werden dann in einer Warteschlange verwaltet. Hier kommt es zur Konkurrenzsituation zwischen rechenbereiten Prozessen. Das Betriebssystem ist gefordert, eine faire Entscheidung zur Zuteilung von Rechenkapazität zu treffen.

Das geschilderte Problem tritt nicht nur bei Einprozessor-Systemen auf. Es wird erst recht interessant beim Multiprozessor-Betrieb, wenn eine Menge von Anwendungsprozessen partitioniert werden muss, um auf mehreren Prozessoren zur Ausführung zu gelangen. Man spricht hier vom Erzeugen einer Abbildung (dem *Mapping*) zwischen Prozessmengen und Prozessoren.

UNIX hat von Anfang an gute Resultate bei der Einprozessor-Verwaltung geliefert. Sein *Round-Robin-Prinzip* der Prozessorzuteilung hat sich über Jahre bewährt.

Kommen wir nun zur Anforderungsanalyse: Es gibt in realen Systemen immer mehrere Anwendungsprozesse, die bedient werden wollen, aber auch die systemeigenen und rechenbereiten Hintergrundprozesse.

1. Situation: Es ist mehr als ein Prozess rechenbereit.
2. Was ist zu tun? Wie und von wem soll reagiert werden?

9.1.1   Definition: Prozess-Scheduler

Neben dem eigentlichen Prozessverwaltungsteil des Betriebssystems wird nun eine isolierte Komponente in Form des Schedulers eingeführt, welche die nötige Intelligenz realisieren soll, um möglichst optimale Entscheidungen zu treffen. Isoliert deshalb, weil über eine genormte Systemschnittstelle ihre Austauschfähigkeit gewährleistet wird. Weiterentwicklungen an diesem Teil des Betriebssystems, unabhängig von den Verwaltungsmechanismen, dem Zustandsmodell und den damit verbundenen Warteschlangen, werden so vorbereitet. Weiterhin differenziert man zwischen dem Planen der Zuteilung von Betriebsmitteln (Scheduling) und dem tatsächlichen Zuteilen (*Dispatching*).

> Der Prozess-Scheduler (Scheduling-Algorithmus)
> - ist ein permanenter Betriebssystemprozess aus dem Bereich Prozessverwaltung.
> - entscheidet, welcher Prozess die CPU als nächstes zugeordnet bekommt.
> - benutzt hierzu eine Strategie oder Kombinationen davon.

9.1.2   Strategiekriterien für einen Scheduler

Es bleibt die Frage nach dem „wie". Es soll also aus einer Liste von bereitstehenden Prozessen einer ausgewählt werden. Zur Beurteilung der Auswahl lassen sich Kriterien formulieren, die unterschiedliche, zumeist widersprüchliche Forderungen widerspiegeln.

Strategiekriterien für einen Scheduler

- Fairness: Jeder Prozess erhält einen gerechten Anteil der Prozessorzeit, im Mittel den gleichen.
- Effizienz: Der Prozessor ist immer maximal ausgelastet.
- Antwortzeit: Die Antwortzeit für interaktive Benutzer wird minimiert (response time).
- Verweilzeit: Die Wartezeit wird minimiert. Wartezeit zusammen mit Bedienzeit und I/O heißt Ausführungszeit (turn-around time).
- Durchsatz: Die Anzahl der Aufträge, die in einem bestimmten Zeitintervall bearbeitet werden, wird maximiert (throughput).

Diese Begriffe stammen ursprünglich aus unterschiedlichen Welten: Die Antwortzeit spielt bei interaktiven Systemen eine gewichtige Rolle, Verweilzeit und Durchsatz bei Stapelverarbeitungssystemen, Fairness bei beiden. Damit werden zwei Klassen von Aufträgen definiert. Eine dritte bildet die Menge von Hintergrundprozessen, deren Fertigstellungszeitpunkt unkritisch ist und die den Rechenbetrieb möglichst wenig stören sollen. Als vierte Klasse sollten die Anwendungen betrachtet werden, die Echtzeitanforderungen stellen. Ein Wort noch zur Effizienz:

„Verwendet man die CPU-Auslastung als Maß, ist das, als ob man Autos danach bewertet, wie hoch die Drehzahl des Motors ist." (vgl. [Tanenbaum 2009])

9.1.3 Scheduling-Konflikte

Leider widersprechen sich die angesprochenen Ziele. So ist es nicht möglich, oder nur in seltenen Fällen, die Antwortzeit zu minimieren und gleichzeitig dabei die Verweilzeit der einzelnen Prozesse zu optimieren. Wenn ein Prozess zu einer Interaktion bereit ist, sollte er sofort zum Zuge kommen und dann rechenintensive Prozesse zum Warten zwingen, woraufhin deren Verweilzeit steigt. Das betrifft dann wiederum auch die Fairness.

„Werden die kurzen Prozesse bevorzugt, so verkürzt sich zwar die Antwortzeit mit der Ablaufzeit zwischen zwei Eingaben und der Durchsatz steigt an, aber die langen Prozesse werden benachteiligt und damit die Fairness verletzt. Wird andererseits die Auslastung erhöht, so verlängern sich die Antwortzeiten bei interaktiven Jobs." (vgl. [Brause 2001])

Scheduling-Konflikte

Jeder Scheduler, der eine Klasse von Aufträgen bevorzugt, benachteiligt eine andere Klasse.

Konfliktäre Ziele:

Antwortzeit minimieren ⟷ Verweilzeit minimieren ⟷ Fairness ⟷ Durchsatz erhöhen ⟷ Echtzeitanforderungen

Kommen heutzutage zumeist gemischte Systeme aus Dialog- und Stapel- bzw. Hintergrundbetrieb zur Anwendung, so gewinnt die Verweilzeit aufgrund der einbezogenen Wartezeit eine allgemeinere Bedeutung auch für den Dialogbetrieb: wenn man die Verweilzeit von „Teilprozessen zwischen I/O-Vorgängen" betrachtet.

Ein wichtiger Grund, der einer suboptimalen Lösung dieser Problematik entgegensteht, ist, dass die Ausführungszeit für Prozesse dem Scheduler nicht bekannt ist und auch nicht vorhergesagt werden kann. Zum Beispiel kann das Auftreten von I/O-Vorgängen die Ausführungszeit verlängern, aber anderen Prozessen die Chance geben, an die Reihe zu kommen.

Die folgende, pragmatische Lösung bietet sich an:

- Jeder Prozess bekommt vom Prozessor nur eine gewisse Zeit.
- Eine Stoppuhr löst in regelmäßigen Abständen eine Unterbrechung aus: Suspendieren von Prozessen.
- Bei jeder Unterbrechung entscheidet der Scheduler, ob dem Prozess der Prozessor entzogen wird.

Auf dieser Basis können Strategien entwickelt werden, die nun zu den so festgelegten Zeitpunkten Gelegenheit erhalten, eine Endscheidung bezüglich des nächsten Prozesses zu treffen.

9.2   Scheduling-Verfahren

Um diese Lösung in die Tat umzusetzen, spielen die Fähigkeiten des Betriebssystems, mit Prozessen umzugehen und die Prozesseigenschaften zu jeder Zeit zu speichern und wiederherstellen zu können, eine wichtige Rolle. Bei den folgenden Definitionen und Beispielen wurden wir stark durch [Tanenbaum 2009] inspiriert.

Typen von Scheduling-Verfahren

Zu unterscheiden sind das

- Preemptive Scheduling: Prozesse können suspendiert werden (wie oben gefordert), und
- Run-to-Completion/Non-Preemptive Scheduling: Prozesse werden bis zu ihrem Ende ausgeführt.

Für Letzteres gilt:

- Das Verfahren wurde insbesondere bei den frühen Stapelsystemen verwendet.
- Es ist für Mehrbenutzersysteme nicht geeignet.
- Kann als Grundlage von Datenbanksystemen dienen, wo Prozesse gestartet werden, die ohne Unterbrechung bis zu ihrer Beendigung ausgeführt werden müssen (Transaktionen).

9.2.1 Round-Robin-Scheduling

Im UNIX-System wurde das Verfahren des Preemptive Scheduling vom Anfang an verwendet. Das ermöglicht den Einsatz des bewährten Round-Robin-Scheduling:

Eigenschaften:

- Es ist sehr weit verbreitet,
- es verfolgt eine faire Strategie und
- es ist einfach zu implementieren.

Strategie des Round-Robin: Jeder Prozess bekommt ein gewisses Zeitquantum. Falls das Quantum abgelaufen ist, wird dem Prozess der Prozessor entzogen und einem anderen Prozess gegeben. Wenn ein Prozess blockiert oder seine Ausführung endet, bevor das Quantum abgelaufen ist, wird ein Prozesswechsel durchgeführt.

Implementierung: Der Scheduler verwaltet eine Schlange der rechenbereiten Prozesse. Wenn das Quantum eines Prozesses erreicht ist, wird er aus der Schlange entnommen und wieder ans Ende eingefügt, falls er nicht schon beendet ist.

9.2.1.1 Beispiel 1

Die Warteschlange der rechenbereiten Prozesse enthält die Prozesse A, B C und D. Prozess A rechnet:

```
A -- B -- C -- D
```

Nach Ablauf des Quantums für B setzt ihn der Dispatcher ans Ende und aktiviert B:

```
B -- C -- D -- A
```

Das Verfahren erreicht eine gleichmäßige Aufteilung der verfügbaren Rechenleistung auf alle rechenwilligen Prozesse. Nur wenn die Rechenquanten nicht ausgeschöpft werden, z.B. durch vorzeitiges I/O, ist die *Fairness* beeinträchtigt. Die wesentliche Frage beim Einsatz des Round-Robin-Scheduling ist:

Was ist die optimale Länge des Quantums?

Die Frage hängt eng mit dem entstehenden Overhead beim Prozesswechsel zusammen. Stellen wir dazu folgende Betrachtung an: Angenommen der Prozesswechsel dauert eine Millisekunde.

Fall 1: Setzen wir das Quantum auf zehn Millisekunden, so ist das nicht sehr effizient, da 10 % der Prozessorzeit als Verwaltungsaufwand verschwendet werden.

Fall 2: Setzen wir das Quantum auf 100 Millisekunden (0.1 Sekunden), so wird nur noch ein Prozent der Prozessorzeit verschwendet.

Auf der anderen Seite führt ein langes Quantum zu Verzögerungen gerade bei interaktiven Nutzungsformen. Sind mehrere Prozesse in der Bearbeitung und ein interaktiv eingegebenes Kommando wie z.B. ls kommt zuletzt an die Reihe, so summieren sich ja schon zehn anderweitig vergebenen Quanten zu einer Wartezeit von einer Sekunde.

Hier muss besonders darauf geachtet werden, dass die Reaktionszeiten klein gehalten werden, da Benutzer empfindlich reagieren, wenn sich drei oder mehr Sekunden nichts tut. Im Allgemeinen ist wohl eine Reaktionszeit von einer Sekunde gerade noch akzeptabel. Ansonsten sollte dem Benutzer der Fortschritt der Bearbeitung angezeigt werden. Das geschieht bei grafischen Benutzeroberflächen klassischerweise durch die Metapher der Sanduhr oder durch Fortschrittsbalken.

Prozesse werden nicht nur unterbrochen durch den Scheduler, sie führen auch (selbst-) blockierende Operationen aus. Treten diese innerhalb eines Quantums auf, verbessert das die Performance, da diese sowieso kommen und einen geeigneten Zeitpunkt zum Prozesswechsel darstellen.

Wählt man das Quantum zu klein, sinkt wegen der häufigen Prozesswechsel die Prozessorausnutzung.

Wählt man das Quantum zu groß, erhält man bei kurzen interaktiven Anfragen schlechte Antwortzeiten.

Wählt man das Quantum so, dass es sich mit dem mittleren Eintreffen von I/Os deckt, ist es ideal.

9.2.2 Prioritäts-Scheduling

Beim Round-Robin-Verfahren gilt die Annahme: Alle Prozesse sind gleich wichtig. In der Praxis muss jedoch der Service „Rechenleistung" bezahlt und abgerechnet werden. Daher kann diese Strategie unter dem Gesichtspunkt der Wichtigkeit eines Prozesses weiterentwickelt werden.

Strategie: Jedem Prozess wird eine Priorität (Wichtigkeit) zugewiesen. Der rechenbereite Prozess mit der höchsten Priorität wird zuerst ausgeführt.

Damit verhindert wird, dass ein Prozess mit hoher Priorität zu lange ausgeführt wird, erniedrigt der Scheduler bei jeder Uhrunterbrechung die Priorität der Prozesse. Wenn dies bewirkt, dass die Priorität des Prozesses unter die eines anderen fällt, wird er suspendiert.

Nett: Das UNIX-Kommando nice ermöglicht es einem Benutzer, die Priorität seiner Prozesse freiwillig zu erniedrigen.

Wir unterscheiden die statische und die dynamische Zuweisung von Prioritäten:

- statisch: wie oben erwähnt, zum Beispiel zum Abrechnen von Rechenzeit.
- dynamisch: Zuweisung durch das Betriebssystem, um bestimmte Effizienz zu erreichen.

9.2.3 Dynamische Zuweisung

Benötigen Prozesse viele I/O-Operationen, was ja mit Warten verbunden ist, so sollte man diesen Prozessen, unmittelbar nachdem sie wieder rechenbereit sind, dem Prozessor erneut zuzuweisen. Sie nutzen den Prozessor nur für kurze Zeit, um dann direkt auf eine neue I/O-Operation zu stoßen und den Prozessor freigeben zu können.

Die dabei auftretende „natürliche" Unterbrechung wird vom Scheduler ausgenutzt, um auch die Priorität neu zu berechnen (vgl. [Tanenbaum 2009]):

- f sei der Anteil, den ein Prozess vom letzten Quantum verbraucht hat. Dann setzt man die Priorität auf 1/f.

Beispielsweise erhält ein Prozess, der nur zwei Millisekunden seines Quantums von 100 Millisekunden verbraucht hat, eine Priorität von 50. Ein Prozess, der 50 Millisekunden ausgeführt wurde, erhält die Priorität 2 und einer, der sein gesamtes Quantum aufgebraucht hat, die Priorität 1.

In der Praxis stellt sich die Verbindung von Round-Robin- und dynamischem Prioritätsscheduling als vorteilhaft heraus. Das ermöglicht die Einführung und auch die Beschränkung auf wenige Prioritätsklassen.

9.2.3.1 Prioritätsklassen für Prozesse

Diese Prioritätsklassen werden in der Praxis häufig verwendet. Zwischen den Klassen entscheidet das Prioritäts-Scheduling. Innerhalb der Klassen wird Round-Robin-Scheduling verwendet. Hier bleibt die Fairness bei der gleichmäßigen Aufteilung der Rechenzeit erhalten, wird allerdings in den Klassen entsprechend gewichtet umgesetzt. Eine dabei auftretende Bevorzugung von I/O-lastigen Prozessen mit kurzen Rechenphasen kommt allen zugute, können darunter ja neben Festplattenzugriffen auch Benutzerinteraktionen sein. Das vom eher theoretischen Scheduling-Verfahren „Shortest-Job-First" her bekannte Prinzip ist ja hinsichtlich Verweilzeit und Durchsatz optimal.

Algorithmus

Solange es Prozesse in einer Klasse der höchsten Priorität gibt, werden die Prozesse dort mit Round-Robin ausgeführt. Ist diese Klasse leer, kommt die nächste Prioritätsstufe an die Reihe. Allerdings müssen die Prioritäten dekrementiert werden, damit nicht nur die Prozesse mit höchster Priorität ausgeführt werden.

Beispiel 2

Priorität 4 (höchste)	X – Y – Z
Priorität 3	A – B
Priorität 2	C – D – E – F
Priorität 1 (niedrigste)	I – J – K

Nach wie vor gibt es hier die Herausforderung, bezüglich des Round-Robins das geeignete Quantum festzulegen. Wie bei der dynamischen Festlegung der Priorität anhand des Quantum-Ausnutzungsgrads kann für Prozesse mit langer Rechenzeit eine adaptive Quantenfestlegung eingesetzt werden. So ergeben sich mehrere Schlangen mit unterschiedlichen Quanten.

Strategie

- Es gibt wieder Prioritätsklassen (wie oben).
- Die Warteschlangen jeder Klasse kennen eigene Quantenaufteilungen der Rechenzeit

Prozesse in der höchsten Klasse werden für ein Quantum ausgeführt, Prozesse in der zweiten Prioritätsklasse für zwei Quanten, in der nächst niedrigen für vier Quanten und so fort. Wenn ein Prozess die Quanten seiner Klasse aufgebraucht hat, wird er eine Prioritätsklasse heruntergestuft und bekommt so beim nächsten Mal mehr.

Beispiel 3

Quanten	Summe der Rechenzeiten	
1 Quantum	1	
2 Quanten	3	
4 Quanten	7	
8 Quanten	15	
16 Quanten	31	
32 Quanten	63	
64 Quanten	100	(davon 37 genutzt)

Prozess A benötige für seine Ausführung insgesamt 100 Quanten. A würde zunächst ein Quantum zugeteilt, dann 2, 4, 8 usw. (vgl. [Tanenbaum 2009]).

Vorteile:

- Es werden nur sieben Prozesswechsel benötigt anstatt 100 bei reinem Round-Robin.
- Je weiter der Prozess nach unten rutscht, umso seltener wird er ausgewählt, wodurch kleine interaktive Prozesse sofort abgehandelt werden können.

Wir begegnen hiermit insbesondere dem Problem, durch die erstrebenswerte kleine Quantisierung der Rechenzeit einen gewaltigen Prozesswechsel-Overhead zu erzeugen. Das Verfahren „lernt einen Prozess kennen" und legt anhand des von ihm gezeigten Verhaltens Quantum und Priorität immer wieder neu fest.

In der Praxis Interaktiv arbeitende Benutzer müssen bevorzugt werden, daher gibt es vier Prioritätsklassen:

- Terminal / GUI, graphical user interface
- I/O-Prozesse (z.B. Zugriff auf Festplatte)

- kurzes Quantum (Prozess hat sein Quantum aufgebraucht)
- langes Quantum (Prozess hat mehrmals sein Quantum aufgebraucht)

Vom Terminal / GUI aus gestartete Prozesse werden als interaktiv angesehen und in die höchste Prioritätsklasse eingestuft. Um zu verhindern, dass Prozesse, die längere Berechnungen ausführen, permanent bestraft werden, entwickelte man die Strategie, dass Prozesse beim Auftreten von Terminal-I/O wiederum als interaktiv eingestuft werden. Was passiert? Die User drücken alle paar Sekunden die Maus- / Returntaste und freuen sich über die gute Performance.

9.2.3.2 Shortest-Job-First

Wie wir sehen werden, hat dieses Verfahren sowohl einen theoretisch wie auch praktisch interessanten Wert.

Eigenschaften: Es ist besonders gut für Jobs geeignet, wo die Ausführungszeiten bekannt sind.

Strategie: Der kürzeste Job sollte als erster gestartet werden!

Ein typischer Anwendungsfall ist die alljährliche Abrechnung bei Versicherungen.

Beispiel 4

Betrachten wir eine Menge von vier Prozessen, deren Ausführungszeit bekannt ist und die alle startbereit auf ihre Ausführung warten.

Job	Ausführungszeiten (in Minuten)
A	5
B	4
C	3
D	2
E	1

Nun untersuchen wir die mittlere Verweilzeit einmal mit und einmal ohne Shortest-Job-First. Letzteres zuerst:

Fall 1: Die Aufträge werden in dieser Reihenfolge bearbeitet. Es ergeben sich folgende Verweilzeiten:

Job	Verweilzeit (in Minuten)
A	5
B	9
C	12
D	14
E	15

$\Rightarrow$ Durchschnittliche Verweilzeit 5 + 9 + 12 + 14 + 15 = 55/5 = 11 Minuten.

Fall 2: Falls Shortest-Job-First angewendet wird, ergibt sich die folgende Reihenfolge:

Job	Verweilzeit (in Minuten)
E	1
D	3
C	6
B	10
A	15

$\Rightarrow$ Durchschnittliche Verweilzeit $1 + 3 + 6 + 10 + 15 = 35/5 = 7$ Minuten.

Diese Scheduling-Strategie besitzt eine sehr schöne Eigenschaft: Shortest-Job-First ist optimal, wenn die Ausführungszeiten von Jobs vorab bekannt sind.

Das ist recht einsichtig und vor allem einfach zu beweisen.

Beweisskizze aus [Tanenbaum 2009]

Betrachten wir 4 Jobs A, B, C und D mit den Ausführungszeiten a, b, c und d. Dann gilt:

- A ist nach a Zeiteinheiten beendet.
- B ist nach a + b Zeiteinheiten beendet.
- C ist nach a + b + c Zeiteinheiten beendet.
- D ist nach a + b + c + d Zeiteinheiten beendet.

Die durchschnittliche Verweilzeit beträgt:

$$(a + a + b + a + b + c + a + b + c + d)/4 = (4a + 3b + 2c + d)/4$$

Es gilt: A trägt am meisten zur durchschnittlichen Verweilzeit bei, B an zweiter Stelle, C an dritter Stelle und D an vierter Stelle.

$\Rightarrow$ A sollte der Auftrag mit der kürzesten Verweilzeit sein, B mit der zweitkürzesten, C mit der drittkürzesten und D mit der viertkürzesten.

$\Rightarrow$ Dies ergibt eine optimale Strategie. Nun wäre es schön, diese Eigenschaft auch allgemeiner einsetzen zu können.

Problem

- Wie kann man Shortest-Job-First auf interaktive Systeme anwenden?

In der Situation, dass Aufträge immer wiederkehren, kann man das System veranlassen zu lernen.

Lösung (adaptives Schätzverfahren)

- Man muss die Ausführungszeiten von Kommandos schätzen (aufgrund der Vergangenheit) und immer das Kommando mit der kürzesten geschätzten Ausführungszeit als erstes ausführen.

Beispiel 5

Ein Kommando wird von einem Terminal aus gestartet. Die erste Messung ergibt eine Ausführungszeit von T_0. Die nächste Ausführung ergibt eine Zeit von T_1. Eine Schätzung für die nächste Ausführung erhält man mit:

$T_{2'} = a * T_0 + (1 - a) * T_1$.

Durch die Wahl von a können wir beeinflussen, ob die Messung in der Vergangenheit schnell vergessen werden soll oder nicht.

Mit a = 1/2 erhält man die folgende Reihe von Schätzungen für unser Kommando:

1. Messung: T_0,
1. Schätzung: $T_{2'} =$ $1/2 * T_0 + 1/2 * T_1 = T_0/2 + T_1/2$,
2. Schätzung: $T_{3'} =$ $1/2 * (T_0/2 + T_1/2) + 1/2 * T_2 = T_0/4 + T_1/4 + T_2/2$,
3. Schätzung: $T_{4'} =$ $1/2 * (T_0/4 + T_1/4 + T_2/2) + 1/2 * T_3 = T_0/8 + T_1/8 + T_2/4 + T_3/2$

Das bedeutet, dass nach drei Ausführungen das Gewicht von T0 auf 1/8 gesunken ist. Dieses Verfahren nennt man *Alterung*: Es stellt eine verbreitete Technik des Schätzens eines Wertes dar, indem der gewichtete Durchschnitt des aktuellen und vorhergehenden Werts gebildet wird.

Achtung: Shortest-Job-First ist nur dann optimal, wenn alle Aufträge zum gleichen Zeitpunkt vorliegen.

Beispiel 6

Job	Ausführungszeit	Ankunftszeiten
A	5	0
B	4	0
C	3	7
D	2	7
E	1	7

Am Anfang kann nur zwischen A und B gewählt werden, da die restlichen Aufträge noch nicht vorliegen. Nach Shortest-Job-First unter Berücksichtigung dieser Restriktion wäre die Reihenfolge B, A, E, D, C, mit einer durchschnittlichen Verweilzeit von 10 Minuten.

Job	Verweilzeit
B	4
A	9
E	10
D	12
C	15

Die durchschnittliche Verweilzeit beträgt: 50/5 = 10 Minuten.

Für die „vorausschauende" Ausführungsfolge B, E, D, C, A gelten jedoch folgende Verweilzeiten:

Job	Verweilzeit
B	4
E	5
D	7
C	10
A	15

Die durchschnittliche Verweilzeit beträgt: 41/5 = 8, 2 Minuten und ist damit besser als Shortest-Job-First.

Aus der Betrachtung dieses Verfahrens lässt sich lernen, wie die Bearbeitungszeit und eventuell auch die Antwortzeit einer größeren Menge von kurzen Prozessen auf Kosten von wenigen rechenintensiven Prozessen verkürzt werden kann.

9.3 Zweistufiges Scheduling

Die bisher betrachteten Verfahren gehen von der Annahme aus, dass sich alle Prozesse komplett im Hauptspeicher befinden und von dort einer Bearbeitung zugeführt werden können. Das bedeutet eben nicht nur, dass die Warteschlangen und Prozesskontrollblöcke (PCBs) speicherresident sind, damit das Prozess-Scheduling darauf Zugriff hat. Vor allem müssen die Adressräume direkt verfügbar sein. In der Praxis sieht das nicht so aus: Bei zu wenig Hauptspeicher müssen Prozesse auf die Platte ausgelagert werden. Das betrifft nicht deren PCBs; diese müssen weiterhin im direkten Zugriff durch das Betriebssystem bleiben.

Aber Adressräume mit Daten- und Programmbereichen werden bei längerer Nichtbenutzung vom Hauptspeicher auf Festplatten ausgelagert. Die Entscheidung darüber trifft der Speicher-Scheduler.

9.3.1 Algorithmus

> **Algorithmus – zweistufiges Scheduling**
> Ein Teil der Prozesse befindet sich im Hauptspeicher, ein anderer Teil auf der Platte. Von Zeit zu Zeit überprüft der Scheduler diese Konfiguration und ersetzt Prozesse, die lange genug im Hauptspeicher waren, durch solche, die sich auf der Platte befinden.

Genau genommen fällt dieses Thema auch in den Bereich Speicherverwaltung und es muss in der Ausführungsform zwischen Swapping (vor BSD3) und dem komplexeren Paging (ab BSD3, in BSD4 und System V) unterschieden werden. Dabei wird zwischen dem Ein- und Auslagern von ganzen Prozessen und dem Ersetzen nur von Seiten, also Adressraumteilen, differenziert.

Wir betrachten hier im Kontext des Speicher-Schedulings das einfachere Swapping: Prozesse werden als Einheiten betrachtet!

9.3.2 Auswirkung auf das Scheduling

Gegenüber einem Prozesswechsel zwischen Prozessen im Hauptspeicher dauert ein Prozesswechsel mit einem ausgelagerten Prozess sehr viel länger. Das zeigt Auswirkungen auf die Form des Schedulers und die Kriterien bei der Prozessauswahl.

Der Scheduler arbeitet in zwei Stufen:

- Scheduling innerhalb der Prozesse im Hauptspeicher:
  - Prozesse konkurrieren um den Prozessor.
- Scheduling zwischen Hauptspeicher und Platte:
  - Prozesse konkurrieren um den Hauptspeicher.

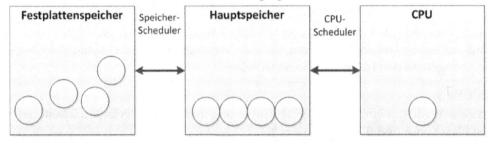

Abbildung 9-1: Zweistufiges Scheduling mit CPU- und Speicher-Scheduler

Der erste Teil ist bekannt: Es werden die besprochenen Verfahren eingesetzt. Man spricht hier vom *CPU-Scheduling*.

Der zweite Teil benutzt Informationen aus dem Prozesskontrollblock. Er realisiert das Speicher-Scheduling. Hier spielen zusätzlich solche Faktoren eine Rolle, die Auskunft geben über den benötigten und den derzeit verfügbaren Speicherplatz. Es ist also ein Abbildungs- oder Zuordnungsproblem. Fairer Weise werden aber auch die Prioritäten und bisherigen Verweilzeiten berücksichtigt.

9.3.3 Kriterien für den Scheduler

Arbeitet der CPU-Scheduler bei seiner Auswahl vor allem mit der Warteschlange der rechenbereiten Prozesse, so konzentriert sich der Speicher-Scheduler (auch als Swapper bezeichnet) auf die blockierten Prozesse, die beispielsweise auf I/O warten:

Es ist besser, einen Prozess zu entfernen, der nicht rechenbereit ist, als einen, der arbeiten könnte.

Scheduling-Strategien orientieren sich zur Optimierung an folgenden Kriterien:

- Ist der Prozess rechenbereit oder blockiert?
- Wie lange befindet sich ein Prozess im Hauptspeicher?
- Wie lange befindet sich ein Prozess auf der Platte?
- Wie viel Prozessorzeit hat der Prozess verbraucht?
- Wie viel Speicherplatz braucht ein Prozess zum Einlagern?
- Wie viel Speicherplatz gibt ein Prozess beim Auslagern frei?
- Wie hoch ist die Priorität eines Prozesses?

Diese Informationen zu Prozessen müssen also jederzeit vom Scheduler abrufbar sein und werden somit permanent im Speicher gehalten. Sie sind typischerweise Bestandteil der Datenstruktur des Prozesskontrollblockes (PCB).

Das folgende Beispiel illustriert, wie das Blockieren eines Prozesses den Speicher-Scheduler veranlasst, mit den erwähnten Kriterien die Kandidaten zum Ein- und Auslagern zu bestimmen. Es wird davon ausgegangen, dass die Prozesse A und B durch Auslagern den benötigten Speicherplatz freigeben, den E benötigt. E steht aufgrund seiner langen Auslagerungszeit am Anfang der Warteschlange, die über ein Einlagern in den Hauptspeicher entscheidet.

Beispiel 7

Prozess A trifft auf eine blockierende Anweisung und wird ausgelagert. E benötigt den Platz von A und B.

```
Prozesse im Hauptspeicher    A, B, C, D
Prozesse auf Platte          E, F, G, H
```

9.3.4   Scheduling der zweiten Stufe

E wird ausgewählt und verdrängt sowohl A als auch B.

```
Prozesse im Hauptspeicher    E, C, D
Prozesse auf Platte          F, G, H, A, B
```

Es handelt sich hier um ein schwieriges Einlagern, da zuerst genügend Platz geschaffen werden muss. Um dem Phänomen des Thrashing, also einem in schneller Abfolge zu beobachtendem Aus- und Einlagern des gleichen Prozesses, zu begegnen, werden im UNIX-System nur Prozesse mit Verweilzeiten größer als zwei Sekunden als Auslagerungskandidaten betrachtet.

9.4   Speicherverwaltung

Wir haben im vorigen Abschnitt bereits einiges an Motivation erfahren, um uns mit dem Thema Speicherverwaltung auseinander zu setzen:

Das Überwinden von Speichergrenzen ermöglicht es uns, zu einer besseren Prozessornutzung zu kommen.

Rechen- und speicherhungrige Prozesse werden dabei blockierten Prozessen gegenüber bevorzugt. Genau solche Anwendungen, sei es aus dem Anwendungsbereich Multimedia oder dem der Klimaforschung, relativieren alle modernen Hardware-Verbesserungen und verlangen nach ausgefeilten Betriebssystemtechniken.

9.4.1 Grundlegende Aufgaben

Es gibt viele grundlegende Aufgaben der Speicherverwaltung, die mittlerweile selbstverständlich erscheinen. Da ist zum einen der Speicherschutz zu nennen, der unerlaubte Zugriffe eines Prozesses außerhalb des ihm zugewiesenen Speicherbereiches unterbindet. In der einfachsten Form wird der Speicherschutz unter Zuhilfenahme zweier Hardwareregister realisiert, die zur Unterstützung der Speicherverwaltung als Basis- und Grenzregister in die Hardware integriert wurden. In ihnen werden Startadresse und Länge des Speicherbereiches eines rechnenden Prozesses festgehalten und mit jedem Speicherzugriff verglichen. Moderne Architekturen besitzen noch wesentlich ausgefeiltere Komponenten zur Unterstützung der Speicherverwaltung.

Die Relokationseigenschaft oder auch Verschiebbarkeit von Programmen beim Laden oder von Prozessen beim Wiedereinlagern besagt, dass die Ausführung nicht an feste Speicheradressen gebunden ist. Der Linker müsste zur Festlegung aller Adressen nach dem Übersetzen und beim Binden eigentlich die endgültige Startadresse eines zur Ausführung gelangenden Prozesses kennen. Beziehen er und der resultierende Prozess sich ausschließlich auf das Basisregister, so ist die Verschiebbarkeit im Speicher gewährleistet.

Eine dritte grundlegende Aufgabe der Speicherverwaltung ist die Aufteilung in Benutzer- und Systembereiche.

9.4.2 Arten der Speicheraufteilung

Die einfachste Form der Speicheraufteilung ist die der festen Partitionierung. Für reine Batchsysteme, in denen immer wiederkehrende Aufträge mit festen Größen und beschränkter Anzahl bearbeitet werden, stellt das die einfachste und effektivste Organisation des Speichers dar.

Sobald das Erfordernis hinzutritt, Festplattenplatz als Ersatzspeicher zu nutzen, um den Zustand von Prozessen vor ihrer Beendigung abzuspeichern und diesen zu einem späteren Zeitpunkt wieder herzustellen, benötigt man elaboriertere Verfahren. Zu unterscheiden sind hier das einfache Swapping, das ausschließlich ganze Prozesse betrachtet, und das Paging, das Teilbereiche von Prozessen verwalten kann.

9.5   Swapping

> Unter *Swapping* versteht man das Verschieben von ganzen Prozessen vom Hauptspeicher auf die Platte und umgekehrt (Ein-/Auslagerung). Es ist eine Speicherverwaltungstechnik.

Für das Swapping-Verfahren sind fixierte Partitionen unattraktiv, da bei knappem Speicher viel Platz verschwendet wird für Partitionen, die nicht ganz ausgefüllt werden.

9.5.1   Variable Partitionen

Anzahl, Lokation und Größe der Partitionen variieren dynamisch aufgrund der ein und abgehenden Prozesse. Das führt zu einer Verbesserung der Speicherausnutzung, bedingt aber kompliziertere Allokations- und Deallokationsverfahren.

Beispiel 8

Die Prozesse A bis D haben unterschiedliche Speicherplatzanforderungen. Im Verlauf der Abarbeitung schafft der Prozess A durch Auslagerung Platz für D. Nach der Einlagerung von D bleibt eine deutliche Lücke oberhalb übrig. Ablauf:

Aufgrund der Relokationsfähigkeit von Prozessen sind diese im Speicher beweglich. Dadurch wäre es möglich, aufgetretene Lücken zu schließen und einen einzigen freien Speicherbereich zu erzeugen, indem man alle Prozesse verschiebt. Normalerweise wird diese Form der Speicherverdichtung aber nicht durchgeführt, da sie viel Zeit benötigt: Um ein MB mit einer Kopiergeschwindigkeit von 1 Byte/Mikrosekunde zu verdichten, benötigt man 1 Sekunde.

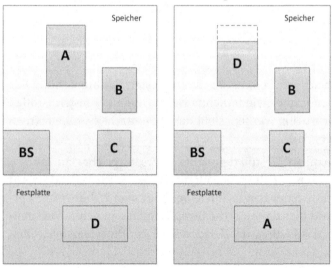

Abbildung 9-2: Speicherzuteilung beim Swapping

Die entstehenden Lücken können aber auch recht hilfreich sein. Bei der Beantwortung der Frage „Wie viel Speicher muss alloziiert werden?" sollte berücksichtigt werden, dass Prozesse Datensegmente haben, die durch dynamische Allokation auf dem Heap wachsen. Wächst der Prozess nun in ein Loch hinein, so kann man dieses Loch für ihn alloziieren. Stößt der Prozess jedoch an die Grenze eines anderen Prozesses, muss er entweder in eine größere Partition verschoben werden oder der angrenzende Prozess muss ausgelagert werden. Falls der Prozess nicht weiter wachsen kann, z.B. wenn die Platte voll ist, muss er blockiert oder terminiert werden.

9.5.1.3 Strategie

Es muss genügend Raum alloziiert werden, damit Prozesse wachsen können. Bei der Auslagerung wird aber nur der tatsächlich gebrauchten Speicher freigegeben.

Beispiel 9

Im vorherigen Beispiel wurde nach der Auslagerung des Prozesses A dessen vollständiger Speicherplatz an D weitergegeben. Damit besitzt D eine Reserve zum Wachsen, die insbesondere zur Allokation von lokalen Variablen auf dem lokalen Stack benötigt wird. Kommt zusätzlich die Möglichkeit der dynamischen Speicherplatzanforderung auf dem Heap dazu, so werden Stack und Heap an den entgegengesetzten Grenzen des freien Speicherbereiches angeordnet und man lässt sie aufeinander zu wachsen.

Falls Prozesse zwei wachsende Segmente (Datensegment und Stack) besitzen, wählt man einen Bereich zum Wachsen. Das Datensegment wächst nach oben, das Stacksegment nach unten.

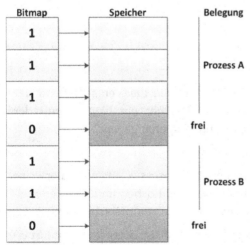

Abbildung 9-3: Speicherallokation mittels Bitmap

9.5.1.4 Bitmaps

Eine einfache Form der Speicherverwaltung zur Allokation von dynamischen Blöcken basiert auf Bitmaps. Dazu werden Allokationseinheiten typischerweise in der Größenordnung von 1-KB-Blöcken festgelegt. Die Datenstruktur Bitmap ordnet jeder Allokationseinheit im Speicher ein Bit zu, das den Wert 0 für frei und 1 für belegt trägt. Je kleiner die Allokationseinheit, umso länger wird die Bitmap: Bei 512 Mbyte Hauptspeicher und 1-KByte-Blöcken wird 1/2 MByte benötigt.

Abbildung 9.3 veranschaulicht die Verwendung der Bitmap: Soll ein n Einheiten großer Prozess in den Speicher geladen werden, so muss die Speicherverwaltung in der Bitmap eine entsprechend große kontinuierliche Folge von Nullbits finden.

Beispiel 10

In Abbildung 9.3 wird gezeigt, dass Prozess A drei Einheiten alloziiert hat, worauf sich eine Lücke mit einer Einheit anschließt.

Bitmaps haben einen gravierenden Nachteil: Das Durchsuchen der Bitmap ist langsam. Daher werden sie in der Praxis kaum verwendet.

9.5.1.5 Listen

Alternativ zu Bitmaps bieten sich Listen an, eventuell doppelt verkettet. Obwohl ein Listenelement vergleichsweise nicht gerade klein ist, erst recht, wenn man 64-Bit Adressen betrachtet, kann eine Menge Speicherplatz eingespart werden.

Auch der Suchprozess nach freien Bereichen fällt effizienter aus. Ein Listenelement trägt folgenden Aufbau:

P (für Prozess) / L (für Loch)
Startadresse des Segments
Länge des Segments
Verweis auf das nächste Segment
(Verweis auf das vorige Segment)

Für jeden belegten oder freien Speicherblock enthält die Liste entsprechend der Reihenfolge des Auftretens im kontinuierlichen Speicher ein Element mit der Kennzeichnung P oder L sowie den Adressen- und Längenangaben.

Aktualisierung der Liste

Ein terminierender und Speicherplatz freigebender Prozess X hat normalerweise zwei Nachbarn, die entweder wiederum Prozesse oder Löcher sind. Bei der Freigabe des durch X belegten Speicherplatzes sind drei Fälle zu unterscheiden:

- **1. Fall:** Sind die direkt angrenzenden darüber- und darunter liegenden Speicherblöcke, also in der Liste die Nachbarknoten von X, durch Prozesse belegt, so wird lediglich der Eintrag P durch L ersetzt und der damit verbundene Speicherplatz zur Weiterverwendung frei gegeben.

- **2. Fall**: Ist entweder der vorhergehende oder der nachfolgende Listenknoten von X mit einem freien Speicherblock assoziiert, so können die angrenzenden Speicherblöcke und gleichzeitig die Listenknoten zu einem verschmelzen und als Loch gekennzeichnet werden.

- **3. Fall**: Sind beide Speicher- und Listennachbarn von X bereits als frei markiert, entsteht durch die Verschmelzung aller drei ein einziger freier Speicherblockeintrag in der Liste, natürlich nur durch einen Listenknoten repräsentiert. P wird durch L ersetzt und drei Einträge werden verschmolzen.

Die Liste wird standardmäßig nach Adressen geordnet. Daraufhin können die folgenden vier Algorithmen zum Suchen von passenden Löchern eingesetzt werden:

9.5.1.6 Algorithmen

First Fit: Der Speicherverwalter durchsucht die Segmentliste von Anfang an aufsteigend, bis er ein Loch gefunden hat, das groß genug ist. Das Loch wird dann in zwei Teile gebrochen: Ein Teil für den Prozess und der andere Teil für das verbleibende Loch. Vorteil: sehr schnell

Next Fit: Arbeitet wie First Fit, merkt sich aber, wo er das passende Loch gefunden hat. Beim nächsten Durchlauf startet er von dort aus. Vorteil: geringfügig schneller als First Fit

Best Fit: Durchsucht die gesamte Liste und nimmt das kleinste passende Loch, das am dichtesten an der Größe des Prozesses liegt. Nachteil: Best Fit ist langsamer als die oberen beiden, da die gesamte Liste durchsucht werden muss. Außerdem tendiert der Algorithmus dazu, den Speicher mit kleinen und nicht mehr brauchbaren Löchern zu belegen.

Folgende Verbesserungen sind denkbar:

- Es werden getrennte Listen für Prozesse und Löcher verwaltet. Dadurch wird die Allokation schneller, aber die Deallokation langsamer, da zwei Listen abgeglichen werden müssen. Die Datenstruktur für Elemente in der Löcher-Liste kann in die Löcher selbst eingebettet werden!

- Die Liste der Löcher wird nach ihrer Größe sortiert. Das erfordert allerdings den Sortieraufwand. Best Fit und First Fit sind in diesem Fall gleich gut und Next Fit macht keinen Sinn.

Quick Fit: Verwaltet getrennte Listen für die am häufigsten benötigten Lochgrößen. Beispielsweise kann es eine Tabelle geben, deren erster Eintrag ein Zeiger auf eine Liste mit 4 K großen Löchern ist, der zweite Eintrag ein Zeiger auf eine Liste mit 8 K großen Löchern, der dritte auf 12 K große Löcher usw.

Vorteil: Passende Löcher werden sehr schnell gefunden.

Nachteil (wie oben): Verschmelzungen von Löchern sind schwierig durchzuführen.

9.6   Paging

Wir haben im letzten Kapitel gesehen, wie und mit welchen Mechanismen ganze Prozesse im Speicher ausgetauscht werden können. Mit etwas Geschick und Hardwareunterstützung lässt sich dieses Konzept auch auf Teile von Prozessen ausweiten. Man erreicht damit zweierlei: Zum einen ist der Prozesswechsel von der Festplatte in den Speicher effizienter, wenn nur relevante Teile des Adressraumes eines Prozesses berührt werden. Zum anderen ermöglicht man es einem Prozess, nach einem Adressraum zu verlangen, der komplett nicht in den Hauptspeicher hinein passen würde. Dieser übergroße Adressraum wird vom Betriebssystem als so genannter *virtueller Speicher* zur Verfügung gestellt. Verantwortlich ist die Speicherverwaltungstechnik des Paging.

9.6.1   Virtueller Speicher und Paging

Es ist eine äußerst angenehme Eigenschaft des virtuellen Speichers, von den realen Speicherplatz-Verhältnissen zu abstrahieren. Natürlich ist es die Größe, die variiert werden soll. Programmierern wird dadurch ermöglicht, sich von den Restriktionen einer vorgegebenen Hardware zu befreien. Dadurch entsteht eine zusätzliche Form von Portabilität von Programmen.

> Der *virtuelle Speicher* ist der vom Betriebssystem allen Prozessen zur Verfügung gestellte Adressraum. Dieser ist unabhängig von der Größe des real vorhandenen Speichers. Die Ausführbarkeit eines jeden in der Prozessmenge enthaltenen Prozesses wird durch die zugrunde liegende Speicherverwaltungstechnik – zumeist Paging – gewährleistet.

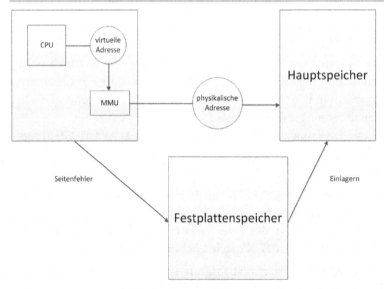

Abbildung 9-4: Hardwareseitige Unterstützung der Technik des virtuellen Speichers (MMU)

Die Summe der Speicherplatzanforderungen der Prozesse aus einer aktivierten Menge darf die vorgegebene Größe nicht überschreiten. Diese Form der Definition impliziert jedoch nicht, dass ein einzelner Prozess unendlich viel Speicher anfordern und verwenden kann. Es wird immer noch zu Einschränkungen kommen, entweder bei der Zulassung von weiteren Prozessen oder bei der Zuteilung des verbliebenen Rests. Durch Konfiguration des Betriebssystems wird die Gesamtgröße des virtuellen Speichers festgelegt. Notwendig für ein Funktionieren dieses Konzeptes ist eine entsprechende Hardware-Unterstützung in Form einer Memory Management Unit (MMU), die dem Betriebssystem meldet, wenn eine angesprochene Adresse nicht im realen Speicher lokalisiert werden kann.

Selbstverständlich arbeitet diese Form der Speicherverwaltung auch mit den Mitteln der Ein- bzw. Auslagerung von Festplatteninhalten. Damit wird nicht vorhandener Speicherplatz ersetzt. Die Frage, die sich nun stellt, ist die nach der Organisation des Speichers, damit Adresszugriffe ins Leere, die von der MMU entdeckt wurden, in Referenzen auf realen Speicher umgesetzt werden.

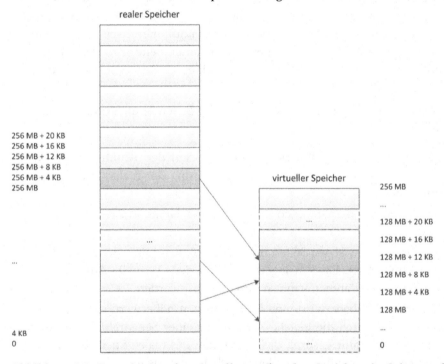

Abbildung 9-5: Organisation des virtuellen und realen Speichers in Seiten und Seitenrahmen sowie deren Abbildung

Aus Effizienzgründen sollte die MMU in der Lage sein, auch die Umsetzung von virtuellen in reale Adresse zu leisten. Wenn also ein Programm die Adresse 268.435.466 (256 MB +10) verwendet, der reale Speicher allerdings bei 256 MB aufhört, sollte beispielsweise ein freier Bereich von der Adresse 128 MB+ 12 KB bis 128 MB+ 16 KB des realen Speichers als Ersatz für den Bereich oberhalb 256 MB in der

Länge 4 KB ausgewählt werden und mittels Adresstransformation durch die MMU die Adressierung zulassen .

Aus Gründen, die auch bei der effizienten Hardware-Implementierung der MMU liegen, empfiehlt sich eine Organisation des virtuellen Speichers durch Aufteilung in Seiten konstanter Länge, beispielsweise 4 KB. Die entsprechenden Einheiten im realen Speicher heißen *Seitenrahmen* oder *-kacheln* (*page frames*). Bei heutigen Systemen kommen Seitengrößen bis 64 KB vor. Zwischen Speicher und Festplatte werden immer ganze Seiten transferiert.

Die Adressumsetzung gestaltet sich einfach: bei konstanter Seitengröße mit Zweierpotenz- Charakter – hier 4 KB – werden die niederwertigen 12 Bit einer 32-Bit-Adresse für die Adressierung in einer Seite verwendet, die höherwertigen 20 Bit benennen die Seite im virtuellen Speicher. Sie dient damit als Index in eine Seitentabelle der MMU, in der für jede Seite des virtuellen Speichers vermerkt ist, ob und ggf. wo im realen Speicher die Seite lokalisiert werden kann. Dafür dienen pro Seite ein Present/Absent Bit sowie die 20-stellige Angabe der Seitenrahmennummer. Bei einer eingelagerten Seite müssen die höherwertigen 20 Bit der virtuellen Adresse lediglich durch die 20 Bit der Seitenrahmennummer ersetzt werden und der Speicherzugriff funktioniert. Bei einer ausgelagerten Seite wird dem Betriebssystem durch den Systemaufruf *Seitenfehler* gemeldet, dass sie von der Festplatte nachgeladen werden muss.

Das beschriebene Verfahren mit konstanten Seiten, Seitenrahmen und der Seitentabelle wird Paging genannt.

> *Paging* ist ein Speicherverwaltungsverfahren, das auf der Strukturierung des virtuellen Speichers in Seiten und der Strukturierung des realen Speichers in Seitenrahmen beruht.
>
> - Es werden Seiten und -rahmen mit konstanter Länge in 2er-Potenzgröße benutzt.
> - Eine Abbildung zwischen Seiten und Seitenrahmen wird fortwährend aktualisiert und durch Ein-/Auslagern realisiert. Jede virtuelle Adressierung im vorgegebenen Rahmen kann so durchgeführt werden.
>
> Mit Hilfe der Seitentabelle wird eine feste Zahl von höherwertigen Bits einer virtuellen Adresse durch die gleiche Anzahl Bits einer Seitenrahmennummer ersetzt und es wird dafür gesorgt, dass der Inhalt des realen Speichers an der so adressierten Stelle dem des virtuellen Speichers entspricht.

Bei 20-Bit-Seitenindex stellt sich allerdings das Problem, dass die Seitentabelle eine Million und mehr Einträge aufweisen muss. Bei heutigen 64-Bit-Systemen ist die Tabellengröße unvorstellbar groß! Eine Lösung besteht in der Einführung von zweistufigen Seitentabellen, wobei ein 10-Bit-Index auf Seitentabellen verweist, die jeweils 10-Bit lange Seitenindizes realisieren. Auch letztere werden dann bei Bedarf von der Festplatte nachgeladen, die erstere ist natürlich speicherresident.

Des Weiteren muss darauf hingewiesen werden, dass optimalerweise jeder Prozess eine eigene Seitentabelle benötigt, wenn sein eigener virtueller Adressraum realisiert werden soll.

Ein weiterer Hinweis betrifft die Effizienzsteigerung des Ein-/Auslagerungsprozesses: Es kann in der Seitentabelle vermerkt werden, ob eine Seite überhaupt schreibend referenziert wurde. Das geschieht über das *dirty Bit*, das entscheidet, ob eine Seite zurückgeschrieben werden muss.

Ein *referenced Bit* (R-Bit) erlaubt überhaupt das Festhalten des Auftretens eines Zugriffes und ermöglicht damit eine effektive Entscheidung über die Wichtigkeit der Seite beim Seitenersetzungsverfahren.

Hier können analog zu den Scheduling-Stragegien bei den Prozesswarteschlangen so genannte *Seitenersetzungsstrategien* zur Optimierung eingesetzt werden:

- Not-Recently-Used,
- FIFO,
- Second-Chance,
- Clock,
- Least-Recently-Used,
- Not-Frequently-Used,
- Aging,
- Working-Set,
- WSClock.

Linux ist z. Z. ein demand-paging-System ohne prepaging- und working-set-Konzept.

Überhaupt kann für die Seitentabelle ein Cache eingeführt werden: Dieser heißt Tanslation Lookaside Buffer (TLB) und besitzt die Charakteristik eines Assoziativspeichers. Einige häufig benutzte Seitenadressen werden damit direkt in Seitenrahmennummern übersetzt.

9.6.2 Der Clock-Algorithmus

Um zu entscheiden, welche der sich im Hauptspeicher befindenden Seiten am besten ausgelagert werden sollte, verwendet der Clock-Algorithmus das referenced Bit (R-Bit). Alle Seitenrahmen werden in einer ringförmigen Liste aufgereiht und ein Zeiger bewegt sich innerhalb dieser wie ein Uhrzeiger auf einem Zifferblatt. Der Zeiger verweist immer auf den Seitenrahmen mit der ältesten Seite als potentiellem Auslagerungskandidat. Bei einem Seitenfehler entscheidet das R-Bit. Wurde die Seite referenziert, geht der Zeiger um einen Schritt weiter, bis eine Seite ohne zwischenzeitlichen Zugriff gefunden ist. Sonst ersetzt die neue Seite die gefundene nach dem eventuellen Auslagern. Der Zeiger geht nun um einen Schritt vor. Ob eine Seite auf die Festplatte zurückgeschrieben oder einfach in ihrem Seitenrahmen ersetzt wird, richtet sich nach dem modified Bit (M-Bit).

Der Clock-Algorithmus implementiert auf effiziente Weise das als Second-Chance bekannt gewordene Verfahren.

Abbildung 9-6: Der Clock-Algorithmus

Der Zwei-Zeiger-Clock-Algorithmus setzt das R-Bit mit dem vorderen Zeiger und untersucht es bei den Seiten des hinteren Zeigers. Wenn die Zeiger sich nahe kommen, so müssen die dazwischenliegenden Seiten schon häufig benutzt werden, damit ihr R-Bit bis zur Ankunft des hinteren Zeigers wieder gesetzt ist und sie nicht zurückgesetzt werden. Es wird immer versucht, nicht nur eine freie Seite zu finden, sondern einen gewissen Prozentsatz (UNIX: lotsfree) an freien Seiten zu erhalten. Dementsprechend bewegen sich die Zeiger, bis das erreicht ist.

9.6.3   Speicherverwaltung in UNIX

Seit BSD 4 und System V verwendet UNIX als Speicherverwaltung das Paging. Davor war es nur Swapping.

Hier kennt jeder Prozess prinzipiell seine eigene Seitentabelle zusätzlich zum Prozess-Control-Block. Die virtuelle Adresse ist viergeteilt, das Paging-Verfahren dreistufig:

Der Verzeichnisteil der virtuellen Adresse ist global und führt zu den zweistufigen prozessspezifischen Teilen.

Seitentabellen und PCB gelten als repräsentativ, um einem Prozess beim Scheduling den Status rechenbereit einzuräumen. Alle weiteren Segmente werden nachgeladen. Dazu wird vom UNIX-System ein Page Daemon gestartet. Oft ist dies sogar der Prozess mit der Nummer 2, nach dem INIT-Prozess mit der Nummer 1. Der Seitenersetzungsalgorithmus wird vom Page Daemon ausgeführt. Er orientiert sich an einem Systemparameter, `lotsfree`, um sicherzustellen, dass mindestens ein Viertel des Speichers verfügbar ist. Das geschieht viermal in der Sekunde. Eine Variante des Clock-Algorithmus wird eingesetzt: Beim ersten Durchlauf erfolgt ein Reset auf das Benutzer-Bit. Beim zweiten wird die Seite frei zur Ersetzung gegeben, wenn das Benutzt-Bit dem nicht widerspricht. Der Algorithmus geht global vor: Seiten von beliebigen Prozessen können ersetzt werden. Beim Berkeley-UNIX wird aus Effizienzgründen der Zwei-Zeiger-Clock-Algorithmus eingesetzt.

Der BSD4-Auslagerungsalgorithmus kann als Swapper auch ganze Prozesse aus dem Hauptspeicher entfernen. Das geschieht dann, wenn sich zu viele Prozesse um die Seitenrahmen „schlagen".

Jeder Prozess unter Linux erhält einen 3 GB großen virtuellen Adressraum für sich. Übrig bleiben im Adressraum einer 32-Bit-Architektur ein Gigabyte für Systemtabellen und die prozessspezifischen Seitentabellen.

Seiten, die mehrere Prozesse lesend nutzen, werden nur einmal im Speicher gehalten. Das wird unterstützt durch den Prozesserzeugungsmechanismus in UNIX, fork, bei dessen Ausführung zuerst die gleiche Seitentabelle für die beteiligten Prozesse genutzt wird.

In ihr werden die Seiten als readonly markiert und erst wenn bei einem Schreibvorgang deswegen ein Seitenfehler eintritt, wird eine beschreibbare Kopie erzeugt (copy-on-write).

9.6.4 Buddy-System

Mit dem hier vorgestellten Algorithmus ist es möglich, kontinuierliche Speicherbereiche zu reservieren und den Anwendungen zuzuordnen. Das ist insofern wichtig, als es ja gerade in der moderneren Linux-Welt bedeutungsvoll geworden ist, dynamisch Bestandteile oder Module des Kernels nachzuladen.

Die Grundidee besteht darin, ähnlich wie bei den bekannten binären Suchverfahren in sortierten Listen, die Eigenschaft binär-orientierter Partitionen auszunutzen, um geeignet große Speicherbereiche zu finden und anschließend die Verschmelzung von angrenzenden Löchern zu beschleunigen. Als elementare Einheit kann hier natürlich eine Seite des Paging-Verfahrens zugrunde gelegt werden. Wir betrachten hier nur Bytes.

Das Verfahren: Die Speicherverwaltung verwaltet Listen von freien Blöcken der Größe 1, 2, 4, 8, 16, 32 … bis zur Größe des Speichers. Bei 512 MB Speicher werden auf diese Weise 30 Listen benötigt. Am Anfang gibt es nur die 512 MB-Liste mit einem einzigen Eintrag, welcher den gesamten Speicher als freien Bereich darstellt. Die anderen Listen sind anfänglich leer. Am Beispiel wird deutlich, wie die Speicheraufteilung und -zuordnung sukzessiv stattfindet.

Beispiel 11

Verfolgen wir, wie der Buddy-Speicherverwaltungsalgorithmus entsprechende Blöcke findet.

- Ein Prozess X (X11) mit Speicherplatzanforderung von 17,5MB soll in den 512 MB großen Speicher eingelagert werden. Da die Segmente in der Größe von Zweierpotenzen arrangiert sind, werden 32 MB benötigt. Das führt zur Zersplitterung des Rests in die freien Blöcke (Buddies) 32, 64, 128 und 256 MB.
- Nun wird der Prozess F (Firefox) mit 57MB gestartet. Er sucht und findet ein 64 MB großes Segment.

- Auch Prozess S (Soffice) benötigt aufgrund seiner Anforderung von 36 MB einen 64 MB Block und splittet den freien 128er in zwei Teile.
- Wird daraufhin ein Terminalfenster (xterm) geöffnet, verlangt der entstehende Prozess T nach 2,05 MB Speicher. Der ist nur nach Aufsplittung des 32er Blockes in viele kleine Teile zu erhalten.
- Gimp mit 22,5 MB lagert sich als Prozess G in den freien 64er Block ein und lässt wieder einen freien 32er Block entstehen.
- Das Beenden von Firefox und Soffice erlaubt das Verschmelzen der nebeneinander liegenden 64er-Buddies zu einem 128er. Dagegen erlaubt die Freigabe der 4MB des Xterms nur ein Verschmelzen der umliegenden Blöcke bis zur Zweierpotenz 32, nicht das Zusammenlegen mit dem daneben liegenden 128er und auch nicht mit dem noch freien 32er Buddy neben Gimp.

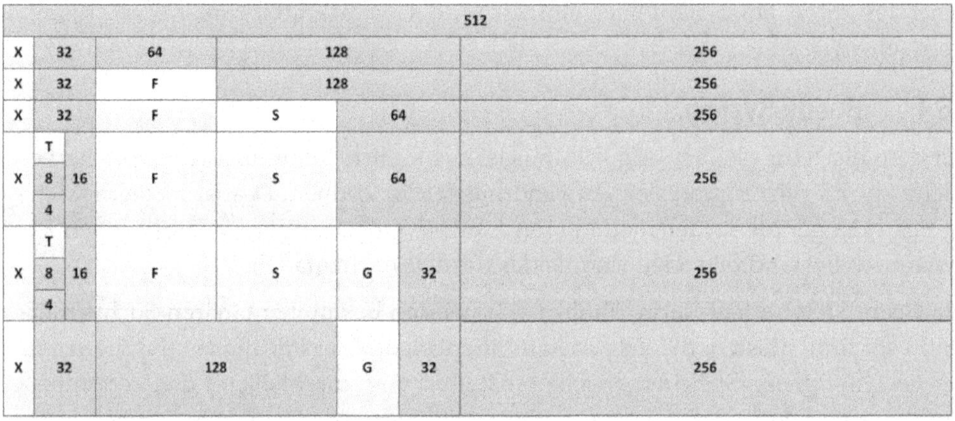

512					
X	32	64	128		256
X	32	F	128		256
X	32	F	S	64	256
X	T / 8 16 / 4	F	S	64	256
X	T / 8 16 / 4	F	S	G / 32	256
X	32	128		G / 32	256

Abbildung 9-7: Buddy-Algorithmus zur UNIX-Speicherverwaltung

Der Vorteil des Verfahrens ist: Wenn ein Buddy der Größe 2^K freigegeben wird, muss nur in der Liste mit Löchern der Größe 2^K nach einer Verschmelzung gesucht werden. Bei Algorithmen, die beliebige Verschmelzungen erlauben, müssen alle Löcher überprüft werden. So ist das Buddy-System schneller.

Als Nachteil zeigt sich aber: Buddy-Systeme sind ineffizient in der Speicherausnutzung.

Für jeden zu alloziierenden Block muss auf die nächste Zweierpotenz aufgerundet werden. Ein 35 KB Prozess alloziiert 64 KB und verschwendet damit 29 KB. Dies nennt man *interne Fragmentierung*. Das heißt, hier kommt man nicht ran. Die Löcher, auf die man Zugriff hat, nennt man *externe Fragmentierung*.

Schließen wir mit den beiden Definitionen, die zusammen genommen über den Grad der Speichernutzung Aufschluss geben:

Interne Fragmentierung

Werden Speicherbereiche reserviert und zugeordnet, von denen aufgrund der Anforderung nicht alles genutzt wird, gilt der Rest als vergeudet – es sei denn, der Prozess wird in die Richtung wachsen. Man spricht hier von *interner Fragmentierung* des Speichers. Innerhalb der von der Speicherverwaltung vorgegebenen Größen kommt es zur Auflockerung der Nutzung.

Externe Fragmentierung

Werden bei der Speicherplatzvergabe Bereiche definiert, die nicht mehr durch größere Anwendungen genutzt werden können, spricht man von *externer Fragmentierung*, also der Zerstückelung des kontinuierlichen Speicherbereichs in nur im Kleinen zu nutzende Einheiten. Abhilfe schafft hier eine zeitintensive Verdichtung.

9.6.5 Zusammenfassung

Wir haben in diesem Modul zum Thema Scheduling-Strategien und zur Speicherverwaltung kennen gelernt, wie das Betriebssystem eigenständig die Nutzung seiner Ressourcen zu optimieren versucht. Dazu dienen ihm die Techniken der Prozess- und Speicherverwaltung, vor allem aber Strategien, die den Einsatz dieser Techniken steuern.

- Basierend auf den mehr oder weniger anspruchsvollen Eigenschaften der Prozessverwaltung lassen sich die unterschiedlichen Schedulingverfahren in preemptives Scheduling versus non-preemptives, auch run-to-completion genannt, unterscheiden.

- Da UNIX/Linux preemptive vorgeht, ließ sich dort schon früh die faire Round-Robin-Schedulingstrategie realisieren. In Verbindung mit dem Prioritätsscheduling werden eine gute Prozessorausnutzung und kurze Antwortzeiten erreicht.

- Die eher theoretisch interessante Schedulingstrategie „Shortest-Job-first" zeigt uns, wie Optimalität erreicht werden kann.

- Das zweistufige Scheduling verbindet Prozess- und Speicherverwaltung. Dafür hat man dann aber auch nur rechenwillige Prozesse im Hauptspeicher. Unterstützt wird dies durch Swappping: das Aus- und Einlagern ganzer Prozesse.

- Mit dem Konzept des virtuellen Speichers werden die Begrenzungen des realen Speichers gesprengt und damit Portabilität zwischen minimalistischen und voll ausgebauten Systemen erreicht. Die zugrunde liegende Speicherverwaltungstechnik des Paging verleiht dem zweistufigen Scheduling unter UNIX eine besondere Effizienz.

- UNIX verwendet den Zwei-Zeiger-Clock-Algorithmus als Speicherersetzungsstrategie im Zusammenhang mit dem Paging-Verfahren, reduziert aber ggf. eine zu groß gewordene Prozessmenge durch Swapping.

- Nicht nur Seiten können von Prozessen angefordert werden: Durch Einsatz des Buddy-Algorithmus können auch große zusammenhängende Bereiche reserviert werden.

9.7 Übungen

1. Betrachten Sie die folgenden Prozesse mit ihren Ausführungszeiten (in ms):

Prozess	Ausführungszeit
P1	8
P2	27
P3	1
P4	5
P5	10

a. Berechnen Sie für die folgenden Schedulingverfahren die durchschnittliche Wartezeit für die Prozesse:

- First Come, First Serve (d.h. in der obigen Reihenfolge),
- Shortest Job First,
- Round-Robin mit einem Quantum von 10 ms.

b. Bitte schreiben Sie Ihre Berechnungen so hin, dass Ihr Lösungsweg erkennbar ist.

- First Come First Serve:
- Shortest Job First:
- Round Robin mit einem Quantum von 10 ms:

10 Zusammenfassung und Ausblick

10.1 Kernideen und wichtige Konzepte aus diesem Buch

In diesem Buch wurden verschiedene Aspekte von Betriebssystemen angesprochen. Bei einer solchen Zusammenfassung ist eine durchgehend getrennte Behandlung dieser Aspekte nicht möglich. Die wichtigsten Punkte sind:

1. theoretische Fragestellungen, die sich im Zusammenhang mit Betriebssystemen ergeben: Scheduling, Algorithmen, Deadlock-Vermeidung, Speicherplatzverwaltung und andere. Diese Punkte wurden insoweit diskutiert, wie es für ein grundlegendes Verständnis nötig ist.
2. praktische Fragestellungen, die sich bei der Entwicklung eines Betriebssystems oder von Systemkomponenten ergeben: Diesem Aspekt wurde keine besondere Beachtung geschenkt.
3. Systemnahe Programmierung, insbesondere die Programmierung von Interprozess-Kommunikation und von verteilten Systemen, bildet den Schwerpunkt der Anwendung von Betriebssystemkenntnissen und wurde hier auch entsprechend betont.
4. Die Darstellung der Script-Programmierung rundet den Überblick über Betriebssysteme ab. Script-Programmierung ist nach wie vor notwendig. Gleichzeitig gibt sie einen guten, praktisch interaktiven Einblick in ein System.

Die manchmal bei der Behandlung von Betriebssystemen im Vordergrund stehenden theoretischen Probleme sind hier stets der praktischen Anwendung nachgeordnet.

10.2 Die Grenzen des Buches: Was wurde nicht behandelt?

Im letzten Abschnitt wurde darauf eingegangen, dass der Schwerpunkt auf der praktischen Anwendung liegt. Dementsprechend wurden rein theoretische Fragen weniger eingehend behandelt.

Neben dieser in der Zielsetzung liegenden grundsätzlichen Einschränkung gibt es aber eine Vielzahl weiterer Punkte, die nicht behandelt werden konnten, ohne den Rahmen eines Buches zu sprengen, das sich an dem Stoff einer Vorlesung orientiert. Hierzu gehören insbesondere die praktischen Fragestellungen, die nahe mit der Nutzung und Weiterentwicklung ganz bestimmter Betriebssysteme zu tun haben:

- Es wurde nicht auf die konkrete Struktur eines bestimmten Systemkerns (z.B. Linux 2.6.x) eingegangen. Die Kenntnis der Systemstruktur ist manchmal sehr wichtig. Leider veraltet diese Information aber auch sehr schnell.

- Es wurde nicht auf praktische Probleme der Erweiterung eines Betriebssystems, z.B. durch die Entwicklung von Gerätetreibern, eingegangen. Auch hier lässt sich wenig Allgemeingültiges aussagen.

- Besondere Systemlösungen, wie z.B. RAID-Systeme, und die mit spezieller Hardware verknüpften Fragen werden nicht behandelt.

- Es wurde nicht auf die Konfiguration eines Betriebssystems eingegangen. Hier gibt es riesige Unterschiede selbst zwischen verschiedenen Linux-Distributionen.

- Multiprozessorsysteme erfordern ganz spezielle Lösungen und haben eigene Probleme, die hier nur ansatzweise dargestellt werden konnten. Früher wurden Multiprozessorsysteme vorwiegend für Aufgaben des Höchstleistungsrechnens verwendet. Gängige Betriebssysteme, wie Linux, unterstützen Multiprozessorsysteme mit gemeinsamem Speicher, die für anspruchsvollere Anwendungen (z.B. Server) eingesetzt werden. Inzwischen sind Multiprozessorsysteme auch im Büro- und im Heimbereich allgegenwärtig.

- Es gibt zunehmend Anforderungen für spezialisierte Lösungen. Ein Beispiel sind Echtzeitsysteme. Sie unterscheiden sich von anderen Systemen dadurch, dass es hier auf garantierte Reaktionszeiten und die Beachtung genauer Zeitpunkte ankommt. Ein anderes Beispiel sind Multimediasysteme. Hier ist typisch, dass große Datenströme so zu verarbeiten sind, dass keine wahrnehmbaren Unterbrechungen stattfinden.

- Moderne Betriebssysteme übernehmen neue Aufgaben. Dazu zählt vor allem der Bereich der IT-Sicherheit. Traditionelle Systeme kennen hier nur den Zugriffsschutz von Dateien und Speicherbereichen. Neben den Anforderungen an sichere Kommunikation und Speicherung kommen aber auch die Probleme der Abwehr von Sicherheitsattacken hinzu. Ein weiterer Punkt ist die Gewährleistung der Verfügbarkeit und Ausfallsicherheit.

10.3 Wo findet man weitergehende Informationen?

Fast alle in diesem Buch angesprochenen Punkte werden in dem Buch „Moderne Betriebssysteme" von Andrew Tanenbaum [Tanenbaum 2009] genauer ausgeführt. Hier findet sich auch eine Einführung in die hier nicht besprochenen Spezialgebiete Multiprozessorsysteme, Multimediasysteme und IT-Sicherheit.

Das Buch „Applied Operating System Concepts" von Silberschatz und Galvin [Silberschatz 1998] geht genauer auf die theoretischen Probleme und Konzepte ein.

Im Literaturverzeichnis finden Sie einige Anregungen für spezielle Fragestellungen.

Literatur

[Achilles 2005] Achilles, A.: „Betriebssysteme: Eine kompakte Einführung mit Linux", Springer, Berlin, 2005

Hinweis: Eine Einführung, die sich besonders an Leser mit Interesse an der Arbeitsweise des Linux-Kerns wendet.

[Andrews et al. 1983] Andrews, G. R., Schneider, F. B.: „Concepts and Notations of Concurrent Programming", Computing Surveys, Vol. 15, No. 1, 1983

Hinweis: Dies ist ein klassischer Übersichtsartikel über die unterschiedlichen Mechanismen der Programmierung von Nebenläufigkeit.

[Boger 1999] Boger, M.: „Java in verteilten Systemen", dpunkt Verlag, 1999

Hinweis: Das Buch gibt einen Überblick über Grundmechanismen und Frameworks zur Programmierung verteilter Anwendungen in Java.

[Brause 2003] Brause, R.: „Betriebssysteme, Grundlagen und Konzepte", Springer Verlag, 2003

[Brinch-Hansen 1974] Brinch-Hansen, P.: „The programming language Concurrent Pascal", IEEE Trans. on Software Engineering, 1, 2 p. 149-557, 1974

Hinweis: Dies kann neben [Hoare 1974] als eine der Grundlagen des Monitorkonzepts angesehen werden.

[Brown 1998] Brown, C.: „Programmieren verteilter UNIX-Anwendungen", Prentice Hall, 1998

Hinweis: Auf dieses Buch wird sehr häufig Bezug genommen. Es enthält ausführliche und gut dokumentierte Programme zur Interprozess-Kommunikation, und zur Client-Server-Programmierung mit Sockets und Remote Procedure Calls.

[Deitel et al. 2004] Deitel, H. M., Deitel P. J., Choffnes, D. R.: „Operating Systems", Prentice Hall International, 2004

[Glatz, 2010] Glatz, E.: „Betriebssysteme: Grundlagen, Konzepte, Systemprogrammierung", dpunkt-Verlag, 2010

Hinweis: Ein sehr gründliches Buch.

[Gulbins et al. 1996] Gulbins, J., Obermayr, K.: „UNIX. System V.4: Begriffe, Konzepte, Kommandos, Schnittstellen", Springer Verlag, 1996

Hinweis: Ein sehr empfehlenswertes Buch zu UNIX.

[Haviland et al. 1998] Haviland, H, Gray, D., Salama, B.: „UNIX System Programming", Addison-Wesley, 1998

Hinweis: Enthält Systemprogramme in C für UNIX, insbesondere zur Signalbehandlung und Interprozess-Kommunikation.

[Herold et al. 2010] Herold, H., Arndt, J.: „C-Programmierung: Unter Linux, UNIX und Windows", Millin, März 2010

[Hoare 1974] Hoare, C. A. R.: „Monitors: An operating systems structuring concept", Comm. of the ACM, v.17, n.10, p.549-557, 1974

Hinweis: Dies ist neben [Brinch-Hansen 1974] eine der Grundlagen des Monitorkonzepts.

[Kernighan et al. 1986] Kernighan, B. W., Pilzke, R.: „Der UNIX-Werkzeugkasten: Programmieren mit UNIX", Carl Hanser Verlag, 1986

Hinweis: Ein exzellentes Buch, insbesondere in Bezug auf die Shell- und Script-Programmierung.

[Mandl 2009] Mandl, P.: „Grundkurs Betriebssysteme: Architekturen, Betriebsmittelverwaltung, Synchronisation, Prozesskommunikation", Vieweg+Teubner, 2009

[Nehmer et al. 2001] Nehmer, J., Sturm, P.: „Systemsoftware: Grundlagen moderner Betriebssysteme", dpunkt Verlag, 2001

[RRZN 2010] Rechenzentrum der Universität Hannover: Unix-Benutzung / Eine Einführung, Leibnitz-Universität Hannover, 2010

Hinweis: Eine preiswerte, gerade für Studienanfänger geeignete umfassende Einführung, die über die Hochschulrechenzentren zu beziehen ist.

[Silberschatz et al. 1998] Silberschatz, A., Galvin, P.: „Operating System Concepts", Addison-Wesley, 1998

[Stallings 2003] Stallings, W.: „Betriebssysteme – Prinzipien und Umsetzung", Pearson Studium, 2003

[Tanenbaum 2009] Tanenbaum, A. S.: „Moderne Betriebssysteme", Pearson Studium, 2009

Hinweis: Die Bücher von Tanenbaum gehören zu den Standardwerken der Betriebssystemliteratur und sind unbedingt zu empfehlen. Insbesondere sind daraus Konzepte zum Prozessbegriff in das vorliegende Buch eingeflossen.

[Vogt, 2001] Vogt, C.: „Betriebssysteme", Spektrum Akademischer Verlag, 2001

Hinweis: Ein ausgezeichnetes Lehrbuch zu den Konzepten moderner Betriebssysteme mit vielen Beispielen und Übungen.

Internet-Links

Linux-Distributionen

Slackware:	http://www.slackware.com
Debian:	http://www.debian.org
SuSE:	http://www.suse.de
Redhat:	http://www.redhat.de
MandrakeLinux:	http://www1.mandrivalinux.com/de/
Knoppix:	http://www.knopper.net

Sonstige UNIX-Distributionen

Minix: A. Tanenbaum hat Minix entwickelt, um in seiner Vorlesung ein freies und im Quelltext vorliegendes UNIX zur Verfügung zu haben. Es zeichnet sich durch einen leicht verständlichen und gut strukturierten Systemkern aus.

http://www.cs.vu.nl/{\char"7E}ast/minix.html

FreeBSD: FreeBSD ist aus der professionellen Entwicklungslinie der BSD-Linie der UNIX-Betriebssysteme hervorgegangen.

http://www.freebsd.org

Entwicklungsumgebungen

Java: Die Java-Entwicklungsumgebung ist Voraussetzung für jede Java-Entwicklung.

http://www.javasoft.com

http://www.mingw.org/

Eclipse: Eclipse ist hervorgegangen aus der Entwicklung der kommerziellenWebplattformWebsphere. In der ursprünglichen Form war Eclipse eine freie, erweiterbare Entwicklungsumgebung für Java- und Webanwendungen. Inzwischen ist es gleichzeitig eine generelle Entwicklungsplattform und Framework für Rich-Client-Anwendungen.

http://www.eclipse.org

Diskussionsforen und Informationen zu UNIX-Systemen

Prof. J. Plate, Betriebssystem UNIX/Linux

http://www.netzmafia.de/skripten/unix/

http://www.linux.de

http://www.linux.com/

Thread-Programmierung

Java-Tutorial: http://java.sun.com/docs/books/tutorial/essential/threads/

Doug Lea (Concurrent Programming in Java): http://gee.cs.oswego.edu/dl/cpj/index.html

Installationshinweise für Linux, Eclipse und den C-Compiler

Linux ist heute in hunderten, meist freien Distributionen verfügbar. Eine ziemlich umfassende Übersicht findet sich bei www.linux.org. Einige Distributionen sind auf besondere Bedürfnisse, wie spezielle Hardware, Sicherheits- oder Echtzeitanforderungen usw. zugeschnitten. Ein weiteres Unterscheidungsmerkmal ist die Sprachbindung des Systems. Grundsätzlich bauen alle Distributionen mehr oder weniger auf denselben Grundkomponenten auf. Linux-Distributionen enthalten neben dem eigentlichen Betriebssystem fast immer auch eine Vielzahl von Anwendungen, die fast alle aus dem Bereich der freien Software stammen (meist Open Source), die aber in sehr vielen Fällen nicht spezifisch für Linux sind.

Für den normalen Benutzer sind in erster Linie die Mainstream-Distributionen interessant. Selbst von diesen gibt es aber bereits an die hundert. Die Links zu einigen der verbreiteteren (Slackware, Redhed, Debian und SuSe) sind im Anhang aufgelistet.

Zu beachten ist, dass die Installation eines Linux-Systems praktisch immer eine geeignete Partitionierung des Dateisystems erfordert. Dies ist aber im Allgemeinen auch nachträglich möglich, vorausgesetzt das System verfügt über wenigstens ein bis zwei GB freien Speicherplatz.

Daneben gibt es auch die Möglichkeit, auf eine Life-CD zurückzugreifen, die die Installation eines Systems auf der Festplatte vollständig überflüssig macht. Auch dafür gibt es inzwischen einige Anbieter. Es ist dabei aber unbedingt darauf zu achten, dass die Distribution über alle benötigten Werkzeuge verfügt. In der Regel ist es auch möglich, entweder aus der CD eine Festplatten-Installation zu generieren oder selbst eine eigene CD zu konfigurieren.

Unter dem Aspekt der Softwareentwicklung interessieren die folgenden Komponenten:

- Quelltexte des Betriebssystems. Diese sind nötig, wenn das System neu übersetzt werden soll, um es eventuell anzupassen.

- X11-Grafiksystem. Dies ist die Grundlage für alle grafischen Entwicklungen. Eine Distribution stellt in der Regel zusätzlich unterschiedliche Window-Systeme zur Auswahl (z.B. Gnome oder KDE). C-Compiler. Damit ist der GNU-Compiler gcc gemeint, da der Linux-Kernel nur mit diesem Compiler zu übersetzen ist. Fast jede Distribution enthält die Varianten gcc (C-Compiler) und g++ (C++-Compiler). Im Paket des C-Compilers sind in der Regel auch die wichtigsten Bibliotheken enthalten.

- Bibliothekspakete. z.B. zur Graphikprogrammierung.

- Java-Compiler und Ausführungsumgebung. Es stehen verschiedene Systeme zur Auswahl (GNU, Sun, IBM).

- Programmierumgebung. Ein Linux-System bietet mehrere Editoren und häufig auch unterschiedliche Debugger an.

- Integrierte Entwicklungsumgebung. Sowohl für C als auch für Java gibt es freie und kommerzielle integrierte Entwicklungsumgebungen. Diese sind nicht immer fester Bestandteil einer Distribution. Sie können jedoch problemlos nachinstalliert werden.

Fast alle Distributionen haben automatisierte Installationsscripte. Viele Distributionen ermöglichen darüber hinaus die Erweiterung und Aktualisierung des Systems über Online-Updates. Häufig werden sogar Zusatzpakete von Drittanbietern in einer Form angeboten, die eine automatische Installation ermöglichen. Da sich die Installationsverfahren aller Distributionen grundlegend unterscheiden, lassen sich hier aber keine allgemeinen Aussagen treffen.

Meist basieren die Erweiterungsmechanismen auf einem der verbreiteten Paketformate wie entweder den Debian-Paketen oder dem RPM-Format von Redhat. Manchmal werden allerdings nur die Archivformate .tar, .zip oder .tar.gz zur Verfügung gestellt. In der Regel genügt es aber auch, wenn diese Archive in einem passenden Verzeichnis entpackt werden. Hier sollten die Installationsanweisungen der Paketanbieter beachtet werden. Bei der Installation von Software muss man fast immer über Root-Rechte verfügen (bei der normalen Systembenutzung sollte dies nie der Fall sein!).

Eine der mächtigsten Entwicklungsumgebungen für Java, aufgrund seiner leichten Erweiterbarkeit aber zunehmend auch für andere Programmiersprachen und Anwendungen, ist Eclipse. Eclipse wird entwickelt von dem aus einer IBM-Initiative entstandenen Eclipse-Konsortium (www.eclipse.org). Die Installation von Eclipse erfordert noch einige Zusatzbemerkungen. Zunächst ist es so, dass in einigen Linux- Distributionen Eclipse nicht enthalten bzw. veraltet oder (was manchmal auch vorkommt) fehlerhaft ist. Eine Neuinstallation, die auch sehr einfach ist, ist daher fast immer zu empfehlen. Zusätzlich ist es in den allermeisten Fällen sehr sinnvoll, einige zusätzliche Erweiterungen (Plugins) zu installieren.

Es gibt verschiedene Eclipse-Installationen für Linux. In aller Regel wird es jedoch um eine Installation auf einem 32-Bit-Intel-System gehen. Als Nächstes muss dann die Frage geklärt werden, ob die Grafikbibliothek motif oder die Bibliothek gtk zur Grundlage genommen wird. Diese Entscheidung führt zu etwas unterschiedlichem Aussehen der Applikation, hat aber sonst keine weitere Auswirkung.

In der Regel wird das anscheinend etwas besser unterstützte gtk gewählt. Die Installation selbst besteht in dem Auspacken der Installation in einem passenden

Verzeichnis, z.B. unter /usr/local. Nach der Installation wechselt man wieder in den Benutzermodus.

Die Anwendung lässt sich dann durch /usr/local/eclipse/eclipse starten. Dies lässt sich vereinfachen, indem man entweder das Eclipse-Verzeichnis in den System-pfad aufnimmt, oder über die Fensterumgebung einen entsprechenden Menü-punkt oder eine passende Verknüpfung definiert. Die Eclipse-Umgebung stellt für diesen Zweck bereits ein Icon bereit.

In der Regel legt Eclipse in dem Benutzerverzeichnis ein Verzeichnis namens workspace an, in dem die Eclipse-Projekte gespeichert werden. Es ist aber auch möglich, entweder über den Startdialog von Eclipse oder über den Aufrufparame-ter -data Verzeichnisname ein anderes Verzeichnis zu bestimmen. Falls das Ver-zeichnis der virtuellen Maschine für Java nicht gefunden wird, kann dieses eben-falls beim Start mittels der Option -vm Java-Verzeichnis angegeben werden.

Die erstmalige Installation von Eclipse bietet bereits eine komplette Entwicklungs-umgebung für Java (einschließlich einem eigenen Java-Compiler). Für andere Auf-gaben, insbesondere auch für die Entwicklung von C oder C++-Programmen, sind weitere Plugins erforderlich. Dabei sollte angemerkt werden, dass der Entwick-lungsstand und die Robustheit dieser Erweiterungen oft stark hinter dem Reife-grad des Kernsystems zurücksteht. Hinzu kommt, dass naturgemäß die Unterstüt-zung der Entwicklungsumgebung für C und C++ aufgrund der nur schwach ausgeprägten statischen Semantik von C und C++ weit hinter den Möglichkeiten von Java zurückbleibt (z.B. kaum Unterstützung für Refactoring, keine dynamische Kompilierung).

Bei der Installation von Erweiterungen ist zu entscheiden, in welcher Form diese angeboten werden. Im einfachsten Fall kann die Erweiterung durch den Eclipse Update-Manager vorgenommen werden. Dies ist z.B. bei der C/C++-Erweiterung der Fall. Hier muss nur beachtet werden, dass man dabei über die Dateirechte für das Installationsverzeichnis verfügen muss (in der Regel Root-Rechte). Nähere Angaben finden sich unter www.eclipse.org.

Einfache Plugins werden dadurch installiert, dass deren Archivdatei unter eclip-se/plugins entpackt wird. Manche Erweiterungen, die mehrere Plugins kombinie-ren, verfügen zusätzlich über eine Komplettbeschreibung (Feature), die unter ec-lipse/features abgelegt wird. Auch hier muss man sich also nach der Installationsanleitung richten. Am wichtigsten ist aber, dass man die jeweiligen Voraussetzungen genau beachtet, da viele Plugins die Existenz anderer Plugins voraussetzen.

Die Voraussetzungen beziehen sich manchmal auch auf die passende Eclipse-Version oder auf die Versionsnummer anderer Plugins. Wenn man auf ein prob-lemloses Funktionieren aller Erweiterungen Wert legt, sollte man unbedingt nur offizielle Eclipse-Releases installieren und von den superaktuellen Zwischenrelea-ses (Milestone-Builds u.Ä.) Abstand nehmen!

Index

Programmiersprachen

Dietmar Abts

Grundkurs JAVA

Von den Grundlagen bis zu Datenbank- und Netzanwendungen
6., erw. Aufl. 2010. XII, 504 S. mit 96 Abb., 22 Tab. und Online-Service.
Br. EUR 29,95   ISBN 978-3-8348-1277-3

Dietmar Abts

Masterkurs Client/Server-Programmierung mit Java

Anwendungen entwickeln mit Standard-Technologien: JDBC, UDP, TCP, HTTP,
XML-RPC, RMI, JMS und JAX-WS
3., erw. Aufl. 2010. X, 377 S. mit 81 Abb. und Online-Service.
Br. EUR 34,95   ISBN 978-3-8348-1324-4

Matthäus, Wolf-Gert

Grundkurs Programmieren mit Delphi

Systematisch programmieren lernen mit Turbo Delphi 2006,
Delphi 7 und vielen anderen Delphi-Versionen
3., neu bearb. Aufl. 2010. XVI, 346 S. mit 303 Abb. und Online-Service. Br.
EUR 29,90

ISBN 978-3-8348-0892-9

Sven Eric Panitz

Java will nur spielen

Programmieren lernen mit Spaß und Kreativität
2., verb. Aufl. 2011. XII, 278 S. mit 17 Abb. und und Online-Service.
Br. EUR 24,95   ISBN 978-3-8348-1410-4

VIEWEG+ TEUBNER

Abraham-Lincoln-Straße 46
65189 Wiesbaden
Fax 0611.7878-400
www.viewegteubner.de

Stand Juli 2011.
Änderungen vorbehalten.
Erhältlich im Buchhandel oder im Verlag.

IT-Management und -Anwendungen

Notger Carl | Rudolf Fiedler | William Jórasz | Manfred Kiesel
BWL kompakt und verständlich
Für IT-Professionals, praktisch tätige Ingenieure und alle Fach- und
Führungskräfte ohne BWL-Studium
3., überarb. Aufl. 2008. XII, 208 S. mit 78 Abb. Br. EUR 34,95
ISBN 978-3-8348-0500-3

Marcus Grande
100 Minuten für Anforderungsmanagement
Kompaktes Wissen nicht nur für Projektleiter und Entwickler
2011. XII, 140 S. mit 21 Abb. und und Online-Service. Br. EUR 24,95
ISBN 978-3-8348-1431-9

Sibylle Horger-Thies
100 Minuten für den kompetenten Auftritt
Persönlichkeitstraining nicht nur für Techniker, Ingenieure und Informatiker
2011. VIII, 161 S. mit 9 Abb. und und Online-Service. Br. EUR 24,95
ISBN 978-3-8348-1538-5

Sebastian Klipper
Konfliktmanagement für Sicherheitsprofis
Auswege aus der "Buhmann-Falle" für IT-Sicherheitsbeauftragte,
Datenschützer und Co
2010. XII, 193 S. mit 63 Abb., 25 Tab. und Online-Service. (Edition <kes>)
Br. EUR 39,95
ISBN 978-3-8348-1010-6

**VIEWEG+
TEUBNER**

Abraham-Lincoln-Straße 46
65189 Wiesbaden
Fax 0611.7878-400
www.viewegteubner.de

Stand Juli 2011.
Änderungen vorbehalten.
Erhältlich im Buchhandel oder im Verlag.

Grundlagen verstehen und umsetzen

Helmut Jarosch

Grundkurs Datenbankentwurf

Eine beispielorientierte Einführung für Studenten und Praktiker
3., überarb. und erw. Aufl. 2010. XVI, 411 S. mit 211 Abb. und 14 Tab. und
Online-Service. Br. EUR 39,90   ISBN 978-3-8348-0955-1

Stephan Kleuker

Grundkurs Datenbankentwicklung

Von der Anforderungsanalyse zur komplexen Datenbankanfrage
2., erw. Aufl. 2011. XII, 312 S. mit 100 Abb. und und Online-Service.
Br. EUR 34,95   ISBN 978-3-8348-1481-4

Stephan Kleuker

Grundkurs Software-Engineering mit UML

Der pragmatische Weg zu erfolgreichen Softwareprojekten
2., korr. und erw. Aufl. 2011. XII, 371 S. mit 184 Abb. und und Online-Service.
Br. EUR 29,95   ISBN 978-3-8348-1417-3

René Steiner

Grundkurs Relationale Datenbanken

Einführung in die Praxis der Datenbankentwicklung für Ausbildung, Studium
und IT-Beruf
7., überarb. u. akt. Aufl. 2009. XI, 235 S. mit 160 Abb. und Online-Service Br.
EUR 24,90   ISBN 978-3-8348-0710-6

VIEWEG+ TEUBNER

Abraham-Lincoln-Straße 46
65189 Wiesbaden
Fax 0611.7878-400
www.viewegteubner.de

Stand Juli 2011.
Änderungen vorbehalten.
Erhältlich im Buchhandel oder im Verlag.